UTB

UTB **2492**

Eine Arbeitsgemeinschaft der Verlage

Beltz Verlag Weinheim · Basel
Böhlau Verlag Köln · Weimar · Wien
Wilhelm Fink Verlag München
A. Francke Verlag Tübingen und Basel
Haupt Verlag Bern · Stuttgart · Wien
Lucius & Lucius Verlagsgesellschaft Stuttgart
Mohr Siebeck Tübingen
C. F. Müller Verlag Heidelberg
Ernst Reinhardt Verlag München und Basel
Ferdinand Schöningh Verlag Paderborn · München · Wien · Zürich
Eugen Ulmer Verlag Stuttgart
UVK Verlagsgesellschaft Konstanz
Vandenhoeck & Ruprecht Göttingen
Verlag Recht und Wirtschaft Frankfurt am Main
VS Verlag für Sozialwissenschaften Wiesbaden
WUV Facultas Wien

Claudia Mast
Simone Huck
Karoline Güller

Kundenkommunikation

Ein Leitfaden

mit 74 Abbildungen und zahlreichen Praxisbeispielen

Lucius & Lucius · Stuttgart

Anschrift der Autoren:

Prof. Dr. Claudia Mast
Dr. Simone Huck
Karoline Güller M.A.
Universität Hohenheim
Institut für Sozialwissenschaften (540 B)
Lehrstuhl Kommunikationswissenschaft und Journalistik
70599 Stuttgart

Bibliografische Information der Deutschen Bibliothek

Die Deutsche Bibliothek verzeichnet diese Publikation in der Deutschen Nationalbibliografie; detaillierte bibliografische Daten sind im Internet über http://dnb.ddb.de abrufbar

ISBN 3-8282-0263-2 (Lucius & Lucius)

Druck und Einband: F. Pustet, Regensburg

Printed in Germany

UTB-Bestellnummer: 3-8252-2492-9

Inhalt

Vorwort ... 1

Kapitel 1
Kunden: Zielgruppe der Unternehmenskommunikation ... 3
1. Kunden als Mittelpunkt des Unternehmenshandelns ... 4
   1.1. Marktumfeld: Bestimmungsfaktoren des Kaufverhaltens ... 4
   1.2. Machtverhältnisse in den Märkten im Wandel ... 8
2. Kommunikationssituation des Kunden ... 10
   2.1. Neue Ansprüche ... 10
   2.2. Kommunikationsorientierte Kundentypologie ... 12
   2.3. Ansätze für die Kundenansprache ... 14
3. Eckpfeiler der Kundenkommunikation ... 15
   3.1. Überzeugung statt Überredung ... 16
   3.2. Information und Dialog als wesentliche Bausteine ... 17
   3.3. Kommunikation als Querschnittsaufgabe ... 20

Kapitel 2
Kunden als Kommunikationspartner ... 25
1. Strukturierung der „Umwelt" von Unternehmen ... 25
   1.1. Zielgruppen (Bezugsgruppen) ... 26
   1.2. Stakeholder (Anspruchsgruppen) ... 28
   1.3. Publics (Teilöffentlichkeiten) ... 30
   1.4. Phasen der Kundenkommunikation ... 33
2. PR und Marketing mit unterschiedlichen Schwerpunkten ... 35
   2.1. Funktionsfelder der Kundenkommunikation ... 38
   2.2. Grenzaufhebungen auf dem Weg zur integrierten Kommunikation ... 40
   2.3. Modelle einer integrierten Kundenkommunikation ... 42

3. Aufbau und Pflege von Kundenbeziehungen ... 49
3.1. Kundenansprache und -bindung als Ziele ... 49
3.2. Meilensteine der Kundenkommunikation ... 50
Petra Sammer: Produkteinführung – nur mit PR. Erfahrungen und Praxisbeispiele ... 53
Theres Essmann: Evaluation von Produkt-PR. Ein Beispiel aus der Finanzdienstleistungsbranche ... 58
4. Von der Verkündigung zu interaktiven Beziehungen – Kunden als Partner ... 62
4.1. Dialogkommunikation ... 62
4.2. Kommunikationsmanagement der Kundenbeziehungen ... 63

Kapitel 3
Orientierungssysteme in der Kundenkommunikation ... 69
1. Werte als Grundlage des Kommunikationsmanagements ... 70
1.1. Reichweite materieller und immaterieller Unternehmenswerte ... 71
1.2. Steuerungsfunktion von Werten ... 72
1.3. Wertorientierte Unternehmensführung ... 72
2. Marken als Orientierungshilfen ... 74
2.1. Funktionen und Erscheinungsformen von Marken ... 74
2.2. Bedeutung für die Kundenkommunikation ... 80
3. Image als Bild vom Unternehmen und seinen Waren ... 81
3.1. Charakteristika von Images ... 81
3.2. Images als Ergänzung zu Marken ... 83
3.3. Image-Management als Aufgabe für die Kundenkommunikation ... 85
4. Reputation als guter Ruf des Unternehmens ... 87
4.1. Elemente der Unternehmensreputation ... 87
4.2. Orientierungssystem für die Kunden ... 90

Kapitel 4
Kommunikationswege zum Kunden
Ergebnisse einer Umfrage unter den Top-500-Unternehmen in Deutschland 95
1. Bedeutung der Kunden in der Praxis 96
1.1. Kunden als wichtigste Zielgruppen 96
1.2. Kundenbindung als oberstes Ziel 99
1.3. Wege der Kundenansprache 105
2. Kommunikationswege im Überblick 106
2.1. Werbung 106
2.2. Öffentlichkeitsarbeit 109
2.3. Sponsoring 111
2.4. Verkaufsförderung 115
2.5. Eventkommunikation 119
2.6. Messen und Ausstellungen 122
3. Potenziale der Kommunikationswege 125
3.1. Analyseraster für Bewertungen 125
3.2. Leistungsvergleich 129
3.3. Trends 138

Kapitel 5
Strategische Wege der Kundenkommunikation 145
1. Direkte und indirekte Kommunikationswege 146
1.1. Kundenmedien 147
1.2. Meinungsführer 147
Christine Knoepffler: Talk of the town. Über die Entscheidung eines Unternehmens, Prominente in der Kommunikation einzusetzen 149
2. Persönliche, schriftliche und elektronische Kommunikation 154
2.1. Grundzüge der Kommunikationsformen 154
2.2. Funktionen und Leistungen der Kommunikationskanäle 157
Andreas Scharf: Redaktionen als Service-Center für Kunden. Wie Reader's Digest mit seinen Kunden kommuniziert 159
3. Einseitige und zweiseitige Kundenkommunikation 166
Peter Caspar Hamel: Branchenspezifische Kundenkommunikation 169

Kapitel 6
Kundenzeitschriften – der direkte Weg ... 179
1. Kundenzeitschriften als Teil des Corporate Publishing ... 180
  1.1. Zeitschriften für Geschäftskunden und Endverbraucher ... 181
  1.2. Kategorien von Kundenzeitschriften ... 183
  1.3. Ziele von Kundenzeitschriften ... 186
2. Glaubwürdigkeit durch publizistische Leistungen ... 195
3. Integration in die Medienlandschaft ... 200
    Peter Carlo Kanzler: „Apotheken Umschau". Publizistische Informationen am Point of Sale ... 205
    Sebastian Ahrens/Negar Etminan: Exklusivität und emotionale Ansprache. Das Kundenmagazin „Passagen" von Hapag-Lloyd Kreuzfahrten ... 209

Kapitel 7
Medien als Multiplikatoren – der indirekte Weg ... 217
1. Ziele der Medienansprache ... 218
  1.1. Teilhabe an der öffentlichen Diskussion ... 218
    Frank Neubert: Mit „Hansamurano" eine Innovation kommunizieren ... 221
  1.2. Zwei Zielgruppen: Journalisten und Rezipienten ... 227
  1.3. Glaubwürdigkeit als Fundament ... 229
    Peter Gurr: Kommunikation ist keine Einbahnstraße ... 232
2. Pressearbeit als medienvermittelte Ansprache des Kunden ... 237
  2.1. Fachmedien und Breitenmedien ... 237
    Christoph Witte: Produktinformationen in der „Computerwoche" ... 239
  2.2. Medienarbeit als Kontaktpflege und Beziehungsmanagement ... 243
    Ernst Arelmann: PR für ein Dauerläufer-Produkt am Beispiel „Ytong" ... 244
3. Instrumente einer kundenorientierten Pressearbeit ... 250
  3.1. Schriftliche Instrumente ... 250
  3.2. Persönliche Instrumente ... 256
    Bernd Schwetlick: Produkt-Pressevorführungen im Automobilbereich ... 260
  3.3. Erfolgsfaktoren kundenbezogener Medienarbeit ... 263

Kapitel 8
Kampagnen zur Kundengewinnung und -bindung ... 267
1. Kampagne als Feldzug um die öffentliche Meinung ... 268
1.1. Klassifikation von Kampagnen ... 270
1.2. Zielsetzungen und Erfolgsfaktoren ... 273
2. Strategisches Management von Kampagnen ... 276
2.1. Campaigning als Information, Interaktion und Intervention ... 276
2.2. Themenmanagement und dramaturgische Aufbereitung ... 277
2.3. Multidimensionales und crossmediales Campaigning ... 279
H.-U. Jelitto: Crossmedial und emotional. Die Kampagne zur Grippepille TamiFlu ... 282
3. Funktionen von Kampagnen im Kommunikationsmanagement ... 288
3.1. Gewinnung neuer Kunden ... 289
Paolo Landi: Die Kampagnen „United Colors of Benetton" ... 290
3.2. Crossmediales Campaigning zur Kundenbindung ... 296
Oliver Hoffmann: Die smart Community. Kundenbindung beginnt mit dem ersten Dialog ... 297
Jürgen Claassen: Kampagnen in der Kundenkommunikation am Beispiel ThyssenKrupp ... 301

Kapitel 9
Spezielle Wege der Kundenansprache ... 309
1. Emotionalisierung durch Events und Erlebniswelten ... 310
Peter Kock: Erleben – Erfahren – Erinnern. Emotionalisierung der Kommunikation am Beispiel Legoland ... 316
2. Clubs als Instrument der Kundenbindung ... 320
Julia Bolwien: Das Clubkonzept – der Erfolg zur Kundenbindung? Beispiel Dr. Oetker Back-Club ... 327
3. Kundenkommunikation im Netz ... 330
Tomas O. Jensen: Kunden über das Internet ansprechen. Chancen, Risiken und Einsatzfelder der Online-Kundenkommunikation ... 336
4. Gewinnspiele zur Gewinnung von Aufmerksamkeit ... 341
5. Sponsoring zur Kundenansprache in der Freizeit ... 346
Stephan Heigl: Imagetransfer durch Sponsoring ... 354

Kapitel 10
Perspektiven der Kundenkommunikation 363
1. Fundamente: Persönlicher Dialog und langfristige Kommunikationsbeziehungen 363
2. Kunden-PR im Aufwind 366
3. Qualität vor Quantität: Herausforderungen der Zukunft 369

Anhang
Autorenverzeichnis 375
Verzeichnis der Schaubilder 381
Literatur 385
Sachregister 407

Vorwort

„It is the customer century." Über die Bedeutung des Kunden für den Erfolg von Unternehmen gibt es keine Zweifel. Allerdings haben sich seine Stellung und seine Handlungsoptionen grundlegend verändert. Gleiches gilt für das Mediensystem, das die Aktivitäten der Firmen ebenso kritisch beobachtet und begleitet wie Verbraucherschützer, Kritiker und Konkurrenten.

Kunden werden – auf den ersten Blick – von vielen Wissenschaftlern und Praktikern als typische Adressaten der Werbung und der Verkaufsförderung angesehen. Auch wenn sie sie in verschiedenen Modellen der Public Relations (PR) als Bezugsgruppe erwähnen, so war Kundenkommunikation über viele Jahrzehnte eine klassische Domäne des Marketings. Aber kann diese Zuordnung auch heute noch, unter veränderten Rahmenbedingungen in Märkten und Gesellschaft, gelten? Haben sich die Verhältnisse in der Beziehung zwischen Unternehmen und Kunden nicht dahingehend entwickelt, dass es angebracht ist, die vorhandenen Konzepte der Kundenansprache zu überdenken und durch neue Ansätze zu ergänzen?

Ein Blick in die Praxis zeigt: Kunden werden inzwischen nicht nur vom Marketing, sondern gleichermaßen auch von der PR angesprochen. Unternehmen nutzen in der Praxis umfangreich Kundenzeitschriften, Medienarbeit, Kampagnen und Events zur Kundenansprache. Ihre zunehmende Bedeutung in der Kundenkommunikation resultiert aus der schwieriger gewordenen Ansprache von Kunden im Zeitalter der Discountstrategien und Schnäppchenpreise. Anspruchsvolle Kunden wenden sich immer mehr von klassischen Marketingmaßnahmen ab und nutzen neue Kommunikationswege. Für Unternehmen gilt es, gerade in der Wirtschaftskrise den wechselbereiten Kunden langfristig zu binden und eine Beziehung zu ihm aufzubauen. Damit erhält die PR die Chance, sich in Wissenschaft und Praxis als unverzichtbarer Teil der Kundenkommunikation zu etablieren.

Der vorliegende Leitfaden für die Kundenkommunikation von Unternehmen richtet sich an Studierende vor allem der Wirtschafts- und Sozialwissenschaft, die in das Berufsfeld PR bzw. in die Unternehmenskommunikation streben. Das Buch vermittelt aber auch Praktikern aus PR-Abteilungen von Unternehmen oder Agenturen nützliche Hinweise und Denkanstöße.

2003 befragte das Fachgebiet Kommunikationswissenschaft und Journalistik der Universität Hohenheim (Stuttgart) die Top-500-Unternehmen schriftlich zur Kundenkommunikation; die Antworten werden in dieser Publikation vorgestellt. Die Umfrage hatte einen hohen Rücklauf – 100 PR-Fachleute und Leiter Unternehmenskommunikation haben geantwortet. Ihnen gilt unser besonderer Dank für die Unterstützung der Forschungsvorhaben und die wertvollen Einblicke in ihre Kommunikationsarbeit.

Zudem haben dieses Buchprojekt zahlreiche Leiter Unternehmenskommunikation, PR-Fachleute und Chefredakteure durch ihre bereitwillige und engagierte Mitarbeit mitgestaltet und ihr Know-how in die Publikation eingebracht. Ihnen sei ebenfalls an dieser Stelle besonders herzlich gedankt.

Außerdem haben am Fachgebiet Kommunikationswissenschaft und Journalistik der Universität Hohenheim (Stuttgart) Dipl. rer. com. Sandra Peggy Reiß, Daisy Bartsch und Rainer Bluthard an der Fertigstellung des Manuskripts mitgewirkt. Ihnen danken wir im Besonderen wie auch den studentischen Hilfskräften Tobias Kupczyk, Sandra Markert, Helena Stehle und Julia Straub.

Ein herzliches Dankeschön sei auch an Prof. Dr. Walter J. Schütz (Bonn) und Georg Hellack (Bonn) gerichtet, die wertvolle Hinweise gaben und mit besonderer Sorgfalt die Schlussredaktion der Publikation übernahmen.

Claudia Mast
Simone Huck
Karoline Güller

Stuttgart,
im April 2005

Kapitel 1

Kunden: Zielgruppe der Unternehmenskommunikation

Die schlechte Konjunktur, der gestiegene Konkurrenzkampf in fast allen Branchen und die zunehmende Angleichung vieler Produkte aneinander haben in den letzten Jahren zu tief greifenden Veränderungen in den Märkten geführt. Die Machtverteilung zwischen Anbieter und Abnehmer hat sich vielfach dramatisch zu Gunsten der Kunden verschoben: Statt treuer Kunden dominieren heute zunehmend wechselbereite Kunden oder gar „smart customers". Sie sind durch zahlreiche neue Informationskanäle, z. B. das Internet, besser informiert als früher, haben höhere Erwartungen an Beratungsleistungen, Mehrwerte oder Rabatte und teilen ihre Zufriedenheit oder Unzufriedenheit mit einem Produkt nicht mehr nur Freunden und Bekannten in ihrem unmittelbaren Umfeld mit, sondern können sie via Online-Kommunikation an einen zahlenmäßig potenzierten Empfängerkreis übermitteln.

Die Frage allerdings ist: Kam es in den letzten Jahren lediglich innerhalb der altbekannten Kundentypen zu einer anteiligen Verschiebung oder ist tatsächlich ein neuer Typ von Kunde entstanden? Wovon hängt es ab, wann ein Kunde einem Unternehmen oder Produkt über längere Zeit treu bleibt? Und letztlich die Kernfrage: Wie kann eine Kundenkommunikation aussehen, die diesen gewandelten Rahmenbedingungen Rechnung trägt und neue Kunden gewinnen sowie bestehende Kunden halten hilft?

Für die Unternehmenskommunikation ergeben sich aus den Veränderungen im Markt und im Selbstverständnis der Kunden vielfältige Herausforderungen. Die Kundenbindung steht als Ziel an oberster Stelle, gefolgt von der Gewinnung neuer Kunden. Sicherlich spricht nicht jedes Unternehmen jeden Kundentyp an. Faktoren wie Alter, Geschlecht oder Bildung spielen dabei ebenso eine Rolle wie Konsumverhalten, individuell vorhandenes Einkommen oder Kaufmotivation. Während die einen Unternehmen „smart customers" jeden Tag aufs Neue über Niedrigpreise und Rabattschlachten am Point of Sale gewinnen müssen, setzen andere auf Marken, emotionale Ansprache und elaborierte Konzepte der Kundenbindung. Im ersten Fall setzt die Unternehmenskommunikation in erster Linie auf Werbung in den Massenmedien und Außenwerbung. Im zweiten Fall sind die Anforderungen an die Kommunikationsarbeit weit höher: Kommunikation mit dem Kunden muss sich hier nahtlos in den Reigen der Kommunikation mit anderen Bezugsgruppen des Unternehmens einfügen. Das Marketing, das über Jahrzehnte hinweg die Kommunikationshoheit über den Kunden hatte, kann diese Aufgabe allein nicht erfüllen. Gefragt ist vielmehr eine ganzheitliche Ansprache des Kunden unter Berücksichtigung aller Kommunikationskanäle, -instrumente und -maßnahmen. Kommunikation mit dem Kunden sollte integriert, crossmedial und beziehungsorientiert erfolgen. Kurz gesagt: Die Kommunikation mit dem Kunden ist zu einer Managementaufgabe geworden, zu verstehen als eigenständiges Feld einer integrativen Kundenkommunikation.

Kapitel 1 hebt die herausragende Bedeutung des Kunden in den gewandelten Märkten des 21. Jahrhunderts hervor. Auf der Basis einer auf die Unternehmenskommunikation orientierten Kundentypologie werden die Möglichkeiten der kommunikativen Ansprache unterschiedlicher Kundentypen näher beleuchtet. Abschließend wird das Feld der integrierten Kundenkommunikation abgesteckt und in seinen unterschiedlichen Facetten dargestellt.

1. Kunden als Mittelpunkt des Unternehmenshandelns

Der Kunde steht im Mittelpunkt der Unternehmenstätigkeit. Er ist nicht nur Basis der Existenz von Unternehmen, sondern auch die zentrale Zielgruppe (Kirchner 2001). Er muss von einem Produkt oder einer Dienstleistung überzeugt werden, damit er kauft. In manchen Fällen reicht es dafür aus, ein Produkt lediglich anzubieten. In den meisten Fällen jedoch muss es durch gezielte Kommunikation vermarktet werden. Dabei verhalten sich sowohl Unternehmen als auch Kunden geprägt von Rahmenfaktoren des jeweiligen Marktes, von ihren individuellen Vorstellungen und von dem Kontext einer Kaufentscheidung.

1.1. Marktumfeld: Bestimmungsfaktoren des Kaufverhaltens

In welchem Umfeld findet die kommunikative Ansprache des Kunden statt? Welche Rahmenbedingungen sind es, die die Interaktion zwischen Unternehmen und Kunden beeinflussen? Wie kommt eine Kaufentscheidung zustande und wovon hängt sie ab?

Kunden unterscheiden sich entsprechend ihrer individuellen Prädispositionen, Motive und Bedürfnisse. Diese Grundhaltungen, Einstellungen und Erwartungen wirken auf ihre Entscheidungen und damit auf ihr Kaufverhalten ein: Ob z. B. ein No-Name-Sportschuh oder ein High-End-Laufschuh eines

Markenherstellers gekauft wird, hängt nicht nur von seiner vorgesehenen Verwendung ab. Für die Entscheidung werden z. B. auch individuelle Vorerfahrungen mit früheren Schuhen der Marke herangezogen. Zudem können die Kongruenz der von der Marke transportierten Werte mit dem eigenen Referenzsystem oder auch die Erwartung, mit Schuhen dieser Marke bei Freunden „besser anzukommen" als mit einem No-Name-Produkt, die Entscheidung beeinflussen.

Zugleich hängt die Kaufentscheidung des Einzelnen von der jeweiligen Situation, vom Produkt selbst und von dessen Preis ab. Sie entsteht aus einer Vielzahl komplexer Einflussfaktoren, die allesamt miteinander vernetzt sind und erst in ihrer Gesamtheit zur Wirkung kommen. Beim Produkt lassen sich einfache Produkte und damit Routinekäufe von teuren Investitionsgütern unterscheiden, die informationsaufwändiger sind und deren Anschaffung folgenreicher ist. Eng damit verbunden ist auch der Preis eines Produktes oder einer Dienstleistung. Während z. B. Grundnahrungsmittel wie Mehl, Zucker oder Wasser ebenso wie generische Produkte (z. B. Strom, Telefonanschluss) meist nach dem Preis ausgewählt werden, gewinnen in deregulierten Märkten bei differenzierten Produkten eher die einzelnen Leistungsmerkmale oder Aspekte wie Image und Marke an Gewicht. Angesichts der zunehmenden Ähnlichkeit der Produkte können außerdem die Reputation eines Unternehmens oder auch das Unternehmenshandeln in bestimmten Situationen für die Kaufentscheidung von Bedeutung sein. Von Unternehmen erwartet man deshalb immer stärker, dass sie Verantwortung in gesellschaftlichen relevanten Belangen übernehmen und auch dokumentieren.

Neben individuellen Bestimmungsfaktoren, situativen und produktabhängigen Faktoren wirkt auch das weitere Umfeld auf Kunden und ihre Kaufentscheidung ein. Diese bilden zugleich den Rahmen des Unternehmens- und Kundenhandelns, in dem die Kommunikation dieser beiden Gruppen miteinander stattfindet. So ist das Verhältnis zwischen Anbieter und Abnehmer in einem Monopol sicherlich grundlegend anders als in einem Polypol, das Konsumverhalten in wirtschaftlich schwierigen Zeiten anders als im Wirtschaftsboom. Jeder dieser Umfeldfaktoren prägt die vorhandene Situation, so dass er für das Verhältnis von Unternehmen und Kunde von Bedeutung ist und in der Folge die kommunikative Ansprache der Kunden beeinflussen kann.

Die Umfeldfaktoren sind so vielfältig, dass die nachfolgend dargestellten nur einen Ausschnitt bilden und keineswegs als vollständig zu verstehen sind (Schaubild 1). Umfeldfaktoren lassen sich mit verschiedenen Kriterien und auf unterschiedlichen Betrachtungsebenen voneinander abgrenzen. Die Faktoren der Makroebene (gesamtgesellschaftliche Ebene) sind grundsätzliche Voraussetzungen einer jeden Unternehmenstätigkeit, die auch den Rahmen für die Unternehmenskommunikation bilden (Huck 2004: 75). Die in Schaubild 1 dargestellten Faktoren der Meso-Ebene (Ebene der Organisationen) sind spezifisch auf den Aspekt der Kommunikation ausgerichtet, ebenso wie der Faktor der persönlichen Kommunikation im Rahmen von Peergroups (Mikro-Ebene).

Zu den wichtigsten Faktoren auf der Makroebene gehören Voraussetzungen (Faktoren der Märkte). Sie gewinnen an Bedeutung, wenn es z. B. um die Unterscheidung in Massenmärkte und spezialisierte Märkte oder in Anbieter- und Käufermärkte geht. Während im Monopol und zum Großteil auch im Oligopol der Anbieter die Marktmacht innehat, liegt sie in Massenmärkten in erster Linie beim Kunden. Als ein auf der Makroebene angesiedelter Marktfaktor ist in dieser Klassifikation auch die allgemeine Wirtschaftslage zu nennen. In konjunkturschwachen Zeiten, die eine hohe Arbeitslosigkeit nach sich ziehen, sinkt die Konsumbereitschaft der Bürger drastisch ab. Insofern stehen wirtschaftli-

Schaubild 1
Rahmenfaktoren der Interaktion zwischen Kunde und Unternehmen

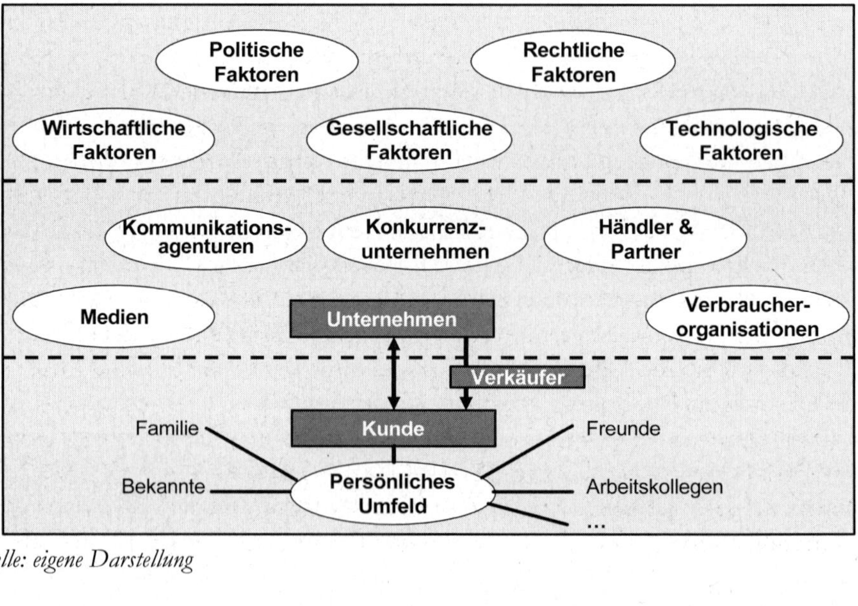

Quelle: eigene Darstellung

che Faktoren durchaus in Zusammenhang mit politischen und häufig auch rechtlichen Faktoren. Auch technologische Faktoren gewinnen an Bedeutung. Neue Medien verändern nicht nur Geschäftsmodelle oder Vertriebskanäle, sondern auch die Beziehungen zwischen Unternehmen und Kunden in kommunikativer Hinsicht. Sie schaffen neue Kommunikationswege, bieten neue Möglichkeiten des Dialogs und sorgen für gewandelte Kommunikationsansprüche auf Seiten der Kunden.

Gesellschaftliche Trends sind ein weiterer bedeutender Rahmenfaktor. Der Trend zu Singlehaushalten hält ungebrochen an. Lebensmittelproduzenten und Wohnungsbauunternehmen haben sich ebenso wie Reiseveranstalter längst auf diese Veränderungen eingestellt. Ein bislang ungelöstes Problem ist hingegen die Überalterung der Gesellschaft. Sowohl spezifische Produkt- und Dienstleistungsangebote als auch die spezielle Ansprache der „Best Ager", der „Generation 50+" oder wie immer diese neu entdeckte Zielgruppe genannt wird, stecken in den allerersten Anfängen. Zunehmend entstehen neue Angebote, z. B. Versicherungen, die „Über-60-Jährigen" im Krankheitsfall häusliche Pflege stellen; auch werden etablierte Produkte für Ältere (z. B. Reinigungstabs für Zahnersatz, Inkontinenzprodukte, Treppenlifte) heute mit anderen Werten und Konnotationen versehen als noch vor zehn Jahren.

Es scheint, als hätten im Laufe der letzten Jahre und Jahrzehnte in diesem Kontext auch themenzentrierte Einflüsse an Bedeutung gewonnen. Denkt man an Trends wie Umweltschutz in den 90er-Jahren oder das Thema Wellness zu Beginn des 21. Jahrhunderts, so zeigen sich hier deutliche Auswirkungen auf ganze Branchen. Themenzentrierte Einflüsse sind jedoch nicht trennscharf zu gesellschaftlichen und sozialen Einflüssen, unterliegen sie doch in weiten Teilen einem gewandelten gesellschaftlichen Bewusstsein oder sozialem Druck.

Zugleich finden themenzentrierte Faktoren ihren Ausdruck über die Massenmedien, die im Schaubild als Medienunternehmen auf der Meso-Ebene angesiedelt sind. Sie sind nicht nur selbst ein eigener Markt, sondern tragen Trends weiter, positionieren Werte und lösen auf diesem Wege manch einen Kaufwunsch aus. Insofern wirken sie als wichtige Treiber und Katalysatoren der Kundenkommunikation. Im Sinne ihrer Ratgeberfunktion spielen in diesem Kontext auch Verbraucherschutzorganisationen und unabhängige Prüfinstitute, z. B. die Stiftung Warentest, eine Rolle. Auf der Meso-Ebene sind außerdem die Bezugsgruppen im unmittelbaren Marktumfeld von Bedeutung. Hierzu gehören z. B. Konkurrenzunternehmen, Händler, Lieferanten und andere Partner des Unternehmens. Mit Blick auf die Unternehmenskommunikation sind also auch Kommunikationsagenturen eine wichtige Gruppe der Meso-Ebene, die im

Zuge von Werbung, PR, Eventkommunikation usw. sowohl strategische als auch operative Unterstützung im Dialog mit dem Kunden leisten.

Märkte und mit ihnen das Konsumentenverhalten sind aber auch stark von sozialen Einflüssen geprägt, die auf der Mikro-Ebene wirken. Im Gegensatz zu den oben angesprochenen sozio-demographischen wirken soziale Faktoren im persönlichen Umfeld der Kunden. So werden beispielsweise im Austausch mit Familienmitgliedern, Freunden und Bekannten Wünsche geprägt, Bedürfnisse erzeugt und Kaufentscheidungen gefällt. Zugleich kann in der Primär- und Sekundärgruppe sozialer Druck entstehen, der wiederum Einfluss auf das Kaufverhalten nimmt und sich z. B. im Kauf von Marken- oder exklusiven Produkten niederschlägt.

Diese zentralen Faktoren, die lediglich einen kleinen Ausschnitt aus den vielfältigen und komplexen Umfeldfaktoren darstellen, wirken sich teilweise stark auf das Kaufverhalten im Besonderen und auf Absatzmärkte im Allgemeinen aus. Sie führten in den vergangenen Jahren zu einer zunehmenden Individualisierung und Fragmentierung der Märkte. Zugleich verkürzten sich Entwicklungszeiten und Lebensphasen von Produkten und damit auch die Innovationszyklen. Damit einher ging die so genannte Instant-Mentalität der Kunden, die immer weniger bereit sind, Wartezeiten in Kauf zu nehmen. Ob an der Supermarktkasse, beim Beratungsgespräch oder beim Kauf eines Autos – Produkte und Dienstleistungen sollen möglichst sofort beim Kauf bereitgestellt und unmittelbar mit- oder in Anspruch genommen werden können. Wer am schnellsten einen Beratungstermin anbieten kann oder die kürzesten Warte- und Lieferzeiten hat, gewinnt nicht selten den Kampf um den Kunden. Ob es allerdings diese Art von ungebundenen, wechselbereiten und Nutzen maximierenden Kunden ist, die aus Sicht des Unternehmens die „besten" Kunden sind, wird noch näher zu betrachten sein.

Kunden sind Käufer von Produkten und Dienstleistungen eines Unternehmens. Sie sind sowohl durch individuelle Prädispositionen, Motive, Bedürfnisse und Erwartungshaltungen als auch durch Rahmenfaktoren ihrer unmittelbaren und mittelbaren Umwelt geprägt.

1.2. Machtverhältnisse in den Märkten im Wandel

Die Machtverhältnisse in den Märkten haben sich in den letzten Jahrzehnten grundlegend gewandelt. Ihren Anfang nahm diese Entwicklung in den 70er-Jahren, als die Anzahl der verfügbaren Produkte geradezu explodierte. Zugleich glichen sich im Laufe der vergangenen Dekaden einzelne Produkte immer stärker einander an – eine Entwicklung, die bis heute anhält. Parallel dazu erfolgte besonders im Groß- und Einzelhandel eine Konsolidierung der Vertriebskanäle, indem Großhändler und Einzelhandelsketten schwächere Wettbewerber aufkauften, in neue Märkte expandierten und sich im Einzelhandel ein (inter)nationales Vertriebsnetz mit einer enormen Verhandlungsmacht gegenüber den Herstellern ausformte. Heute sind es diese Vertriebsketten, die mit neuester Technologie ausgestattet die relevanten Informationen über das Kundenverhalten besitzen. Dieser Informationsvorsprung und die zunehmende Nähe zum Kunden ermöglichten es dem Handel, die Machtverhältnisse zu seinen Gunsten zu verlagern (Kirchner 2001: 31).

Seit Anfang der 90er-Jahre zeichnet sich ein weiterer einschneidender Umbruch ab. Die dominierenden Akteure auf den Märkten scheinen nicht mehr länger Unternehmen zu sein, sondern immer stärker die Kunden und Konsumenten (Schaubild 2). Sicherlich gilt das nicht für alle Branchen, Waren und

Schaubild 2
Veränderung der Machtverhältnisse im Markt

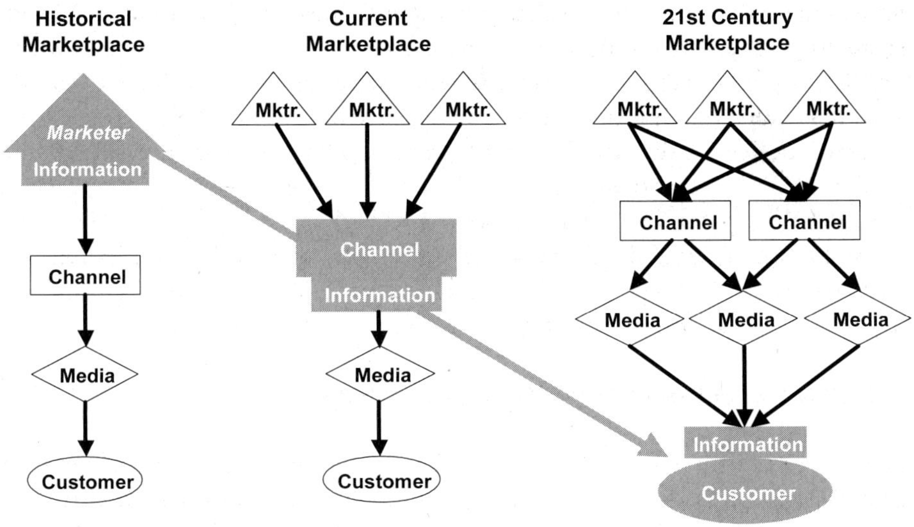

Quelle: Schultz/Schultz 1997: 14

Situationen. In der Makroperspektive jedoch zeigt sich immer deutlicher, dass es zunehmend die Kunden sind, die durch Informationstechnologie und interaktive Medien Informationsflüsse und Kommunikationsprozesse initiieren, kontrollieren und bestimmen. Der Informationsvorsprung der Unternehmen nimmt ab. Je mehr Kommunikationskanäle den Kunden zur Verfügung stehen, desto besser können sie sich über das Unternehmen als Ganzes und dessen Angebote informieren (Schultz/Schultz 1997). Auch wenn sich der Großteil der potenziellen und bestehenden Kunden nach wie vor von einigen wenigen, Komplexität reduzierenden Entscheidungskriterien wie Preis, Qualitätsversprechen oder Marke leiten lässt – die sich bewusst und kognitiv entscheidende, informationsorientierte „Kundenelite" weiß in vielen Fällen mehr über das Produkt als der Verkäufer selbst. Medienberichte, Nutzerforen im Internet oder Produkttests schaffen eine neue Transparenz.

2. Kommunikationssituation des Kunden

Nicht nur die Märkte und die kommunikative Position der Unternehmen haben sich verändert. Auch auf Seiten der Kunden sind Veränderungen zu beobachten. Viele von ihnen treffen ihre Kaufentscheidung nach wie vor über einfache Orientierungssysteme wie Preis, Marke oder Image. Durch die neue Transparenz von Angeboten und die weltweite Verfügbarkeit von Informationen ist aber zugleich eine besonders gut informierte, anspruchsvolle Kundengruppe entstanden, die Unternehmen als qualitativ neue Bezugsgruppe vor besondere Herausforderungen stellen kann.

2.1. Neue Ansprüche

Nie zuvor waren die Märkte für Endkunden so transparent wie heute. Am einfachen Beispiel des Neuwagenkaufs wird dies deutlich: Werbeversprechen lassen sich mit Fahrtests der Special-Interest-Medien und online verfügbaren individuellen Erfahrungsberichten anderer Kunden vergleichen. Unabhängige Vergleichstests legen das jeweilige Preis-Leistungs-Verhältnis offen. Der Kunde kann die Merkmale eines Neuwagens über eine Vielzahl von Informationskanälen finden und mit Angeboten anderer Automobilhersteller vergleichen. Für den Einzelnen eröffnen sich damit neue Möglichkeiten, eine Kaufentscheidung mit relativ geringem Aufwand auf einer soliden Informationsbasis zu treffen.

Um diese Transparenz jedoch nutzen zu können, muss der Einzelne über Zugang zu den entsprechenden Medien (Internet, Fachzeitschriften usw.) verfügen, die für eine umfassende Informationsrecherche und den Vergleich verschiedener Angebote notwendige Zeit aufbringen können und das dafür notwendige Know-how haben (z. B. Medienkompetenz). Insofern profitiert lediglich eine sehr kleine Gruppe der potenziellen und bestehenden Kunden eines Unternehmens von dieser neuen Informationstransparenz. Sie ist besser informiert als der durchschnittliche Kunde und kann deshalb ganz neue Erwartungen und Ansprüche an ein Unternehmen stellen. Dementsprechend sind diese Kunden eine qualitativ völlig neuartige Bezugsgruppe des Unternehmens: Sie informieren sich über das Unternehmen und seine Produkte, haben umfassende Kontextinformationen, eigene Überzeugungen und Bewertungen und treffen ihre Kaufentscheidungen vor allem aufgrund ihres umfassenden Wissens. Informationssuche und -bewertung sind hierbei eine Schlüsselgröße.

Die breite Masse der Kunden jedoch fühlt sich von der Fülle der verfügbaren Angebote und Informationen überfordert. Von „Kundenparalyse" ist die Rede (Rudolph/Schweizer 2003: 24), die sich in einer nachlassenden Kaufbereitschaft ausdrückt. Je individueller und spezifischer Unternehmen Produkte und auch Dienstleistungen anbieten müssen, um Abnehmer zu finden, desto größer und unübersichtlicher wird die Flut der Angebote. Mit der neuen Transparenz geht allein schon durch die Masse der Möglichkeiten eine neue Unübersichtlichkeit einher. Ein eindrückliches Beispiel ist die Produktion von Kraftfahrzeugen: Von einer Million produzierten VW Golfs sind gerade einmal zwei Fahrzeuge in ihrer Ausführung theoretisch vollständig identisch. Da diese nahezu unendlich vielen Kombinationsmöglichkeiten auch bei Produkten anderer Automobilhersteller anzutreffen sind, wird die Kaufentscheidung für eine Automarke besonders kompliziert. Die Mehrzahl der Käufer gründet ihre Wahl für ein Produkt deshalb auf einige wenige Schlüsselgrößen, die eher emotional geprägt sind: Spricht das Design an? Ist die Marke „sympathisch"? Wie gestaltet sich das Verhältnis zum lokalen Autohändler? Wurde der (potenzielle) Kunde bereits persönlich angesprochen? Verspricht sich der Kunde eine Zusatzleistung beim Kauf eines Produktes?

Betrachtet man diese beiden gegensätzlichen Idealtypen von Kundengruppen, so wird deutlich: Die Schere zwischen den Extrempolen dieser Kundenskala hat sich angesichts neuer Medien, neuer Informationskanäle und einer größeren Transparenz der Information in den letzten Jahren weiter geöffnet. Für beide Gruppen jedoch gilt, dass gerade in Zeiten einer zunehmenden Angleichung der Produkte Kaufentscheidungen nicht mehr nur ausschließlich auf der Basis von Produkteigenschaften fallen. Unternehmen können sich heute kaum mehr darauf beschränken, lediglich ihre Waren anzubieten. Gerade Produkte stellen in vielen Fällen nur noch die Rohware dar, die man durch Zusatzangebote „veredeln“ muss. Unternehmen sind gezwungen, sich zunehmend darauf einzustellen, dass der Kunde über das bloße Produkt hinaus einen Mehrwert erwartet.

2.2. Kommunikationsorientierte Kundentypologie

Im Rahmen einer in erster Linie massenmedial vermittelten Kundenkommunikation ist es nicht möglich, jeden Kunden einzeln anzusprechen. Deshalb ist es notwendig, Kunden, die entlang eines bestimmten Kriteriums die größtmögliche Ähnlichkeit aufweisen, zu einer Kundengruppe zusammenzufassen.

Die Betriebswirtschaftslehre hat dazu zwei verschiedene Arten von Klassifikationsansätzen entwickelt, deren man sich vor allem in den Bereichen Marketing und Vertrieb bedient: Die so genannten *Marktsegmentierungsmethoden* gruppieren Kunden entlang ihrer Verhaltensmerkmale (z. B. Einstellungen, Verwendung, Kaufanlass) oder ihrer Verbrauchermerkmale (z. B. sozio-demographische, psychographische oder geographische Variable). Diese Art der Klassifikation lässt Hinweise auf Produktpräferenzen, die Verwendung von Vertriebskanälen und einzusetzende Werbemaßnahmen zu. Im Gegensatz zu den Marktsegmentierungsmethoden ist die *Kundensegmentierung* darauf ausgelegt, die Bedeutung und den Nutzen von Kunden zu erkennen. So kann es sich z. B. um die Machtstrukturen von Großabnehmern oder um die Bedeutung einer bestimmten Endkundengruppe für den Erfolg eines speziellen Produktes handeln. Im Vordergrund steht hierbei immer die Frage nach der so genannten Kundenwertigkeit, d. h. der Attraktivität einer Kundengruppe für das Unternehmen (Krafft/Albers 2000: 517 ff.). Beide Klassifikationsansätze dienen dazu, ähnliche Kunden zu einem Kundentyp zusammenzufassen und sie innerhalb einer Gruppe über Verkauf und Marketing mit gleichen Maßnahmen anzusprechen.

Die Klassifikationsansätze, -dimensionen und -ebenen sind zahlreich; man muss sie für jeden Fall dem Produkt, der Aufgabenstellung und dem Erkenntnisinteresse entsprechend ermitteln. Gemeinsam ist ihnen, dass sich aus ihnen konkrete Handlungsanleitungen ableiten lassen. Legt man vor dem Hintergrund der Attraktivität von Kunden für das Unternehmen z. B. den Grad ihrer Bindung an das Unternehmen zu Grunde, so ergibt sich eine Klassifikation, wie sie exemplarisch in Schaubild 3 dargestellt ist.

Während Schnäppchenjäger immer das günstigste Angebot suchen, orientierten sich Käufer von Markenprodukten an Marken- und Imagewerten, Qualitätsversprechen und Prestige. Im einen Fall entscheidet der Preis, im anderen die Bedeutung immaterieller Werte, z. B. die Marke. Klassifiziert man Kunden entlang des Kriteriums der Bindung, so kann der Typ des Stammkunden vom Typ des Wechselkäufers unterschieden werden. Der Stammkunde weist eine enge, meist über Jahre hinweg gewachsene Beziehung und Bindung zum Unternehmen auf. Der Wechselkäufer hingegen ist z. B. darauf aus, ein stimmiges Preis-Leistungs-Verhältnis zu finden, ohne sich von vornherein auf ein Unternehmen oder eine Marke festzulegen.

Die im vorigen Abschnitt angesprochene gut informierte, anspruchsvolle Kundengruppe ist bei allen vier Kundentypen vorzufinden. Stammkunden können ebenso einen hohen Informationsstand über das Unternehmen und seine Angebote aufweisen wie Schnäppchenjäger oder Wechselkäufer. Sicher gehören zu dieser neuen Gruppe hauptsächlich diejenigen Kunden, die ihre Entscheidung vom jeweiligen Preis-Leistungs-Angebot abhängig machen und somit durchaus wechselbereit sind. Markenkäufer, die ihre Entscheidung über emotionale Aspekte einer Marke treffen, können sich jedoch ebenso umfassend über die von einer Marke transportierten Werte informieren wie sich ein Wechselkäufer Kenntnisse über die Leistungsmerkmale eines konkreten Markenproduktes verschafft.

Schaubild 3
Kundentypologie nach Bindungsgrad an das Unternehmen

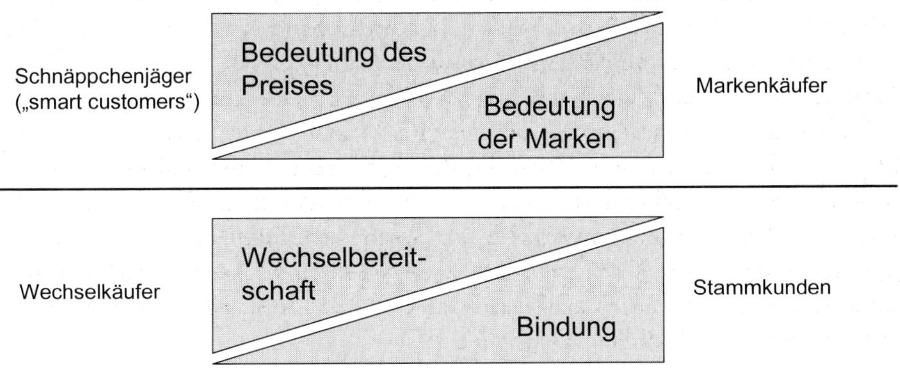

Quelle: eigene Darstellung

2.3. Ansätze für die Kundenansprache

Legt man die Kundentypologie der unterschiedlichen Idealtypen von Kunden der Kommunikation zu Grunde, so ergeben sich unterschiedliche Ansatzpunkte sie anzusprechen. Mit Blick auf den *Schnäppchenjäger* kann Kommunikation allenfalls eine Informationsfunktion übernehmen, indem sie über TV-Spots, Zeitungsbeilagen, Außenwerbung oder Hauswurfsendungen Preissenkungen, Rabatte oder Sonderangebote bekannt macht. Einzige Botschaft ist dabei der Preis. Bei der Ansprache der anderen drei Kundengruppen rückt eine umfangreiche, in ihren Zielen und Botschaften unterschiedliche Kommunikation in den Vordergrund.

Wechselkäufer zu gewinnen kann einfach sein, sie zu halten jedoch sehr schwer. Sie kaufen so lange die Produkte eines Unternehmens, bis sie ein auf ihre Vorstellungen und Motive besser passendes Angebot erhalten oder finden. Bei ihrer Ansprache sollte es einerseits darum gehen, die Vorteile eines Produktes im Vergleich zu Konkurrenzprodukten darzustellen. Andererseits kann dem Wechselkäufer durch Kommunikation ein zusätzlicher Nutzen geschaffen werden, indem er z. B. im Rahmen eines Kundenclubs gewisse Vorteile genießt. Allerdings wird die Kommunikation das Kaufverhalten in diesem Fall nur sehr begrenzt beeinflussen, weil die Hemmschwelle für einen Wechsel sehr hoch ist.

Der *Markenkäufer* orientiert sich bei seiner Kaufentscheidung an den Werten, die eine Marke transportiert. Marken bilden somit einen Teil der grundsätzlichen Werthaltung und Einstellung eines Menschen; deswegen bleiben Markenkäufer einer Marke meist über einen längeren Zeitraum hinweg treu. Neben der klassischen Markenkommunikation gewinnen zur Stabilisierung der Marke vor allem Image- und Reputation Management an Bedeutung. Zugleich können Marken durch Kommunikation exklusiver und individueller wirken, schließlich wollen auch und gerade Markenkäufer umworben werden. Hierfür eignen sich im Bereich der Produkt- und Preispolitik z. B. Sonderausstattungen, für die beim Kauf eines Produktes keine zusätzlichen Kosten anfallen (z. B. Sondermodelle im Automobilbereich zum Preis des Basismodells) oder limitierte Sonder- oder Sammlereditionen. Zugleich ist ein Mehrwert auch hier durch Kommunikation möglich, wenn z. B. eine emotionale Aufladung des Produktes oder der Marke stattfindet.

Am einfachsten sind aus Sicht der Unternehmenskommunikation loyale *Stammkunden* anzusprechen, da sie ohnehin überzeugte Käufer sind. Sie wissen viel über das Unternehmen und seine Leistungen, über das Produkt oder die Dienstleistung, und haben meist lange persönliche Erfahrungen mit den Angeboten. Eine kontinuierliche Information mit einer möglichst individuellen Ansprache und Wertschätzung (z. B. exklusive Angebote für besonders treue Kunden, Sonderrabatte) dienen der Stärkung des Vertrauensverhältnisses. Zugleich haben Stammkunden ein sehr klares Bild vom Unternehmen und von seinen Produkten, die eine eher konservative Ansprache in Bezug auf Produkt- oder Imageveränderungen erforderlich machen.

Gemeinsam ist allen drei Zielgruppen, dass sie über die Angebote des Unternehmens und deren Nutzen informiert werden, einen Zusatznutzen u. a. durch Kommunikation erhalten und eine persönliche Wertschätzung erfahren sollten, um mittelfristig eine dauerhafte Bindung zu erzielen. Unternehmen müssen vor diesem Hintergrund ihre Kommunikationsstrategien überdenken und neue, möglichst persönliche, beziehungs- und dialogorientierte Wege der Ansprache finden. Kernelemente dabei sollten Wertschätzung und Nutzenorientierung sein.

3. Eckpfeiler der Kundenkommunikation

Aufgabe der Kundenkommunikation ist es, dem Kunden Themen- und Tätigkeitsfelder eines Unternehmens glaubwürdig zu vermitteln. Ihr Ziel ist es, eine langfristige Beziehung zwischen Unternehmen und Kunden herzustellen, die auf Seiten des Kunden Vertrauen in das Unternehmen entstehen lässt und ihm den erforderlichen Spielraum für seine Entscheidungen und Handlungen schaffen hilft. Kunden zum Kauf von Produkten oder Dienstleistungen zu überzeugen ist nur ein, wenn auch wichtiges Teilziel.

Unter Kundenkommunikation werden sämtliche kommunikativen Maßnahmen eines Unternehmens verstanden, die einen dauerhaften, interaktiven Dialog zwischen dem Unternehmen und potenziellen sowie aktuellen Kunden fördern mit dem Ziel, profitable Kundenbeziehungen aufzubauen und zu pflegen (in Anlehnung an Lischka 2000b: 50). Kundenkommunikation sieht sich wie jede Unternehmenskommunikation vor der Herausforderung, mit ihren Informationen und Botschaften bis zum Kunden durchzudringen. Besonders die Werbung via Massenmedien hat es zunehmend schwer: Ferngesehen wird heute oftmals nur noch nebenbei, spätestens bei den Werbeblöcken zappt die Mehrheit der Zuschauer in andere Kanäle. Tageszeitungen erreichen nur noch einen Teil der Bevölkerung, der außerdem die Blätter zunehmend selektiv und nutzwertorientiert liest. Und das Radio ist ohnehin seit langem ein Nebenbei-Medium (Klaas 2002: 65). Wie Studien zeigen, nehmen Kunden lediglich zwei

Prozent jener Informationen auf, denen sie täglich ausgesetzt sind (Herbst 2003: 16).

3.1. Überzeugung statt Überredung

Inwiefern hat sich in diesem Kontext das Kommunikationsverhalten der Kunden verändert? Und wie reagieren Unternehmen im Rahmen ihrer Kundenkommunikation darauf? Eine Umfrage unter Kommunikationsverantwortlichen der 1.200 umsatzstärksten deutschen Unternehmen zeigte, dass die Reizüberflutung des Kunden in erster Linie auf Werbeaktivitäten zurückzuführen ist (Rolke 2003). Kunden haben im Laufe der letzten Jahre ihr Kommunikationsverhalten

Schaubild 4
Gründe für das Versagen der Werbung bei der Kundenansprache

Enorme Reizüberflutung der Kunden	**Kommunikationssituation der Kunden hat sich verändert.**
Kunden wollen anders angesprochen werden	
Kunden sind selbstbewusster geworden und steuern die Kommunikation	
Werbung ist langweilig und wiederholt sich oft	**Kommunikationsansprache stimmt nicht.**
Kunden wissen, dass sie oft nur zwischen kaum unterscheidbaren Produkten wählen können	
Neue Technologien haben das Einkaufsverhalten der Kunden verändert	

Quelle in Anlehnung an: Rolke 2003: 25

deutlich verändert. Sie sind aus Sicht der Unternehmen selbstbewusster geworden, fordern zunehmend eine aktive Rolle im Kommunikationsprozess ein und steuern die Kommunikation auch von ihrer Seite aus. Unternehmen haben damit ihr Informations- und Kommunikationsmonopol in der Kundenkommunikation verloren. Die frühere, häufig auch heute noch zu findende einseitige Art der Kundenansprache passt nicht mehr in die aktuellen Rahmenbedingungen. Kunden wollen heute anders angesprochen werden als dies noch vor einigen Jahren der Fall war. Notwendig ist deshalb eine Neuausrichtung der Strategien zur Ansprache von Kunden auf Seiten der Unternehmen.

Die befragten Kommunikationsverantwortlichen sind davon überzeugt, dass Werbung als alleiniger Kommunikationsweg weniger denn je überzeugen kann. Es sind besonders drei Gründe, die genannt werden (Schaubild 4): Die Befragten unterstellen, die Kunden würden Werbung alles in allem langweilig finden und sich von Werbeversprechen nur sehr begrenzt überzeugen lassen. Kunden, sind heute kritischer geworden, meinen die Befragten, und durch neue Kommunikationskanäle wie das Internet besser informiert als früher und achten auch zunehmend stärker auf den Preis (Rolke 2003).

Um größere Kundensegmente mit zentralen Botschaften zu erreichen, kommen Unternehmen sicherlich auch in Zukunft nicht umhin, Werbung einzusetzen. Andere, stärker auf eine dauerhafte, vertrauensvolle Beziehung ausgerichtete Instrumente werden jedoch in Zukunft an Bedeutung gewinnen, so die Prognose. „Überzeugen statt überreden" kann die Maxime lauten, gekennzeichnet durch Faktoren wie Vertrauen, Glaubwürdigkeit, Dialog und Austausch. Wichtiger geworden ist in diesem Kontext auch der Aspekt der emotionalen Bindung. Überzeugung ist eben nicht nur auf der Ebene der kognitiven Informationen notwendig, sondern auch und gerade der „Bauch" muss angesprochen werden.

3.2. Information und Dialog als wesentliche Bausteine

Kunden sollten wie jede andere Zielgruppe der Unternehmenskommunikation informiert sein. Das Wissen über ein Unternehmen, seine Produkte, Dienstleistungen und anderen Angebote, sein soziales Engagement, seine zentralen Werte usw. stellen einen wichtigen Eckpfeiler für das gegenseitige Verständnis dar. Kommunikation mit dem Kunden sollte dabei auf transparente Kommunikation ausgerichtet sein, die Informationen nutzwertorientiert vermittelt.

Als Verbindung zwischen kognitiven und affektiven Elementen tritt neben die nutzenorientierte Kommunikation eine wertschätzende Kommunikation. Der Kunde, der eine neue Position und Rolle im Interaktionsprozess zwischen

Unternehmen und Abnehmer einnimmt, fordert zunehmend einen Austausch „auf gleicher Augenhöhe". Neues Leitbild ist damit die auf einen Dialog ausgerichtete Kommunikation, die sowohl im unmittelbaren persönlichen Umgang als auch im Schriftkontakt z. B. über neue Medien stattfinden kann. Unter Dialogkommunikation sind all jene Maßnahmen zu verstehen, die „einen dauerhaften, interaktiven Informationsaustausch zwischen Unternehmen und potenziellen sowie aktuellen Kunden ermöglichen mit dem Ziel, profitable Kundenbeziehungen auszubauen und zu pflegen" (Lischka 2000b: 50).

Rolkes Befragung von Kommunikationsverantwortlichen offenbart zwei Ansatzpunkte für eine verbesserte Ansprache des Kunden (Rolke 2003: 27): eine strategische Umsteuerung der Kommunikation auf der einen und eine Optimierung der Instrumente auf der anderen Seite (Schaubild 5). Vor dem Hintergrund der Kommunikationsstrategie ist es zunächst wichtig, dass die Ansprache der Kunden noch gezielter als bislang stattfindet. Wie aber kann eine passgenaue Ansprache erfolgen? In einem ersten Schritt sollten Kommunikationsfachleute dazu eine Outside-in-Perspektive einnehmen, um die Erwartungen und Kommunikationsbedürfnisse der Kunden und ihre Einschätzung des Unternehmens möglichst genau einschätzen zu können. Ein professionelles Customer Relationship Management (Rapp 2001) kann hier ebenso wie ein systematisches Beschwerde- und Feedbackmanagement wertvolle Unterstützung bieten. Damit kehrt sich die unternehmensorientierte in eine kundenorientierte Sichtweise um. Der Kunde rückt ins Zentrum der Überlegungen. Seine Bedürfnisse und Erwartungen ernst zu nehmen bedeutet in einem zweiten Schritt, einen Dialog mit ihm zu initiieren. Dialoge sind ein wesentlicher Baustein einer jeden integrierten Kommunikation. Die Forderung nach einer integrierten Kommunikation findet sich in den Aussagen der Befragten im Stichwort der „strategischen Zusammenführung der Kommunikationsmaßnahmen" wieder (Rolke 2003: 27).

Der Trend zur Dialogorientierung liegt auch in der Hoffnung begründet, zweiseitige Kommunikationsprozesse würden die Effizienz der Unternehmenstätigkeit erhöhen. Wichtigster Grundstein für ein effizientes Kommunikationsmanagement ist die im Schaubild angesprochene Optimierung der Instrumentente, die auf dialogorientierte Kommunikationsformen setzt. Neben der PR handelt es sich um das Internet, Events und Sponsoring sowie die dramaturgisch angelegten Kommunikationskampagnen.

Vor allem die rasante Entwicklung interaktiver Technologien demonstriert die sinkende Kosten-Nutzen-Relation der klassischen Einwegkommunikation, wie sie z. B. in vielen Bereichen der Werbung angelegt ist. Unternehmen, die erklärungsbedürftige Produkte herstellen, setzen schon lange auf direkte Kontakte mit ihren Abnehmern (Zerfaß 1996: 46 f.). Inzwischen nimmt eine dialogorientierte Kommunikation mit verschiedenen Kundengruppen einen immer breiteren Rahmen ein.

Schaubild 5
Ansatzpunkte für die Kommunikation mit dem Kunden

<table>
<tr><td>Gezieltere Kundenansprache</td><td rowspan="4">Strategische Umsteuerung</td></tr>
<tr><td>Strategische Zusammenführung der Kommunikationsmaßnahmen</td></tr>
<tr><td>Mehr auf den Kunden hören (Outside-in-Perspektive)</td></tr>
<tr><td>Professionelles Customer-Relationship-Management</td></tr>
<tr><td>Internet als Dialoginstrument ausbauen</td><td rowspan="5">Instrumentelle Optimierung</td></tr>
<tr><td>Kreative Kampagnen</td></tr>
<tr><td>Mehr Public Relations</td></tr>
<tr><td>Mehr Events</td></tr>
<tr><td>Sponsoring erzielt gewünschte Aufmerksamkeit</td></tr>
</table>

Quelle in Anlehnung an: Rolke 2003: 27

Auch das veränderte Freizeitverhalten in der Gesellschaft hat Auswirkungen auf die Kommunikation mit den Kunden. Der Kunde wird zunehmend in einem Freizeit-Umfeld angesprochen, also z. B. über das Sponsoring einer Sportveranstaltung oder einer Kunstausstellung. Außerdem begnügt sich der Kunde nicht nur mit einem Produkt oder einer Dienstleistung. Er sucht eine Lösung für ein individuelles Problem. Dies wiederum zwingt Unternehmen, zusätzliche Leistungen anzubieten. Detaillierte Kenntnisse über die Bedürfnisse des Kunden sind dafür Voraussetzung (Österle/Alt 2002: 94). Wenn also die traditionellen Wege der Kundenkommunikation nicht mehr zum Ziel führen, weil sich bei den Kunden eine Abwehrhaltung aufbaut, so muss man nach neuen Ansätzen zur Kundenansprache suchen. Die Schlagwörter lauten „gezielt, verzahnt und auf den Kunden hörend“ (Rolke 2003: 27).

3.3. Kommunikation als Querschnittsaufgabe

In Form einer integrierten Kommunikation, die Werbung, Public Relations, Sponsoring, Events, Messen und Ausstellungen, Verkaufsförderung, Online-Kommunikation und alle weiteren möglichen Kommunikationswege einsetzt, spricht die Kundenkommunikation potenzielle und bestehende Kunden gleichermaßen an. Dabei scheint eine Verlagerung der Ausrichtung von Kommunikation viel versprechend: Während Unternehmen mit der Dominanz des Marketings, der Werbung und verwandter absatzorientierter Instrumente bislang überwiegend Einweg-Kommunikation mit dem Ziel der Überredung betrieben haben, sollten sie Kunden künftig stärker als Partner im Kommunikationsprozess verstehen. Individuelle Ansprache, Dialogorientierung und Kommunikation mit dem Ziel des Beziehungsmanagements stehen im Rahmen dieses Buches im Vordergrund. Kundenkommunikation will Vertrauen zwischen Unternehmen und Kunde, zwischen Verkäufer bzw. Berater und Kunde herstellen.

Kundenkommunikation als Beziehungsmanagement zu verstehen heißt neue Schwerpunkte zu setzen. Eine integrative Perspektive über Kommunikationskanäle, -instrumente und -maßnahmen hinweg rückt einige altbekannte Aspekte der Kommunikation mit dem Kunden erneut in den Fokus der Aufmerksamkeit (Schaubild 6).

Im Rahmen der Kundenkommunikation nehmen besonders Orientierungssysteme wie Marke, Image und Reputation Einfluss auf die Kaufentscheidung eines Kunden. Sie sind im Schaubild als konzentrische Kreise dargestellt, die den Kunden umgeben. Den Kern dieser Orientierungssysteme bilden Werte. Sie sind nicht nur der Rahmen für diese Orientierungssysteme, sondern grundlegend für die gesamte Kommunikation zwischen Unternehmen und Kunde. So kann ein Kunde ein Unternehmen etwa als umweltfreundlich wahrnehmen oder ein Produkt als sozial hergestelltes, „faires“, wenn es nicht in Kinderarbeit hergestellt wurde. Diese Werte ziehen sich durch die anderen drei im Schaubild dargestellten Orientierungssysteme hindurch: Der Kunde orientiert sich zunächst an der Marke, die ihm als unmittelbarer Bewertungsrahmen für das Produkt dient. Sie ist am engsten mit dem Produkt selbst verknüpft; deshalb kann man sie als dasjenige Orientierungssystem bezeichnen, das dem Produkt am nächsten ist. Von Bedeutung sind darüber hinaus das Image eines Produktes

Schaubild 6
Wege der Kundenansprache

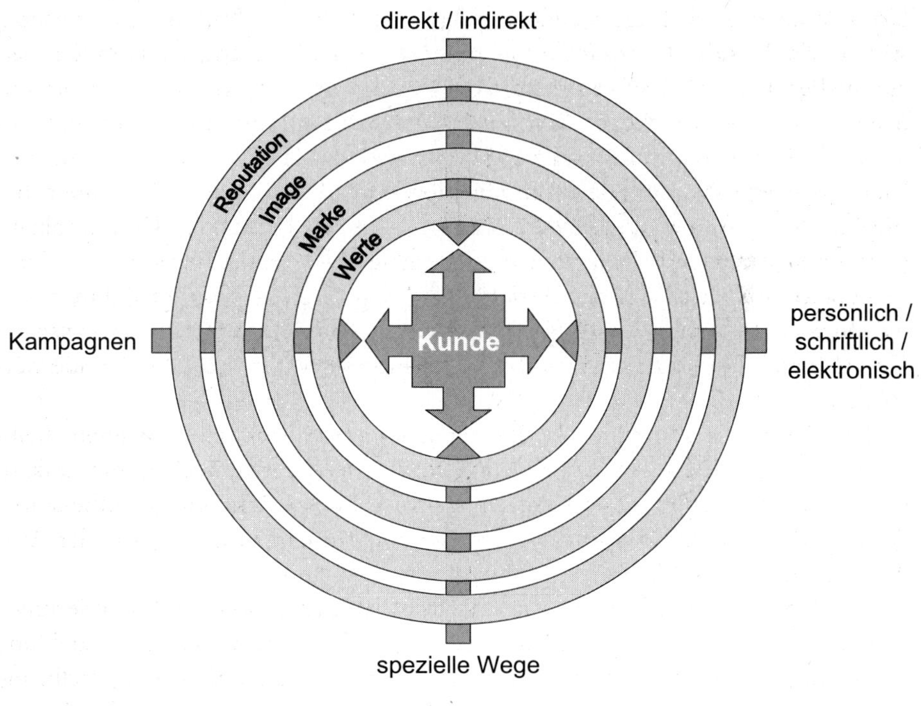

Quelle: eigene Darstellung

und eines Unternehmens sowie die gesamte Reputation. Während die Reputation über einen langen Zeitraum hinweg entsteht und durch aktuelle Ereignisse nur bedingt geprägt wird, ist das Image ein vergleichsweise empfindliches Konstrukt. Am Beispiel des A-Klasse-Elchtests wird deutlich, wie schnell und fundamental ein einzelner Vorgang ein über Jahrzehnte hinweg gefestigtes Image erschüttern kann. Sowohl Image als auch Reputation sind weniger am Produkt als vielmehr an dessen Kontext und dem Unternehmen als Ganzes orientiert. Alle drei Orientierungssysteme wirken bei einer Kaufentscheidung zusammen, häufig ergänzt um Aspekte wie Preis, Verfügbarkeit, Zeitrahmen u. a. Dies sind jene Größen, die aus Sicht der Kommunikation für die kognitive und affektive Aufladung eines Produktes oder eines Unternehmens im Vordergrund stehen.

Hat man diese grundlegenden Orientierungssysteme erkannt, so stellt sich im Rahmen der Kundenkommunikation die Frage, wie der Kunde informiert, angesprochen und gebunden werden kann. Welche Kommunikationskanäle bieten sich hierfür an? Welche Wege kommen in Frage? Kundenkommunikation muss wie jede Unternehmenskommunikation integriert und crossmedial erfolgen, um einen Dialog zwischen Unternehmen und Kunden herstellen zu können. Dazu ist es erforderlich, über alle verfügbaren Kanäle zu kommunizieren, sowohl schriftlich, mündlich wie elektronisch; über direkte Kanäle (z. B. Kundenzeitschrift) und indirekte Wege (z. B. Medienarbeit, Meinungsführer). Neben klassische Kommunikationsinstrumente wie Werbung, Public Relations, Sponsoring oder Verkaufsförderung treten zunehmend neue, spezielle Kommunikationswege. So werden Events z. B. immer häufiger zu emotionalen Erlebniswelten stilisiert, auch Kampagnen als spezielle Form eines dramaturgisch angelegten Kommunikationsmanagements erleben seit Jahren einen Aufwärtstrend im Rahmen der Kommunikation.

Unter Kundenkommunikation werden der Aufbau und die Erhaltung von Kommunikationsbeziehungen eines Unternehmens zu seinen internen und externen Kunden verstanden sowie deren Optimierung. Als wertebasierte Orientierungssysteme für die Gestaltung der Kommunikationsbeziehungen dienen Marke, Image und Reputation.

Kundenkommunikation ist eine Querschnittsaufgabe, die sich aller verfügbaren Kommunikationsinstrumente und -inhalte bedient, um den Kunden möglichst wirkungsvoll anzusprechen. Dazu gehört es, ihm alle relevanten Informationen nutzwertorientiert zugänglich zu machen, ihn emotional zu binden und ihm einen konkreten Mehrwert anzubieten bzw. deutlich zu machen.

!

Die Kommunikation mit dem Kunden ist zu einer Managementaufgabe geworden und als eigenständiges Feld einer integrativen Kundenkommunikation zu verstehen.

Kundenkommunikation erfordert eine ganzheitliche, integrierte Ansprache des Kunden über alle Kommunikationskanäle, -instrumente und -maßnahmen hinweg mit dem Ziel, einen Dialog und eine langfristige Beziehung zu etablieren.

Die Kommunikation mit dem Kunden vollzieht sich innerhalb wirtschaftlicher, politischer, gesellschaftlicher, rechtlicher und technologischer Rahmenbedingungen. Das Unternehmen steht dabei in Kontakt mit den Medien, mit Händlern, Partnern, Kommunikationsagenturen und Verbraucherorganisationen, aber auch im Wettbewerb mit Konkurrenzunternehmen.

Neben der massenmedialen Kommunikation wird die Kaufentscheidung auch und gerade durch den persönlichen Kontakt mit dem Verkäufer und innerhalb der Peergroups des Einzelnen geprägt.

Die Machtverhältnisse in den Märkten haben sich gewandelt. Aus dem Verkäufermarkt ist in vielen Feldern ein Käufermarkt geworden. Kunden sind durch Neue Medien besser informiert und aktiver und fordernder geworden.

Kunden können entsprechend ihren Interessen, Bedürfnissen und Motiven zu unterschiedlichen Kundentypen zusammengefasst werden. Jeder Kundentyp ist individuell anzusprechen.

Literaturtipps

Gronstedt, Anders (2000): The Customer Century. Lessons from World-Class Companies in Integrated Marketing and Communication. London: Routledge. *Gronstedt zeichnet die kommunikative Situation zwischen Unternehmen, Stakeholdern und Kunden in den Märkten des 21. Jahrhunderts nach. Er entwickelt einen dreidimensionalen Ansatz für eine integrierte Kundenkommunikation, der neben der koordinierten Ansprache externer Zielgruppen eine funktionierende vertikale und horizontale interne Kommunikation voraussetzt und die Implementierung von effektiven Prozessen zum Ziel hat. „Free flow of communication", so lautet die Maxime. Ein flüssig lesbares Buch, das den Theorie-Praxis-Transfer über How-to-Do-Boxen fördert.*

Kirf, Bodo / Rolke, Lothar (Hrsg.) (2002): Der Stakeholder-Kompass. Navigationsinstrument für die Unternehmenskommunikation. Frankfurt am Main: F.A.Z.-Institut. *Kunden und Mitarbeiter, Geldgeber und Medienvertreter – Unternehmen müssen heute ihre Beziehungen zu diesen wichtigen Stakeholdern pflegen und ausbauen. Der „Stakeholder-Kompass" weist Unternehmen den Weg, wie sie durch eine ausbalancierte, ganzheitliche Kommunikation zu mehr Wertschöpfung gelangen. Das Buch enthält Beiträge von namhaften Autoren aus der Unternehmenspraxis, die Ein- und Ausblicke in ein zukunftstaugliches Kommunikationsmanagement ermöglichen.*

Lischka, Andreas (2000): Dialogkommunikation im Relationship-Marketing. Kosten-Nutzen-Analyse zur Steuerung von Interaktionsbeziehungen. Hamburg: Gabler. *Angesichts der zunehmenden Bedeutung des Relationship-Marketing wird der Dialogkommunikation eine wichtige Funktion bei der Gestaltung der Beziehungen zwischen Unternehmen und Kunden zugeordnet. Lischka entwickelt eine Erfolgs- und Steuerungsgröße von Unternehmen-Kunde-Interaktionen auf der Grundlage einer Kosten-Nutzen-Analyse.*

Kapitel 2

Kunden als Kommunikationspartner

Wenn die Märkte enger werden und der Wettbewerb sich verschärft, gewinnt die Kommunikation eines Unternehmens mit den Kunden an Bedeutung. An sie wenden sich die wirtschaftswissenschaftlich orientierte Marketingkommunikation sowie die sozialwissenschaftlich orientierte Public Relations – zwei Kommunikationsdisziplinen, die derzeit in Theorie und Praxis um eine Vormachtstellung im Sinne einer Führungsrolle kämpfen. Der Disput zwischen den Bereichen Marketing und Public Relations hat eine lange Tradition und besteht eigentlich, seitdem Marketing und Öffentlichkeitsarbeit in den Unternehmen betrieben werden (Bruhn/Ahlers 2004; Rolke 2003).

Mit den Kunden als Zielgruppe verschärft sich einerseits diese Diskussion, da sich beide Bereiche um ein und denselben Personenkreis kümmern, andererseits aber kann die Fokussierung auf ein und dasselbe Ziel auch das gegenseitige Verständnis fördern, indem die Stärken und Schwächen der unterschiedlichen Herangehensweisen sichtbar werden. Beide Disziplinen haben letztlich das gleiche Ziel: Information und Persuasion, um Meinungen, Einstellungen und Verhalten einer bestimmten Gruppe zu verändern. Schließlich geht es darum, potenzielle Kunden zu gewinnen und vorhandene Kunden zu binden. Kundenkommunikation ist zur Querschnittsaufgabe aller Kommunikationsbereiche eines Unternehmens geworden.

Im Folgenden werden theoretische Konzepte vorgestellt, die aus den unterschiedlichen Wissenschaftsdisziplinen stammen, und die weitere Entwicklung des Verhältnisses von Marketing und PR in der Kundenkommunikation analysieren. Welches Bild vom Kunden entwerfen die theoretischen Ansätze? Welche Rolle spielen die Ziele der Kundenansprache und der Kundenbindung? Wird integrierte Kommunikation – lange gefordert – beim Kunden endlich Wirklichkeit?

1. Strukturierung der „Umwelt" von Unternehmen

Ein erster Schritt für ein systematisches Vorgehen in der Kundenkommunikation ist die exakte Definition derer, an die sich die Kommunikationsmaßnahmen richten. Gemeint sind – systemtheoretisch betrachtet – die Personengruppen der internen und externen Umwelten einer Firma, mit denen Beziehungen aufgebaut werden und die Informationen liefern oder erhalten sollen. Aus der Perspektive der Systemtheorie sind diese „Umwelten" aus mehreren Gründen wichtig. Sie bilden den „Input" der Außenwelt in das Unternehmen. Aber auch in den Firmen bestehen Subsysteme, die miteinander in Beziehung stehen und ebenfalls als „Input" interessant sind. Der „Output" von Kundenkommunikation soll gezielt diejenigen Bereiche der Umwelt erreichen, die der jeweiligen Zielsetzung entsprechen. Kommunikationsmanagement muss also als Erstes seine so verstandenen Umwelten exakt strukturieren. Kunden als Kommunikationspartner einer Firma können somit mit verschiedenen theoretischen Konzepten definiert werden.

1.1. Zielgruppen (Bezugsgruppen)

Ein weit verbreitetes Strukturierungskonzept für Kommunikationsfelder hat die Betriebswirtschaftslehre entwickelt: die Einteilung in Zielgruppen. Der Begriff Zielgruppe stammt aus der Marketinglehre, speziell der Werbewirtschaft. „Eine Zielgruppe im Marketing ist die Gesamtheit der Personen, an die planmäßig die marketingpolitischen Instrumente gerichtet werden und die durch Werbung angesprochen und beeinflusst werden sollen" (Koschnick 1996: 1037). „Zielgruppen sind also die Adressaten von PR- und Werbeaktivitäten. Sie werden nach strategischen oder taktischen Gesichtspunkten ausgewählt und angesprochen, sei es mit publicityträchtigen Mitteln oder auf die feine Art des Dialogs" (Avenarius 2000: 180).

Bei Zielgruppen werden anhand empirischer Merkmale spezifische Ausschnitte aus dem Kommunikationsfeld definiert. Dabei kann zwischen „engeren" und „weiteren" Zielgruppen für die Unternehmenskommunikation unterschieden werden. Die Kunden gehören zusammen mit den Mitarbeitern und Kapitalgebern zu den engsten Zielgruppen, die ein Unternehmen haben kann. Neben „engeren" und „weiteren" Zielgruppen, bezogen auf die Bedeutung von Personengruppen, kann die Einteilung in Primärzielgruppen und Sekundärzielgruppen (Bruhn 1997: 567 f.) ein weiteres Segment des Kommunikationsfeldes kennzeichnen. Primärzielgruppen sind solche, die als Meinungsführer agieren (z. B. Vertreter von Medien oder Verbraucherschutzorganisationen). Sie dienen sozusagen als „Relaisstation" zwischen dem Unternehmen und den Sekundärzielgruppen, an die sich die Kommunikationsaktivitäten richten, und wirken auf deren Meinungsbildung entscheidend ein.

Das Unternehmen kann also überlegen, durch welche Primärzielgruppen sich welche Sekundärzielgruppen beeinflussen lassen. Diese Vorgehensweise gründet auf dem Konzept des Two-Step-Flow bzw. des Multi-Step-Flow der Kommunikationswissenschaft (Eurich 1977; Grefe/Müller 1976). Den Meinungsbildnern, die hohen Einfluss auf das Unternehmensimage haben, ist bei der Planung und Optimierung von Konzepten der Kundenkommunikation besondere Aufmerksamkeit zu schenken.

Der häufig verwendete Begriff Zielgruppe spiegelt jedoch den Kommunikationsprozess nur unzulänglich wider und lässt Assoziationen zu einer rein instrumentellen Sichtweise des Vorgangs aufleben. An Stelle von Zielgruppen wird in der PR häufig von Bezugsgruppen gesprochen. Das sind diejenigen Kommunikationspartner eines Unternehmens, an die sich die Kommunikation richtet. Der Begriff betont, dass vor allem die sozialwissenschaftlich orientierte PR gute, wechselseitige Kommunikationsbeziehungen zu definierten Gruppen oder Personen aufbauen und erhalten wollen. Im Gegensatz dazu unterstreicht der wirtschaftswissenschaftlich orientierte Ansatz der Zielgruppendefinition, dass die Aktivität überwiegend von Unternehmen ausgeht, das bestimmte Personenkreise als „Ziel" seiner Kommunikationsaktivitäten ins Visier nimmt.

Die Publika der PR, die Bezugsgruppen, definieren ihre Beziehung zu Unternehmen somit über Interaktionen bzw. eine dialogorientierte Kommunikationsweise und unterscheiden sich dadurch von den Zielgruppen des Marketing (Herger 2004: 102).

Die Segmentierung des Kommunikationsfeldes (Einteilung in Ziel- bzw. Bezugsgruppen) folgt je nach theoretischem Ansatz und praktischen Erfordernissen völlig unterschiedlichen Kriterien. Diese Merkmale sollen Kommunikationssegmente definieren, die in sich möglichst homogen sind. Mögliche Kriterien sind:

- demographisch oder sozioökonomisch definierte Gruppen (z. B. nach Geschlecht, Alter, Einkommen, Berufen, Bildungsgrad),
- geographisch definierte Gruppen (z. B. Bewohner einer Stadt, eines Landes),
- durch psychographische Kriterien geprägte Gruppen (z. B. durch Einstellungen, Verhaltensweisen, Lebensstile),
- durch Beziehungen zum Unternehmen definierte Gruppen (z. B. Kunden, Mitarbeiter, Lieferanten, Kapitalgeber),
- Nutzer bestimmter Medien oder Kommunikationswege (z. B. Zeitungsleser, Online-Nutzer, Besucher von Veranstaltungen),
- durch bestimmte Situationen geprägte Gruppen (z. B. Bahn- und Flugreisende) u. a.

1.2. Stakeholder (Anspruchsgruppen)

Nicht immer kann das Unternehmen „in eigener Souveränität" entscheiden, mit wem es in der Kundenkommunikation „sprechen" will, wenn Menschen sich aus eigenem Antrieb eine Firma oder ein Produkt aussuchen und ihre Interessen artikulieren, z. B. Verbraucherschützer, Umweltaktivisten, Selbsthilfegruppen u. a. Daher hat sich auch in der Kunden-PR das Konzept der Stakeholder durchgesetzt.

Stakeholder (Anspruchsgruppen) sind diejenigen Menschen, die von Entscheidungen eines Unternehmens betroffen sind oder mit ihrem Handeln selbst die Aktionen einer Firma beeinflussen können.

„Organizations have stakeholders. That is, there are groups and individuals who can affect, or are affected by, the achievement of an organization's mission" (Freeman 1984: 52). Stakeholder können durchaus unterschiedliche Interessen verfolgen und über unterschiedliche Einflusspotentiale verfügen, um diese Interessen durchzusetzen.

Stakeholder wurden ursprünglich als Gruppen angesehen, deren Interessen und Erwartungen das Management eines Unternehmens auf jeden Fall berücksichtigen müsse. Sie wurden definiert als „those groups without whose support the organization would cease to exist" (Freeman 1984: 31). Der Begriff darf jedoch keinesfalls mit „shareholder" (Aktionär) verwechselt werden (Avenarius 2000: 178; Liebl 2000: 27). Typischer Stakeholder sind Kapitalgeber (Shareholder), Kunden, Lieferanten, Händler, Medien, Mitarbeiter, Regierungen, Behörden, spezielle Interessen- und Umweltgruppen, lokale Organisationen u. a.

Wodurch wird eine Gruppe zu einem Stakeholder, wann wird aus einer Bezugsgruppe eine Anspruchsgruppe? In Anlehnung an Franz Liebl (2000: 30) geht es um folgende Kriterien:

- Formale, z. B. vertragliche, Beziehungen: Alle Gruppen, die durch formale Beziehungen mit dem Unternehmen verbunden sind, z. B. Kunden, Lieferanten, Händler, Mitarbeiter, Kapitalgeber, Geschäftspartner.
- Stellungnahmen zu einem Issue: Stakeholder werden sichtbar durch ihre Aussagen und ihr Handeln mit Blick auf eine Streitfrage, z. B. newsgroups im Internet, die sich mit Produkten eines Unternehmens befassen.
- Vermutetes Interesse: Hierunter fallen Gruppen, deren Interessen vermutlich betroffen sind oder die ihren Einflussbereich verändert sehen können, z. B. Mitglieder von Berufsverbänden, die mit Unternehmen und seinen Produkten bzw. Dienstleistungen in Berührung kommen.
- Opinion-Leader: Dazu zählen Personen, die zwar nicht direkt durch Unternehmensentwicklungen betroffen sind, aber die Meinung anderer beeinflussen,

z. B. Journalisten, Verbraucherverbände und -institutionen, Forschungsinstitute u. a.

Die Kunden sind diejenigen Stakeholder eines Unternehmens, die nicht nur freiwillig eine solche Beziehung eingehen, sondern auch noch mit vielfältigen Informations- und Kommunikationsmaßnahmen überschüttet werden. Sie haben gewöhnlich nicht das Problem, dass das Unternehmen sie auf der Suche nach möglichen Stakeholdern durch das „environmental scanning" zu wenig berücksichtigt. Hohe Aufmerksamkeit durch das Unternehmen ist ihnen meist sicher.

Die Strukturierung des Kommunikationsfeldes mit dem Stakeholderkonzept verbindet zwei Dimensionen: die Bezugsgruppen und das Anliegen (Issue), das sie dem Unternehmen gegenüber vorbringen. Der Konfliktgehalt der Themen einer realen oder potenziellen Auseinandersetzung eines Unternehmens mit Stakeholdern drückt sich nach Liebl unterschiedlich aus:

- „Es herrschen unterschiedliche Vorstellungen über die Lösung eines allgemein anerkannten Problems.
- In Bezug auf einen bestimmten Sachverhalt klaffen die Wertvorstellungen der Kontrahenten auseinander.
- Es gibt zwar Konsens über das, was angestrebt werden sollte, jedoch bricht ein Verteilungskampf aus" (Liebl 2000: 21).

Issues der Kundenkommunikation, etwa Qualitäts- oder Sicherheitsaspekte, stehen im Brennpunkt unterschiedlicher Interessen. Unmittelbare Interessen eines Unternehmens stehen denen Andersdenkender, Verbraucherschützern, Politikern oder anwaltschaftlich agierenden Journalisten, gegenüber. In der internen Unternehmenskommunikation können dies z. B. die Geschäftsleitung und der Betriebsrat oder unterschiedliche Sichtweisen der Bereiche Produktion und Vertrieb sein, in der externen Öffentlichkeit die Vertreter der Arbeitgeber und der Gewerkschaften oder der Hersteller und Verbraucher. Des Weiteren mischen sich meist andere, wichtige Stakeholder ein, beispielsweise Politiker oder Personenkreise mit persönlichen Interessen, etwa Vertreter einer Berufsgruppe. Da ein Großteil der öffentlichen Kundenkommunikation über Medien verläuft, befinden sich Journalisten und Redaktionen nahezu immer in der Rolle der Stakeholder.

Ob ein Thema der Kundenkommunikation, z. B. Produktfehler, Umweltprobleme, Produktionsbedingungen in Entwicklungsländern, Karriere in der Öffentlichkeit macht, hängt nach Liebl (2000: 48 ff.) von zahlreichen Faktoren ab:

- „Wie allgemein ist das Issue formuliert?
- Wie stark ist der lebensweltliche Bezug des Issues?

- Wie hoch ist die empirische Beweiskraft für das Issue?
- Wie groß ist die soziale Bedeutung des Issue?
- Welchen zeitlichen Horizont besitzen die Konsequenzen des Issue?
- Wie komplex ist das Issue?
- Wie einstimmig ist die Medienberichterstattung? Welche Argumente werden zu häufig wiederholt?
- Wie hoch ist der Neuigkeitsgrad des Issue?
- Wie stark ist das Issue emotional besetzt?
- Wie hoch ist die Dynamik der Verbreitung?
- Wie stimmig ist die Symbolik?
- Wie zentral sind die benutzten Werte?
- Wie groß ist die Spannweite des Deutungsrahmens?
- Wird das Deutungsmuster als konsistent wahrgenommen?
- Existieren Unstimmigkeiten zwischen Deutungsmuster und Aktionen?
- Existiert die Möglichkeit einer Schuldzuweisung?
- Wie stark ist die Konkurrenz zwischen Issues?
- Wie groß ist die Verwandtschaft und Komplementarität zu bereits priorisierten Issues?
- Wie wahrscheinlich ist die Herausbildung von sekundären Issues?“

Das Entstehen von Issues und deren Aufmerksamkeitswert hängen vom Zusammenspiel der einzelnen Komponenten ab (Schaubild 7). Dazu gehören das Unternehmen mit seinen Kommunikationsprozessen, Produkten und Leistungen, die Stakeholder sowie Trends bzw. Ereignisse, die im Laufe einer Themenkarriere auftreten. Die inhaltliche Grundlage eines Issues bilden der Problemgehalt, die Interpretation eines Themas sowie die Lösungsalternativen. Die Dynamik der Themenentwicklung wird beeinflusst durch die Medienberichterstattung sowie Agenden aller Art – von der Tagesordnung der Entscheidungsträger bis zur Auslastung der Redaktionen mit Informationen und Themen.

1.3. Publics (Teilöffentlichkeiten)

In der PR-Theorie ist neben dem Stakeholderkonzept das Modell einer situativen Öffentlichkeit entstanden (Grunig/Hunt 1984). An diesem Konzept ist interessant: situative Öffentlichkeiten, vielfach auch als Teilöffentlichkeiten (Avenarius 2000: 179) bezeichnet, setzen sich aus Personen oder Gruppen zusammen, die über einen gemeinsamen Sachverhalt diskutieren oder zu einer bestimmten Position ähnlich denken. Sie können aus Menschen bestehen,

- die einem ähnlichen Problem gegenüberstehen,
- die erkennen, dass dieses Problem besteht, und

- die sich organisieren, um mit diesem Problem umzugehen.

Beispiele sind Patientengruppen in der Gesundheitskommunikation, Kundengruppen, die sich mit dem Ziel der Geltendmachung von rechtlichen Ansprüchen (z. B. Schadensersatz) zusammentun, Verbraucherinstitutionen oder newsgroups im Internet.

Wie können diese „publics" (Teilöffentlichkeiten), auf die sich die Kommunikationsarbeit bezieht und die durch Kommunikation erst entstehen, geordnet werden? Grunig und Hunt (1984: 145) unterscheiden latente und aktive Öffent-

Schaubild 7
Komponenten eines Issues

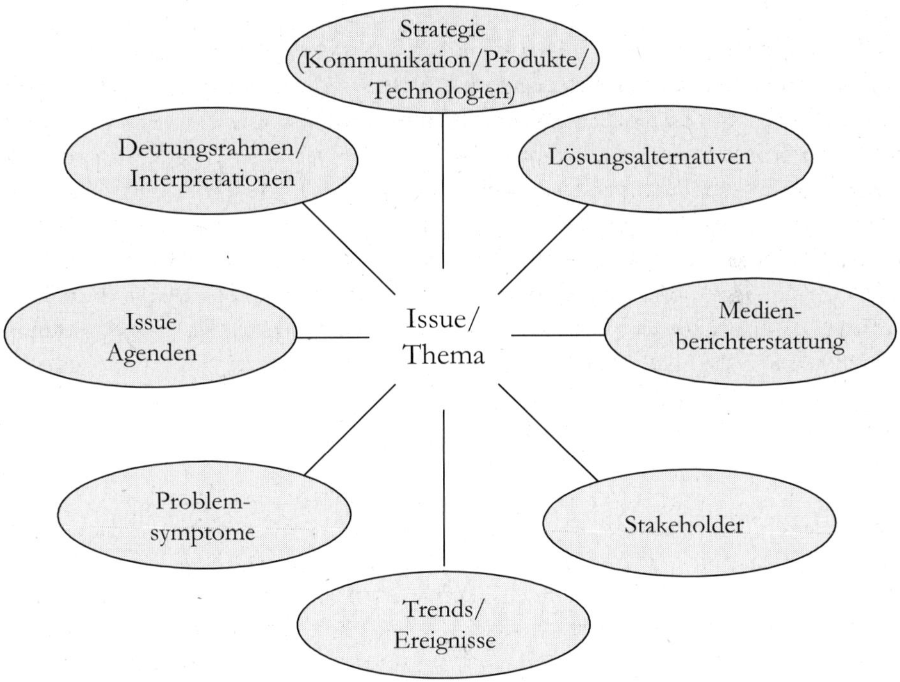

Quelle in Anlehnung an: Liebl 2000: 57

lichkeiten. Drei Faktoren führen latente Öffentlichkeiten in ein aktives Stadium:

- Das Erkennen eines Problems („problem recognition") bedeutet: die Menschen merken, dass etwas fehlt oder schief geht. Deshalb werden sie aufmerksam und wollen weitere Informationen bekommen.
- Das Erkennen von Handlungsmöglichkeiten, aber auch von Schranken und Grenzen („constraint recognition") beeinflusst das Urteil der Menschen, ob es sich lohne, in einer konkreten Situation etwas zu unternehmen. Wenn sie glauben, sie könnten eine Problemsituation beeinflussen, werden sie weitere Informationen zur Vorbereitung von Aktionen suchen.
- Die Betroffenheit bzw. Beteiligung („level of involvement") gibt den Ausschlag für die Aktivität. Wenn Menschen meinen, sie seien von einem Problem betroffen oder irgendwie beteiligt, werden sie eher darüber kommunizieren (Grunig/Repper 1992: 135 ff.).

Aufgrund dieser Faktoren lassen sich – nach Grunig/Hunt (1984: 145 f.) – folgende Teilöffentlichkeiten unterscheiden:

- Nicht-Teilöffentlichkeiten: sie haben mit dem Vorgang nichts zu tun und wissen – noch – nichts davon;
- latente Teilöffentlichkeiten: sie sind betroffen, wissen es aber nicht;
- bewusste Teilöffentlichkeiten: sie sind sich des Problems bewusst, unternehmen aber nichts;
- aktive Teilöffentlichkeiten: sie organisieren sich, um etwas zu tun.

Aufbauend auf diesen Unterscheidungen ist eine weitergehende Differenzierung in aktivistische, aktive, bewusste, latente, potenzielle und Nicht-Teilöffentlichkeiten denkbar. Diese Abgrenzungen sind vor allem für die praktische Kommunikationsarbeit in den Unternehmen wichtig. Schwierig ist es jedoch, diese Gruppen eindeutig einzugrenzen. Durch „falsche" Gruppenansprache können Unternehmen Probleme selbst erzeugen, beispielsweise wenn eine „potentielle Teilöffentlichkeit" durch Informationsaktivitäten erst gebildet wird oder dadurch unerwünschte Mobilisierungseffekte entstehen.

Die Identifikation von Teilöffentlichkeiten ist für Unternehmen von zentraler Bedeutung, um mögliche Probleme in der Kundenkommunikation frühzeitig zu erkennen und zu bearbeiten. Aus der Unterscheidung zwischen Bezugsgruppen und Teilöffentlichkeiten kam Grunig zu dem wichtigen Schluss, dass „publics", die durch die Ähnlichkeit ihres Kommunikationsverhaltens gekennzeichnet sind, grundsätzlich anders agieren als durch demographische und/oder soziale Attribute definierte Gruppierungen, z. B. Zielgruppen (Bezugsgruppen). Er differenzierte zwischen vier Typen von Öffentlichkeiten (Grunig/Repper 1992: 139):

- „All-issue publics" sind bei allen Themen aktiv.
- „Apathetic publics" bilden das genaue Gegenteil und sind bei allen Themen passiv.
- „Single-issue publics" sind aktiv bei einem oder mehreren Problemen, etwa gegen Tierversuche oder für ökologischen Anbau in der Landwirtschaft.
- „Hot-issue publics" umfassen fast nur Aktive, die Probleme bei allen Gelegenheiten ansprechen. Diese Themen werden zum Gesprächsstoff, zu denken ist an Globalisierungsgegner wie die Organisation Attac.

„Publics" sind also nicht durch soziodemographische Merkmale, sondern durch spezielle Themen und Situationen definiert, die die Zusammensetzung, Größe und die Möglichkeiten zur Interaktion beeinflussen. Andernfalls würde es sich um Zielgruppen handeln. Unterscheidungsmerkmale sind Interaktionen und gemeinsames Interesse.

Teilöffentlichkeiten sind soziale Gruppen, deren Handeln auf ein Interesse ausgerichtet ist und die untereinander in Verbindung stehen. Sie nehmen sich als aktive Gruppen wahr. Zielgruppen hingegen sind nach beliebigen Merkmalen differenzierte, disperse Publika, die ihre Entscheidung mehr oder weniger frei vor dem Hintergrund ihrer psycho-sozialen Realität als Individuen treffen.

Zur Strukturierung der Umweltbeziehungen von Unternehmen liegen also vielfältige Konzepte vor. Grunig und Hunt ist es zu verdanken, dass mit der Ergänzung der Bezugs- und Anspruchsgruppen durch das Konzept der situativen Teilöffentlichkeiten ein weiteres theoretisches Konstrukt zur Segmentierung des Kommunikationsfeldes vorliegt. Öffentlichkeiten in der Kundenkommunikation konstituieren sich vor allem durch Kommunikationsvorgänge, nicht nur durch formale Merkmale wie Alter, Einkommen oder Beruf. Latente Öffentlichkeiten können aktiv werden, wenn sie Probleme wahrnehmen, Handlungschancen sehen und letztlich betroffen sind oder sich betroffen fühlen.

1.4. Phasen der Kundenkommunikation

Die Umweltbeziehungen eines Unternehmens lassen sich in Phasen einteilen: die Phase der Stakeholder, die der Teilöffentlichkeiten und der Issues in der öffentlichen Auseinandersetzung, in der das Unternehmen nach und nach an Handlungsspielraum verliert.

Phase der Stakeholder: Diese erste Phase wird meist in der Unternehmenspraxis übersehen. Sie umfasst die Menschen, die von Entscheidungen des Unternehmens betroffen sind oder diese beeinflussen können. Weil die Themen meist noch nicht öffentlich diskutiert werden, sind diese Personen in ihren Meinungen und Einstellungen noch offen und keineswegs festgelegt. Kommunikationsbeziehungen zu der Stakeholdergruppe Kunden sind außerordentlich wichtig. Sie ermöglichen es, langfristig stabile Beziehungen aufzubauen, die Unternehmen benötigen, um ihren Handlungsspielraum zu erhalten oder aktuelle Krisen zu bewältigen. Gleiches gilt für Verbraucherschutzorganisationen, Medien und andere wichtige Stakeholder.

Phase der Teilöffentlichkeiten („publics"): Diese Art der Segmentierung des Publikums ist theoretisch noch wenig behandelt. Zwar haben die Marketing-Fachleute eine Vielzahl an Techniken erarbeitet, wie sich der Markt segmentieren lässt, die jedoch alle Zielgruppen, aber nicht Teilöffentlichkeiten erfassen. Beides gilt es auseinander zu halten. Unternehmen können ihre Märkte wählen, auf denen sie tätig sind. Sie schaffen und binden dort möglichst viele Kunden. Teilöffentlichkeiten hingegen können autonom entstehen und sich Unternehmen aussuchen, mit denen sie sich beschäftigen. Sie organisieren sich rund um Probleme, etwa Qualitätsmängel, oder aktive Personen (z. B. Ralph Nader in USA) bzw. Organisationen (unter anderen Verbraucherschutzorganisationen). Sie können lange Zeit passiv bleiben und sich dann unerwartet öffentlich präsentieren. Unternehmen haben in diesem Fall nicht mehr die Wahl, ob sie sich mit ihnen auseinandersetzen wollen oder nicht.

Phase des Issues Management („issue stage"): Löst ein Unternehmen seine Probleme nicht oder ist seinem Umfeld gegenüber ignorant, kann die dritte Phase der Beziehungen eintreten. Ein Interessenkonflikt erreicht das Stadium der öffentlichen Thematisierung, in denen Medien eine gewichtige Rolle spielen. „Publics organize and create ‚issues' out of the problems they perceive. Public relations should anticipate these issues and manage the organization's response to them" (Grunig et al. 1992: 124).

Eine noch weitergehende Differenzierung der Unternehmensöffentlichkeiten unterscheidet verschiedene Stufen nach dem Formalisierungsgrad und den Akteuren: die so genannte Encounter-Ebene mit spontanen, wenig geregelten Öffentlichkeitsformen, die Themenöffentlichkeiten, deren Merkmal der zunehmende Organisationsgrad ist, sowie die Medienöffentlichkeit, die den Gesetzen des publizistischen und ökonomischen Wettbewerbs unterliegt (Neidhardt 1994). Dieses Konzept, übertragen auf die Unternehmen als Akteure, gibt ebenfalls wichtige Impulse für die Kundenkommunikation.

Die Encounter-Ebene ist ein einfaches Interaktionssystem ohne Differenzierung der Rolle von Kommunikatoren, Mediatoren oder Publikum. Es handelt sich um die Kommunikation am Arbeitsplatz oder nach Feierabend im Bekanntenkreis. Diese Stufe von eingeschränkter Öffentlichkeit ist vielfach eher zufällig, zumeist räumlich, zeitlich und sozial begrenzt und wird in der Analyse der Kundenkommunikation heute kaum beachtet. Gleichwohl wächst die Bedeutung von Gerüchten als wenig steuerbarer Kommunikationsform (Mast 2002). Für Unternehmen ist die Ebene der informellen Kommunikation bedeutsam, weil sich hier – teilweise in sozial verfestigter Form (z. B. in Teams und Gruppen) – themenzentrierte Diskussionskreise herausbilden, die zu weiteren Formen der Kommunikation, etwa Kundenbeschwerden, oder sogar Medienberichterstattung führen können. Auf dieser Ebene herrscht die unvermittelte Kommunikation vor.

Die zweite Ebene sind Themenöffentlichkeiten, d. h. thematisch zentrierte Interaktions- und Handlungsprozesse, beispielsweise in Form von Veranstaltungen oder Initiativen. Die Differenzierung von Kommunikationsrollen ist hier ausgeprägter als auf der Encounter-Ebene. Themenöffentlichkeiten müssen organisiert werden. Es kommt hinzu, dass in der themenzentrierten Öffentlichkeit neben Laien auch Experten mitwirken.

In der Medienöffentlichkeit wird Kundenkommunikation auch für Externe sichtbar. Die Differenzierung der Kommunikationsrollen ist hier am ausgeprägtesten. Themen, von entsprechenden Publikumssegmenten angeboten, werden von professionellen Journalisten nach Nachrichtenwerten (Mast 2004a: 53 ff./242 ff.; Mast 2003: 59 ff.) und Vorgaben der redaktionellen Formate (Mast 2004a: 527 ff.; Meckel 1999; Meier 2002) ausgewählt und präsentiert. Unternehmen agieren – je nach Selbstverständnis und Situation – proaktiv oder reaktiv, um Medien zu beeinflussen (Rolke/Wolff 1999). Im Unterschied zu anderen Formen der Öffentlichkeit verfügt die Medienöffentlichkeit über ein relativ kalkulierbares Publikum und eigene Selektionsregeln, z. B. Nachrichtenwerte (Mast 2004a; Staab 1990; Schulz 1976).

2. PR und Marketing mit unterschiedlichen Schwerpunkten

PR und Marketing werden häufig als zwei Kommunikationsdisziplinen angesehen, die sich kritisch gegenüberstehen. Aus der Perspektive der Marketingkommunikation ist PR nur eines unter vielen Instrumenten, das im Werkzeugkasten „Kommunikationspolitik" enthalten ist (Bruhn 1997). PR-Fachleute hingegen sind der Meinung, dass alle Organisationen – ob sie nun kommerziell tätig sind oder nicht – Kommunikationsarbeit mit zahlreichen Gruppen der Gesellschaft betreiben sollten (Avenarius 2000; Mast 2002). Marketingkommunikation verengt sich in ihren Augen auf den Verkauf von Produkten und Dienstleistungen an Kunden, seien es Konsumenten (B2C-Kommunikation) oder Geschäftskunden (B2B-Kommunikation).

Marketingkommunikation hat also das vorrangige Ziel, einen potentiellen Kunden aus dem Stadium des Nicht-Wissens bzw. Nicht-Informiertseins hin zu einer (positiven) Entscheidung und Handlung zu bewegen.

„Marketing Communications encompasses any form of communication that contributes to the conversion of a non-customer to a customer, and subsequently to the retention of such customers“ (Hart 1995: 25). Aber welche Rolle spielt PR in diesem Prozess?

Vier Elemente des Marketing-Mix sind letztlich entscheidend, die so genannten vier „P“ – „product“, „price“, „place“ und „promotion“. Die Kommunikationspolitik („promotion“) will die Entscheidungen der Konsumenten durch eine Reihe von Aktivitäten beeinflussen. Sie reichen von Pressearbeit und eigenen Medien des Unternehmens, z. B. Kundenzeitschriften, bis hin zu Maßnahmen der Verkaufskommunikation.

Die Bedeutung von PR unter den Marketinginstrumenten wuchs in den letzten Jahren. Die Gebiete überlappen sich inzwischen. Aus der Perspektive der Marketingkommunikation wurde die verkaufsunterstützende Funktion von PR zunehmend höher eingeschätzt (Mast 2004b: 7; Rolke 2003: 16). Auch die PR erkämpfte sich einen weiteren Aktionsradius und nannte immer häufiger Handlungsfelder wie Issues Management, Marken-PR, Public Affairs, Community Relations u. a. als ihre Prioritäten. Allerdings, bei allen Unterschieden der Perspektiven, im Modell der integrierten Kommunikation kommen beide Bereiche zusammen (Gronstedt 1996; Kirchner 2001; Bruhn 2003b).

Kitchen betont daher, dass beide Disziplinen zwar unterschiedliche Schwerpunkte haben, aber zusammen gehören. Er schlägt vor, die Ziele der Marketingkommunikation auf die Austauschprozesse mit den Kunden zu fokussieren, für die unter anderem auch, aber nicht vorrangig PR eingesetzt wird. PR hingegen hat in seinen Augen das Hauptziel, „to create and maintain mutually beneficial relations with publics who could impact on business success“ (Kitchen 1997: 234).

Vorrangige PR-Ziele in der Kundenkommunikation können sein:

- die Verbreitung von Nachrichten und Berichten über neue bzw. verbesserte Produkte,
- die Veranstaltung von Events mit dem Ziel einer entsprechenden Medienberichterstattung,
- Verbreitung von Produktinformationen, die für die Medien – von den Fachzeitschriften bis hin zu aktuell-universellen Tageszeitungen, von der Presse über Online-Medien bis zum Rundfunk – einen Nachrichtenwert haben,
- die Stärkung eines positiven Unternehmensimages, das die Einstellungen zu den Produkten beeinflussen kann,

- die Beeinflussung von öffentlichen Diskussionen und Bewertungen durch die Verbraucher und ihre Schutzorganisationen.

Verbraucherschutzorganisationen und ihre Publikationen (z. B. Stiftung Warentest) sind wichtig in der Kundenkommunikation. Sie agieren – zusammen mit den Journalisten – als „watchdogs", die die Kommunikationsprozesse der Unternehmen mit ihren Kunden maßgeblich beeinflussen können. Verbraucherschützer testen und vergleichen Produkte und veröffentlichen ihr Ranking (z. B. in der Zeitschrift „test" der Stiftung Warentest). Sie beliefern verstärkt die Redaktionen mit Material, das Tipps für den Umgang mit Unternehmen und ihren Produkten enthält. Einige Unternehmen haben daher bewusst ihre PR-Aktivitäten auf die Medienarbeit und die Diskussion mit den Verbraucherschützern fokussiert (Beispiel: die Direktbank ING-DiBa, Frankfurt am Main).

Schaubild 8
Funktionsfelder der Kundenkommunikation

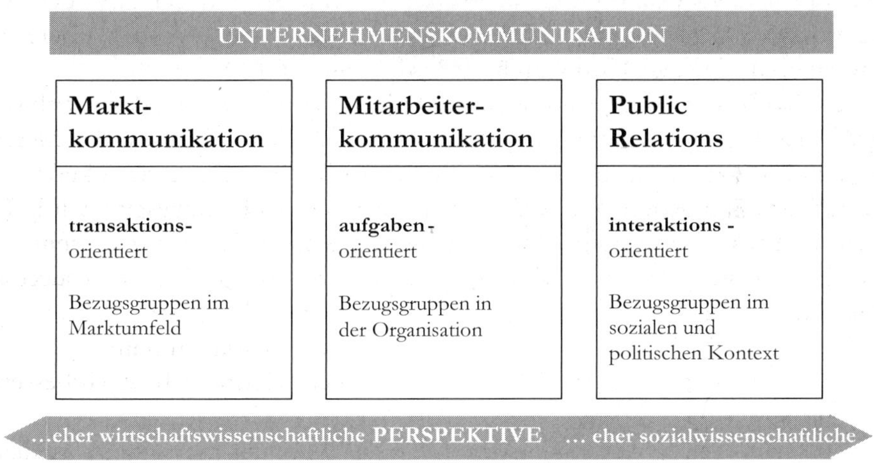

Quelle: eigene Darstellung

2.1. Funktionsfelder der Kundenkommunikation

Auf der Ebene von Unternehmen wird nun vorgeschlagen, drei Funktionsfelder der Kundenkommunikation abzugrenzen (Schaubild 8), die komplementär wirken (Zerfaß 2004a):

- Marktkommunikation, die sich vor allem an den Transaktionen mit Bezugsgruppen orientiert, die am Markt (Kunden) und in seinem Umfeld (potentielle Kunden) agieren. Sie ist vor allem wirtschaftswissenschaftlich orientiert und wird vom Marketing behandelt.
- Mitarbeiterkommunikation, die sich mit den Kunden und ihren Wünschen in den internen Abläufen eines Unternehmens beschäftigt. Sie agiert aufgabenorientiert und wendet sich an die Organisationsmitglieder. Sie sollen kundenorientiert denken und handeln.
- PR, die sich im weiteren Sinne an Kommunikationsbeziehungen zu den Bezugsgruppen im sozialen und politischen Kontext orientiert, die in der Gegenwart, aber auch in der nahen und fernen Zukunft Auswirkungen auf den Geschäftserfolg haben kann. Sie ist vor allem sozialwissenschaftlich orientiert.

Am Beispiel der PR lässt sich verdeutlichen, dass die sozial- und die wirtschaftswissenschaftliche Perspektive sich einander nähern, aber dennoch unterschiedliche Schwerpunkte haben (Schaubild 9). Ausgangspunkt der Marketingkommunikation sind Märkte und die (vermeintlichen) Bedürfnisse der Menschen. PR hingegen denkt in Kommunikationsbeziehungen und Beziehungsqualitäten. Teilgebiete wie Produkt-PR, Marken-PR oder das Reputationsmanagement lassen sich ohne große Mühe – z. B. unter dem Dach eines integrierten Marketings – einbinden. Was aber passiert mit dem Issues Management, Risk Management, die langfristig orientiert sind und weniger aus dem Leitbild der Beziehungen eines Unternehmens zu seinen Märkten (ökonomischer Akteur), als vielmehr zur Gesellschaft und seiner Verantwortung ihr gegenüber (gesellschaftlicher Akteur) gespeist werden?

Ähnliches gilt für das Kundenbild, das aus sozial- bzw. wirtschaftswissenschaftlicher Perspektive durchaus unterschiedlich ist. Auf der einen Seite steht der Verbraucher und Marktteilnehmer, charakterisiert durch seine Beziehungen zum Unternehmen und seinen Produkten. Auf der anderen Seite stehen Menschen in ihrer Rolle als Bürger, die nicht nur individuelle Rechte haben, sondern politische und soziale Ziele gleichermaßen verfolgen können. Sowohl auf der Ebene des Individuums als auch der der Organisationen kann der Dualismus zwischen ökonomischer und gesellschaftlicher Orientierung Spannungen hervorrufen. Mit verstärkten Aktivitäten des „corporate citizenship" versuchen Unternehmen eventuelle Widersprüche zwischen den Ansichten der „Bürger" und denen der Organisation zu minimieren. Konzepte wie „Sustainability Communications" (Michelsen/Godemann 2005; Schönborn/Steinert 2001), „Corporate Social Responsibility" (Seitz 2002), „Corporate Governance" (Hommelhoff et al. 2003; Pfitzer/Oser 2003) versuchen, die Dualität der Perspektiven

Schaubild 9
Schwerpunkte einer sozial- und wirtschaftswissenschaftlich orientierten PR

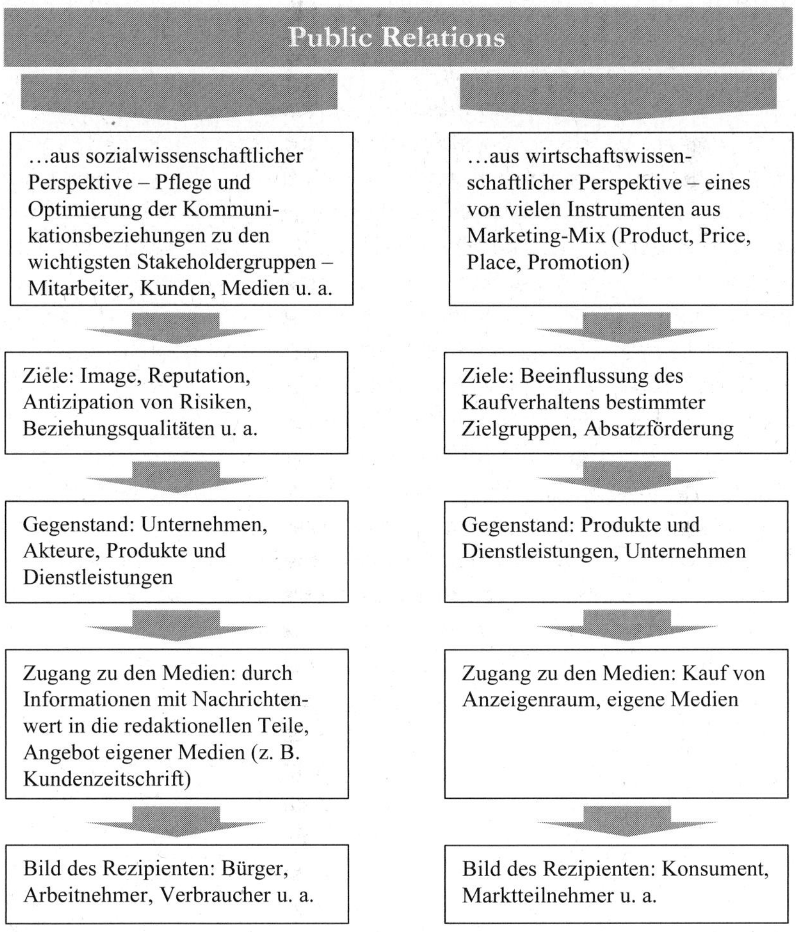

Quelle: eigene Darstellung

integrierend abzumildern. David (2004) vermutet, Public Relations und integrierte Marketingkommunikation würden in Zukunft in einem Modell konvergieren (Schaubild 10), das die Orientierung an Werten, den Umgang mit Risiken und Unsicherheiten sowie das Entscheidungs- und Kommunikationsmanagement von Unternehmen erfasst. Was hier theoretisch skizziert wurde, ist allerdings noch lange keine Praxis.

2.2. Grenzaufhebungen auf dem Weg zur integrierten Kommunikation

Der Streit um die Vormachtstellung von Marketing und PR in der Unternehmenskommunikation wird also vor dem Hintergrund unterschiedlicher theoretischer Ansätze zur Information und Bindung von Kunden geführt. Der Konflikt hat in der Literatur offensichtlich eine weit höhere Bedeutung erlangt als in

Schaubild 10
PR versus Marketing?

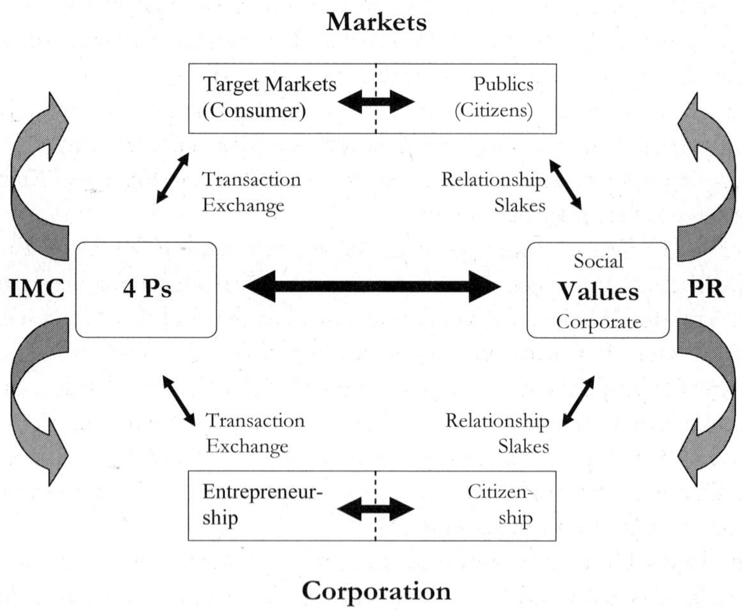

Quelle: David (2004): 193

der Praxis. Jedenfalls kommen Bruhn und Ahlers nach Auswertung der vorhandenen Studien zum Ergebnis, dass „der Konflikt zwischen Marketing und Public Relations von den Verantwortlichen in der unternehmerischen Praxis als weniger gravierend wahrgenommen wird als es die Protagonisten in der Literatur häufig darstellen" (Bruhn/Ahlers 2004: 77). Auch eine Studie Rolkes über „Produkt- und Unternehmenskommunikation im Umbruch" (Rolke 2003: 11) spricht von einer hohen Übereinstimmung zwischen beiden Personengruppen in den Grundlagen der Kommunikation (Unternehmensziele, Bedeutung von einzelnen Zielgruppen, wichtige Trends u. a.). Allerdings führen – so die Studie – unterschiedliche Sichtweisen, z. B. über die Verantwortung für das Unternehmensimage oder die Budgetverteilung, zu latenten oder sogar offenen Konflikten.

Ursache von „Konflikten" oder Meinungsverschiedenheiten ist der Blickwinkel, unter dem Kommunikation betrachtet wird. Der Marketing-Manager konzentriert sich auf die Wertschöpfungsachse von der Produktion bis zum Absatz. Für ihn ist auch Kommunikation nur ein Thema unter vielen. Die Kunden, Händler und Lieferanten sind die wichtigsten Zielgruppen. Ganz anders der PR-Manager: er konzentriert sich auf die wichtigsten Stakeholdergruppen, hält Ausschau nach möglichen Kritikern oder Gefahrenquellen (z. B. Issues Management) und widmet sich Mitarbeitern und Journalisten ebenso wie Kunden und Kapitalgebern. Für ihn gibt es nur Kommunikation als Thema. Die Kunden gehören seit einigen Jahren bei den meisten Unternehmen zu den wichtigsten Zielgruppen neben Mitarbeitern und Medien.

Dennoch – die Kommunikationsaufgaben in der Praxis lassen sich immer schwerer aufteilen in die Bereiche: hier PR, da Verkaufsförderung. Beides ist notwendig und wirkt zusammen. Gebiete wie Produkt-PR oder Marken-PR signalisieren die Grenzaufhebungen.

Gleiches gilt für die eingesetzten Mittel zur Erreichung der Ziele. Ein klassisches Unterscheidungsmerkmal war bislang die Form des Zugangs zum redaktionellen Teil der Medien. PR versuchte ihn über das Vehikel Nachrichtenwert zu schaffen nach dem Motto: „Never pay for coverage". Der Preis für diesen Zugang zur Öffentlichkeit: die Redaktionen als Selektionsmechanismen wählen Informationen aus und verändern sie. Unter dem Blickwinkel der Verkaufsförderung wird der Zugang zu den Medien durch den Kauf von Anzeigenraum gesucht. Der Preis ist hoch (Anzeigenkosten), dafür wird die Botschaft unverändert zum Rezipienten transportiert.

Auch dieses Unterscheidungsmerkmal verliert nach und nach an Kontur. Advertorials, das sind redaktionell gestaltete Anzeigen, nehmen in manchen Zeitschriften zu bzw. sind dort häufig zu finden. Redaktionelle Artikel oder

Beilagen werden von PR-Firmen geliefert (Outsourcing der Redaktionen). Unternehmen zahlen Produktionszuschüsse zu Sendungen (Baerns 2004). Grenzaufhebungen erfolgen auf breiter Front. Die integrierte Kommunikation (Bruhn 2003b; Kirchner 2001; Duncan/Moriarty 1997), seit den 90er-Jahren gefordert, aber höchst selten praktiziert, wird langsam Wirklichkeit. Allerdings wird in den Kommunikationsabteilungen noch lange die eher sozial- bzw. eher wirtschaftswissenschaftliche Denkweise wirksam bleiben.

2.3. Modelle einer integrierten Kundenkommunikation

Um den Anforderungen an die Unternehmenskommunikation in der heutigen Medien- und Informationsgesellschaft gerecht zu werden, ist es erforderlich, zu jeder Zeit, auf jedem Kanal und für alle Bezugsgruppen Kommunikationsbereitschaft zu schaffen. Angesichts der Vielzahl der Medien und der Komplexität der Inhalte kann nur ein integrierender Ansatz greifen. Unternehmen müssen ihre verschiedenen Kommunikationsmaßnahmen und den Einsatz der Kommunikationsinstrumente genau aufeinander abstimmen, um nach außen ein glaubwürdiges, widerspruchsfreies und einheitliches Bild zu vermitteln (Kirchner 2001; Bruhn 2003). In der Kundenkommunikation sind integrierte Kommunikationskonzepte unerlässlich, denn Unstimmigkeiten oder gar Widersprüche in den Kommunikationsmaßnahmen verunsichern eine ohnehin wechselbereite Personengruppe. Neben einigen allgemeinen Ansätzen der integrierten Unternehmenskommunikation, die aus einer betriebswirtschaftlichen Sichtweise der Unternehmenskommunikation Managementaspekte und Aspekte der Organisationsstruktur (z. B. Bruhn 2003) oder die strategische Unternehmensführung als Bezugsrahmen für das Konzept (z. B. Zerfaß 2004a) in den Vordergrund stellen, rücken andere Konzepte die Bedeutung der Bezugsgruppen der Kunden immer mehr ins Zentrum der Überlegungen.

Die integrierte Kommunikation zielt darauf ab, „über die Unterteilung von Kommunikation in einzelne Disziplinen hinwegzusehen und Kommunikation so auszurichten, wie die Kunden und andere Bezugsgruppen sie erleben, als einen Fluss von Informationen von undifferenzierbaren Quellen" (Kirchner 2001: 37).

Nach Kirchner ist integrierte Unternehmenskommunikation „der Prozess des koordinierten Managements aller Kommunikationsquellen über ein Produkt, ein Service oder ein Unternehmen, um *gegenseitig vorteilhafte Beziehungen* zwischen einem Unternehmen und seinen Bezugsgruppen aufzubauen und zu pflegen". Die Passage „gegenseitig vorteilhafte Beziehungen" wird in dieser Definition hervorgehoben, um zu betonen, dass integrierte Unternehmenskommunikation die zentrale Aufgabe hat, zum Beziehungsmanagement zwischen Unternehmen und den Bezugsgruppen, insbesondere den Kunden, beizutragen (Kirchner 2001: 36).

Neuere Konzepte integrierter Kommunikation (Duncan/Caywood 1996; Duncan/Moriarty 1997; Kirchner 2001) heben nicht mehr die Integration der einzelnen Kommunikationsinstrumente hervor, sondern die Integration der Kommunikationsinhalte und -botschaften. Wenn frühere Konzepte integrierter Marketingkommunikation sich zwangsläufig auf den Kunden fokussierten, so sind auch in neueren Modellen der integrierten Kommunikation die Kunden die strategisch wichtige Zielgruppe.

Gronstedts Stakeholder Relations-Modell der integrierten Kommunikation stellt den Kunden in den Mittelpunkt (Schaubild 11). Gronstedt setzt Folgendes voraus: Heute gehört ein und dieselbe Person oftmals verschiedenen Bezugsgruppen an und man erreicht bestimmte Rezipienten auch, indem man zuerst ganz andere Bezugsgruppen anspricht, in welchen diese zunächst gar nicht zu vermuten sind. Dieses Gesamtnetzwerk von diversen Bezugsgruppen muss deshalb mit einer Kombination jeweils passender Instrumente angesprochen werden. Mit der Begründung, Kunden seien diejenige Bezugsgruppe, die das Erreichen der Organisationsziele am meisten beeinflusst, stellt er sie ins Zentrum seiner Überlegungen (Gronstedt 1996: 292). In seinem Modell sind alle anderen Bezugsgruppen mit der zentralen Bezugsgruppe der Kunden verbunden. Deshalb wird bei Gronstedt jede Bezugsgruppenkommunikation als integraler Teil der Kommunikation mit den Kunden behandelt. Zweck der Kommunikation ist auch hier der Aufbau langwährender Beziehungen zwischen Unternehmen und Kunden bzw. anderen Bezugsgruppen, welche alle mit den Kunden in Verbindung stehen.

Gronstedts Ansatz kann als sehr innovativ gelten, weil er, indem er die Perspektive der Bezugsgruppen einnimmt, die Unternehmenskommunikation sehr nach den Wünschen und Bedürfnissen der Rezipienten ausrichtet. Mit Hilfe von „Empfangsinstrumenten“ (z. B. Umfragen, Interviews) soll ein tieferer Einblick in die Bezugsgruppen möglich sein, während man interaktive Instrumente dazu einsetzt, eine Beziehung mit den Bezugsgruppen aufzubauen und zu pflegen. Die „Sendeinstrumente“ (z. B. Werbung, Verkaufsförderung) werden den Bedürfnissen der Bezugsgruppen entsprechend sorgfältig ausgewählt und formal, inhaltlich und zeitlich aufeinander abgestimmt. Die zentrale Idee ist, zuerst die herzustellende Beziehung zu definieren und dann das passende Kommunikationsinstrument auszuwählen (Kirchner 2001: 142).

Das Modell nach Gronstedt unterscheidet nicht zwischen Marketing- und PR-Instrumenten, sondern integriert alle für die Kundenkommunikation relevanten Formen unter dem Dach der integrierten Unternehmenskommunikation. Man bedient sich jeweils derjenigen Instrumente, die für die entsprechende Aufgabe geeignet sind.

Kirchner sieht die Unternehmenskommunikation als Teilbereich eines Beziehungsmanagements (Kirchner 2001: 20) an. Sie nimmt an, dass durch den Verlust der Informationskontrolle der Unternehmen die Märkte in Zukunft von den Konsumenten dominiert werden, und stellt daher den Kunden in den Mittelpunkt der Betrachtungen. Kirchner unterstreicht fünf Integrationsstufen, welche die Voraussetzung für eine integrierte Kommunikation darstellen.

Schaubild 11
Modell der integrierten Kommunikation nach Gronstedt

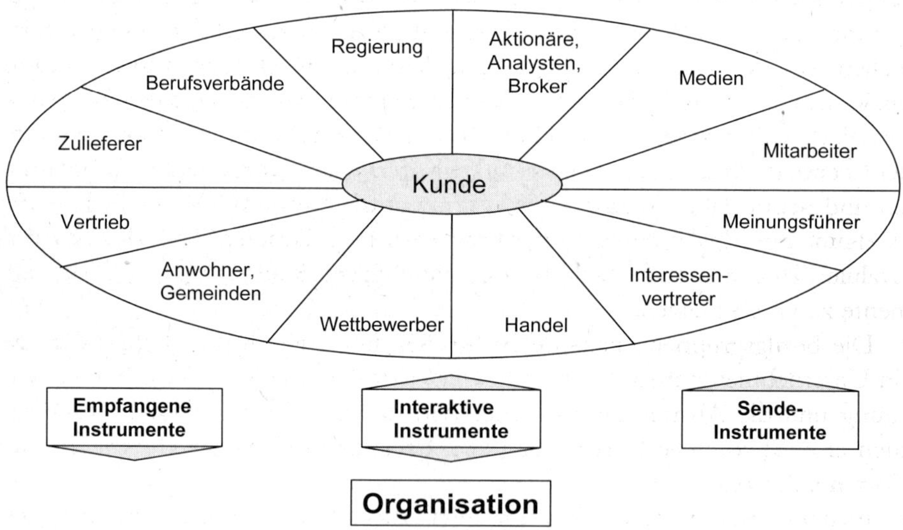

Quelle in Anlehnung an: Gronstedt 1996: 291

Voraussetzung für integrierte Kundenkommunikation ist die „ständige Aufmerksamkeit/Wachsamkeit gegenüber Veränderungen" (Kirchner 2001: 179 ff.):

- Die Integration von Taktik und Image sorgt dafür, dass konsistente Botschaften durch einen konsequenten Einsatz von Inhalten und Designelementen in sämtlichen Medien vermittelt werden.
- Die funktionale Integration bezieht sich auf die Koordination verschiedener Kommunikationsaktivitäten quer über alle Produkte, Divisionen, Regionen und Länder hinweg und dient der formalen Vorbereitung eines einheitlichen Auftritts.
- Die dritte Stufe einer kundenorientierten Integration setzt einen Wechsel von einer unternehmenszentrierten zu einer kundenzentrierten Sichtweise voraus. Sämtliche Kontaktpunkte zwischen Mitarbeitern und Kunden müssen dabei aktiv gemanagt werden. Hierzu ist es notwendig, Kommunikationsprogramme so aufeinander abzustimmen, wie Konsumenten sie erfahren – als Informationsstrom, dessen Ursprünge nicht differenziert werden können. Die Kundenorientierung bedeutet in diesem Zusammenhang auch, sich seiner Informationstechnologie zu bedienen, die das Sammeln und Speichern persönlicher Informationen über Kunden ermöglicht. Dadurch können wiederum Kommunikationsaktivitäten optimal auf die Bedürfnisse von Kunden abgestimmt werden. Auf diese Weise lassen sich, Kaufprozesse für Kunden vereinfachen oder auch verkürzen. Außerdem kann so entschieden werden, welche maßgeschneiderten Angebote für Kunden wertvoll bzw. zu welchem Zeitpunkt sie relevant sein können (Kirchner 2001: 181). Kirchner schlägt für die kundenorientierte Integration auch Möglichkeiten vor, Kundenfeedback einzuholen und nennt dabei Internet und Intranet sowie Business-TV als Medien, die das Kundenfeedback unternehmensweit verbreiten können. Zusätzlich werden Evaluierungsinstrumente benötigt, um individuelle Kunden bzw. Kundensegmente zu unterscheiden.
- Die bezugsgruppenorientierte Integration bezieht sich auf Stakeholder, die ein Unternehmen neben den Kunden hat. Ihre Einbeziehung bzw. Berücksichtigung und die Abstimmung interner und externer Kommunikation ermöglichen erst die formelle Entwicklung und Umsetzung einer Gesamtstrategie der Kommunikation.
- In der letzten Stufe der strategischen Integration, des Beziehungsmanagements und der Messung des finanziellen Erfolges geht es um die Anpassung der Organisation an die Unternehmensstrategie, d. h. um die organisatorische und strukturelle Verankerung der Integration.

Kirchner formuliert mit ihrem Stufenansatz die Voraussetzungen, welche Unternehmen erfüllen müssen, um eine integrierte Kommunikation zu erreichen. Der Fokus liegt dabei eindeutig auf der Kundenorientierung.

Lischka (2000a) vertritt die Meinung, dass durch den Wandel von einem transaktionsorientierten zu einem beziehungsorientierten Kommunikationsverständnis auch die integrierte Kommunikation einen Funktionswandel erfahren habe. Während in der Vergangenheit eine vornehmlich einseitige Darstellung von Unternehmensleistungen sowie die Entwicklung eines einheitlichen Erscheinungsbildes gegenüber einem Massenpublikum das entscheidende Kriterium im Integrationsprozess war (Diller 1992; Berndt 1993), so steht heute nach Lischka die Gestaltung der Beziehung zwischen Unternehmen und ihren Kunden innerhalb der integrierten Kommunikation im Vordergrund, um einen Dialog zu beginnen (Duncan/Moriarty 1997). Er propagiert deshalb den „Wandel der Integrierten Kommunikation von einer Massen- zu einer Dialogkommunikation" (2000a: 49), deren Gegenstand die Gestaltung individueller Interaktionen zwischen Unternehmen und Kunden ist. Grundlage dafür ist ein zweiseitiger Kommunikationsprozess, bei dem die Rolle des Kommunikators und des Rezipienten zwischen den Beteiligten alterniert.

Schaubild 12

Instrumente und Maßnahmen der Dialogkommunikation der integrierten Kommunikation

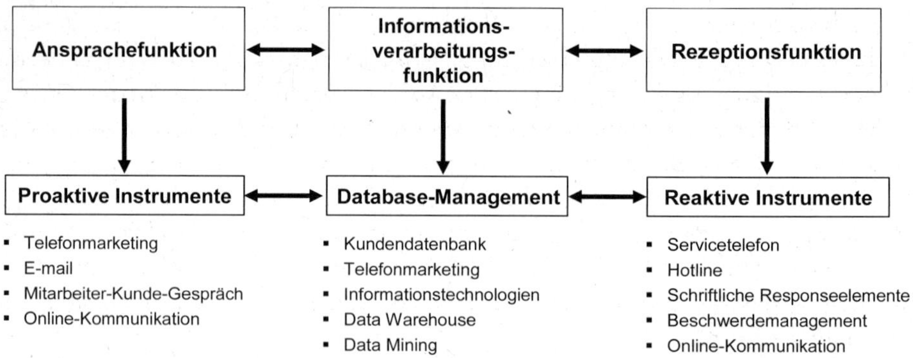

Quelle: Lischka 2000b: 61

Die Dialogkommunikation hat zur Konsequenz, dass nicht nur Kommunikationsbotschaften vom Unternehmen an Kunden vermittelt werden, sondern ebenfalls vom Kunden an Unternehmen (z. B. bei Anfragen oder Beschwerden). Lischka leitet deshalb drei zentrale Funktionen der Dialogkommunikation im Rahmen der integrierten Kommunikation ab (Lischka 2000a; 2000b) (Schaubild 12):

- Die Ansprachefunktion bezieht sich auf die Übermittlung von Botschaften vom Unternehmen zum Kunden.
- Die Rezeptionsfunktion besteht einerseits in der Reaktion des Kunden auf die Ansprache durch das Unternehmen und andererseits in vom Kunden initiierten Kommunikationsprozessen.
- Ansprache- und Rezeptionsfunktion stehen nicht losgelöst voneinander, sondern sind durch Informationsverarbeitung miteinander verknüpft. Daten werden aus der Kundenreaktion generiert, analysiert und dienen als Ausgangspunkt für die weitere Kundenkommunikation.

Diese genannten Funktionen sind mit Instrumenten verknüpft. Diese sind nicht isoliert, „sondern gesamthaft im Rahmen der Integrierten Kommunikation zu planen und durchzuführen, da erst durch den integrativen Einsatz proaktiver und reaktiver Instrumente auf Basis des Database-Managements eine Unternehmen-Kunde-Interaktion aufgebaut und etabliert werden kann“ (Lischka 2000a).

Auch für Bruhn (2000: 13 f.) ist die Orientierung der integrierten Kommunikation an der Outside-in-Perspektive, d. h. an den Informationsbedürfnissen der Rezipienten, eine logische Schlussfolgerung aus den veränderten Rahmenbedingungen der Kundenkommunikation. Beide Kommunikationspartner haben nach Bruhn Zugang zu einem Pool an Interaktionsmöglichkeiten und Informationen. Der Dialog zwischen Unternehmen und Kunden ist deshalb auch nicht mehr vollständig steuerbar. Es ist jedoch möglich, auf spezifische Kommunikationssituationen und Bedürfnisse beider Kommunikationspartner einzugehen. Ziel der integrierten Kommunikation ist es nach diesem Ansatz, „einen Dialog mit dem Rezipienten zu initiieren und aufrechtzuerhalten. Dabei geht die Initiative für einen Dialog oftmals vom Kunden aus. (…) Demzufolge ist die integrierte Kommunikation im Beziehungsmarketing nicht mehr Push-Kommunikation, sondern als Pull-Kommunikation auszurichten, da die Rezipienten aktiv am Kommunikationsprozess teilnehmen“ (Bruhn 2000: 14) (Schaubild 13).

Die Anforderungen an eine integrierte Kundenkommunikation sind komplexer geworden. Zu Zeiten als sie stark transaktionsorientiert war, stand die Entwicklung eines einheitlichen Erscheinungsbildes im Vordergrund. Angesichts neuer Entwicklungen im Umfeld von Unternehmen ist es nun Aufgabe der integrierten Kommunikation, Kundenbeziehungen aufzubauen und aufrechtzuerhalten. Dieses Bestreben sollte quer zu allen Kanälen und Kommunikationsaktivitäten verlaufen, um die Beziehungsqualität zwischen Unternehmen und Kunden und damit eine erfolgreiche integrierte Kommunikation sicherstellen.

Nachdem die frühen integrierten Modelle der Marketingkommunikation ganz auf den Kunden ausgerichtet waren, fand in den 90er-Jahren eine Erweiterung der Ansätze auf verschiedene Zielgruppen statt. Inzwischen wurde der Kunde als die zentrale Zielgruppe der Unternehmenskommunikation wieder entdeckt. Da es sich um eine Zielgruppe handelt, die heute in Theorie und Praxis sowohl von Marketing als auch von der PR berücksichtigt wird, liegt die Leistung neuerer Ansätze integrierter Kommunikation mit dem Kunden darin, die Grenzen zwischen den beiden Disziplinen aufzuheben.

Schaubild 13
Integrierte Kommunikation als Angebot und Nachfrage von Information und Interaktion

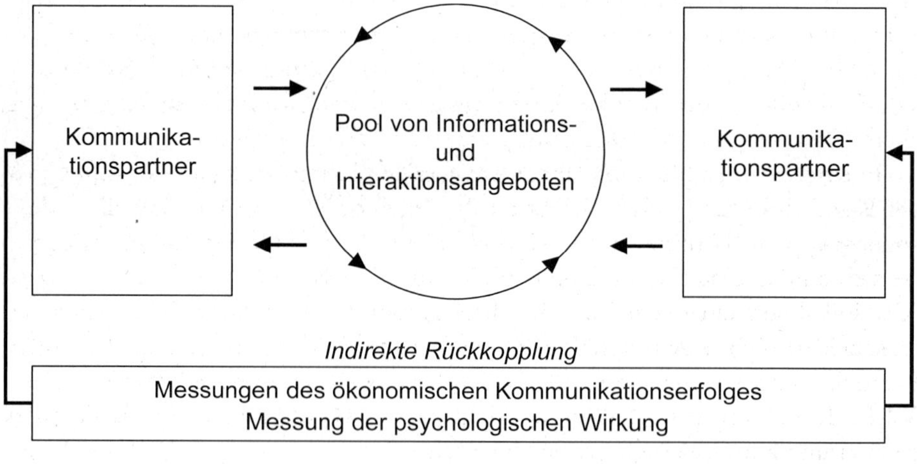

Quelle: Bruhn 2000: 14

3. Aufbau und Pflege von Kundenbeziehungen

Je schwieriger die Wettbewerbsbedingungen werden, desto wichtiger ist es für Unternehmen, offensive Strategien zum Umgang mit ihren Kunden zu entwickeln. Es verursacht mindestens die fünffachen Kosten, neue Kunden zu gewinnen als bestehende Kunden zu halten. Strategien der Kundenbindung sind also im Vergleich zu Marktanteilsstrategien nicht nur kostengünstiger, sondern in der derzeitigen Wirtschaftskrise überlebenswichtig für Firmen.

3.1. Kundenansprache und -bindung als Ziele

In der Kundenkommunikation bestehen zwei Hauptziele: Erstens gilt es, potentielle und aktuelle Kunden anzusprechen und zu überzeugen. Zweitens sollen Kunden in leistungsfähige Kommunikationsbeziehungen eingebunden werden. Es ist natürlich viel leichter, solche Kommunikationsbeziehungen mit zufriedenen Kunden aufrechtzuerhalten als zu versuchen, beschädigte Beziehungen zu reparieren bzw. wieder aufzubauen. Unfreundlichkeiten im Service, Fehler in den Produkten oder überhöhte Preise können vorhandene Kundenbeziehungen nachhaltig erschüttern.

Die Kundenbindung wird in den meisten Branchen, vor allem in der der Dienstleistungen, als wichtigster Erfolgsfaktor eingeschätzt weit vor der Produktqualität, den Kosten oder der Markenbekanntheit. Das ist das Ergebnis einer von der Unternehmensberatung Roland Berger verfassten Studie über Kundenbindungsprogramme in großen deutschen Unternehmen (Roland Berger 2003). Die Zeit drängt, denn die Kunden sind immer mehr den Kommunikationsaktivitäten der Konkurrenten ausgesetzt und können vergleichen, welchem Unternehmen es besser gelingt, ihre Wünsche zu erfüllen.

In einer solchen Situation setzen erfolgreiche Kommunikationsstrategien bei der Kundenbindung durch zielgenaue Information an mit dem Ziel, diese Personengruppe in kontinuierliche Kommunikationsaktivitäten einzubetten, damit sie sich an das Unternehmen gebunden und mit ihm verbunden fühlen. Jedenfalls soll ihnen ein eventueller Wechsel gefühlsmäßig schwer fallen. Darüber entscheiden nicht nur rationale Kriterien wie Produkteigenschaften, Preis oder Vertrieb, sondern vor allem das Gelingen von Kommunikationsbeziehungen. Solche Beziehungen zu haben, ist Geld wert – allerdings nur, wenn sie auch genutzt und kontinuierlich gepflegt werden.

Kunden und Mitarbeiter sind daher die wichtigsten Zielgruppen für die Kommunikation in der derzeitigen schwierigen Wettbewerbslage. Die Unternehmen konzentrieren sich auf diese wichtigen Partner der Wertschöpfung und fokussieren ihre Kommunikationsaktivitäten auf diese entscheidenden Gruppen. Die Mitarbeiter – ob am Telefon, im Verkauf, im Call Center oder nach Feierabend im Bekanntenkreis – prägen das Bild der Kunden von Unternehmen. Effiziente Kundenkommunikation beginnt damit, die eigenen Mitarbeiter davon zu überzeugen, dass von ihrer fachlichen Kompetenz sowie Servicebereitschaft, Freundlichkeit und Hilfsbereitschaft der Geschäftserfolg abhängt.

3.2. Meilensteine der Kundenkommunikation

Für die Kundenkommunikation der Unternehmen ergeben sich daraus wichtige Meilensteine für eine erfolgreiche Ansprache und Bindung von Kunden (Schaubild 14). Zwischen einem Unternehmen und den Kunden existiert eine Vielzahl an Kontaktmöglichkeiten. Sie beginnen bei den klassischen Werbespots, Anzeigen und Werbematerialien, über die Kunden einen Hersteller oder eine Marke wahrnehmen. Diese Kommunikationswege können nur allgemeine Informationen transportieren und weder die speziellen Interessen des Kunden noch die aktuellen Angebote berücksichtigen. Wie alle Werbemaßnahmen kämpft dieser Kommunikationskanal mit dem Problem der Informationsüberflutung. Nicht nur die Kanäle sind verstopft, sondern langsam auch die Köpfe der Menschen.

Schaubild 14
Meilensteine erfolgreicher Kundenkommunikation

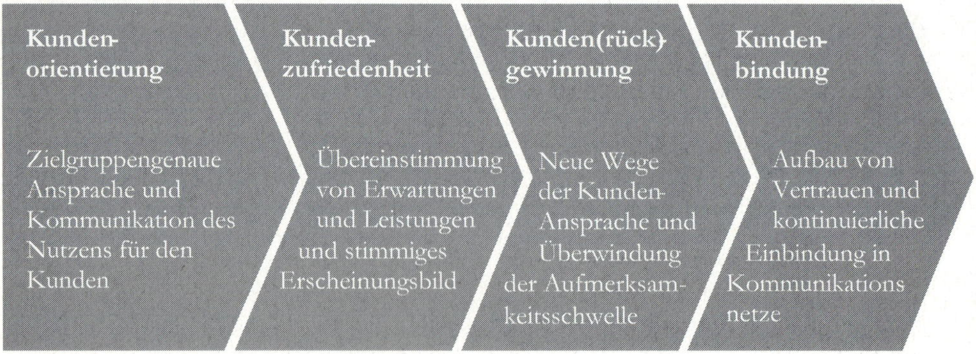

Quelle: eigene Darstellung

Immer mehr Kunden reagieren zudem unwillig auf Werbung. Das Problem der Reaktanz (= Kunde wendet sich aktiv gegen Werbeeinflüsse) wird häufig unterschätzt, da sich Kunden auch nachträglich noch gegen bereits erfolgte Beeinflussungsversuche wehren. Sie versuchen, ihre Entscheidungsfreiheit wieder herzustellen, indem sie das „Angebot" ablehnen oder die Attraktivität aller anderen Alternativen, z. B. die von konkurrierenden Herstellern, aufwerten. Schlimmstenfalls wird aus einem ehemaligen Kunden ein überzeugter Gegner des Unternehmens. Deshalb setzen viele Firmen in der Kundenbindung vor allem auf PR-Maßnahmen, z. B. Kundenzeitschriften, Broschüren, Flyer u. a.

Angesichts der Wettbewerbssituation und des Ringens vieler Konkurrenten um die Aufmerksamkeit der Kunden werden diejenigen Kommunikationsmaßnahmen erfolgreich sein, die zielgruppengenau ausgerichtet sind und die es dem Kunden erlauben, seinerseits seine Wünsche zu artikulieren oder berücksichtigt zu sehen. Wer einen elektronischen Newsletter abbestellt, sollte auch zügig von ihm „erlöst" sein. Wer einmal Interesse an einem speziellen Produkt bekundet hat, sollte nicht mit einem kiloschweren Informationspaket „bedient" werden.

Kunden haben immer weniger Zeit, um immer mehr Entscheidungen zu fällen und sind meist verunsichert bis überfordert. Sie sind aber auch ungeduldiger geworden und wollen exakte, zeitnahe Antworten erhalten. Nur wenn Kommunikationsmaßnahmen wirklich auf diese Bedingungen ausgerichtet sind, trägt Kundenkommunikation zur Wertschöpfung (Mast 2005b) bei. In vielen Unternehmen ist jedoch die klare Kundenorientierung der Kommunikationsmaßnahmen noch keinesfalls Praxis. Viele Aktionen werden aus dem Bedürfnis heraus umgesetzt, einen Bereich, ein Projekt oder ein Produkt aus der Sicht der verantwortlichen Akteure darzustellen und weniger aus der Sicht des Kundennutzens zu erläutern. Auch Bereichsegoismen können zu Darstellungsformen und Erklärungen führen, die der Kunde einfach nicht versteht. Außerdem interessieren ihn interne Strukturen und Entwicklungen von Unternehmen meist nur am Rande, von ihm zu zahlende Beiträge dagegen sehr.

Werden Kommunikationsmaßnahmen angenommen und akzeptiert, können sie zur Zufriedenheit der Kunden beitragen. Service und freundliche, sachkundige Beratung sind heute schon eine Selbstverständlichkeit. Kunden achten vor allem darauf, ob ihre Erwartungen und die gemachten Erfahrungen mit dem Unternehmen in sich stimmig sind und ziehen eine überwiegend emotionale Bilanz.

Wie etwas wahrgenommen wird, hängt nicht nur von einer Reihe harter Faktoren wie Geschäftskonditionen oder Service ab, sondern vor allem vom „Was" und „Wie" der Kommunikation (z. B. Themen, Präsentationsformen, Wahl der Kommunikationswege). Da der Kunde vielfältige Kontakte zu seinem Unternehmen bzw. seiner Marke haben kann und in zahlreiche Kommunikationsformen eingebunden ist, müssen alle Botschaften in ein stimmiges Erscheinungsbild des Unternehmens einfließen. Integrierte, d. h. inhaltlich und formal abgestimmte Kommunikation ist daher unabdingbar. Andernfalls erreichen die Kunden widersprüchliche, uneinheitliche Aussagen oder Botschaften, die sie im Nachhinein nicht mehr dem Unternehmen zuschreiben, sondern anderen Quellen. Integrierte Kommunikation ist angesichts der Professionalität der Kommunikationskonzepte ein Muss, denn kein Unternehmen kann es sich in der heutigen Wettbewerbslage erlauben, den Kunden durch uneinheitliche Kommunikation zu verunsichern.

Zufriedenheit der Kunden ist eine wichtige Etappe auf dem Weg zur Kundenbindung, aber keineswegs eine Garantie dafür. Analysen des Kundenmonitors Deutschland (ServiceBarometer AG München) lassen erkennen: Die Zufriedenheit der Kunden koppelt sich immer stärker ab von der Absicht, sich zu binden oder aktiv eine Weiterempfehlung auszusprechen. Faktoren, die darauf einwirken, dass selbst zufriedene Kunden sich nicht binden wollen, hängen mit den Lebensumständen zusammen (z. B. steigende Mobilität), aber auch mit dem zunehmenden Bedürfnis nach Abwechslung und dem stärkeren Einfluss von Imagekomponenten. Unternehmen, die keine „sichtbaren“ Produkte, z. B. Autos, herstellen, die ihre Ausstrahlungskraft entfalten können, sind daher gezwungen, die Anstrengungen in der Kommunikationsarbeit um ein Vielfaches fokussierter, offensiver und aufwändiger zu gestalten.

Kundenbindung beruht auf Vertrauen und der emotionalen, kontinuierlichen Einbindung der Kunden in ein Netz unterschiedlicher Medien. Dabei ist eines klar: Kundenbindung, ist sie erst einmal erfolgreich, rechnet sich. Kunden, die sich ihrem Unternehmen oder ihrer Marke emotional verbunden fühlen, haben eine geringere Preissensibilität. Sie verzeihen auch mal einen Fehler, sind gegenüber Cross-Selling-Aktivitäten aufgeschlossen und ihr „Immunsystem“ macht sie für die verlockenden Botschaften der Wettbewerber weitgehend unerreichbar. Allerdings bedarf es intensiver Anstrengungen, dass ihre Widerstandskraft erhalten bleibt. Eine kluge und kontinuierliche Kommunikationsarbeit, die vor allem auf Public-Relations-Maßnahmen setzt, ist unverzichtbar.

Auch bei einer intensiven Beziehung besteht die Gefahr, dass ein Kunde den Kontakt zum Unternehmen reduziert oder gar abbricht. Gründe dafür können z. B. attraktive Konkurrenzangebote, wiederholte Fehler in der Geschäftsbeziehung oder ein Nachlassen der Aufmerksamkeit seitens des Unternehmens sein. Es hängt in der Regel davon ab, warum jemand die Beziehung abgebrochen hat, um zu entscheiden, ob es leichter ist, einen ehemaligen Kunden zurückzuholen oder einen neuen zu gewinnen. Das Hauptproblem besteht aber darin, zunächst die Aufmerksamkeitsschwelle mit neuen Botschaften zu durchbrechen. Dazu lassen sich die Unternehmen neue, bislang noch nicht gängige Formen der Kundenkommunikation einfallen. Sie reichen vom Kundenstammtisch, den die Geschäftsführung mit ausgewählten Kunden veranstaltet, über geschlossene Nutzergruppen im Internet und kundenspezifische Portale bis hin zu Online-Kundenmagazinen, die meist eng mit den gedruckten Ausgaben verzahnt sind.

Ein engagiertes Plädoyer für die Rolle der PR bei Produkteinführungen formuliert Petra Sammer, Managing Director Strategy & Creativity bei Ketchum (München). Sie berichtet über Erfahrungen aus der Praxis der Produkt-PR.

Petra Sammer, Ketchum GmbH, München

Produkteinführung – nur mit PR
Erfahrungen und Praxisbeispiele

Welches ist die „Königsdisziplin“ der Kundenkommunikation? Werbung? Verkaufsförderung? Direktmarketing? Welches ist das wichtigste Instrument, um den Kunden über ein neues Produkt zu informieren? Experten und Marketingverantwortliche nennen gern diese drei Disziplinen. Und zugegeben, Werbung erscheint wirklich als eines der attraktivsten Instrumente. Verkaufsförderung und Promotions nützen konkret dem Abverkauf eines neuen Produktes und Direktmarketing adressiert direkt – eins zu eins – den Kunden. Die Realität sieht anders aus. Produkte werden durch PR eingeführt – immer. PR ist die erste Kommunikationsdisziplin, die den Kunden mit einem neuen Produkt konfrontiert und ist daher auch die erste Disziplin im Kommunikationsmix. Oft wird die Bedeutung von PR, gerade bei der Neueinführung von Produkten, unterschätzt. Spricht sie doch nicht direkt mit dem Kunden, sondern nur „mittelbar“ über Medien und Meinungsbildner. Gerade dieser Multiplikatoreffekt und die damit verbundene hohe Glaubwürdigkeit der Information machen dieses Instrument für Marketing so wertvoll.

PR ist die erste Kommunikationsdisziplin mit Leitfunktion – warum Produkte nie durch Werbung eingeführt werden

„Folge Deinem Stern“ – mit diesem Slogan wird die neue A-Klasse von DaimlerChrysler erfolgreich eingeführt, der Werbespot von Springer & Jacoby präsentiert das Lebensgefühl der A-Klasse-Fahrer, die jung bleiben, anders und individuell sind, ihrem eigenen Stern folgen. Doch die Werbekampagne, das dazu passende Eventmarketing und Marken-PR rund um die „Star Tour“ sind nur Teile einer Einführungskampagne, die viel früher einsetzte. Bevor Sie den Werbespot eines neuen Automodells im Fernsehen sehen, haben Sie doch schon längst in „AutoBild“ darüber gelesen. Dort wurde das Produkt von vorn bis hinten besprochen, getestet, kritisiert, diskutiert. Hier findet also die eigentliche Produkteinführung statt.

PR ist die erste Kommunikationsdisziplin, die über ein Produkt informiert. PR kommt daher die wichtige Aufgabe zu, das Produkt zu positionieren und erstmals bei Kunden zu verankern. PR baut zudem die Begehrlichkeit für neue Produkte auf, die oft noch gar nicht erhältlich sind.

PR kann sogar Produkte unterstützen, um überhaupt in den Handel zu kommen. Frühzeitige Informationen und Gespräche mit Fachjournalisten sorgen für Aufmerksamkeit in der Fachpresse, die wiederum vom Fachhandel gelesen wird. Listungsgespräche können damit positiv unterstützt werden, Verkaufspersonal wird informiert, um gegenüber dem Endkunden die richtigen Verkaufsargumente zu finden.

Besonders in der Lebensmittelindustrie spielt PR eine entscheidende Rolle bei Produkteinführungen. Laut AC Nielsen wurden 2003 allein in Deutschland 311 Tütensuppen, 584 Feinkostsaucen, 1.561 Schokoladen und 2.505 alkoholfreie Getränke neu auf den Markt gebracht. Nur selten überleben diese neuen Produkte das Jahr ihrer Einführung. Geschmack ist das wichtigste Kriterium für den Erfolg von Lebensmitteln, und der ist bekanntlich subjektiv. Entscheidend ist daher, die kritische Masse an Erstkäufern zu erzielen, die das Produkt testen, um ausreichend viele Folgekäufer zu überzeugen. Das Produkt muss also ausführlich in der Fachpresse besprochen werden, um überhaupt in das Supermarktregal zu kommen. Frauenzeitschriften und Special-Interest-Blätter wie „essen und trinken“ oder „Meine Familie & ich“ sind davon zu überzeugen, das neue Produkt ihren Lesern vorzustellen. Dafür muss es sich dem harten Urteil dieser Journalisten frühzeitig stellen: Bei Redaktionsbesuchen und Journalistenveranstaltungen wird gekocht, geschlürft, genippt und getestet. Die positive Empfehlung durch ein vertrautes Magazin oder gar die Auflistung des Produktes in den Zutaten eines Kochrezeptes der aktuellen Frauenzeitschrift ebnen den Weg in Deutschlands Kühlschränke und Speisekammern.

Noch weit größere Bedeutung kommt der Produkt-PR bei Industrie- und Investitionsgütern zu. In so genannten Business-to-Business Märkten spielt Werbung bei der Produktpräsentation eine eher untergeordnete Rolle. Innovationen und Produktentwicklungen werden zum Teil Monate vor Marktreife durch PR angekündigt, um Investitionsausgaben frühzeitig zu beeinflussen. Fachpresse und Meinungsbildner, z. B. Berater und Analysten, sind die wichtigsten Informationsvermittler in Richtung Geschäftskunden. So präsentierte z. B. Hitachi Data Systems, ein Anbieter von innovativen Storagelösungen, seinen neuen TagmaStore, ein System, das 32 Petabyte Daten speichern kann, u. a. auf Journalistenveranstaltungen gleichzeitig in New York, Frankfurt und Barcelona. Die PR-Kampagne führte an nur einem einzigen Tag zu Berichterstattung in Tages-, Wirtschafts- und Fachpresse – sichtbar für Kunden weltweit.

PR ist die glaubwürdigere und kreativere Kundenansprache – warum Unternehmen auf Werbung verzichten

Die stärkste Werbung ist die Mund-zu-Mund-Propaganda. Was uns Freunde und Bekannte empfehlen, glauben wir. Und von allen Disziplinen kommt PR dieser Kommunikationsform am nächsten. Meinungsbildner und Journalisten geben ihre Meinung weiter und sprechen so eine glaubwürdige Empfehlung aus. Diese Stärke der PR bewerten manche Unternehmen so hoch, dass sie auf Werbung ganz verzichten und ihre Produktkommunikation auf PR konzentrieren. Das weltweit größte Coffeeshop-Unternehmen Starbucks setzt in der Kundenkommunikation hauptsächlich auf PR. Ob Kaffeehauseröffnung oder neue Kaffeegeschmacksrichtung, der Kunde wird im eigenen Haus direkt angesprochen, neue Kunden erfahren dies durch die Presse.

Der hohe Glaubwürdigkeitsfaktor von PR veranlasste auch Bad Reichenhaller seine neuen Gesundheitsprodukte allein durch Pressearbeit einzuführen. Das Unternehmen steht traditionell für hochwertige Markensalze, die es seit Jahrzehnten mit gesundheitsfördernden Elementen wie Jod oder Fluor anreichert. Dadurch errang Bad Reichenhaller eine Gesundheitspositionierung, die durch neue Produkte ausgebaut werden sollte. Nasenspülung, Nasenspray, Pastillen und Gurgellösung sind jedoch weit entfernt von den Speisesalzen, die die Marke Bad Reichenhaller bisher prägten. Eine PR-Strategie half die starke Markenposition und Salzkompetenz des Unternehmens auf den Gesundheitsbereich auszudehnen. Durch sorgfältige Information von Presse und Meinungsbildnern wie Heilpraktiker und Yoga-Lehrer wurden die neuen, salzbasierten Produkte glaubwürdig vorgestellt und klar positioniert.

Faber Castell setzt auf PR als wichtigsten Teil seiner Marketingstrategie. Dabei beweist das Unternehmen, wie kreativ man sich mit PR darstellen kann. Z. B. ließ man zum Firmenjubiläum eine Bleistift-Kollektion von britischen Modemachern kreieren und schaffte es damit auf das Titelblatt internationaler Fachmagazine.

Kreativität und Kosteneffizienz von PR überzeugten das Quickservice-Restaurant-Unternehmen Burger King, den ersten fleischlosen Burger, den Country Burger, in Deutschland ganz ohne Werbeunterstützung einzuführen. Zusammen mit der Agentur Ketchum erarbeitete man ein Konzept, das auch kritische Journalisten interessierte. Die Presse wurde durch ein so genanntes „Count Down Mailing" bereits zehn Tage vor Produkteinführung neugierig gemacht. Sie erhielten Besuch durch einen „Walking Country Burger" und hatten die Gelegenheit, das Produkt vorab zu probieren. Die Berichterstattung über das erste vegetarische Produkt in einem Restaurant, das seinen Hauptumsatz durch Hamburger erzielt, übertraf alle Erwartungen. Am Produktabsatz konnte der Erfolg der PR-Kampagne deutlich gemessen werden. Im Zeitraum der Berichterstattung stieg der Anteil an fleischlosen Burgern überproportional an.

PR ist komplexer und anspruchsvoller – warum Unternehmen an Produkt-PR auch scheitern

So erfolgreich Produkt-PR sein kann, so schwierig ist sie auch zu managen. PR ist eine unbequeme Kommunikationsdisziplin, sie hat ihre Risiken und Schwächen. Drei entscheidende Faktoren seien hier genannt: Planbarkeit, Öffentlichkeit und Mittelbarkeit.

Produkteinführungen brauchen einen exakten Zeitplan. Doch Planbarkeit und Termintreue sind für PR eine große Herausforderung. Zum Beispiel müssen Redaktionsschlüsse berücksichtig werden, die Monate vor einer Produkteinführung liegen. Hochglanzmagazine arbeiten mit einem Vorlauf von bis zu sechs Monaten und mehr. Im Sommer werden die Weihnachtshefte produziert. Frühzeitig sind also Produktdetails, Produktmuster und Fotos bereitzustellen. Und wenn Sie diese Materialien liefern, sind sie eigentlich schon „öffentlich". Ihre Konkurrenz hat keine Mühe, ebenso an diese Informationen zu kommen und sich auf Ihre Produkteinführung vorzubereiten bzw. zu reagieren.

Und diese ganze Mühe der frühzeitigen Information sowie das Risiko, das Sie eingehen, wenn Sie die Presse einweihen, sind noch keine Garanten für den Erfolg. Kurzfristig kann Ihre Produktinformation immer noch aus dem Blatt „gekippt" werden. Eine Redaktionskonferenz ignoriert Ihre Produkteinführung mitsamt fein abgestimmtem Timing und verschiebt den Bericht auf das nächste Heft. Die Welt spielt verrückt, das öffentliche Interesse konzentriert sich plötzlich auf ganz andere Dinge, und der Chef vom Dienst erklärt Ihr neues Produkt als unwichtig. Sie sind abhängig von Journalisten und Meinungsbildnern, die Ihre Informationen interpretieren und zum Teil verändert weitergeben. Wenn

Ihre Kernbotschaften nicht klar und präzise sind, das Wesentliche vermitteln, kann ein einziger Artikel Ihr Produkt ganz anders präsentieren als geplant. Produkt-PR ist manchmal auch die Kunst, das Unvorhersehbare zu managen.

Doch diese Risiken lohnen sich, denn PR bietet enorme Chancen und Vorteile. PR ist die glaubwürdigste aller Kommunikationsdisziplinen. Sie wird nicht als „Werbung" wahrgenommen und kommt der „Mund-zu-Mund-Empfehlung" am nächsten.

In Zeiten der Informationsinflation und Reizüberflutung gelingt es der PR immer noch, zu den Kunden durchzudringen, über Produkte nachhaltig zu informieren und Konsumenten für neue Produkte zu begeistern.

Während Personal Video Recorder es dem Konsumenten erleichtern, Werbung einfach auszublenden, steigt die Bedeutung der PR in der Kundenansprache. Dabei ist entscheidend, dass sich diese Kommunikationsdisziplin weiterentwickelt und nicht bei klassischer Pressearbeit Halt macht. Erfolgreiche PR-Konzepte müssen zukünftig neue Wege gehen und Konsumenten auf vielfältigeren Wegen ansprechen. Die Möglichkeiten, über Meinungsbildner Kunden glaubwürdig zu informieren, sind heute noch bei weitem nicht ausgeschöpft. Innovative Instrumente des Viralen Marketings wie Rumoring, Storytelling oder Influencer PR sind nur einige von neuen PR-Wegen kreativer Kundenkommunikation.

Einen anderen zentralen Aspekt der Produkt-PR beleuchtet Theres Essmann, Leiterin Unternehmenskommunikation bei der Observer Argus Media GmbH (Fellbach bei Stuttgart): die Evaluation von Produkt-PR. Wie kann ein Nachweis der Leistungen von Kommunikationsmaßnahmen im Unternehmen durch eine Erfolgskontrolle erbracht werden? Die Autorin stellt anhand eines Beispiels dar, welche Instrumente zur Erfolgskontrolle eingesetzt werden und wo die Grenzen der Evaluation liegen.

Theres Essmann, Observer Argus Media GmbH, Fellbach

Evaluation von Produkt-PR
Ein Beispiel aus der Finanzdienstleistungsbranche

Unter dem Tenor „Vertrauen bilden“ und „Glaubwürdigkeit aufbauen“ nimmt die Rolle von Public Relations im Marketing- und Kommunikationsmix einen immer höheren Stellenwert ein. Insbesondere Banken haben einen enormen Nachholbedarf in Sachen Imagebildung und Glaubwürdigkeit für ihr Dienstleistungsangebot. Doch wie ist Glaubwürdigkeit messbar? Hier kommen intelligente Instrumente des Informationsmanagements ins Spiel, die Unternehmen durch die Medien- und Informationsflut navigieren und Erfolge durch Evaluation sicht- und messbar machen.

Der Werbung wird ihre dominierende Stellung abgenommen. Die Bedeutung von PR im Marketing- und Kommunikationsmix nimmt dagegen zu. In einer vom Einfluss der Medien stark geprägten Welt, in der die veröffentlichte Meinung mehr und mehr die öffentliche Meinung bestimmt, kommt einer professionellen und glaubwürdigen Öffentlichkeitsarbeit ein hoher Stellenwert zu. Doch nicht nur die Spielregeln der medialen Gesellschaft machen PR zu einem mitunter erfolgsentscheidenden Faktor. Auch die in weiten Teilen gesättigten Märkte verlangen nach einer subtileren Kommunikation mit den potenziellen Kunden, jenseits kurzfristiger Kaufimpulse. Produktvorteile schleifen sich im intensiven Wettbewerb schnell ab, Finanzangebote unterliegen als Dienstleistung einer besonders raschen Nachahmung. Und Anbieter, die mit schlechten Kompromissen ihr Glück versuchen, werden vom Markt schnell aussortiert. Klassische Werbung, die vor allem auf die Vorteile der Leistung abzielt, stößt hier bald an ihre Grenzen. Denn hinter dem Markt stehen die Verbraucher, die sich – ebenfalls als Folge der Mediengesellschaft – rasch informieren und die Spreu vom Weizen trennen können.

Deshalb gilt es, Image und Vertrauen aufzubauen und gleichzeitig die Bekanntheit des Unternehmens und seiner Angebote zu erhöhen. Am auffälligsten zeigt sich in Krisenzeiten, wie wichtig es ist, bei den Kunden und Medienvertretern Kredit in Form von Vertrauen zu genießen. Gute PR ist daher immer auch gezielte Prävention. Das gilt insbesondere für die Finanzdienstleistungsbranche, in der PR häufig genug mit Krisen-PR gleichzusetzen ist. Hier wird der Bedarf an Vertrauensbildung besonders deutlich. Nur wer sich in guten und in schlechten Zeiten dem Dialog stellt, hat die Chance, diesen überhaupt führen zu können und verstanden zu werden.

Nutzwert-PR im Kommunikationsmix

Ist es wichtig, die Shareholder mit Werbung, Investor Relations und PR in den Wirtschafts- und Finanzmedien anzusprechen, so erreichen Banken ihre Kunden und Verbraucher mit Nutzwert-PR direkt über die Publikums- und Verbraucher-Presse. Das hat auch das Marketing erkannt und schaltet zunehmend Werbung zum Beispiel in Tageszeitungen und Anzeigenblättern.

Für Direktbanken wie die ING-DiBa erhält ein glaubwürdiges Image dadurch eine zusätzliche Brisanz, dass Online-Banking prinzipiell noch um Vertrauen bei den Kunden ringt. Wer Vorbehalte gegen Online-Banking überwinden will, muss allem voran Vertrauen schaffen. Das hat die ING-DiBa schon vor Jahren erkannt und bietet mit verbraucherorientierter PR glaubwürdige Informationen mit einem hohen Nutzwert. „Bezogen auf das Platzangebot der Tageszeitungen gehören Ratgeber- und Service-Seiten zu den Aufsteiger-Ressorts", konstatiert das Branchenblatt „Journalist". Eine Studie der „Ostsee-Zeitung" belegt zudem, dass Ratgeberseiten auf der Beliebtheitsskala der Leser ganz oben stehen – nach den Lokalnachrichten und dem Sport.

Als Teil ihrer serviceorientierten Kommunikation gibt die ING-DiBa regelmäßig erscheinende – von einem unabhängigen Redaktionsbüro betreute – Artikeldienste heraus: unter anderem „Infos für kritische Bankkunden". Zeitungen, Zeitschriften und auch Nachrichtenagenturen in Deutschland beziehen diesen aktuellen und produktneutralen Presseservice – und die Redaktionen nutzen gerne die darin enthaltenen Beiträge rund um die Themen Geld, Vorsorge und soziale Ansprüche. Der Name der ING-DiBa wird in den Texten jeweils einmal als Quelle genannt, ausdrücklich erscheinen keine Produktempfehlungen. Pro Jahr erreicht die Direktbank mit diesen Beiträgen eine Millionenauflage. Der Effekt: Die Bank wird von den Lesern als seriöser Partner wahrgenommen, der nicht nur eigene Produkte anpreist, sondern über die Medien sowohl Kunden als auch Nichtkunden nützliche Tipps liefert.

Glaubwürdigkeit messbar machen

Detaillierte Ergebnisse einer im ersten Halbjahr 2004 durchgeführten Benchmarkanalyse spiegeln den Erfolg des DiBa-Ansatzes wider: Der Anteil an Medienberichten zu Produkten und Serviceleistungen ist mit 52 Prozent im Vergleich zum Wettbewerb überdurchschnittlich hoch. Darüber hinaus erreicht sie für ihre Produkte die positivste durchschnittliche Akzeptanz unter den zwölf Banken des Benchmarking – kritische Berichterstattung fehlt nahezu vollständig. Insgesamt zeigen die Analysen, dass die ING-DiBa sowohl im Hinblick auf die Medienpräsenz als auch auf die Medienakzeptanz ihrer Produkte im Vergleich zum Branchendurchschnitt sehr erfolgreich ist.

Monatlich durchgeführte quantitative Analysen belegen zudem eindrucksvoll ihre Medienpräsenz in Publikumszeitschriften, Anzeigenblättern und Tageszeitungen. Zugrunde gelegt wurde ein deutschlandweites Medienpanel von insgesamt 859 Tages- und Wochenzeitungen, 720 Publikumstiteln, 804 Fachzeitschriften, 1.008 Anzeigenblättern, 135 TV-und Hörfunk-Sendern sowie 34 Nachrichtenagenturen und 930 URLs für die Internetauswertung. Allein im Februar 2004 wurde die ING-DiBa in 10.044 Artikeln mit einer Gesamtauflage von 411 Millionen in Zeitungen, Anzeigenblättern und Publikumszeitschriften genannt, in 3.076 Beiträgen exklusiv.

Die PR kann ihre wachsende Bedeutung im Kommunikationsmix nur dann ausschöpfen und professionell ausspielen, wenn sie sich ökonomisiert, das heißt durch eine fundierte Evaluation ihrer Maßnahmen einen klaren Nachweis ihrer Leistungsfähigkeit erbringen kann. Gerade unter der Perspektive der Integration der Kommunikationsdisziplinen ist es auch für PR in der Finanzdienstleistungsbranche wichtig, ihre Wirkung in Relation zu den übrigen Kommunikationsdisziplinen messbar zu machen. Nur so kann sie ihren Beitrag zum Unternehmenserfolg verbessern, beziffern und damit auch argumentativ einbringen in strategische Diskussionen um Budgets und Investitionen.

Grenzen der PR-Evaluation

Die ING-DiBa ist nicht nur in den Medien erfolgreich, sondern vermeldet auch hohe Kundenzuwachsraten. Geht es aber um die exakte Bezifferung des Beitrags, den die Produkt-PR zum Markterfolg leistet, stößt die PR-Evaluation durch Medienresonanzanalysen an ihre Grenzen. Hier wird es in Zukunft darum gehen, Indikatoren der Werbewirkungsforschung auf die PR-Erfolgskontrolle zu übertragen, um die Wirkungsweise der imagerelevanten Parameter der Publizität zu verstehen und gezielt einzusetzen. Medieninhaltsanalysen beschreiben die veröffentlichte Meinung, nicht die öffentliche Meinung und ebenso wenig die Wirkungsbeziehung, in der beide stehen.

Frühwarnsystem in Krisenzeiten

Im Konzentrationsprozess der Bankenbranche sind die Medien voll von Spekulationen und taktisch lancierten Halbwahrheiten. Wo sich Spekulationen um Übernahmen, Restrukturierungen und Synergieziele die Hand reichen und Vorstände unglückliche Statements geben, ist schnell die kommunikative Krise da.

Wer hier kommunikativ die Führung übernehmen will, Gerüchten vorzeitig mit Fakten gegenüber treten möchte, muss schnell Bescheid wissen über aufkommende Entwicklungen in den Medien. Daher sollten Banken über ein Frühwarnsystem verfügen und sich äußerst zeitnah über Berichterstattung an der Schwelle zur Krise informieren lassen.

Und weil auch die Produkte der Banken immer wieder in der Verbraucherkritik stehen und sich durch hohe Angreifbarkeit auszeichnen, ist bei dienstleistungsbezogener Negativberichterstattung eine schnelle Information nicht weniger wichtig. Nur so können sie ihre Mitarbeiter, vor allem die Bankangestellten „vor Ort", frühzeitig informieren und orientieren, denn am Point of Sale, also am Bankschalter, agieren nur gut und rechtzeitig informierte Kundenberater kompetent und kundenorientiert. Mit intelligenten Tools zum Informationsmanagement können Banken schnell und gezielt agieren, zum Beispiel mit einem Express-Monitoring oder einer Medienauswertung in Echtzeit, bei der der Kunde schon unmittelbar nach der relevanten Berichterstattung persönlich benachrichtigt wird, und das 24 Stunden am Tag.

Banken, die Vertrauen gewinnen wollen, müssen glaubwürdig kommunizieren. Hier profitiert die PR im Gegensatz zur Werbung von der höheren Glaubwürdigkeit der redaktionellen Berichterstattung als Informationsquelle. Die ING-DiBa stellt die Bemühung um Glaubwürdigkeit und Service in das Zentrum ihrer Kundenkommunikation durch Produkt-PR. Durch gezielte Evaluation weist sie den Erfolg ihrer Maßnahmen nach und kann damit die Leistungsfähigkeit ihrer Vertrauensoffensive eindrucksvoll beziffern. Mit einem gezielten Informationsmanagement können Banken auch in Krisenzeiten Vertrauen bei ihren Kunden gewinnen. Dann nämlich, wenn sie zeitnah informiert sind und Informationen digital und damit schnell an ihre Mitarbeiter durchreichen. Mit dem Ziel, die Akzeptanz zu erhöhen: beim Kunden und bei den Mitarbeitern.

4. Von der Verkündigung zu interaktiven Beziehungen – Kunden als Partner

Die Beziehungen eines Unternehmens zu seinen Kunden sind in den letzten Jahren zunehmend aus der Perspektive des Marketings analysiert worden. Neue Medien wie das Internet verbunden mit der Möglichkeit, Kundendaten in Datenbanken zu speichern und schnell zu transferieren, haben auch neue Möglichkeiten der Kommunikation geschaffen. Die Kommunikationsaktivitäten lassen sich nicht nur auf Zielgruppen als Ganzes, sondern auf einzelne Kunden ausrichten.

Das Relationship Marketing hat ein verändertes Rollenverständnis der Unternehmen und der Kunden als Akteure im Kommunikationsprozess eingeläutet. Kommunikationsmanagement bedeutet nicht mehr einseitige Verteilung von Informationen an die Kunden, sondern die zweiseitige Interaktion zwischen Unternehmen und Kunden. Kurzfristige Verkaufsabsichten werden ergänzt durch langlebige Faktoren aus der Kundenkommunikation, etwa Vertrauen zu einem Unternehmen.

4.1. Dialogkommunikation

Lischka (2000a) betont die Dialogkommunikation als Instrument der Kundenkommunikation, das angesichts der Möglichkeiten elektronischer Kommunikation an Bedeutung gewinnt. Er sieht einen Wandel der Unternehmenskommunikation von der Massen- zur Dialogkommunikation eingeläutet. „Unter Dialogkommunikation werden sämtliche Maßnahmen eines Unternehmens verstanden, die einen dauerhaften, interaktiven Informationsaustausch zwischen Unternehmen und potenziellen sowie aktuellen Kunden ermöglichen mit dem Ziel, profitable Kundenbeziehungen auszubauen und zu pflegen“ (Lischka 2000a: 50).

Merkmale dieser Art von Kundenkommunikation sind nach Lischka:

- Interaktivität: Die Kundenkommunikation ist auf Interaktivität, d. h. dauerhafte Interaktionen, angelegt. Die Rollen des Kommunikators und des Rezipienten wechseln zwischen Unternehmen und Kunden.
- Individualität: Als Rezipienten werden nicht nur Bezugsgruppen angesprochen, sondern auch einzelne Personen. Die individuellen Kommunikationsbedürfnisse des Kunden haben Einfluss auf die Kommunikationsabläufe.
- Informativität: Nicht Werbebotschaften stehen im Vordergrund, sondern Informationen, die darüber hinaus einen Nutzwert für den Kunden haben.

- Langfristigkeit: Das Relationship Marketing verfolgt langfristige Ziele und beschränkt sich daher nicht auf zeitlich limitierte Einzelmaßnahmen.
- Kundendatendank: Voraussetzung für die langfristig angelegte Kundenkommunikation sind Datenbanken, die sämtliche Informationen speichern.

Kundenkommunikation erfüllt vor allem langfristig betrachtet eine Reihe von Funktionen, die Duncan/Moriarty (1997: 102) auf einem Kontinuum einordnen. Zunächst ist es erforderlich, die Aufmerksamkeit für das Unternehmen zu schaffen und mögliche Kunden zu definieren. Dann sollen sie immer wieder zum Kauf bewogen werden. Wenn dies nicht gelingt, können die Gründe hierfür gesucht werden. Darüber hinaus sollen sie auch andere Produkte des Unternehmens kaufen. Verlorene Kunden sollen wieder zurückfinden, denn der Kommunikationsaufwand, um neue Kunden zu gewinnen, ist größer als jener, Kunden zu halten.

Lischka unterscheidet daher bei Maßnahmen der Kundenkommunikation danach, ob sie vorrangig zur Ansprache von Kunden („proaktive Instrumente“) oder eher zur Rezeption von Kundenwünschen („reaktive Instrumente“) dienen. Proaktive Instrumente der Kundenkommunikation sind z. B. Direkt-Mails, Telefonanrufe, E-Mails und vor allem die Online-Kommunikation, die sich aber auch als reaktiver Kommunikationsweg nutzen lässt. Reaktive Kommunikationsinstrumente sind alle Wege, auf denen der Kunde mit dem Unternehmen in Kontakt treten kann, z. B. Servicetelefon, Hotline, Call-Center, Brief, Coupon.

Allerdings darf man nicht vergessen, dass die Dialogkommunikation mit den Kunden in der Praxis auch mehr oder weniger schematisiert werden kann. Lischka differenziert zwischen standardisierter, kundentypenbezogener und kundenindividueller Dialogkommunikation (Bruhn et al. 2000: 55 f.). Die Abstufung der Individualisierungsgrade wird bezogen auf die Exklusivität der Inhalte, den Zeitpunkt der Verfügbarkeit, die Breite und Tiefe der angebotenen Informationen sowie auf die spezielle Beziehung des Kunden zum Unternehmen mit Blick auf sein Kaufverhalten in der Vergangenheit.

4.2. Kommunikationsmanagement der Kundenbeziehungen

In der Literatur über Beziehungsmarketing sind weniger Analysen der Kommunikationsprozesse mit den Kunden, dafür aber Untersuchungen zu finden, welches die Voraussetzungen sind, damit der Kunde eine Beziehung zu einer Marke aufbaut. Zu unterscheiden sind psychologische Beziehungsfaktoren (z. B. Vertrauen) und Faktoren aufgrund des Kaufverhaltens der Kunden, aber auch Einflüsse aus dem Marketinginstrumentarium (z. B. Preis- oder Produktpolitik) und kommunikative Beziehungsfaktoren (z. B. konsistente Botschaften/Inhalte, Interaktivität der Kommunikationsprozesse, Ruf des Unternehmens) (Kirchner 2001: 66). Die Vielfalt der Einflussfaktoren illustriert den komplexen Prozess der Kundenkommunikation.

Wenn die Kommunikationswissenschaft Kundenkommunikation analysiert, steht sie vor dem Problem, dass sich die kommunikativen, psychologischen und monetären Dimensionen einer Beziehung überlappen bzw. verschmelzen. Die Unterscheidung der Beziehungen zwischen Bezugsgruppen und Marken, wie sie Duncan und Moriarty (1997: 46 f.) vornehmen, illustriert das vielschichtige Gebilde der Kundenbeziehungen. Diese können sein:

- soziale Beziehungen: meist persönliche Kontakte und Gespräche;
- psychologische Beziehungen: Marken wecken beim Kunden oft Assoziationen zu einem erwünschten Lebensstil oder machen es ihm möglich, sich selbst demonstrativ anderen mitzuteilen;
- finanzielle Beziehungen: monetäre Begünstigungen, z. B. Treuepunkte bei Fluglinien und Bahnfahrten, sollen es dem Kunden erschweren, die Beziehung zu einem anderen Unternehmen abzubrechen und zu wechseln;
- strukturelle Beziehungen: meist physische Verbindungen, z. B. zum Datenaustausch mit Banken.

Die Interaktionen des Unternehmens mit den Kunden sind überwiegend geplant, denn von ihrem Gelingen hängt der Geschäftserfolg unmittelbar ab. Auch wenn noch so viel Planungsaufwand eingesetzt wird: ungeplante Kommunikationsprozesse können das sorgfältig aufgebaute und gepflegte Kommunikationsgeflecht enorm stören. Ungeplant können Nachrichten in den Medien, Gerüchte, Chatforen und Kampagnen im Internet oder Kommentare von Experten sein. Kirchner bekräftigt zu Recht, geplante Botschaften hätten den Vorteil, dass sie vom Unternehmen leichter zu kontrollieren sind. Allerdings erzielen sie häufig weniger Wirkung als die ungeplante Kommunikation, die den Kunden erreicht und meist Unsicherheit, Kritik oder negative Urteile verbreitet (Kirchner 2001: 73).

Wird die Kundenkommunikation aus der Sicht der Kommunikationswissenschaft betrachtet, stehen die Art der Beziehung, deren Kontinuität und Leistungsfähigkeit im Mittelpunkt der Analyse. Die Kommunikationsbeziehungen und weniger die Kunden an sich interessieren, denn sie stehen für die Erwartung künftigen Umsatzes und damit für monetäre Werte (Kirchner 2001: 64). Die Bedeutung des kommunikativen Aspektes stellt also sowohl die kommunikationswissenschaftliche Perspektive der Kundenkommunikation heraus als auch neuere wirtschaftswissenschaftliche Ansätze des Beziehungsmarketings.

In der Kundenkommunikation der Unternehmen findet eine Umorientierung statt. Neben der Werbung mit dem unmittelbaren Ziel der Verkaufsförderung gewinnen andere Maßnahmen der Unternehmenskommunikation, z. B. Kundenmedien, Kundenclubs, Events und allgemeine PR-Maßnahmen an Bedeutung. Der Aufbau und die Pflege von Kommunikationsbeziehungen, nicht nur der einmalige Verkauf eines Angebotes, sind vorrangige Kommunikationsziele. Auch Marketingansätze betonen die Entwicklung von transaktionsorientierten zu eher beziehungsorientierten Modellen (Bruhn 2000). Diese neueren Modelle unterstellen, letztlich hätten Zahl und Intensität der Kommunikationsbeziehungen mit Kunden Einfluss auf den künftigen Geschäftserfolg von Unternehmen. Sie stellen einen Kundenwert (customer equity) dar vergleichbar mit dem Markenwert (brand equity).

Das Kommunikationsmanagement der Kundenbeziehungen geht – wie in anderen Bereichen der Unternehmenskommunikation auch – von Strategien und Konzepten aus, die die Kernprozesse wie personale Kommunikation, schriftliche und gedruckte sowie elektronische Medien aufeinander abstimmen und vernetzen. Das Feedback von den Kunden ist von besonderer Bedeutung und wird meist systematisch ausgewertet (z. B. Beschwerden). Diese Meinungsäußerungen der Kunden können wiederum in die Planung geschäftlicher Aktivitäten einbezogen werden. Die Gestaltung und Analyse interaktiver Kommunikationsbeziehungen kann den Unternehmen als Frühwarnsystem dienen, das auf neue Entwicklungen hinweist, aber auch als System der Prozessoptimierung, das auf Kommunikationsbedürfnisse und -defizite gleichermaßen aufmerksam macht.

Für Unternehmen steht also der Kunde im Zentrum aller Bemühungen. Er ist der wichtigste externe Ansprechpartner, den es zu überzeugen gilt. Er hängt in den meisten Fällen nicht vom Unternehmen ab, vielmehr hängt das Unternehmen von ihm ab. Auf die offen gestellte Frage an die Top-500-Unternehmen (Mast/Huck/Güller 2003: 40), wie sie den Begriff Kunde beschreiben würden, antworteten einige kurz und bündig: „Unser Lebenselixier!“; „Partner erster Priorität. Ohne ihn geht nichts“; „Unsere Kunden müssen wir jeden Tag neu begeistern. Sie bezahlen unser Gehalt“.

!

Die Umwelt eines Unternehmens kann man durch verschiedene Konzepte strukturieren: Zielgruppen (Bezugsgruppen), Stakeholder (Anspruchsgruppen) und Publics (Teilöffentlichkeiten).

Zielgruppen sind nach verschiedenen Merkmalen differenzierte, disperse Publika. Stakeholder sind Personen oder Gruppen, die von Entscheidungen eines Unternehmens betroffen sind oder mit ihrem Handeln selbst die Aktionen eines Unternehmens beeinflussen können. Teilöffentlichkeiten sind Gruppen, die durch ein gemeinsames Interesse geleitet werden und deren Handeln einem Prozess kollektiver Willensbildung unterworfen ist. Die Unterscheidungsmerkmale sind Interaktionen und gemeinsames Interesse.

Marketing zielt vor allem darauf ab, Produkte und Dienstleistungen eines Unternehmens an Endkunden oder Geschäftskunden zu verkaufen. Die PR hingegen will langfristige, zweiseitige, auf einem wechselseitigen Austausch basierende Kommunikationsbeziehungen zwischen Unternehmen und ihren Kunden herstellen und aufrechterhalten.

Neuere Kommunikationsansätze integrieren die beiden Disziplinen Marketing und PR unter einem Dach, da sich die Kommunikationsaufgaben mit den steigenden Anforderungen an die Unternehmenskommunikation immer weniger klar in die Bereiche Marketing und PR aufteilen lassen. Grenzaufhebungen zeigen, dass die integrierte Kommunikation langsam Wirklichkeit wird.

Viele Modelle der integrierten Unternehmenskommunikation stellen den Kunden in den Mittelpunkt, da diese Zielgruppe die Existenzgrundlage des Unternehmens bildet.

Kundenbindung ist für Unternehmen das wichtigste Ziel in der Wirtschaftskrise. Zunächst geht es darum, potenzielle und aktuelle Kunden anzusprechen und zu überzeugen. Dann müssen sie in leistungsfähige Kommunikationsbeziehungen eingebunden werden.

Eine erfolgreiche Kundenkommunikation basiert auf folgenden Meilensteinen: Kundenorientierung (zielgruppengenaue Ansprache und Kommunikation des Nutzens für den Kunden), Kundenzufriedenheit (Übereinstimmung von Erwartungen und Leistungen und stimmiges Erscheinungsbild), Kunden(rück)gewinnung (neue Wege der Kundenansprache) und Kundenbindung (Aufbau von Vertrauen und kontinuierliche Einbindung in Kommunikationsnetze).

Literaturtipps

Kirchner, Karin (2001): Integrierte Unternehmenskommunikation. Theoretische und empirische Bestandsaufnahme und eine Analyse amerikanischer Großunternehmen. Wiesbaden: Westdeutscher Verlag. *Kirchner entwickelt auf Basis des Forschungsstandes ein Stufenkonzept der integrierten Unternehmenskommunikation. Die Zielgruppe Kunden steht im Mittelpunkt der Überlegungen. Die Autorin analysiert die interdisziplinären Wurzeln und theoretischen Grundlagen und ergänzt dies durch eine Untersuchung dieser Form der Kommunikation in US-amerikanischen Großunternehmen. Das entstandene Modell ermöglicht einen fundierten, alltagstauglichen Einblick in die integrierte Unternehmenskommunikation.*

Mast, Claudia (2002): Unternehmenskommunikation. Ein Leitfaden. Stuttgart: Lucius und Lucius. *Das Buch gibt einen Überblick über die theoretischen Ansätze sowie den Prozess der strategischen Planung und Optimierung von Unternehmenskommunikation und analysiert die Probleme bei der praktischen Umsetzung. Neben den Anwendungsfeldern interne PR, Investor Relations und Public Affairs stehen die Kunden als Stakeholder (Kunden-PR) und die Medien (Media Relations) im Mittelpunkt der Analyse.*

Zerfaß, Ansgar (2004): Unternehmensführung und Öffentlichkeitsarbeit. Grundlegung einer Theorie der Unternehmenskommunikation und Public Relations. 2., ergänzte Auflage. Wiesbaden: VS Verlag für Sozialwissenschaften. *Das anspruchsvolle Werk entwickelt eine ganzheitliche interdisziplinäre Theorie der Unternehmenskommunikation. Public Relations und mit ihr die Unternehmenskommunikation als Ganzes müssen Teil der Unternehmensführung sein, um zum strategischen Erfolgsfaktor des Unternehmens zu werden. In der Neuauflage greift Zerfaß im ergänzenden Kapitel „Unternehmenskommunikation revisited" aktuelle Themen auf und stellt zukunftsweisende Konzepte vor.*

Kapitel 3

Orientierungssysteme in der Kundenkommunikation

Steigender Wettbewerb, sich einander angleichende Produkte und eine immer höhere Wechselbereitschaft des Kunden – die Aussichten vieler Unternehmen sind heute schlechter denn je. Wie kann ein Produkt die Aufmerksamkeit des Kunden erlangen? Was kann von Seiten der Kundenkommunikation getan werden, damit sich Kunden für das Produkt des Unternehmens und nicht für das der Konkurrenz entscheiden? Wie kann man Kunden langfristig an das Unternehmen und seine Produkte binden?

Orientierungssysteme wie Marke, Werte, Image und Reputation leisten bei der Lösung dieser Aufgaben einen wichtigen Beitrag: Sie geben dem Unternehmen und seinen Produkten oder Dienstleistungen ein individuelles, unverwechselbares und leicht wieder erkennbares Gesicht. Sie typisieren Produkte und Dienstleistungen und führen durch die Zuspitzung auf charakteristische Elemente zu einer Reduktion der Informationsflut. Die Kunden werden bei der Bewertung unterstützt, indem man die Informationen zur Auswahlentscheidung über Produktleistungen durch die Vereinfachung auf wesentliche Merkmale bzw. Orientierungspunkte reduziert. Orientierungssysteme wie Marken, Image und Reputation wirken dabei meinungs-, verhaltens- und handlungsleitend. Sie basieren auf zentralen Unternehmenswerten, die sich als Leitgröße durch alle drei Konzepte ziehen.

Marke, Image und Reputation wirken sowohl auf der Wissens- als auch der Empfindungsebene. Durch eine Kombination aus visuellen, auditiven, haptischen und gegebenenfalls sensorischen Eindrücken transportieren sie neben der reinen Information auch Emotionen, was sich vor allem in erlebnisorientierten Markenwelten niederschlägt. Diese multisensorische und mehrdimensionale Vermittlung fördert die emotionale Bindung von Kunden an die Marke und stärkt Image und Reputation gleichermaßen (Klaas 2002: 67). Marke, Image, Reputation und Werte als Grundlage sind untrennbar miteinander verbunden. Sie lassen sich theoretisch-analytisch in weiten Teilen voneinander trennen. In der Praxis jedoch scheint eine Aufspaltung weder endgültig möglich noch sinnvoll. Insbesondere die Verbindung zwischen Image und Reputation ist eng: Reputation kann niemals losgelöst vom Image eines Unternehmens aufgebaut werden. In einem vereinfachten Begriffsverständnis kann man sie als Summe aller über ein Unternehmen bestehenden Images verstehen. Marke, Image und Reputation sind nicht statisch. Sie unterliegen einem dynamischen Prozess und bilden sich über längere Zeiträume hinweg (Dowling 2000: 69). Wichtigstes Verbindungselement ist das Vertrauen, das sie beim Kunden in das Unternehmen, seine Produkte, seine Dienstleistungen, seine Äußerungen und Handlungen schaffen möchten.

Kapitel 3 stellt die Orientierungssysteme Marke, Image und Reputation vor. Ausgehend von einem Blick auf Werte als Fundament für diese Orientierungssysteme werden deren Grundzüge dargestellt. Jede dieser Bezugsgrößen wird in ihrer besonderen Bedeutung für die Kundenkommunikation beleuchtet und diskutiert.

1. Werte als Grundlage des Kommunikationsmanagements

Unternehmen werden in ihrer Unternehmenstätigkeit von Werten getrieben. „Die Orientierung der Führung an Werten ist [...] bestens geeignet, langfristig auch den Wert des Unternehmens zu erhöhen" (Pischetsrieder 1997: 46). Diese Aussage des früheren Vorstandsvorsitzenden der BMW AG zeigt, dass sich Werte im Zuge einer ganzheitlichen Unternehmensführung in zweifacher Hinsicht deuten lassen: aufgrund ihres materiellen Wertes und aufgrund von bestimmten Handlungsweisen (Wollert 2001: 37). Gute Kommunikation kann Werte schaffen, schlechte Kommunikation kann sie zerstören. Besonders am Marktwert von Unternehmen wird dies deutlich, setzt man ihn in Bezug zum Buchwert (Coenenberg/Salfeld 2003: 7): Seite Mitte der 90er-Jahre ist der Marktwert von Unternehmen durchschnittlich auf das 2,8fache des Buchwerts[1] gestiegen. Zu Buche schlagen damit intangible Ressourcen wie Image, Reputation, Vertrauen, Wissenspotenzial und Kundenloyalität, die aufgrund ihres immateriellen Charakters nicht in die buchhalterische Bilanz einfließen (Mast 2005b).

Die Grundsätze des „Value-Based Management" erfreuen sich in der Unternehmenspraxis steigender Beliebtheit, gilt es über allgemeine Gewinn- und Umsatzziele hinaus eine nachhaltige Steigerung des Unternehmenswertes zu generieren (Schleissing 2002: 9 f.). In welchem Zusammenhang stehen die Werte eines Unternehmens und die Vorstellungen von ihm bei den (potentiellen) Kunden?

---

[1] Unter Buchwert wird der testierte Wert von Anlage- und Umlaufvermögen abzüglich der Verbindlichkeiten verstanden.

1.1. Reichweite materieller und immaterieller Unternehmenswerte

Unternehmen sind in einem Spannungsfeld zwischen wirtschaftlichem Erfolg und gesellschaftlicher Verantwortung tätig. Ohne die Erwirtschaftung von Gewinnen können Unternehmen nicht fortbestehen. In modernen Gesellschaften kommt Unternehmen jedoch auch die Aufgabe eines gesellschaftlichen Akteurs zu: Die Öffentlichkeit und die einzelnen Stakeholdergruppen beobachten zunehmend kritisch wie Unternehmen ihre gesellschaftliche Verantwortung erfüllen. In diesem Umfeld die nötige Akzeptanz für Entscheidungen und Aktivitäten zu erreichen, ermöglicht Unternehmen die langfristige Sicherung ihrer Unternehmenstätigkeit.

Die Orientierung an Werten und das konsequente Kommunizieren der Grundsätze des unternehmerischen Handels prägen die vielfältigen Beziehungen von Unternehmen zu ihren Stakeholdern. Werte schaffen Sympathie, Wertschätzung und bringen dem Unternehmen Akzeptanz und Respekt für die Unternehmenstätigkeit ein. Sie sind Orientierungsmarken, die die Wahrnehmung steuern, die Handlungsalternativen einschränken und damit menschliches Verhalten steuern.

Auch wenn der Begriff des Wertes in erster Linie ökonomische Assoziationen hervorruft, so beschäftigen sich neben der Betriebswirtschaftslehre auch andere wissenschaftliche Disziplinen mit dem Konstrukt der Werte. Werte sind „eine Auffassung vom Wünschenswerten, die explizit oder implizit sowie für ein Individuum oder eine Gruppe kennzeichnend ist und welche die Auswahl der zugänglichen Weisen, Mittel oder Ziele des Handelns beeinflusst" (Kluckhohn 1951: 395). Raffée und Wiedmann (1988: 199) verstehen aus einer marketingorientierten Perspektive unter Werten „verhaltensprägende Konzeptionen des Wünschenswerten". Silberer (1995: Sp. 2704) bezieht den Begriff der Werte stärker auf den sozialen Aspekt, wenn er Werte als „zentrale Referenzsysteme menschlichen Denkens und Handelns" bezeichnet und ihre Bedeutung für das Konsumentenverhalten betont.

Werte sind Konzeptionen des Wünschenswerten, die sich als zentrales Referenzsystem menschlichen Denkens und Handelns auch auf Orientierungssysteme wie Marke, Image und Reputation auswirken und das Kaufverhalten prägen.

Werte werden damit zu einem wesentlichen Fundament von Orientierungssystemen der Kundenkommunikation. Sie sind Bezugs- und Hintergrundvariablen für die Entstehung von Einstellungen der Konsumenten gegenüber Unternehmen sowie ihren Produkten und Dienstleistungen (Raffée/Wiedmann 1988: 199). Ausgehend von Werten werden die Umwelt, mögliche Handlungsalternativen und -folgen wahrgenommen. In der Folge wird das Entscheidungsverhalten diverser Akteure beeinflusst. Unternehmen müssen für eine wertorientierte Kommunikation Werte (Visionen) und Leitbilder (Missionen) formulieren, ihre Kommunikationsprozesse stimmig darauf ausrichten und ihre Kommunikatoren konsequent positionieren.

1.2. Steuerungsfunktion von Werten

Werte haben für Unternehmen und Individuen gleichermaßen eine wichtige Steuerungsfunktion. Unternehmen richten ihre Tätigkeiten und Aktivitäten auf die in den Visionen und Leitbildern formulierten Werte aus, die einen Rahmen für Schwerpunkte des Unternehmenshandelns bilden. Werte konzentrieren die Unternehmenstätigkeit auf gesetzte Prioritäten und gemeinsame Zielsetzungen und optimieren Entscheidungen sowie Prozesse (Mast 2002: 80). Ein stimmiges Unternehmenshandeln wirkt in seiner Außenwirkung positiv auf die Stakeholder des Unternehmens. Menschen werden in ihrem Verhalten bestärkt, wenn Zielsetzungen und Verhaltensnormen auf gleichen Werten beruhen.

Dabei können Werte einen materiellen oder immateriellen Fokus besitzen. Materielle Werte beziehen sich auf Ertrags- oder Markenwerte. Immaterielle Werte entwickeln beispielsweise Mitarbeiter- und Kundenloyalität und -zufriedenheit, Motivation, Identität und haben Einfluss auf das Image (Mast 2002: 79 f.). Eine Studie des Beratungsunternehmens Booz Allen Hamilton aus dem Jahr 2003 belegt, dass Unternehmenswerte einen Beitrag zum Unternehmenserfolg leisten können. Sie sorgen für eine höhere Identifikation und Motivation der Mitarbeiter, die zu mehr Loyalität und Engagement im Arbeitsalltag führen. „Ohne Werte kein Unternehmen und erst recht: kein erfolgreiches Unternehmen“ Tropp (2003: 1).[2] Wenn die Formulierung in ihrer Absolutheit auch etwas zu typisiert erscheint: Unternehmen, die Wert auf Werte legen, sind auch langfristig (monetär) mehr wert, so ein zentrales Ergebnis der Untersuchung.

1.3. Wertorientierte Unternehmensführung

Der monetäre Beitrag von Werten zum Unternehmenserfolg lässt sich letztlich auf die Unternehmenskultur zurückführen. Unternehmen müssen sich in ihrem Umfeld positionieren. Dies kann beispielsweise über ihre Markenpolitik ge-

---

[2] Im Rahmen der im Auftrag von Booz Allen Hamilton verfassten Studie wurden Manager in 135 Unternehmen im deutschsprachigen Raum befragt.

schehen. Sie entwickeln dazu ein Menschenbild, das die Basis für die Beziehungen zu den Stakeholdern bildet, sie gestalten adäquate Organisationsstrukturen, die den Kommunikations- und Entscheidungsstil des Unternehmens prägen und schaffen moralische Orientierungen, die jedem Unternehmenshandeln zugrunde liegen und die den Stakeholdern, insbesondere den Mitarbeitern, als Rahmen ihrer Tätigkeit dienen (Tropp 2003).

Der unternehmensspezifische Wert der Kommunikation entsteht aus der Unternehmenskultur, die die zugrunde liegenden Werte des Unternehmenshandelns in vielfältiger Form ausdrückt. Unternehmen sollten versuchen, ihren Stakeholdern ihre Werte auch begreifbar und sinnlich erfahrbar zu machen (ECC Group 2002). In der Unternehmenspraxis gibt es bereits erste Beispiele, die eindrücklich zeigen, wie Werte erfahrbar kommuniziert werden können. Die „cyclebowl" des Dualen Systems hat das auf der Expo 2000 eindrücklich umgesetzt, „NikeTown" oder auch die „VW-Autostadt" des Volkswagen Konzerns sind Beispiele für umfassende Eventkonzepte.

Wertorientierte Unternehmensführung und Kommunikation bieten den Konsumenten und anderen Stakeholdern des Unternehmens Orientierung und bilden den Ausgangspunkt für den erzielbaren ökonomischen Wert der Kommunikation. Das erkennbare Handeln nach Wertgrundsätzen beeinflusst das Image und die Reputation positiv und letztlich auch den Wert der Marke.

Wie kann ein konsequent wertorientiertes Kommunikationsmanagement aussehen? In einem ersten Schritt geht es darum, Unternehmenswerte zu formulieren und damit sichtbar zu machen (Mast 2005b). Die Unternehmenswerte liegen in der Regel in Form von Visionen dem Handeln von Mitarbeitern und Management implizit zugrunde. Visionen sind attraktive, qualitative Zielvorstellungen, etwa „Siemens, global network of innovation". Daraus leitet der Konzern sein Unternehmensleitbild ab: „Weltweit führend in Elektrotechnik und Elektronik bei hoher Profitabilität." Sind die Unternehmenswerte formuliert, so folgt die Entwicklung eines Unternehmensleitbildes („mission"). Es fokussiert die Unternehmensziele auf einfache, plakative Vorstellungen über den zu beschreitenden Weg und auf erwünschte Verhaltensweisen. Manche Unternehmen differenzieren diese Unternehmensleitbilder weiter aus, indem sie z. B. für einzelne Aufgabenbereiche (etwa Corporate Communications) oder Mitarbeitergruppen (z. B. Führungskräfte) konkrete Verhaltensregeln festlegen. Für die Kommunikationsarbeit können sich solche Handlungsanleitungen in Regeln wie „Never pay for coverage" oder „Lass in der Krise keine Fragen unbeantwortet" niederschlagen. Im zweiten Schritt eines wertorientierten Kommunikationsmanagements werden die im Unternehmen identifizierten Werte und Leitbilder an Bezugsgruppen kommuniziert. Ziel ist es, Marke, Image und Reputation aufzubauen und zu pflegen. Der dritte Schritt schließlich besteht darin, das Kommunikationsmanagement in allen Phasen und zu allen Zeiten konsequent auf die Unternehmenswerte auszurichten (Mast 2005b).

Damit haben Werte für Kommunikationsmanager wie für Kunden sowohl Zielqualität als auch Steuerungscharakter. Im Rahmen ihrer Funktion als Zielgrößen beeinflussen Werte die Wahl möglicher Verhaltensweisen und stecken Handlungsoptionen ab. Steuerungsfunktion üben sie aus, indem sie konformes Verhalten bestärken und nicht konformes Verhalten unter starken Legitimationsdruck setzen.

2. Marken als Orientierungshilfen

Coca-Cola, Microsoft und IBM haben eines gemeinsam: Sie sind die wertvollsten Marken der Welt und das bereits seit mehreren Jahren in Folge („BusinessWeek" 2004). Die Marke Coca-Cola war im Jahr 2004 laut einer Studie von „BusinessWeek" und Interbrand über 67 Milliarden Dollar wert. Teuerste deutsche Marke im internationalen Vergleich ist Mercedes auf Platz elf. Erfolgreiche, weithin bekannte Marken sind so wertvoll, weil sie eine Schlüsselfunktion für den Unternehmenserfolg einnehmen (Sander 1994: 44 f.). Die Marke kann z. B. zur Abgrenzung von Konkurrenzprodukten beitragen oder das Gesamtimage des Unternehmens beeinflussen (Esch 1993: 58; Schulz/Brandmeyer 1989: 365).

Für Konsumenten übernimmt die Marke die Funktion eines „Vertrauens-, Orientierungs- oder Identifikationsankers" (Meffert 2000: 847 f.; Merten 2003: 17), der in Zeiten homogener Produkte zu deren Differenzierung und Profilierung beiträgt und Kaufentscheidungen entsprechend vereinfacht. Marken wirken als kognitive und emotionale Filter, die das Kundenverhalten steuern. Was aber ist eine Marke genau? Wie kann sie erzeugt und systematisch gepflegt werden? Welche Rolle kommt ihr für die Kundenkommunikation zu?

2.1. Funktionen und Erscheinungsformen von Marken

Die Unternehmens- und Kundenkommunikation kann Marken zwar angelegen, sie entstehen jedoch erst in den Köpfen der Konsumenten (Schönborn/Molthan 2001; Kroeber-Riel/Weinberg 1999: 196). Sie verleihen einem Unternehmen oder einem Produkt „eine besondere Färbung und einen eigenen Klang" (Kotler 2004: 94). Erst dieser immaterielle Zusatznutzen für den Konsumenten macht aus einem Produkt eine Marke (Kriegbaum 2001: 38 f.). Ein Unternehmen kann eine Marke noch so stark mit Bedeutung aufladen und kommunikativ bekannt machen, sie verankert sich erst dann in den Köpfen der relevanten Zielgruppe, wenn sie Teil der persönlichen Erfahrungen oder Teil der gesellschaftlichen Interaktion wird (Hermann 1999: 39). Empfehlungen von Freunden haben hier einen ebenso großen Einfluss wie die positiven Erfahrungen und die Rückmeldung, die der Einzelne beim Kauf oder der Verwendung eines Markenproduktes macht bzw. erhält. Ein Markenprodukt als Mittel der sozialen Abgrenzung kann z. B. der Ferrari sein, der seinem Besitzer das Image eines wohlhabenden Lebemanns verleiht.

Schaubild 15

Kernfaktoren der Entstehung und Stabilisierung des Markenvertrauens

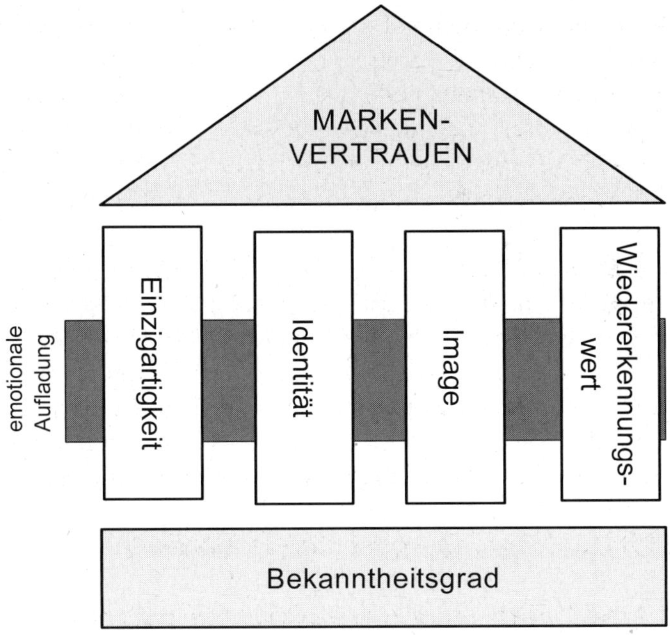

Quelle: eigene Darstellung (in Anlehnung an Merten 2004: 54)

Marken entstehen in den Köpfen der Menschen durch eine kommunikative Aufladung von Produkten, Dienstleistungen oder Unternehmen. Sie übernehmen eine Vertrauens-, Orientierungs- und/oder Identifizierungsfunktion, wodurch sie die Komplexität von Kaufentscheidungen reduzieren und das Kaufverhalten des Kunden zu Gunsten des Unternehmens beeinflussen können.

Zentraler Erfolgsfaktor für die Entstehung und Fortdauer einer Marke ist das Kundenvertrauen; es muss kontinuierlich durch Kommunikation gestärkt und stabilisiert werden. Das Management des Markenvertrauens besteht aus vier zentralen Bausteinen: Fundament des Markenvertrauens bildet die Bekanntheit einer Marke, ergänzt und kommunikativ aufgeladen durch die Vermittlung von Einzigartigkeit, von Markenidentität und Image (Merten 2004: 53). Im Gegensatz zum Image, das das Bild der Marke bei den Konsumenten bezeichnet, bezieht sich die Markenidentität auf das Selbstverständnis, d. h. den Kern der Marke. Die einzelnen Kriterien fließen jedoch ineinander. So ist ein wesentliches Kennzeichen von Identität und Image die Einzigartigkeit und die Notwendigkeit einer einfachen Wiedererkennbarkeit, und auch die Trennung in Image und Identität ist nicht zwangsläufig eindeutig. In Schaubild 15 sind die Faktoren als Einzelelemente dargestellt, die jedoch enge Verbindungslinien zueinander aufweisen und über den Faktor emotionale Aufladung miteinander verbunden sind. Die Anforderungen an das Management von Markenvertrauen lassen sich in einem einfachen Leitsatz zusammenfassen: Je bekannter, einzigartiger und einfacher wieder zu erkennen eine Marke ist, desto erfolgreicher kann sie sein. Dabei spielt auch und gerade die interne Unternehmenskommunikation eine wichtige Rolle (Hubbard 2004).

Ob Milka oder Mercedes, Maggi oder Marlboro – Marken sorgen für Orientierung in der immer bunter werdenden Welt der Produkte. Sie vereinfachen Kaufentscheidungen, indem sie eines oder einige wenige Merkmale herausgreifen, die allen ihren Produkten (scheinbar) gemeinsam sind (Merten 2004: 49; Bentele/Hoepfner 2004).

Marken dienen der Abgrenzung und Unterscheidung von der Konkurrenz. Starke Marken weisen einen hohen Bekanntheitsgrad auf, nicht zuletzt weil sie massiv beworben und in der Wahrnehmung und Bewertung der potenziellen und bestehenden Kunden positioniert werden. Insbesondere in Bereichen, in denen sich Produkte kaum noch oder überhaupt nicht voneinander unterscheiden, gewinnen Marken an Bedeutung. Sie können dafür sorgen, dass Konkurrenzprodukte von Stammkunden nicht mehr aktiv wahrgenommen werden. So greifen manche Kunden im Supermarktregal z. B. ganz automatisch zur Milka-Schokolade, ohne neue Geschmacksrichtungen von Ritter Sport oder einen Sonderpreis der Lindt-Tafel auch nur zu bemerken. Ein Beispiel, bei dem die

Kaufentscheidung oft über die Marke getroffen wird, ist Treibstoff. Ob jemand bei Shell oder Jet tankt, ist nicht nur eine Frage des Preises, sondern in erster Linie eine Frage der Markenbindung. In diesem Kontext wird auch von einer Monopolisierungsfunktion von Marken gesprochen, die klare Markteintrittsbarrieren für potenzielle Konkurrenten schaffen (Sander 1994: 11).

Marken vereinfachen die Orientierung in der Konsumwelt. Marken transportieren Informationen, die das Produkt in einen bekannten Kontext stellen. So steht die Marke Mercedes für Sicherheit, BWM für Fahrspaß und Toyota für Zuverlässigkeit. Dabei handelt es sich um fundamentale Werte, die auf jedes neue Modell erst einmal übergehen, so dass sich neue Produkte in den Kanon der Markenbotschaft einfügen. Zugleich sorgen Marken für Vertrautheit mit dem Produkt und mit dem Unternehmen. Die physische und psychische Distanz zwischen Anbieter und Konsument werde durch Marken überwunden, schreiben Kotler und Bliemel (2001: 680). Spezifische Eigenschaften, Nutzenkomponenten, Wertvorstellungen und Profile kommen in einer Marke in komprimierter Form zum Ausdruck und beeinflussen meist unterschwellig und damit unbewusst Kaufentscheidungen. Marken haben somit aus Sicht des Kunden eine Orientierungsfunktion. Sie reduzieren komplexe Entscheidungen z. B. im Rahmen eines Neuwagenkaufs auf einfache Merkmale wie Sicherheit, Fahrspaß oder Zuverlässigkeit, ergänzt um wenige weitere Kriterien wie Farbe des Autos und gewünschte Sonderausstattung. Diese Orientierungsfunktion wird zu einer Entscheidungshilfe bei alltäglichen, aber auch bei informationsintensiven Kaufentscheidungen (Bruhn 1994: 22).

Marken suggerieren Sicherheit und Nähe. Eine Marke entlastet den Konsumenten nicht nur kognitiv, sondern sie vermittelt ihm Vertrauenswürdigkeit, Sicherheit und Nähe. Einerseits vereinfachen Marken die Wiedererkennbarkeit von Unternehmen oder Produkten, indem sie mit wiederkehrenden Logos, Farben, Gestaltungselementen oder Verpackungsdesign arbeiten (Bruhn 1994: 23). Außerdem werden Marken häufig als eine Art von Qualitätssigel wahrgenommen. Beispielsweise konnte sich Hipp, der Hersteller von Babynahrung, im Laufe der letzten Jahre als Marke für Bio-Babykost positionieren. Ein solches Qualitätssiegel bürgt für Zuverlässigkeit und lässt Vertrauen entstehen. Mit der Zunahme des Vertrauens sinkt aus Sicht des Käufers das Risiko beim Kauf.

Marken machen Aspirationswünsche oder eine Gruppenzugehörigkeit sichtbar. Die so genannte Prestigefunktion von Marken kommt im Wunsch nach Zugehörigkeit zum Ausdruck. Wer eine Louis-Vuitton-Handtasche oder einen Armani-Anzug trägt, kommuniziert damit nonverbal die Zugehörigkeit zu einer gesellschaftlichen Elite. Während manche Marken als Ausdruck eines bestimmten Lebensgefühls verstanden werden können, dienen andere der Kommunikation von

Luxus, Erfolg oder Macht. Immer jedoch zeigt sich darin der Wunsch oder die Tatsache, zu einer bestimmten Gruppe zu gehören. Das Profilierungsbemühen des Einzelnen kann also ebenso zum Ausdruck kommen wie die Zugehörigkeit zu einer sozialen Gruppe (Essig et al. 2003: 36 ff.).

Wenn im Rahmen der Kundenkommunikation von einer Marke die Rede ist, so verbergen sich hinter diesem Begriff viele unterschiedliche Ausprägungen von Marken. Diese lassen sich entlang einer wahren Fülle von Kriterien unterscheiden, die vor dem Hintergrund der jeweiligen Fragestellung variieren können (Bruhn 1994: 26; Nieschlag/Dichtl/Hörschgen 1994: 245 ff.): Es ist möglich, Marken z. B. nach dem dahinter stehenden Unternehmen, nach Markt-

Schaubild 16
Erscheinungsformen von Marken

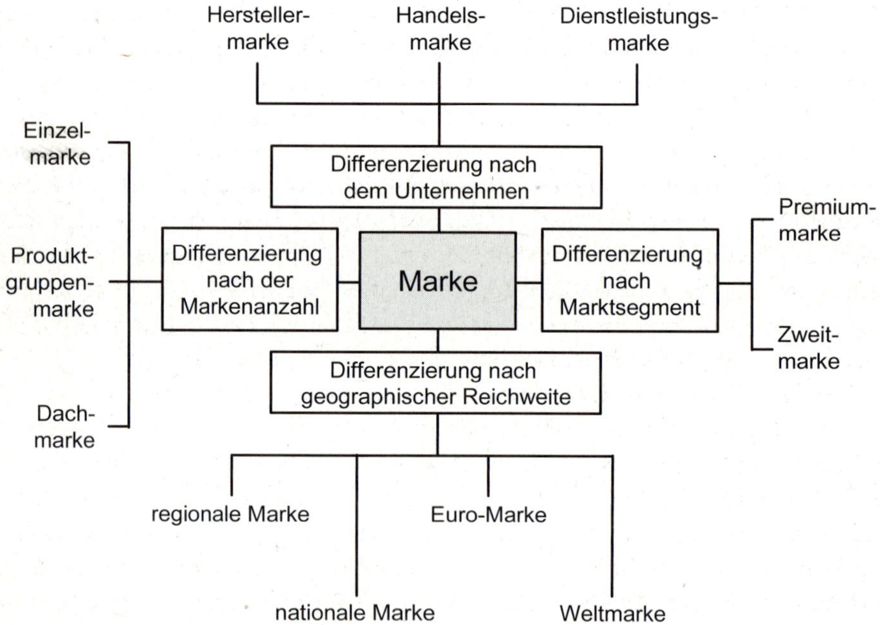

Quelle: eigene Darstellung

segmenten, der Zahl der in einer Marke zusammengefassten Einzelprodukte, nach geographischer Reichweite oder nach der Art und Weise der Vermittlung zu unterscheiden. Schaubild 16 zeigt die wichtigsten Klassifikationslinien im Überblick.

Während die *geographische Differenzierung* zwischen regionalen bzw. nationalen Marken (Süd-/Nordzucker), Euromarken (Peek und Cloppenburg) und Weltmarken (Coca-Cola) unterscheidet, können Marken entlang verschiedener *Marktsegmente* in Premium- und Zweitmarken eingeteilt werden. Legt man die *Zahl* der in einer Marke erfassten Produkte zugrunde, so lassen sich Einzel-, Produktgruppen- und Dachmarke voneinander trennen. Dachmarken sind häufig mit der Unternehmensmarke identisch; deshalb kann man auch von einer Firmenmarke sprechen. Beispiele für die konsequente Umsetzung einer Dachmarkenstrategie sind Volkswagen (VW Golf, VW Polo, VW Passat usw.) oder die Telekom (T-Mobile, T-Online, T-Com usw.). Eine Produktgruppenmarke vereint mehrere Einzelprodukte unter einem gemeinsamen Markennamen. So gehören z. B. zur Marke Nivea längst nicht mehr nur eine Hautcreme, sondern auch Shampoos und eine Kosmetikserie. Einzelmarken beziehen sich hingegen ausschließlich auf ein einziges Produkt.

Gruppiert man Marken nach dem dahinter stehenden *Unternehmen*, können Hersteller-, Handels- oder Dienstleistungsmarken voneinander unterschieden werden. Bei Herstellermarken befindet sich die Firmenbezeichnung auf dem Produkt. Das Unternehmen nimmt die Rolle eines „Markenbotschafters" ein (Dichtl 1992: 11). Der Kaffee Jacobs-Krönung etwa trägt den Unternehmensnamen in seiner Bezeichnung. Und auch der Möbelhersteller Hülsta benennt seine Möbellinien wie „now!no.1 by hülsta" oder „now!time by hülsta" mit dem Unternehmensnamen. Handelsmarken sind im allgemeinen Sprachgebrauch unter dem Begriff der Eigenmarke bekannt. Die Technik-Hausmarke „Universum" oder der Hochland-Kaffee sind Beispiele für eine solche Eigenmarke. Dienstleistungsmarken ähneln eher den Herstellermarken. Sie werden meist unter dem Firmennamen geführt.

Die *Klassifikation nach den angesprochenen Sinneswahrnehmungen* stellt eine Sonderform dar: Marken können optisch, akustisch, olfaktorisch oder taktil sein oder aus einer Mischung mehrerer dieser Elemente bestehen. Meist werden Marken über Buchstaben oder Bildelemente transportiert. Allerdings ist es möglich, sie auch in anderen Dimensionen aufzuladen, wenn z. B. der Gehör-, Geruchs- oder der Tastsinn angesprochen wird. Optische Marken sind Wort- und Bildmarken, so z. B. der IBM-Schriftzug und der Mercedes-Stern. Akustische Marken können in Melodien bestehen, eingesetzt als Charakteristikum der Marke. Die Werbemelodien von Beck's Bier oder McDonald's haben einen hohen

Wiedererkennungswert. Als taktile Marke sind z. B. synthetische Stoffe wie Nylon oder Tactel anzuführen. Ein Klassiker aus dem Bereich der olfaktorischen Marken ist das Parfum „4711 Echt Kölnisch Wasser" (Weis/Huber 2000: 36). Das Geruchserlebnis kann jedoch in einem weiter gefassten Rahmen zur Marken*bildung* und zur Marken*bindung* beitragen: Der oben als Beispiel für eine Eigenmarke angesprochene Hochland-Kaffee schöpft sein Markenpotenzial sicherlich zum Gutteil auch aus dem Kaffeeduft in den Verkaufsläden.

2.2. Bedeutung für die Kundenkommunikation

Die Marke ist ein wichtiges, wenn nicht gar das zentrale Orientierungssystem für Konsumenten. Sie reduziert Komplexität auf einfache Markenwerte und -botschaften und vereinfacht die Kaufentscheidung wesentlich. Sie spricht den Einzelnen sowohl kognitiv als auch affektiv an, indem sie neben den Kerninformationen zu einem Produkt, einer Dienstleistung oder dem gesamten Unternehmen auch Gefühle und Stimmungen transportiert. Wichtig ist in diesem Kontext: diese Elemente müssen Teil der kollektiven Wahrnehmung sein, damit die Zurschaustellung eines Markenartikels einen bestimmten Lebensstil übermitteln oder die Zugehörigkeit (Aspiration) zu einer bestimmten Statusgruppe deutlich machen kann.

Für Unternehmen zahlen sich Investitionen in eine Marke im wahrsten Sinne des Wortes aus (Bentele et al. 2003). Marken sind immaterielle Vermögenswerte, deren Erfolg sich (mehr oder weniger genau) monetär beziffern lässt (Bentele et al. 2003). Außerdem sind sie in immaterieller Hinsicht wertvoll, indem sie Werte wie Exklusivität, Lifestyle oder Modernität vermitteln. Dadurch strahlen sie auf das Image und die Reputation eines Unternehmens aus.

Marken können in Ausnahmefällen noch weit mehr bewirken: Denkt man an die weithin bekannten Tempo-Taschentücher oder den Lippenfettstift Labello, so konnten sich diese Markennamen als Bezeichnung für eine ganze Produktgattung durchsetzen. Vom Papiertaschentuch ist als Tempo-Taschentuch die Rede, und unter dem Begriff „Labello" werden auch die Konkurrenzprodukte von Bebe, Blistex, Neutrogena und Eigenmarken der Drogerieketten gefasst. Hat sich eine Marke im allgemeinen Sprachgebrauch zu einer Produktbezeichnung entwickelt, so hat sie den größtmöglichen Bekanntheitsgrad erreicht. Mit Blick auf die Markenpersönlichkeit und ihre Glaubwürdigkeit entwickelt eine Marke im Idealfall ein Eigenleben. Besonders überzeugte, treue und aktive Kunden treiben sie dann in Eigenarbeit. Solche Kunden kann man als Markenfans bezeichnen, die zum Botschafter „ihrer" Marke werden. Damit ist der Weg hin zu einer Kultmarke geebnet. Da ihnen keine unmittelbare Interessenleitung durch das Unternehmen unterstellt wird, verschaffen sie der Marke eine noch größere Glaubwürdigkeit.

Beschäftigt man sich mit dem Konzept der Marke, so kommt zwangsläufig auch der Aspekt des Images ins Spiel. Das Produkt aus dieser Verbindung ist das so genannte Markenimage, das bei Konsumenten entsteht. Es setzt sich aus funktionalen und emotionalen Dimensionen zusammen. Funktionale Dimensionen können z. B. Leistung, Qualität und Preis eines Produktes sein. Emotionale Dimensionen sind mit der Marke verbundene Werte, Gefühle und Stimmungen. Für jede Marke werden diese Dimensionen sowohl quantitativ als auch qualitativ in individueller Kombination zusammengesetzt, so dass eine unverwechselbare Markenpersönlichkeit im Kopf des Konsumenten entsteht (Biel 1993: 71 f.).

3. Image als Bild vom Unternehmen und seinen Waren

Ähnlich wie die Marke ist auch das Orientierungssystem Image ein wichtiger Baustein für die Kundenkommunikation. Generell ist ein positives Image „langfristig eine zentrale Voraussetzung für den Erfolg einer Organisation überhaupt" (Demuth 1999: 75; Dörrbecker/Rommerskirchen 1990: 32). In der Regel steht im Mittelpunkt der kommunikationswissenschaftlichen Analyse das organisationale Image. Als Unternehmensimage z. B. umfasst es das Bild, das sich der Einzelne (z. B. Kunde, Anwohner, Mitarbeiter, Journalist) von der Firma macht. Images bestehen aber auch auf der über- und der untergeordneten Ebene. Beispielsweise sind Branchen- oder Nationenimages zu nennen, aber auch das oben bereits angesprochene Markenimage, Produktimages oder Personenimages. Die Bezeichnung unterschiedlicher Imagearten richtet sich nach dem Ausschnitt, den man für die Betrachtung wählt. Zugleich besteht eine Vielzahl von Verbindungslinien zwischen den unterschiedlichen Imagearten: Das Produktimage wird so z. B. vom Markenimage und vom Unternehmensimage beeinflusst und vice versa.

3.1. Charakteristika von Images

Das Image ist als „Momentaufnahme" zu verstehen. Im Gegensatz zur Reputation ist es eher oberflächlich und bezieht sich auf Aspekte, die in der Regel erkennbar sind und die auch von der Öffentlichkeit wahrgenommen werden sollen.

„Image ist die Gesamtheit von Gefühlen, Einstellungen, Erfahrungen und Meinungen bewusster und unbewusster Art, die sich eine Person bzw. eine Personengruppe von einem ‚Meinungsgegenstand' (z. B. einem Produkt, einer Marke, einem Unternehmen) macht. Image wird geprägt von soziokulturellen und subjektiven Momenten (Erfahrungen, Vorurteilen) und stellt eine stereotypisierende Vereinfachung eines objektiven Sachverhaltes dar" (Essig et al. 2003: 21).

Images lassen sich anhand ihrer Charakteristika beschreiben (Pflaum/ Pieper 1993: 251 f.; Koschnick 1996: 449):

- Images sind mehrdimensionale, strukturierte Gebilde. Ihre Inhalte sind sowohl rationaler als auch emotionaler und sozialer Natur. Einerseits handelt es sich um Kenntnisse, Erfahrungen und Wahrnehmungen, die sich eher auf die objektive, d. h. faktische Beschaffenheit des Imageobjektes beziehen (kognitive Komponente). Andererseits enthält ein Image mit Erwartungen, Wertungen, Stimmungen, Gefühlen, Sympathien und Antipathien auch emotional gefärbte Aspekte (affektive Komponente). Darüber hinaus wirken die Gesellschaftsform, die personale Umgebung und bestehende Tabus auf das Image ein (soziale Komponente).
- Images durchlaufen unterschiedliche Entwicklungsphasen. Sie bilden sich schnell und können auch noch im Laufe ihrer Verfestigung verändert werden; anfänglich mit jeder neuen Information, mit jedem Wechsel des psychischen Zustands. Im Laufe der Zeit verfestigen sie sich und neigen zu Stabilität, ohne indessen starr zu werden. Sie sind auch dann, wenn sie ausgebildet sind, von innen durch den Imageträger selbst in gewissem Maß korrigierbar und von außen durch jede Darstellung des Imagegegenstandes beeinflussbar.
- Images entstehen durch eine Reduktion und Typisierung komplexer Gebilde auf einige wenige Sachverhalte. Sie wirken sich auf Wahrnehmung, Meinungen, Entscheidungen und Verhalten aus. Zugleich sind sie meist nicht voll bewusst, sondern wirken eher unterschwellig.

Wie lässt sich ein Image beschreiben? Das Image wird meist über Attribute definiert. Ein Unternehmen kann z. B. auf der Skala zwischen „traditionell" und „zukunftsweisend", „konservativ" und „innovativ", „offen" und „abgeschottet" positioniert werden. Im Alltag, so zeigen zahlreiche Studien, assoziieren Menschen Unternehmen, Produkte und Dienstleistungen immer mit imagebezogenen Attributen (Bazil 2001: 5). Image und Realität stehen in einem ständigen Austauschprozess; im Idealfall sind sie deckungsgleich. Dabei ist die Bildung und Pflege von Images keine einseitig vom Unternehmen kontrollierbare Aufgabe (Ronneberger/Rühl 1992: 246). Vielmehr ist das Image einer Organisation so aufgebaut, dass sich fiktive und faktische Elemente vermischen, ergänzen und schließlich zu einem als realistisch wahrgenommenen Bild verschmelzen (Derieth 1995: 144).

Images können in ihrer Realitätsnähe variieren, abhängig davon, wie viel der Einzelne über den Imagegegenstand (z. B. ein Produkt) weiß und welche Erfahrungen er bereits mit dem Produkt gemacht hat: Je mehr Informationen und je mehr persönliche Erfahrungen der Einzelne in Bezug auf ein Produkt hat, desto breiter und zuverlässiger kann sich das Image ausformen und desto eher stehen Realität und Vorstellungsbild in Einklang miteinander. Je weniger der Einzelne über das Produkt weiß, desto größer ist die Wahrscheinlichkeit einer stereotypen und fehlerbehafteten Imagebildung. Immer aber sind Images subjektive Vorstellungsbilder, die mehr oder weniger stark von den objektiven Gegebenheiten abweichen können. Stets handelt es sich um vereinfachende Muster von großer Prägnanz und Plastizität, welche die vielgestaltige gegenständliche Wirklichkeit auf das als typisch und wesentlich Erlebte reduzieren.

3.2. Images als Ergänzung zu Marken

Images übernehmen im Rahmen der Kundenkommunikation zahlreiche Funktionen. In erster Linie dienen sie dazu, das Unternehmen oder Produkt von Wettbewerbern abzugrenzen. Zugleich beeinflussen sie aber auch das Verhalten der Bezugsgruppen, wie in den oben genannten Funktionen eines Images deutlich wurde. Dies bedeutet für ein Unternehmen, Images – soweit dies möglich ist – gezielt zu planen, aufzubauen und zu lenken (Brockhoff 1992: 878). Ein Image besteht aus dem Bild, das verschiedene Stakeholder von einem Unternehmen haben.

Images übernehmen aus Sicht der Stakeholder eines Unternehmens verschiedene Funktionen (siehe Schaubild 17):

- *Realitätsfunktion*: Weil der Mensch die objektive, komplexe Umwelt nicht erfassen kann, schafft er sich seine eigene subjektive Wirklichkeit (Lilli 1983: 404; Johannsen 1971: 77). Die geschaffene subjektive Wirklichkeit ist ein Image.
- *Orientierungs- und Umweltbewältigungsfunktion* (Johannsen 1971: 83 f.): Die Individuen sind in ihrem Alltag einer Vielzahl von Reizen ausgesetzt, die sie nicht mehr bewältigen können. Aus diesem Grund eignen sich über das Image vereinfacht abgebildete Realitäten als Orientierungshilfe.
- *Wertausdrucksfunktion*: Die Wahl bestimmter Produkte oder Dienstleistungen bestimmter Unternehmen dient dem Wertausdruck, sie kann z. B. durch soziale Abhebung bzw. Prestigedenken charakterisiert sein.

- *Selbstbestätigungsfunktion*: Konsumenten sind bemüht, solche Produkte bzw. Marken zu kaufen, deren Images zur Bestätigung des eigenen Selbstbildes beitragen oder gar vorhandene Diskrepanzen zwischen Selbst- und Idealbild ausgleichen bzw. abbauen. Hierzu ist es notwendig, dass die Produkte eine möglichst hohe Übereinstimmung zwischen den Eigenschaftsprofilen der Produkte und dem Selbstbild des Konsumenten aufbauen (z. B. die Automarke smart wird gleichgesetzt mit jung, dynamisch, aufregendes Leben usw).
- *Anpassungsfunktion*: Images tragen dazu bei, Menschen innerhalb einer Gruppe einander anzupassen, d. h. sie übernehmen eine Integrationsfunktion (z. B. im Sinne eines Zugehörigkeitsgefühls).

Die Realitäts-, die Orientierungs-, die Umweltbewältigungs- und die Selbstbestätigungsfunktion werden auch von Marken erfüllt. Allerdings sind sie sowohl formal als auch inhaltlich etwas anders gelagert: Während Marken in erster Linie auf den Aspekt des Verkaufs ausgerichtet und in der einen oder anderen Form nahezu immer auf Produkte bezogen sind, wenden sich Images an

Schaubild 17
Bedeutung von Images aus Sicht der Unternehmen

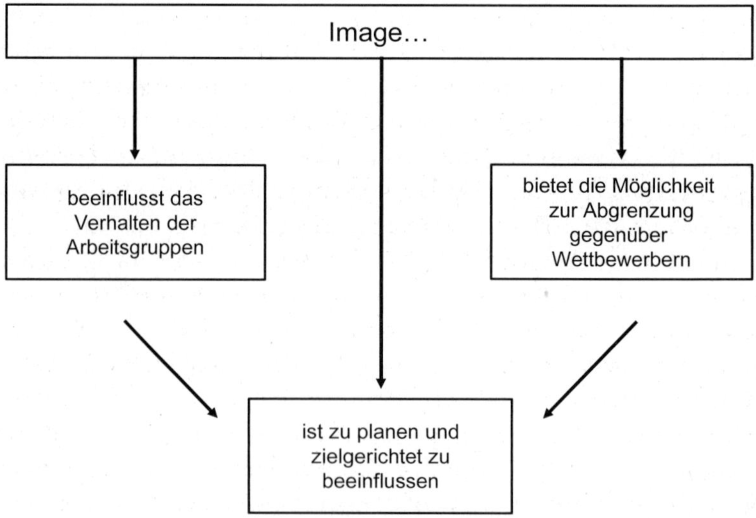

Quelle: Glogger 1999: 62

weiter gefasste Zielgruppen, werden meist eher auf der Ebene des Unternehmens entwickelt und sind entsprechend weniger stark auf den Aspekt des Verkaufs ausgelegt als Marken. Marken und Images sind demnach nicht substitutiv zu sehen, sondern in Ergänzung zueinander – ähnlich dem Verhältnis von Werbung und Public Relations.

Die Kundenkommunikation ausschließlich oder insbesondere auf das Orientierungssystem Marke zu beziehen, würde die Komplexität der Kundenwahrnehmung und -entscheidung auf einen zu kleinen Ausschnitt reduzieren. Die Kaufentscheidung wird außer von der Marke auch vom Unternehmensimage beeinflusst. Gelingt es einem Unternehmen, in seinem Imageprofil einige zentrale Assoziationen zu verankern, so stehen diese durchaus in Wechselwirkung mit den Markenwerten und können in der Folge zu einer vereinfachten Kaufentscheidung beitragen. Die Kraft eines starken, positiv besetzten Unternehmensimages liegt in der dauerhaften Akzeptanz von Produkten und Leistungen. Es entscheidet somit wesentlich über den wirtschaftlichen Erfolg eines Unternehmens (Buß 1988: 8).

3.3. Image-Management als Aufgabe für die Kundenkommunikation

Nahezu jedes Objekt, mit dem sich eine Meinung verknüpfen lässt, d. h. jedes Unternehmen, jedes Produkt und jede Dienstleistung hat ein eigenes Image. Images können sich ohne Zutun des betreffenden Unternehmens bilden. Vor dem Hintergrund einer strategisch angelegten, systematischen Kundenkommunikation jedoch sollte ein Image bewusst entwickelt und gelenkt werden. Es bietet sich an, alle Instrumente der Unternehmenskommunikation einzusetzen und alle Zielgruppen als Adressaten einzubeziehen. Eine ausschließliche Ausrichtung auf die Zielgruppe „Kunde" ist weder notwendig noch sinnvoll. Soll ein Image auf allen relevanten Ebenen systematisch geplant, implementiert und justiert werden, so ist ein Managementprozess erforderlich.

Buß und Fink-Heuberger (2000: 23 ff.) haben mit dem Image-Management eine erste Grundlage für Planung, Steuerung und Evaluation von Images gelegt. Ihr Ansatz bezieht sich auf ein dialogorientiertes Verständnis der Beziehung zwischen Organisation und Öffentlichkeit mit dem Ziel, die Denkweisen dieser beiden Gruppen aufeinander abzustimmen (Buß/Fink-Heuberger 2000: 23 ff.). Dazu gehört es, die Akzeptanz des Unternehmens und seiner Handlungen bei den Stakeholdern zu steigern, um u. a. die Handlungsfreiheit der Organisation zu erhöhen. Zugleich geht es darum die Identifikation der Zielgruppen mit dem Unternehmen, das Vertrauen und die gegenseitige Bindung zu stärken. Darüber hinaus wird der Beitrag des Image-Managements für das Reputation-Management als Faktor genannt.

Das Image einer Organisation entsteht in den Köpfen der Menschen im Zusammenspiel zwischen zwei Vorstellungsbildern: Einerseits handelt es sich um ein kurzfristiges, sich veränderndes Oberflächenbild (Ad-hoc-Image) im Sinne eines spontanen Eindrucks. Andererseits besteht es in einem tiefenstrukturellen Bild (Sockelimage), das historisch gewachsen ist und im Zeitablauf stabil bleibt. Image und aktuelle öffentliche Meinung müssen deshalb nicht überstimmen, sondern können voneinander abweichen (Buß/Fink-Heuberger 2000: 53). Die Konsequenzen, die sich aus diesen zwei Ebenen für das Image-Management ergeben, sind vielfältig:

- Werbe- und PR-Botschaften sind in den historisch gewachsenen Assoziationsrahmen der Öffentlichkeit einzubinden, damit es zu keiner Kollision der beiden Image-Ebenen kommt. Sie sollten die gewachsene Identität untermauern und auf diese Weise einen konstanten Dialog mit der Öffentlichkeit und ihren Teilen führen. Wer lediglich auf das Ad-hoc-Image abzielt, kann sich zwar „ins Gerede bringen" – unter Gesichtspunkten des langfristigen, nachhaltigen Image-Managements ist dies jedoch nicht sinnvoll, häufig sogar kontraproduktiv.
- Prozesse der Imagegestaltung- und -veränderung benötigen Zeit, so dass Image-Management als langfristige Aufgabe verstanden werden muss.
- Das Sockelimage ist relativ stabil und „enttäuschungsfest" (Buß/Fink-Heuberger 2000: 56); es hat einen hohen betriebswirtschaftlichen und politischen Wert.

Neben den beiden oben genannten Image-Ebenen wird das Bild der Organisation auch von Primärimage und Sekundärimage bestimmt. Das Primärimage gilt dabei als das Eigenimage, d. h. das von der Organisation selbst erzeugte Image. Mit Sekundärimage wird jenes Image bezeichnet, das aus einem übergeordneten wirtschaftlichen, sozialen oder kulturellen Kontext (Branche oder Kultur) auf das Image einwirkt (Buß/Fink-Heuberger 2000: 58). So wirkt sich z. B. das Image der Beraterbranche auf die einzelnen Beratungsunternehmen aus. Während ein Unternehmen das Primär- oder Eigenimage aktiv gestalten kann, sind die Einflüsse auf das Branchenimage meist geringer. Für die Kundenkommunikation sind jedoch beide von Bedeutung, wenn auch das individuelle Unternehmensimage in der Wahrnehmung der Kunden vermutlich dominiert.

In einer weiteren Unterteilung lassen sich Nah- und Fernimages unterscheiden. Nahimages basieren auf persönlichen Erfahrungen oder persönlicher Nähe (z. B. Image einer Stadt, in der man lange gelebt hat). Fernimages hingegen sind

Images, die aus der Distanz entwickelt worden sind (z. B. Image einer Stadt, die man nur vom Hörensagen kennt). Für Organisationen bedeutet das, möglichst stark ins Nahimage zu investieren, um das Unternehmen und seine Angebote persönlich erlebbar zu machen. Kostenlose Produktproben können eingesetzt werden, damit auch bisherige Nicht-Kunden das Produkt testen, erleben oder anwenden können. Wenn man sie dadurch als Käufer gewinnt, war die Maßnahme unmittelbar wirtschaftlich erfolgreich. Verändert sich das Image des Produktes oder des Herstellers von einem stark fiktiven Bild hin zu einem eher der Realität angepassten Bild, so wirkte die Produktprobe eher mittelbar.

4. Reputation als guter Ruf des Unternehmens

Marke und Image sind eng miteinander verwogen. Ein Konzept, das häufig im selben Atemzug genannt wird, ist die Reputation. Worum handelt es sich genau bei der Reputation? Worin unterscheidet sie sich vom Image? Welche Rolle spielt sie für die Kundenkommunikation?

4.1. Elemente der Unternehmensreputation

Mit Reputation wird in der Regel der „gute Ruf" oder das Ansehen eines Unternehmens bezeichnet. Im Gegensatz zum Image dauert es jedoch länger, um eine Reputation aufzubauen. Die Reputation ergibt sich aus „Erlebnissen, Gefühlen, Erfahrungen, Eindrücken und Wissen, die Menschen aus der Interaktion mit (...) dem Unternehmen gewinnen und zu einem Gesamteindruck verdichten" (Bauhofer 2004: 17).

Unternehmensreputation entsteht als „Summe der Wahrnehmungen aller relevanten Stakeholder hinsichtlich der Leistungen, Produkte, Services und Personen eines Unternehmens und der sich hieraus jeweils ergebenden Achtung vor diesem Unternehmen" (Fombrun/Wiedmann 2001).

Während das Image auch kurzfristig entwickelt und beeinflusst werden kann, reflektiert die Reputation die dem Unternehmen zugrunde liegenden Werte und seine Unternehmenskultur. Entsprechend langfristig müssen Reputationsaufbau und -management angelegt sein. Die Reputation ist zwangsläufig auf das Unternehmen als Ganzes bezogen, eine Produktreputation etwa gibt es nicht. Reputation ist ähnlich dem Image als immaterielles Kapital des Unternehmens zu betrachten (Jackson 2004). Im Vergleich zum Image hat sie eine andere Dimension: Im Mittelpunkt steht die Frage, inwieweit es einem Unternehmen gelingt, bei seinen diversen Stakeholdern einen positiven Eindruck zu erreichen und daraus ein konkretes Unterstützungspotential zu generieren (Wiedmann/Buxel 2004: 56). Eine entsprechend starke Unternehmensreputation ist beispielsweise in Krisenfällen von unschätzbarem Wert. Ein prägnantes Beispiel für das Vertrauen in Unternehmen durch eine hohe Reputation liefert der Vergleich der Flugzeugunglücke von „Birgen Air" und „Swiss Air". Während die Fluggesellschaft „Swiss Air" seinerzeit glimpflich aus der Krise herausfand, kostete es die Airline „Birgen Air" die Existenz.

Für Charles Fombrun, einen der Pioniere der Reputationsforschung, konstituiert sich Reputation durch die vier Schlüsselfaktoren Glaubwürdigkeit, Zuverlässigkeit, Vertrauenswürdigkeit und Verantwortungsbewusstsein (Fombrun 1996: 72; Fombrun/van Riel 2004). Er entwickelte den so genannten Reputation Quotient, ein spezifisches Instrumentarium zur Beschreibung und Messung von Reputation. Gestützt auf Benchmarking-Studien werden Soll/Ist-Vergleiche durchgeführt, die aufschlussreiche Hinweise für konkreten Handlungsbedarf liefern (Wiedmann/Buxel 2004: 57). Dabei ist es erforderlich situative Rahmenbedingungen einzubeziehen, die von Fall zu Fall verschiedene Akzentuierungen erforderlich machen. Die empirische Überprüfung des Reputationsquotienten zeigte, dass eine starke Reputation vor allem durch sechs zentrale Dimensionen mit jeweils 20 dahinter stehenden Attributen geprägt wird. Im Einzelnen stellen sich diese Kerndimensionen für die Reputation eines Unternehmens wie folgt dar (Fombrun/Wiedmann 2001: 24):

- *Products and Services*: Welche Qualität haben die Angebote des Unternehmens? Welchen Markenwert besitzen die Produkte? Sind das Unternehmen und seine Angebote innovativ?
- *Financial Performance*: Wie profitabel ist das Unternehmen? Wie steht das Unternehmen im Wettbewerb? Welche Einschätzung gibt es bezüglich des Wachstumspotentials und des unternehmerischen Risikos?
- *Vision and Leadership*: Verfolgt das Unternehmen eine klare Vision? Verfügt es über eine herausragende Führung?
- *Workplace Environment*: Ist das Unternehmen gut organisiert? Bietet das Unternehmen Bewerbern einen attraktiven Arbeitsplatz? Wie steht es um die Qualität der Mitarbeiter?
- *Social Responsibility*: Engagiert sich das Unternehmen für soziale Belange? Trägt es zum Umweltschutz bei? Wie geht es mit dem Einzelnen um (z. B. Produktionsbedingungen für Mitarbeiter)?
- *Emotional Appeal*: Ist das Unternehmen in der Öffentlichkeit und bei seinen Bezugsgruppen beliebt bzw. gut angesehen? Wird das Unternehmen bewundert

und wird ihm Respekt entgegengebracht? Haben die Menschen Vertrauen in das Unternehmen?

Die einzelnen Dimensionen mit den dahinter stehenden Faktoren im Überblick zeigt Schaubild 18. Für die Dimensionen und Attribute ergeben sich in den Bezugsgruppen des Unternehmens unterschiedliche Einschätzungen. Es entstehen sozusagen „Teilreputationen", die einige Autoren mit dem Image des Unternehmens bei der jeweiligen Zielgruppe gleichsetzen. Sie stellen Ausschnitte dar, die in ihrer Summe die Gesamtreputation des Unternehmens ergeben (Stein 2003: 49).

Schaubild 18
„Reputation Quotient Model"

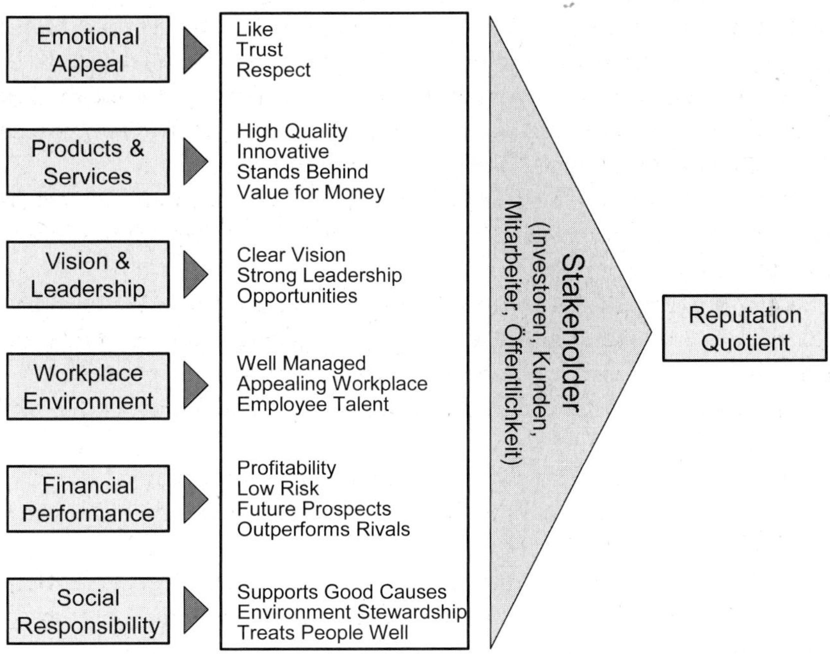

Quelle: Fombrun/Wiedmann 2001: 24

Neben der Zusammenwirkung dieser einzelnen Dimensionen sind zum Aufbau einer konsistenten Unternehmensreputation jedoch Abstimmung und Koordination bei deren Kommunikation notwendig. Eine starke und nachhaltige Unternehmensreputation aufzubauen kann in der Regel nur dann gelingen, wenn ein integriertes Reputationsmanagement über die unterschiedlichen Unternehmensbereiche, Kommunikationsinstrumente und Zielgruppen hinweg betrieben wird. Schließlich bestehen vielfältige Interaktionsbeziehungen zwischen den Stakeholdergruppen (Wiedmann/Buxel 2004: 54 ff.).

4.2. Orientierungssystem für die Kunden

Reputation als Ausformung von Unternehmenswerten und Unternehmenskultur, langfristig angelegt und auf die Öffentlichkeit als Ganzes ausgerichtet – ein Orientierungssystem für Kunden? Auch und gerade für die Kundenkommunikation ist die Reputation eines Unternehmens von Bedeutung. Eine starke und nachhaltige Reputation kann beim Kunden zur Entstehung von Loyalität beitragen und ihn an das Unternehmen binden. Treue Kunden sind von ihrem Anbieter überzeugt, zeigen sich durch stets neue Geschäftsverbindungen loyal und tragen ihre positiven Erfahrungen durch Mund-zu-Mund-Propaganda weiter. Ein Unternehmen, das auf dieses Unterstützungspotenzial zurückgreift, profitiert in vielerlei Hinsicht: Die Bezugsgruppe der Mitarbeiter wird durch eine hohe Reputation an das Unternehmen gebunden, die Gewinnung von qualifizierten Arbeitskräften ist einfacher, Kapital ist leichter zu bekommen und der Goodwill in der breiten Öffentlichkeit überdauert auch kleinere Krisen. Das nützt wiederum der Beziehung zum Kunden.

Eine hohe Unternehmensreputation erleichtert die Unternehmenstätigkeit auch, indem sie facettenreiche Wettbewerbsvorteile bietet: Neben der Durchsetzung höherer Preise spielt die Verhandlungsmacht mit Lieferanten eine nicht zu unterschätzende Rolle. Die Einführung neuer Produkte wird deutlich erleichtert, was letztlich Marketingaufwendungen verringert. Als gesellschaftlicher Akteur kann das Unternehmen mit guter Reputation beispielsweise Einfluss auf andere Öffentlichkeiten nehmen und Krisen besser durchstehen. Der wichtigste Faktor einer hohen Reputation ist jedoch der Entscheidungsrahmen, der allen Bezugsgruppen die Auswahl unter immer ähnlicher werdenden Produkten und Dienstleistungen erleichtert (Bazil 2001: 13).

Reputation trägt somit – ähnlich wie Image und Marke – zum Erfolg oder Misserfolg eines Unternehmens bei. So wurde die Unternehmensreputation zu einem der wichtigsten immateriellen Vermögenswerte. Unternehmen mit starker Reputation steigern jedoch nicht nur ihren Unternehmenswert. Vielmehr können sie im Wettbewerb auf einen Vertrauensvorschuss ihrer Stakeholder und auf deren Unterstützung bauen. Eine positive Reputation zieht die Stakeholder eines Unternehmens an, hilft dem Unternehmen die Loyalität bestehender Kunden zu verstärken, die Neukundengewinnung zu erleichtern, hervorragende Mitarbeiter zu gewinnen und zu binden, Kapitalkosten zu senken und eine verbesserte Unterstützung von Medien und Bevölkerung zu erreichen (Fombrun/Wiedmann 2001).

Dies wird in einer Studie des Strategy & Marketing Institute und der Universität Hannover deutlich, die sich mit den Zielen des Reputationsmanagements befasste und Manager deutscher Unternehmen befragte. Legt man den Fokus der Kundenkommunikation zugrunde, so werden zahlreiche kundenspezifische Faktoren genannt: Steigerung der Kundenzufriedenheit und -loyalität, Verbesserung der Beziehungen zum Kunden, Erleichterung der Neukundengewinnung. Die Rangfolge macht deutlich, dass die wichtigsten Ziele des Reputationsmanagement in der Praxis mit Blick auf die Bezugsgruppe Kunde formuliert werden. Neben der Kundenfokussierung kommt auch der Mitarbeiterorientierung eine herausgehobene Bedeutung zu, mit deutlichem Abstand folgen monetäre Zielsetzungen (Wiedmann/Buxel 2004: 52).

!

Marken, Images und Reputation sind die wichtigsten Orientierungssysteme für Kunden: Sie geben dem Unternehmen ein unverwechselbares Gesicht, typisieren Produkte und Dienstleistungen und reduzieren dadurch die Informationsflut.

Orientierungssysteme werden durch grundlegende Werte des Unternehmens gespeist. Bei Werten handelt es sich um Konzeptionen des Wünschenswerten.

Marken entstehen durch die kommunikative Aufladung von Produkten, Dienstleistungen oder Unternehmen von Seiten des Unternehmens. Sie existieren in den Köpfen der Menschen, übernehmen eine Vertrauens-, Orientierungs- und/oder Identifizierungsfunktion und reduzieren die Komplexität von Kaufentscheidungen.

Unter Image versteht man die Gesamtheit von Gefühlen, Einstellungen, Erfahrungen und Meinungen bewusster und unbewusster Art, die sich eine Person bzw. eine Personengruppe von einem ‚Meinungsgegenstand' (z. B. einem Produkt, einer Marke, einem Unternehmen) macht.

Unternehmensreputation beinhaltet die Wahrnehmung durch alle relevanten Stakeholder hinsichtlich der Leistungen, Produkte, Services und Personen eines Unternehmens und der sich hieraus jeweils ergebenden Achtung vor ihm.

Marke, Image und Reputation sind sowohl auf der Wissens- als auch der Empfindungsebene angesiedelt.

Literaturtipps

Bruhn, Manfred (2004): Handbuch Markenführung. Wiesbaden: Gabler. *Das dreibändige Nachschlagewerk deckt das gesamte Spektrum der Markenkommunikation ab. 130 Experten aus Wissenschaft und Praxis behandeln Grundzüge, Theorien, Techniken und Strategien der Markenkommunikation, aber auch rechtliche und betriebswirtschaftliche Aspekte sowie Fragen rund um das Markenmanagement. Vielfältige Unternehmensbeispiele sorgen für den engen Bezug zur täglichen Kommunikationspraxis.*

Buß, Eugen / Fink-Heuberger, Ulrike (2000): Image Management. Wie Sie Ihr Image-Kapital erhöhen. Frankfurt am Main: FAZ-Institut. *Das Buch bietet einen fundierten und schnellen Einblick in Erfolgsfaktoren, Strategien und Evaluation des Image-Managements von Organisationen. Von der Imagepflege über die Messung von Images bis hin zum systematischen Image-Controlling werden alle wesentlichen Bereiche aus dem Feld des „Image" theoretisch aufgearbeitet und an Hand zahlreicher Praxisbeispiele illustriert.*

Essig, Carola / Soulas de Russel, Dominique / Marcela Semanakova (2003): Das Image von Produkten, Marken und Unternehmen. Sternenfels: Wissenschaft & Praxis: *Eine umfassende und zugleich leicht verständliche Abhandlung zum Thema Image. Ausgehend von Begrifflichkeiten, Funktionen und Bedeutung von Images im Allgemeinen werden Unternehmens- und Markenimage ausführlich dargestellt. Ein besonderer Schwerpunkt liegt auf der Imagepolitik und dem Imagetransfer. Zahlreiche Abbildungen und Beispiele tragen zur Veranschaulichung bei.*

Fombrun, Charles J. (1996): Reputation. Realizing Value from the Corporate Image. Boston: Harvard Business School. *Charles J. Fombrun, Begründer des amerikanischen Zweiges der Reputationsforschung, entwickelt in seinem praxisnahen Handbuch einen integrierten Ansatz für das Reputation Management. Ausgehend von der Bedeutung des guten Rufs für Identität und Image wird das Konzept des „Reputational Capital" dargestellt und Reputationskapital und -management durch zahlreiche ausführliche Fallstudien zum Thema beleuchtet.*

Kapitel 4

Kommunikationswege zum Kunden

Ergebnisse einer Umfrage unter den Top-500-Unternehmen in Deutschland

Kundenkommunikation bedient sich um Kunden anzusprechen vieler Kommunikationswege: Einerseits spielt sie auf der Klaviatur der unterschiedlichen Kommunikationskanäle, d. h. der zur Übermittlung in Frage kommenden Medien (schriftlich/persönlich/digital, direkt/indirekt, einseitig/dialogisch), um potenzielle und bestehende Kunden möglichst vielfältig ansprechen zu können. Andererseits stimmt sie alle verfügbaren Kommunikationsinstrumente als Träger ihrer Botschaften aufeinander ab. So werden Werbung, Öffentlichkeitsarbeit, Verkaufsförderung, Eventkommunikation sowie auch Messen und Ausstellungen im Rahmen der Kundenkommunikation integriert genutzt.

Kommunikationsinstrumente bedienen sich der Kommunikationskanäle: So setzt die Werbung bei der Bannerwerbung im Internet den Online-Kanal ein, bei der Anzeigenwerbung in Zeitschriften jedoch die klassische schriftliche Kommunikation. Verkaufsförderung oder Eventkommunikation bedienen sich hingegen stärker der persönlichen Kommunikation. Welche Kommunikationswege sind es, die sich für die einzelnen Zielsetzungen und Aufgaben der Kundenkommunikation am besten eignen? Welche Rolle spielen sie in der Praxis?

Kapitel 4 stellt Ergebnisse einer Befragung von Kommunikationsverantwortlichen in den Top-500-Unternehmen Deutschlands vor. Die Bedeutung der Kundenkommunikation im Rahmen der Unternehmenskommunikation und die unterschiedlichen Wege in ihrem Einfluss und ihrer Eignung für die Ansprache des Kunden werden beleuchtet; außerdem werden im zweiten Abschnitt die wichtigsten Kommunikationswege im Überblick dargestellt. Den Abschluss des vierten Kapitels bildet ein Analyseraster zur Bewertung der Leistungsfähigkeit unterschiedlicher Kommunikationswege, das entwickelt und zur Beurteilung durch Kommunikationsexperten in der empirischen Analyse eingesetzt wird.

1. Bedeutung der Kunden in der Praxis

Welches Gewicht hat die Kommunikation mit dem Kunden in der Unternehmenskommunikation? Welche Ziele werden mit der Kundenkommunikation verfolgt? Gibt es bestimmte Kommunikationswege, die sich besonders gut für die Kundengewinnung und die Kundenbindung eignen? Bedeutung, Zielsetzungen und Erfolgsfaktoren der Kundenkommunikation in Großunternehmen näher zu beleuchten war Ziel einer Umfrage unter den Top-500-Unternehmen Deutschlands. 100 Kommunikationsverantwortliche, Leiter Unternehmenskommunikation bzw. Corporate Communications beteiligten sich an der schriftlichen Befragung, was einem Rücklauf von genau 20 Prozent entspricht.[1]

1.1. Kunden als wichtigste Zielgruppen

Kunden sind eine der wichtigsten Zielgruppen der Unternehmenskommunikation, so ein zentrales Ergebnis der Umfrage. Neun von zehn befragten Kommunikationsverantwortlichen nennen Kunden gleichauf mit den Mitarbeitern als wichtigste Adressaten ihrer Kommunikation. An dritter Stelle werden Journalisten genannt, deutlich nachgeordnet folgen Aktionäre, Lieferanten, Händler und Investoren. Eine vergleichsweise geringe Bedeutung nehmen politische Adressatengruppen, Verbände, öffentliche Institutionen und Anwohner ein (Schaubild 19).

Kunden und Mitarbeiter werden zu gleichen Teilen als wichtigste Zielgruppen genannt; das drückt die besondere Bedeutung, aber auch Wertschätzung dieser beiden Gruppen durch ein Unternehmen aus. Während die Mitarbeiter ein zentraler interner Basisfaktor für eine erfolgreiche Wirtschaftstätigkeit sind, stellen die Kunden als Abnehmer von Produkten und Dienstleistungen die zentrale externe Richtgröße für die gesamte Unternehmenstätigkeit dar. Die überdurchschnittliche Bedeutung der Kunden im Rahmen der Unternehmenstätigkeit überrascht, war die Ansprache des Kunden doch über Jahrzehnte hinweg Hoheitsgebiet ausschließlich des Marketings. Rückt die Ansprache des Kunden, etwa im Zuge einer Produkt-PR oder von Kunden-Events, in der

[1] Die schriftliche Umfrage fand im Frühjahr 2003 statt. Ein Drittel der Befragten führt eine Kommunikationsabteilung mit unter fünf Mitarbeitern, ein Viertel hat zwischen fünf und zehn Mitarbeiter und weitere knapp 30 Prozent haben einen Mitarbeiterstab von zehn bis zwanzig Kommunikationsfachleuten. Mehr als zwanzig Mitarbeiter haben lediglich 13 Prozent der Befragten. Sie stammen zum Großteil aus den Branchen Automobil- und Fahrzeugbau (21 Prozent), Groß- und Einzelhandel (20 Prozent), Computer und Elektronik (9 Prozent) und Dienstleistung (8 Prozent).

aktuellen Wirtschaftslage stärker in den Fokus der Unternehmenskommunikation? Welches Bild vom Kunden haben Kommunikationsverantwortliche?

Das Bild vom Kunden ist bei den Befragten breit gefächert: Es reicht vom engen Begriffsverständnis vom Kunden als „Abnehmer unserer Waren“ über eine weiter gefasste, jedoch noch stark monetär orientierte Definition („Der Kunde ist der, der am Ende unsere Gehälter bezahlt“) bis hin zu einem umfassenden Verständnis vom Kunden als Partner. Ein Kommunikationsmanager bringt die Dichotomie zwischen der verkaufs- und der dienstleistungsorientierten Sicht des Begriffes Kunden zum Ausdruck, wenn er antwortet: „Aus vertrieblicher Sicht ist der Kunde derjenige, der gegen Bezahlung Produkte erwirbt. Aus PR-Sicht sind alle Gruppen Kunden, die über bestimmte Sachverhalte informiert werden wollen (Mitarbeiter, Presse, ...).“ Diese Zweiteilung zeigt die beiden grundlegend voneinander abweichenden Kundenbilder sehr deutlich: Auf der einen Seite steht der passive Kunde, der überredet und zum

Schaubild 19
Wichtige Zielgruppen der Top-500-Unternehmen

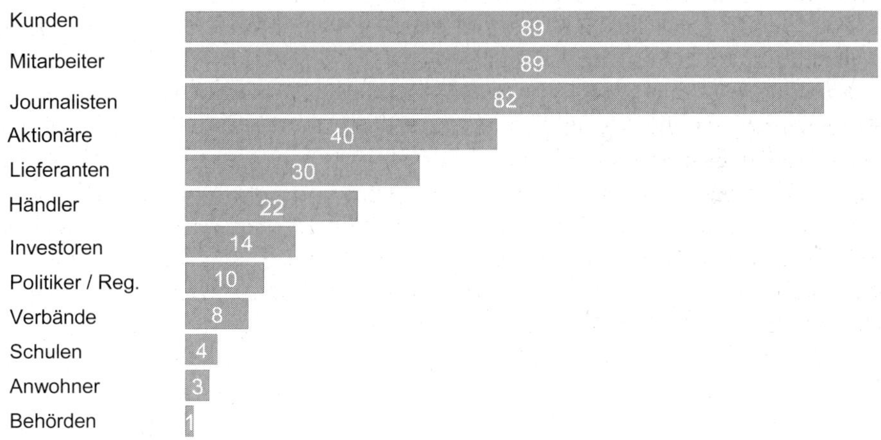

Antworten auf die Frage: „Welche der folgenden Zielgruppen sind für die Kommunikationsarbeit Ihres Unternehmens am wichtigsten?“ Angaben in Prozent
Basis: Top-500-Unternehmen in Deutschland (n=100)

Kauf bewegt werden soll. Auf der anderen Seite existiert eine Vielzahl von aktiven Kunden, mit denen das Unternehmen in einen Dialog tritt, der weit über den Aspekt des Verkaufs hinausgeht.

In den letzten Jahren setzt sich in der wissenschaftlichen, gesellschaftlichen und auch ökonomischen Diskussion zunehmend die Überzeugung durch, ein Unternehmen sei im Sinne einer sozialen Verantwortlichkeit („corporate social responsibility"; Carroll/Buchholtz 2000: 28; Wimmer 2001; Frederick 1994a/1994b) als gesellschaftlicher Akteur zu verstehen, dessen wirtschaftlicher Erfolg auf einem Dialog mit den relevanten Teilen der Öffentlichkeit beruht. In einem Statement zeigt sich dieser Gedanke einer Beziehung mit beidseitigen Kompromissen und Anpassungen sehr deutlich, wenn auch noch stark auf den Produktaspekt ausgerichtet: „Der Kunde bedingt mit seinen Wünschen ein ständiges Anpassen unseres Leistungs- und Produktspektrums. Wir bieten unseren Kunden durch unsere Leistungen seinen größtmöglichen Nutzen." Zum Ausdruck kommt hier, dass der Produkt- oder Servicewunsch des Kunden Anpassungsprozesse im Unternehmen und bei seinen Produkten/Dienstleistungen auslöst.

Überträgt man diesen Aspekt auf die Kommunikation, so bedeutet das, den Kunden als ernstzunehmenden Partner im Austausch von Information und Meinung zu verstehen. Liegt der Unternehmenskommunikation ein derartiges Bild vom Kunden zu Grunde, so lässt sich eine dauerhafte, für beide Seiten vorteilhafte Beziehung und Bindung eher erzielen als wenn der Kunde rein als Abnehmer von Produkten, aber auch von kommunikativen Botschaften verstanden wird. In der von manchen Befragten geäußerten Rolle des Kunden für die Kommunikation zeigt sich die Dominanz des Servicegedankens, wie sie an mancher Stelle auch in plakativen Leitsätzen zum Ausdruck kommt. So wird der Kunde von den Befragten als „König" bezeichnet, als „erste Priorität!" der gesamten Kommunikation oder als „Zentrum unserer Service- und Kommunikationsbemühungen" genannt.

Kunden als wichtigste Zielgruppe nicht nur des Marketings, sondern auch der Unternehmenskommunikation – ihre besondere Bedeutung spiegelt sich auch in der Häufigkeit ihrer Ansprache wider: Rund ein Drittel der befragten Kommunikationsverantwortlichen spricht Kunden im Durchschnitt einmal pro Woche an. Journalisten werden von rund 40 Prozent der Befragten wöchentlich angesprochen, mit Mitarbeitern kommunizieren 36 Prozent gar täglich. Das Ergebnis lässt vermuten, dass die Befragten die Medien als wichtige Informationsmittler auch und gerade für den Weg zum Kunden ansehen. Neben der direkten Ansprache werden Kunden somit auch indirekt über die Massenmedien informiert. Inwiefern man sie hier explizit in ihrer Rolle als Kunden anspricht, sei dahingestellt. Klar ist jedoch: Die Medienarbeit ist ein wichtiges

Instrument zur Kundenansprache im Rahmen der Unternehmenskommunikation. Zugleich kommt der Mitarbeiterkommunikation eine wesentliche Funktion zu. „PR begins at home", so lautet ein zentraler Grundsatz der Öffentlichkeitsarbeit. Er kann für die Kundenkommunikation übernommen werden, denn eine gute Kommunikation mit dem Kunden beginnt beim Mitarbeiter. Mitarbeiter in Verkauf und Vertrieb sprechen End- oder Großkunden unmittelbar persönlich an, mit dem klaren Ziel des Verkaufs. Alle anderen Mitarbeiter können als Botschafter des Unternehmens verstanden werden, die bestehende sowie potenzielle Kunden – wenn auch in Rollen wie Freund, Nachbar, Verwandter – mittelbar über das Unternehmen, seine Produkte und/oder Dienstleistungen sowie zahlreiche weitere Aspekte informieren.

1.2. Kundenbindung als oberstes Ziel

Welche Ziele sind aus Unternehmenssicht am wichtigsten, wenn es um die Kommunikation mit Kunden geht? Über drei Viertel der befragten Kommunikationsverantwortlichen sehen in der Kundenbindung das zentrale Kommunikationsziel. Die Beziehungspflege zu bereits bestehenden Kunden liegt damit auf einem deutlichen ersten Platz. Erst mit einigem Abstand nennen die Befragten als weiteres wesentliches Ziel die Information über Produkte und Dienstleistungen (63 Prozent). Weitere 60 Prozent der Befragten geben an, ein zentrales Ziel ihrer Kundenkommunikation sei es, Kunden zum Kauf zu bewegen (Schaubild 20).

Wenn drei von vier Befragten die Kundenbindung als wichtig empfinden, so wohl auch deshalb, weil es weitaus kostengünstiger ist, bestehende Kunden zu halten als neue Kunden zu werben. In Verbindung mit der Information über neue Produkte und Dienstleistungen, die letztlich mit Blick auf den Verkauf erfolgt, sowie dem an dritter Stelle genannten Ziel, den Kunden zum Kauf zu bewegen, gewinnt der monetäre Aspekt der Kundenkommunikation an Gewicht. Jeweils rund die Hälfte der Befragten sieht ferner das Bekanntwerden des Unternehmens bei potenziellen Kunden, die Imagebildung und -pflege sowie die Kommunikation der Marke als derzeit zentrale Kommunikationsaufgaben an.

Die Übersicht über die Kommunikationsziele macht deutlich, welch herausragende Bedeutung der Kunde im Denken und Handeln der Kommunikationsverantwortlichen hat. Wohlgemerkt handelt es sich bei den Befragten nicht um Leiter der Marketingabteilung, sondern um die Leiter der Abteilung Unternehmenskommunikation bzw. Corporate Communications. Betrachtet man die drei am häufigsten genannten Ziele der Kundenkommunikation, so zeigt sich eine deutliche Dominanz der Öffentlichkeitsarbeit: Die beiden am häufigsten genannten Ziele – Kundenbindung und Kundeninformation – stellen klassische Public Relations-Aufgaben dar. Denn Ziel der PR ist es, über Sachverhalte zu informieren und zugleich die relevanten Teile der Öffentlichkeit in Form einer verständnis- und vertrauensvollen Zusammenarbeit an das Unternehmen zu binden. Die an dritter Stelle genannte Zielsetzung Verkauf hingegen ist von einer klaren Ertragsorientierung bestimmt, wie sie z. B. durch Werbung oder Verkaufsförderung angestrebt wird.

Die Ergebnisse machen deutlich: Unternehmenskommunikation ist auch auf Abnehmer von Waren und Dienstleistungen ausgerichtet. Und sie deuten zugleich darauf hin, dass Marketing und Public Relations (PR) an der Kommunikation mit dem Kunden gleichermaßen beteiligt sind. Die unterschiedlichen Kommunikationswege, die sie einsetzen, um Kunden zu informieren, zu binden und zum Kauf zu bewegen, ergänzen einander bei der Erreichung dieser Ziele. Dies bestätigt auch die nachfolgende Aufstellung der gängigsten Wege, auf denen die Kommunikation mit dem Kunden verläuft.

Schaubild 20

Wichtige Kommunikationsziele der Top-500-Unternehmen

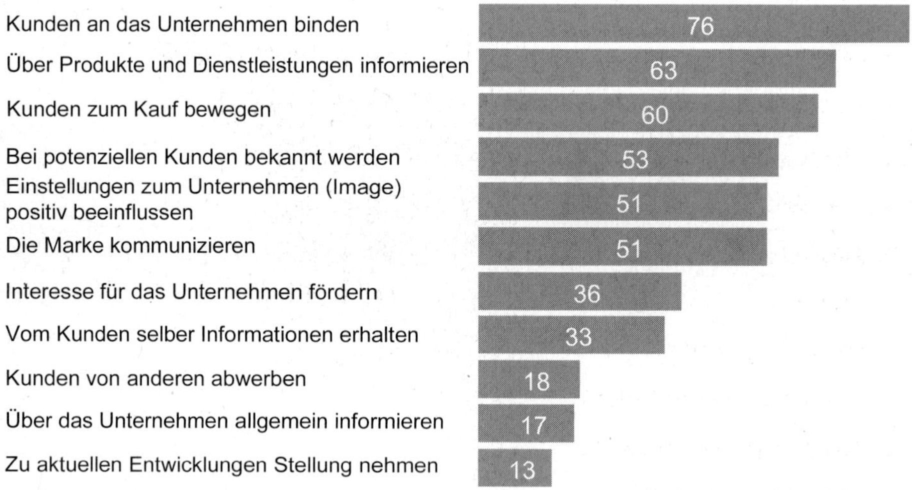

Antworten auf die Frage: „Welche Ziele sind in der derzeitigen Wirtschaftssituation in Ihren Augen vorrangig, wenn Sie mit Ihren Kunden kommunizieren?" Angaben in Prozent (sehr wichtig)
Basis: Top-500-Unternehmen in Deutschland (n=100)

Öffentlichkeitsarbeit soll Interesse wecken

Die Befragung macht deutlich, dass Unternehmen je nach Kommunikationsziel unterschiedliche Instrumente einsetzen (Schaubild 21). Um das Interesse der Kunden an Unternehmen, Produkten und/oder Dienstleistungen zu wecken, bauen die befragten Kommunikationsverantwortlichen in erster Linie auf Öffentlichkeitsarbeit. 72 Prozent der Befragten gaben an, aus ihrer Sicht sei die PR am besten zur Information und zur Gewinnung von Interesse geeignet. Weitere 59 Prozent sehen die Werbung als gut geeignet, über die Hälfte der Befragten setzt auf die Mitarbeiterkommunikation. Ein überraschend geringes Gewicht haben Events, Face-to-Face-Kommunikation und Verkaufsförderung.

Während die PR den Kunden sowohl direkt (z. B. durch Kundenzeitschriften) als auch indirekt (z. B. über die Medien) anspricht, setzt die Werbung auf eine unmittelbare Ansprache des Kunden. Sie weckt etwa über Anzeigen oder Spots Neugier und erzeugt – im Idealfall – Aufmerksamkeit und Interesse bei bestehenden und potenziellen Kunden. Die besondere Betonung der Mitarbei-

Schaubild 21
Top-10-Kommunikationswege, um Interesse zu wecken

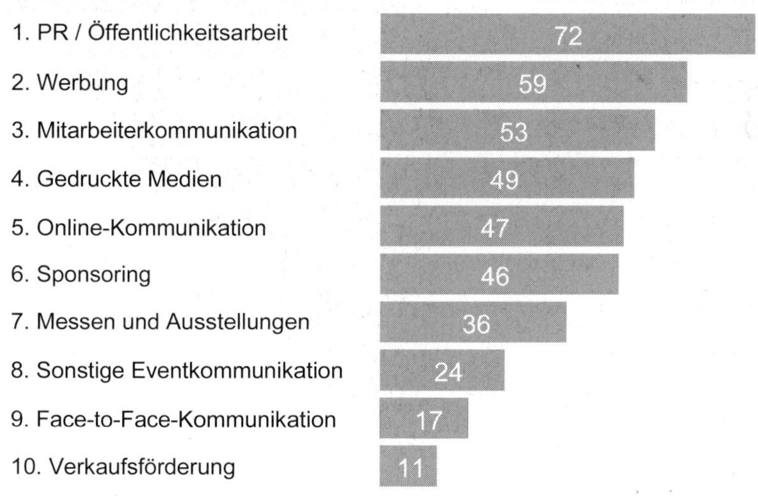

Antworten auf die Frage: „Interesse wecken – mit welchem Kommunikationsweg verfolgen Sie dieses Ziel?“
Angaben in Prozent
Basis: Top-500-Unternehmen in Deutschland (n=100)

terkommunikation, die an dritter Stelle genannt wird, überrascht. Man hätte erwartet, dass sowohl Kommunikationsinstrumente mit unmittelbarer Kundenansprache (z. B. Face-to-Face-Kommunikation, Messen und Ausstellungen, Events) als auch Kommunikationsinstrumente mit großer Breitenwirkung (wie das Sponsoring) deutlich vor der Mitarbeiterkommunikation rangieren.

Warum wird der Mitarbeiterkommunikation eine so zentrale Rolle zugeschrieben? Einer der Gründe kann in der oben angesprochenen Wichtigkeit der Zielgruppe „Mitarbeiter" vermutet werden: Als ein eherner Grundsatz der PR gilt, die Mitarbeiter als erste über Neuigkeiten zu Unternehmen, Produkten, personellen Veränderungen usw. zu informieren. Einerseits bildet eine schnelle und offene Information der Mitarbeiter die Basis für Arbeitszufriedenheit, Motivation und Engagement. Andererseits werden Mitarbeiter als Botschafter eines Unternehmens verstanden, deren Aussagen die Öffentlichkeit als weit objektiver und damit glaubwürdiger wahrnimmt als die institutionalisierte Interessenvertretung des Unternehmens (z. B. die Kommunikationsabteilung). Insofern deutet die starke Betonung der Mitarbeiterkommunikation darauf hin, dass der allenthalben geforderte Informationsvorsprung des Mitarbeiters in deutschen Top-500-Unternehmen keine leere Worthülse, sondern vielmehr gelebte interne Kommunikation ist.

Auf Messen und Ausstellungen neue Kunden gewinnen

Eine andere Rangfolge ergibt sich für die Kommunikationswege, wenn man nach der Gewinnung neuer Kunden fragt. Hier geben 56 Prozent der befragten Praktiker an, zur Neukundengewinnung eigneten sich besonders Messen und Ausstellungen. Jeweils knapp die Hälfte der Befragten nennt als weitere gut geeignete Kanäle Online-Kommunikation und Verkaufsförderung. PR und Mitarbeiterkommunikation, die wie oben dargestellt vor allem zur Information über Unternehmen und Produkte/Dienstleistungen geeignet sind, erscheinen den Befragten als eher ungeeignet für die Neukundengewinnung (Schaubild 22).

Messen und Ausstellungen bilden einen guten Rahmen für die Präsentation der Angebote eines Unternehmens. Unabhängig davon, ob es sich um ein Produkt oder eine Dienstleistung handelt – auf Messen und Ausstellungen lässt sich leicht ein persönlicher Kontakt zur Fachöffentlichkeit wie zum interessierten Publikum herstellen. Und die Überzeugung zum Kauf kann über keinen anderen Kommunikationskanal besser und nachhaltiger erfolgen als über das direkte Gespräch zwischen Verkäufer und Käufer. Ähnliche Möglichkeiten bietet die Verkaufsförderung, die z. B. direkt am Point of Sale durch geschultes Fachpersonal die Vorteile und den Nutzen eines Produktes für den Kunden transparent machen kann.

Die Online-Kommunikation beschreitet einen anderen Weg. Indem sie Informationen zum individuellen Abruf bereitstellt, überlässt sie es dem Interessierten selbst, sich über das Angebot zu informieren. Durch verschiedene, häufig multimediale Mehrwertangebote kann sich der Kunde nicht nur die von ihm gewünschten Informationen holen, sondern durch interaktive Elemente mit dem Unternehmen in Kontakt treten. Insofern werden Informationen nicht mehr länger nur „gepusht“, sondern zunehmend zu einer Holschuld des potenziellen Kunden.

Vorhandene Kunden über das persönliche Gespräch binden

Für die Kundenbindung ist nach Ansicht der Kommunikationsverantwortlichen die Face-to-Face-Kommunikation unabdingbar. Knapp zwei Drittel der Befragten geben an, die persönliche Kommunikation sei am besten zur Bindung vorhandener Kunden geeignet. Damit kommt diesem Kommunikationskanal mit deutlichem Abstand die größte Bedeutung zu. An zweiter Stelle folgt

Schaubild 22
Top-10-Kommunikationswege zur Neukundengewinnung

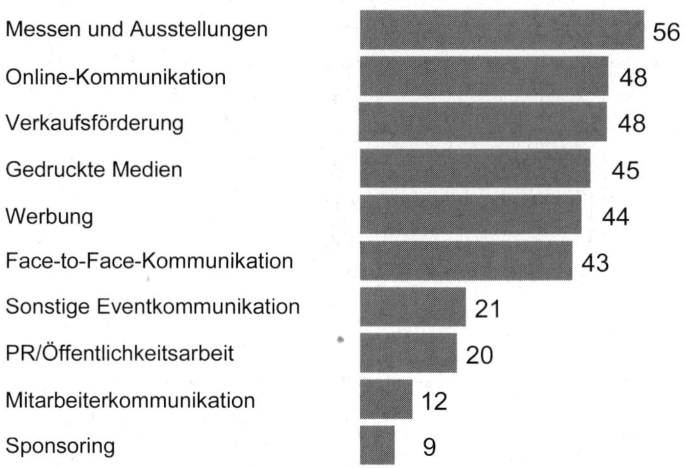

Antworten auf die Frage: „Neukundengewinnung – mit welchem Kommunikationsweg verfolgen Sie dieses Ziel?“
Angaben in Prozent
Basis: Top-500-Unternehmen in Deutschland (n=100)

für knapp die Hälfte der Befragten die Verkaufsförderung. An dritter Stelle liegt die Online-Kommunikation (44 Prozent), Platz vier belegen die gedruckten Medien (42 Prozent) (Schaubild 23).

Wie die Rangfolge verdeutlicht, erscheint den Praktikern die Face-to-Face-Kommunikation als am besten geeignet für die Beziehungspflege. Auch die Verkaufsförderung basiert zum Teil auf persönlicher Kommunikation, so dass die beiden erstgenannten Kanäle in enger Verbindung miteinander stehen. Online- und gedruckte Medien können als sinnvolle Ergänzung verstanden werden, da persönliche Kommunikation sehr zeit- und ressourcenintensiv ist und man sie deshalb nicht als alleinigen Kanal zur Kundenbindung einsetzen kann. Demnach nutzt man bei der Kundenbindung einen Mix aus persönlicher, schriftlicher und Online-Kommunikation.

Ruft man sich die Befragungsergebnisse zur Neukundengewinnung ins Gedächtnis, fällt auf, dass Verkaufsförderung, Online-Kommunikation und gedruckte Medien – wenn auch in leicht veränderter Reihenfolge – jeweils unter die vier wichtigsten Kommunikationswege eingestuft werden. Auch bei den je-

Schaubild 23
Top-10-Kommunikationswege zur Kundenbindung

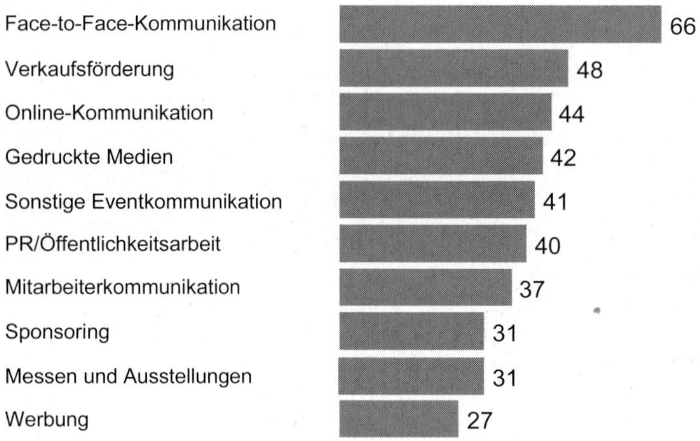

Antworten auf die Frage: „Kundenbindung – mit welchem Kommunikationsweg verfolgen Sie dieses Ziel?"
Angaben in Prozent
Basis: Top-500-Unternehmen in Deutschland (n=100)

weils erstgenannten Instrumenten zeigen sich Ähnlichkeiten: Während Neukundengewinnung vorrangig durch Messen und Ausstellungen erfolgt, dominiert bei der Kundenbindung die Face-to-Face-Kommunikation. Beide Kommunikationswege rücken das persönliche Gespräch in den Vordergrund.

Die ähnliche Rangfolge und Ausrichtung deuten darauf hin, dass Kundengewinnung und Kundenbindung ähnliche Anforderungen an die Kommunikation stellen. Vermutlich sind die Aufgabenstellungen „Neukundengewinnung" und „Kundenbindung" aus kommunikativer Sicht nicht nur sehr ähnlich, sondern erfordern auch eine konzertierte Mobilisierung aller Kommunikationskanäle. In beiden Fällen hat eine Mischung aus persönlicher, gedruckter und digitaler Ansprache die größten Aussichten auf Erfolg.

1.3. Wege der Kundenansprache

Welche Bedeutung haben die einzelnen Kommunikationskanäle des Unternehmens, wenn es um die Ansprache der Kunden geht? Wie bewerten die Befragten diese Kanäle vor dem Hintergrund von Anforderungen wie Informationsgehalt, Emotionalität und Interaktivität? In einer ersten Frage wurde erho-

Schaubild 24
Bedeutung der Kommunikationswege bei den Top-500-Unternehmen

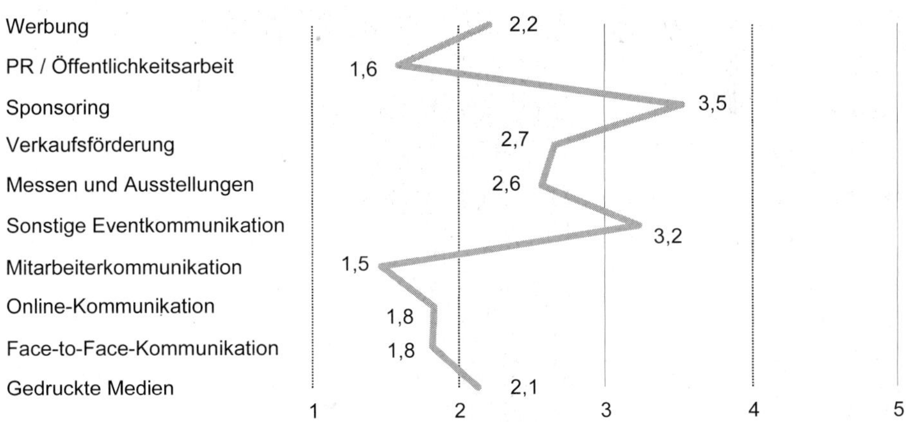

Antworten auf die Frage: „Welche Rolle spielen die folgenden Kommunikationswege für Ihre Unternehmenskommunikation?" Mittelwerte (1 = sehr wichtig, 5 = unwichtig)
Basis: Top-500-Unternehmen in Deutschland (n=100)

ben, welche Bedeutung den einzelnen Kommunikationswegen für die Unternehmenskommunikation im Allgemeinen beigemessen wird. Im Anschluss wurde gefragt, welche der Kommunikationswege tatsächlich gewählt und wie häufig sie für die Kommunikation mit dem Kunden genutzt werden.

Einige Kommunikationswege sind ausgesprochen wichtig für die Unternehmenskommunikation im Allgemeinen, andere hingegen nutzt man nur für besondere Aufgabenstellungen. Als sehr wichtig für ihre tägliche Arbeit bezeichnen zwei Drittel der befragten Kommunikationsverantwortlichen die Mitarbeiterkommunikation. Mit knapp 60 Prozent kommt auch der PR eine ähnlich große Bedeutung zu. Die Face-to-Face-Kommunikation wird von jedem Zweiten als sehr wichtig erachtet. Mit jeweils knapp 40 Prozent haben auch die Werbung und die Online-Kommunikation überdurchschnittlich Gewicht für die Unternehmenskommunikation (Schaubild 24). Sponsoring und Eventkommunikation werden im Rahmen der alltäglichen Unternehmenskommunikation als eher unwichtig eingestuft. Auch Messen und Ausstellungen sowie Verkaufsförderung halten nur wenige Befragte für sehr wichtig.

2. Kommunikationswege im Überblick

Um die Kommunikationswege einem Leistungsvergleich zu unterziehen, werden sie in einem ersten Schritt kurz umrissen und in ihren Besonderheiten dargestellt. Dabei sollen sie, soweit möglich und sinnvoll, bereits auf den Kunden als Zielgruppe zugeschnitten werden. Im zweiten Schritt erfolgt dann ihre Bewertung anhand der oben definierten Anforderungen.

2.1. Werbung

„Werbung ist eine absichtliche und zwangfrei versuchte Meinungsbeeinflussung unter Verwendung besonderer Kommunikationsmittel, welche die Menschen zur Erfüllung der Werbeziele veranlassen soll" (Dannenberg/Wildschütz/Merkel 2003: 6).

Grundzüge

Ziel der Werbung ist es, Einstellungen von bestehenden oder potenziellen Käufern so zu verändern, dass sie ein Produkt oder eine Dienstleistung kaufen (Kloss 2003: 6). Werbung ist öffentliche Kommunikation, die von öffentlichen Akteuren ausgeht. Vor allem die klassische Werbung beruht auf einem weitgehend einseitigen Verständnis des Kommunikationsprozesses: Ein Sender, z. B. ein Unternehmen setzt einen Stimulus (Informationen über ein Produkt), der über ein Medium an den Empfänger weitergegeben wird. Ihre Ziele versucht die Werbung über eine „gezielte und offenkundige Beeinflussung" zu erreichen (Brosius/Fahr 1996: 12).

Werbung findet in allen Lebensbereichen statt, mit den Zielen, Informationen bereitzustellen, zu unterhalten und Einstellungen der Rezipienten zugunsten des Auftraggebers zu verändern. Als Akteure kommen Verbände und Vereine ebenso wie Parteien oder Behörden in Frage, die ideelle, soziale oder politische Intentionen propagieren. Häufig wird deren Werbetätigkeit mit dem Schlagwort Propaganda belegt. Die Beeinflussung der Rezipienten durch Werbung ist Mittel zum Zweck: Der Verkauf ist das letztendliche Ziel (Kloss 2003: 256), denn hohe Verkaufs- bzw. Absatzmengen lassen sich nur über die Suggerierung der Erfüllung von Wünschen durch die beworbenen Produkte realisieren. „Die Beeinflussungsabsicht der Werbung setzt [...] an den Einstellungen an, weil davon ausgegangen wird, dass sich Menschen einstellungskonform verhalten" (Kloss 2003: 6), d. h. nur Produkte kaufen, gegen die sie keine Vorbehalte haben. Die Funktion der Werbung im Rahmen der Unternehmenskommunikation ist es daher, die eigenen Produkte auf gesättigten Märkten im Kampf um Aufmerksamkeit von Artikeln der Konkurrenz abzusetzen und so komparative Vorteile zu erzielen.

Maßnahmen

Damit Werbung ihre Aufgabe effektiv und effizient lösen kann, bedarf es einer umfassenden Werbeplanung bzw. -konzeption, die verschiedene Teilprozesse beachten muss: Am wichtigsten ist die Auswahl des beworbenen Gegenstandes. So ist zu entscheiden, ob das gesamte Unternehmen (oft als Imagepolitik bezeichnet) (Kloss 2003: 103 ff.) oder nur einzelne Teile des Sortiments in den Mittelpunkt einer Werbekampagne gestellt werden. Des Weiteren gilt es, die anvisierte Zielgruppe auszuwählen, damit eine angemessene Aufteilung des Budgets auf die einzelnen Werbeträger erfolgen kann.

Die wichtigsten Überzeugungsmittel finden sie in den klassischen Medienkategorien Druck und Rundfunk. Im Bereich der gedruckten Werbung spielen Zeitungen die wichtigste Rolle, gefolgt von Anzeigenblättern sowie Publikums- und Fachzeitschriften. In der Kategorie der Rundfunkwerbung kommt dem Fernsehen eine deutlich größere Bedeutung zu als dem Hörfunk, weil Fernsehen aufgrund der Visualisierung die höhere Wirkungskraft zugestanden wird. Doch auch die so genannten Neuen Medien beanspruchen mit hohen Wachstumsraten einen zunehmend größeren Anteil am Werbekuchen. Im Jahr 2003 lagen sie mit einem Anteil von rund 1,3 Prozent an den Netto-Werbeeinnahmen aller erfassten Werbeträger in Deutschland zwar auf einem nachrangigen Platz, weisen jedoch seit Jahren die größten Zuwachsraten auf (von 2001 bis 2003 um jährlich etwa 20 Prozent; Zentralverband der deutschen Werbewirtschaft 2004: 15). Weitere Einflussmöglichkeiten werden über Kinowerbung und Außenwerbung (Plakat-, Verkehrsmittel-, Banden-, Leucht- und Luftwerbung) wahrgenommen.

Rolle und Bedeutung

Die Anzeigenwerbung liegt – trotz Rückgang ihrer Budgets im Bereich klassischer Werbeformen – noch immer auf Platz eins der Kommunikationsinstrumente. Es sind Tageszeitungen, Fernsehen, Werbung per Post und Werbung in Publikumszeitschriften, auf die die größten Anteile des Werbekuchens entfallen (Zentralverband der deutschen Werbewirtschaft 2004: 15). Zugleich scheint sich die aktuelle Verteilung der Budgets – mit leichten Veränderungen bei dem einen oder anderen Werbeträger – auf diesem Niveau einzupendeln.

Trends

Betrachtet man die Verteilung der Werbebudgets auf die einzelnen Werbeträger, so erwarten Kommunikationsexperten für Direkt- und Internetwerbung den vergleichsweise größten Zuwachs in den nächsten Jahren (Hermanns 2004). Die Online-Kommunikation hat zwar in den vergangenen Jahren stark zugenommen, scheint aber auf einem eher geringen Niveau zu stagnieren (Zentralverband der deutschen Werbewirtschaft 2004: 15).

Ein grundlegender Trend, der sich nicht nur, aber vor allem in der klassischen Werbung niederschlägt, ist die Erschließung neuer Zielgruppen. In den letzten Jahren ließen sich in allen Medien Anstrengungen vieler werbetreibenden Unternehmen beobachten, verstärkt ältere Zielgruppen anzusprechen. Mit der Überalterung der Deutschen gewinnt die Gewinnung kaufkräftiger Kunden über die 49-Jahre-Grenze hinaus an Bedeutung.

Ebenfalls von Bedeutung für die künftige Entwicklung der Werbung ist die Verschiebung von Budgetanteilen zu Gunsten der Öffentlichkeitsarbeit oder anderen Instrumenten mit einem effizienteren Preis-Leistungsverhältnis, wie sie in den letzten Jahren in vielen Unternehmen stattgefunden hat. Anzeigenwerbung ist, so scheint es, in wirtschaftlich schwierigen Zeiten zu teuer. Weiß man doch nie definitiv, welcher Teil der Werbung erfolgreich war und welcher nicht. Wesentlichster Trend ist also ein Bedeutungsverlust der Werbung im Reigen der anderen Kommunikationsinstrumente, besonders bei der Gewinnung und

Bindung von Kunden. Neue Wege sind gefragt, sowohl im Bereich der Kundenkommunikation allgemein als auch in der Werbewirtschaft im Besonderen.

2.2. Öffentlichkeitsarbeit

"Public relations is the management of communication between an organization and its publics" (Grunig/Hunt 1984: 6).

Grundzüge

Public Relations (PR) oder Öffentlichkeitsarbeit sind neben der Werbung einer der ältesten Kommunikationswege zur Ansprache von Kunden. Im Gegensatz zur Werbung hat sie nicht das Ziel, den Kunden zum Kauf zu *überreden*, sondern sie ist auf die Gewinnung von Vertrauen und Verständnis der Öffentlichkeit als Ganzes ausgerichtet. Ziel der PR ist es, Beziehungen zu den für das Unternehmen relevanten Teilen der Öffentlichkeit aufzubauen und zu pflegen (Kunczik 2002: 30; Ronneberger/Rühl 1992: 252; Schulze-Fürstenow 1987: 23).

Bereits in den 50er-Jahren schrieb Carl Hundhausen (1951: 164 f.), dass die Interessen des Unternehmens mit den Interessen der Öffentlichkeit in Übereinstimmung gebracht werden müssten. Im Idealfall gelingt dies, indem man dauerhafte Beziehungen zur Öffentlichkeit in Form eines Dialogs herstellt (Burkart 1996; Burkart/Probst 1991). Grunig und Hunt (1984: 6) entwickelten eine Definition von PR, die an diese Forderung anknüpft: Sie verstehen PR als das Management der Kommunikation zwischen einem Unternehmen und seinen Teilöffentlichkeiten. Eine dieser relevanten Gruppen innerhalb der breiten Öffentlichkeit sind die Kunden, die in der PR-Forschung bislang jedoch kaum berücksichtigt wurden. Das Feld der Kundenkommunikation überlässt die PR-Forschung vor allem der Werbung.

PR kann im Rahmen der Unternehmenskommunikation zwei Ausprägungen annehmen: Als (1) ein Kommunikationsinstrument steht sie – wie in dieser Darstellung – als gleichberechtigter Kommunikationsweg neben Werbung, Sponsoring und Eventkommunikation. Als (2) Grundhaltung im Sinne einer öffentlichkeitsorientierten Unternehmensführung ist sie als übergeordnete Funktion zu verstehen, die sich der anderen hier aufgeführten Kommunikationswege zur Erreichung ihrer Ziele bedient (Grunig/Hunt 1984; Cutlip/Center/Broom 2000). Im Kontext dieser Arbeit wird Öffentlichkeitsarbeit als Kommunikationsmanagement verstanden.

Maßnahmen

Je nach Zielsetzung und Zielgruppe bedient man sich bei der PR einer breiten Palette unterschiedlicher Maßnahmen. Anders als bei der Werbung, die in ihrer klassischen Form in erster Linie Medien der Massenkommunikation einsetzt, werden im Rahmen der PR-Arbeit auch Formen der persönlichen Kommunikation genutzt. Eine der wichtigsten Zielgruppen der Öffentlichkeitsarbeit sind die Medien, die durch Pressearbeit (auch: Media Relations) angesprochen werden. Darüber hinaus spielt getreu dem Motto „public relations begins at home" auch die Mitarbeiterkommunikation eine zentrale Rolle. Bezugsgruppen der Unternehmens-PR können all jene Gruppen sein, die entweder durch das Handeln des Unternehmens beeinflusst werden (z. B. Anwohner, Mitarbeiter, Lieferanten) oder selbst das Unternehmen beeinflussen können (z. B. Kunden, Anleger, Unternehmensgegner).

Neben den grundlegenden, weitgehend zielgruppenunspezifischen Instrumenten und Maßnahmen der PR existieren für einige der wichtigsten der oben angesprochenen Bezugsgruppen spezifische PR-Felder. Bei der Pressearbeit etwa, die der Ansprache, Information und Überzeugung von Journalisten dient, reichen die möglichen Formen von persönlichen Hintergrundgesprächen über Pressereisen bis hin zu Pressekonferenzen, Pressemitteilungen oder Online-Pressrooms im Internet. Bei der internen Kommunikation beschränkten sich die Instrumente bis vor wenigen Jahren weitgehend auf Mitarbeiterzeitschriften, Schwarze Bretter, Newsletter und Formen des persönlichen Austausches. Im Zeitalter der Neuen Medien haben sich die Möglichkeiten aber auch hier vervielfacht: Neben dem Intranet als internem, lediglich für die Mitarbeiter zugänglichem Netzwerk breiten sich das Mitarbeiterfernsehen (Business-TV), digitale Newsletter und Online-Datenbanken aus. Auch Events, die über Jubiläen, Weihnachtsfeiern oder Tage der Offenen Tür hinaus reichen, werden immer stärker als Instrument zur Information, Integration und Motivation der Mitarbeiter eingesetzt.

Rolle und Bedeutung

Kontinuierlich steigende Mitarbeiterzahlen, vergleichsweise hohe Budgets und eine heute meist hierarchisch prominente Verankerung der PR-Abteilungen verdeutlichen, dass die PR vor allem im letzten Jahrzehnt zunehmend an Bedeutung gewonnen hat. Dabei stand PR bis in die 90er-Jahre hinein im Schatten des Marketings und der Werbung. In ihrem Image wirkt diese Unterordnung bis heute nach: Noch immer wird sie in der Öffentlichkeit häufig als Instrument der unterschwelligen Beeinflussung gesehen. Dabei hebt sich PR, nicht zuletzt durch die zunehmende Professionalisierung des Berufsfeldes, deutlich von anderen Kommunikationswegen und besonders von der Werbung ab. In den letzten, wirtschaftlich schwierigen Jahren zeigte sich zunehmend eine Budgetverschiebung von der Werbung hin auch zur PR, deren Kosten-Leistungs-Verhältnis im Vergleich deutlich günstiger ausfällt.

Trends

Professionalisierung, Ausdifferenzierung und Spezialisierung – so lassen sich die aktuellen Trends der PR beschreiben. Die oben bereits angesprochene zunehmende Professionalisierung bezieht sich sowohl auf die steigende Zahl der PR-Ausbildungsinstitutionen in Deutschland und die damit einhergehende Entwicklung eines spezifisch ausgebildeten Berufsstandes als auch auf die zunehmenden Management- und Beratungsaufgaben, die den PR-Profis heute innerhalb vieler Unternehmen zukommen. Während sich die Ausdifferenzierung auf den immer breiter werdenden Wirkungskreis der PR bezieht, bezeichnet die Spezialisierung die Vertiefung und Weiterentwicklung einzelner Aspekte. Bestes Beispiel für die Ausdifferenzierung von PR ist ihre erweiterte Nutzung bei der integrierten Kundenkommunikation; dort nimmt sie mittlerweile eine feste Position ein. Die Spezialisierung im Sinne einer Konzentration und Vertiefung zeigt sich etwa in der Ausbildung von PR-Fachleuten für bestimmte Aufgabenbereiche wie Mittelstands-PR, Investor Relations oder Redaktion z. B. einer Kundenzeitschrift.

2.3. Sponsoring

„Sponsoring ist die Zuwendung von Finanz-, Sach- und/oder Dienstleistungen von einem Unternehmen, dem Sponsor, an eine Einzelperson, eine Gruppe von Personen oder eine Organisation bzw. Institution aus dem gesellschaftlichen Umfeld des Unternehmens, dem Gesponserten, gegen die Gewährung von Rechten zur kommunikativen Nutzung von Personen bzw. Organisationen und/oder Aktivitäten des Gesponserten auf der Basis einer vertraglichen Vereinbarung“ (Hermanns 1997: 37).

Grundzüge

Sponsoring ist eines der neueren Instrumente zur Ansprache von Kunden. Beim Sponsoring werden Geld, Sachmittel oder Dienstleistungen durch einen Sponsor (z. B. ein Unternehmen) bereitgestellt, um Personen und/oder Organisationen zu fördern und damit zugleich Ziele der Unternehmenskommunikation zu erreichen (Bruhn 1991: 21). Der Sponsor (in diesem Fall das Unternehmen) unterstützt den Gesponserten (z. B. einen Sportler, ein Orchester oder eine Umweltschutzvereinigung) mit Geld oder anderen Leistungen. Als Gegenleistung wird ihm eingeräumt, den geförderten Sportler, das Orchester oder die Umweltschützer für kommunikative Zwecke zu nutzen (Hermanns 1997: 37).

Vorteil des Sponsoring ist es, die Zielgruppen „gezielt über den Freizeitbereich und die Medien anzusprechen“ (Bruhn 1997: 605). Es nutzt die Aufmerksamkeit der Öffentlichkeit für den Gesponsorten und dessen Image für die eigenen kommunikativen Ziele und kann somit leichter solche Zielgruppen ansprechen, die mit klassischen Kommunikationsformen kaum erreichbar sind. Das Sponsoring spricht Zielgruppen überwiegend in nicht-kommerziellen Situationen an. Es bietet die Chance, bei potentiellen Kunden Vertrautheit aufzubauen, erzielt hohe Sympathie und eine Anhebung des Goodwill in der Öffentlichkeit. Zudem kann das Unternehmen seinen Namen durch Imagewerte des Gesponserten profilieren (Boochs 2000: 153 f.). Sponsoring ist außerdem eine in der öffentlichen Meinung positiv bewerte Aktivität: Nach einer Untersuchung des Instituts für Demoskopie Allensbach sehen 74 Prozent der Bevölkerung Sponsoring positiv (Zentralverband der Deutschen Wirtschaft 2004: 353). Zudem handelt es sich um ein Instrument, das meist in Ergänzung etwa zur Werbung, Verkaufsförderung, PR oder internen Kommunikation eingesetzt wird. An Bedeutung gewinnt hier die Integration mit anderen Kommunikationswegen; deshalb ist auch bei Sponsoring eine Planung erforderlich.

Maßnahmen

Die Einsatzmöglichkeiten des Sponsorings sind vielfältig. Beginnend mit dem Sport hat es sich in den letzten Jahrzehnten ausdifferenziert, z. B. zum Kultur-, Sozio-, Umwelt- und Programmsponsoring (Bruhn 1991: 25). Sportsponsoring ist der älteste und bedeutendste Anwendungsbereich. Die Möglichkeiten als Sportsponsor aktiv zu werden, sind vielseitig. Eine Klassifizierung lässt sich nach der organisatorischen Einheit (Sportvereine, -verbände, Mannschaften, Einzelsportler usw.), der Leistungsebene (Spitzen-, Leistungs- oder Breitensport, Nachwuchs, Talente, Freizeit- oder Gesundheitssport) und der Sportart vornehmen. Sponsoring ist dann besonders massenwirksam, wenn Sportveranstaltungen im Fernsehen übertragen werden. Hier ist es möglich, etwa für die Medien geltende Werbeverbote (z. B. Tabakwerbeverbot) zu umgehen. Zugleich begibt sich ein Unternehmen beim Sportsponsoring in eine starke Abhängigkeit von Image und Erfolg des Sportlers, die in Zeiten sportlicher Misserfolge oder Skandale des Gesponserten zu handfesten Imageschäden für den Sponsor führen können (Boochs 2000).

Beim Kultursponsoring unterscheidet man nach der geförderten Kunstart (Bildende Kunst, Darstellende Kunst, Musik, Literatur, Film-Kunst, Multi-

Media-Kunst), der organisatorischen Einheit (Einzelkünstler, Künstlergruppen, Kunst-Institutionen bzw. -Organisationen) und der Leistungsebene (Professionelle Kunst, Hobby-Kunst) (Hermanns 1997: 72). Auch das Kultursponsoring hat gewisse Besonderheiten, die es von den anderen Sponsoring-Bereichen unterscheiden (ebd. 76 f.). So spricht es weniger das Zielpublikum „Masse" an als dies z. B. beim Sportsponsoring der Fall ist. Vielmehr besteht das Zielpublikum aus kleineren, aber für den Sponsor attraktiveren Gruppen, die häufig sozial höher gestellt sind. Auch profitiert der Sponsor vielfach von einem Exklusiv-Auftritt, da Kultursponsoring im Verbund weniger geläufig ist. Kultursponsoring ist nach einer Definition des Arbeitskreises Kultursponsoring weniger produktorientiert als andere Sponsoring-Arten. Ziele sind daher eher die Steigerung von Markenwert und Bekanntheitsgrad, eine Verbesserung des Unternehmensimages, die Kundenbindung oder die Motivation der Mitarbeiter. Für das Kultursponsoring besonders relevante Imagemerkmale sind Kompetenz, Verantwortung, Prestige und Exklusivität.

Unterschiedlichste Erscheinungsformen gibt es auch im Bereich des Umweltsponsorings. Dazu zählen die Ausschreibung von Wettbewerben, selbst initiierte Umweltschutzprojekte und Umweltstiftungen, die Förderung von Umweltschutzverbänden, die Unterstützung von Umweltforschungsprojekten und die Zusammenarbeit mit den Medien. Das Umweltsponsoring stellt hohe Anforderungen an die Glaubwürdigkeit und fordert die Übernahme von ökologischer Verantwortung ein. Als Besonderheit des Umweltsponsoring ist zu vermerken, dass es sich ausschließlich auf die Förderung nichtkommerzieller Gruppen und/oder Organisationen bezieht. Der Fördergedanken dominiert das Engagement, die werbliche Wirkung für die Unternehmenskommunikation spielt eher eine untergeordnete Rolle. Hinzu kommen Sonderformen wie Soziosponsoring, Wissenschafts-, Medien- und Internet-Sponsoring sowie eine Vielzahl weiterer Unterformen.

Rolle und Bedeutung

Professionelles, systematisch betriebenes Sponsoring ist in Deutschland ein vergleichsweise junges Feld der Kommunikation. Es hat sich in Deutschland erst in den 80er-Jahren entwickelt, als es aus der Sportwerbung hervorging und lange Jahre mit einem schlechten Image zu kämpfen hatte. In den 60er-Jahren als Schleichwerbung verachtet, nahm es über die Sportwerbung seinen Weg zu einem breiten Einsatz in der Kommunikation (Bruhn 1991: 25).

Sponsoring hat in den letzten zehn Jahren generell an Bedeutung gewonnen (Hermanns 2004). Als Gründe für diese Entwicklung sind die zunehmende Informationsflut durch die Medien, die sensibler werdenden Selektionsmechanismen der Zielgruppen und deren zunehmende Individualisierung sowie das „Zapping" durch die TV-Kanäle zu sehen (Hermanns 1997: 35). Dies machte es erforderlich, neue Formen der Zielgruppenansprache zu finden. Heute ist Sponsoring als Instrument im Kommunikationsmix nicht mehr wegzudenken. Innerhalb der Verteilung des Sponsoring-Volumens lässt sich jedoch bereits seit einigen Jahren eine Verschiebung beobachten.

Sponsoring trägt für Sponsoren und Gesponserte viel zur Verwirklichung ihrer Kommunikationsziele bei. Es ist jedoch auch in diesem Sektor zu berücksichtigen, dass es manchmal ein „Zuviel des Guten" gibt. Greifen Sponsoren zu stark in die Abläufe in den für das Sponsoring relevanten Bereichen ein, kann aus verschiedenen Gründen die Gefahr eines so genannten „Sponsoring-Overkill" drohen. Zum einen wird möglicherweise das werbliche Auftreten von Sponsoren als zu dominant empfunden. Auch die bereits angedeutete Einflussnahme eines Sponsors auf die Durchführung eines Ereignisses kann der Auslöser dafür sein. Negative Begleiterscheinungen können auch hervorgerufen werden, wenn es zu einer starken Kommerzialisierung von Sportarten kommt, die den Wettbewerb zusätzlich intensiviert. Auch zu starke Sponsoringaktivitäten bei Fernsehübertragungen werden häufig als störend empfunden und können zu einer Abwendung der Zielgruppen führen.

Die Folgen können gravierend sein und die Erreichung der Kommunikationsziele behindern. Es kann zum Beispiel dazu kommen, dass sich negative Einstellungen bei der Zielgruppe bilden, die einen negativen Imagetransfer zu den Sponsoren zur Folge haben. Potentielle Sponsoren ziehen sich unter Umständen aus „gefährdeten" Sportarten und Ereignissen zurück. Auch das Image des Sportes an sich kann unter einem solchen „Overkill" leiden. Es gilt somit auch beim Thema Sponsoring, Umfang und Platzierung dieses Kommunikationsinstrumentes sorgsam zu planen und umzusetzen. Wird dies berücksichtigt, kann Sponsoring auch in Zukunft eine tragende Rolle in der Markenkommunikation vieler Unternehmen übernehmen.

Trends

Im Jahr 2004 setzten laut einer Studie der Bob Bomliz Group knapp 74 Prozent der 2500 umsatzstärksten Unternehmen Deutschlands Sponsoring im Rahmen ihrer Kommunikation ein (Hermanns 2004). Während Sportsponsoring von 1998 bis 2004 auf einem hohen Niveau stagnierte (wird von rund 83 Prozent der Befragten genutzt), nahm das Ökosponsoring im selben Zeitraum um über zehn Prozentpunkte ab und wird 2004 nur noch in etwa jedem fünften befragten Unternehmen eingesetzt. Rund 37 Prozent der Befragten erwarten, Sponsoring werde in den nächsten Jahren an Bedeutung gewinnen, während lediglich acht Prozent von einem Bedeutungsverlust ausgehen. Die Studie Sponsor Visions prognostiziert vom Jahr 2004 bis 2006 gar einen Zuwachs von knapp 30 Prozent (von 3,4 Mrd. Euro auf 4,4 Mrd. Euro; Zentralverband der deutschen Werbewirtschaft 2004: 352).

2.4. Verkaufsförderung

Verkaufsförderung ist „die Analyse, Planung, Durchführung und Kontrolle meist zeitlich begrenzter Aktionen mit dem Ziel, auf nachgelagerten Vertriebsstufen durch zusätzliche Anreize Kommunikationsziele eines Unternehmens zu erreichen“ (Bruhn 1997: 388).

Grundzüge

Die Verkaufsförderung, auch Sales Promotion, dient der kurzfristigen Absatzförderung. Sie umfasst im Rahmen der Kommunikationsstrategie alle Maßnahmen der Hersteller und/oder Händler, um beim Kunden kurzfristige Anreize zum Kauf eines Produktes oder einer Dienstleistung zu schaffen (Gedenk 2002: 11; Nieschlag/Dichtl/Hörschgen 2002: 991 f.). Durch ihre zeitliche Begrenzung lässt sich die Verkaufsförderung schnell und flexibel als unterstützende Aktivität der Kundenkommunikation einsetzen, etwa wenn kurzfristige Anpassungen notwendig werden (Bruhn 1997: 389). Außerdem sollte auch die Verkaufsförderung einem Managementprozess unterliegen (Pflaum/Eisenmann 1993: 36 ff.).

Im Rahmen der Verkaufsförderung kann das entsprechende Produkt oder die Dienstleistung um personen- und sachbezogene Leistungen ergänzt werden (Bruhn 1997: 189; Pflaum/Eisenmann 1993): Um personenbezogene Leistungen handelt es sich, wenn der Service rund um das Angebot erweitert wird (z. B. durch Hostessen, Berater oder Dekorateure), von sachbezogener Erweiterung spricht man, wenn man beispielsweise Prospekte, Gewinnspiele, Kostproben oder Displays in das Angebot integriert.

Die Verkaufsförderung ist in erster Linie darauf ausgerichtet, Impulskäufe auszulösen (Pflaum/Eisenmann 1993: 11). In diesem Rahmen verfolgt sie drei Zielsetzungen (Zenk 1974: 511): Die Sales Promotion hat das Ziel, unbewusst wahrgenommene Werbeappelle zu aktivieren oder vergessene Werbeappelle zu reaktivieren bzw. den Kunden ohne vorangegangene Werbeappelle zum Kauf zu motivieren. Darüber hinaus sorgt die gezielte Nutzung der Verkaufsförderung am Point of Sale für einen hohen Bekanntheitsgrad und Wiedererkennungswert.

Maßnahmen

Die Mittel, deren man sich im Rahmen der Verkaufsförderung bedient, sind vielfältig. Man unterscheidet nach Zielgruppen in Handels-, Händler- und Verbraucherpromotion (Fuchs/Unger 2003: 60 ff.). Schaubild 25 veranschaulicht die drei unterschiedlichen Arten und Zielgruppen von Verkaufsförderungsmaßnahmen.

Handelspromotion betreibt ein Unternehmen für Händler. Sie ist daraufhin ausgerichtet, für die Groß- und Einzelhändler Anreize zu schaffen, ein neues Produkt in ihr Sortiment aufzunehmen (Pflaum/Eisenmann 1993: 5). Als erste Hürde auf dem Weg zum Verkauf muss für das Produkt ein geeigneter Regalplatz gefunden werden, der nicht nur vom Umfang sondern auch von Positionierung im Laden, Höhe der Auslage und anderen Faktoren bestimmt wird.

Schaubild 25

Ebenen der Verkaufsförderung

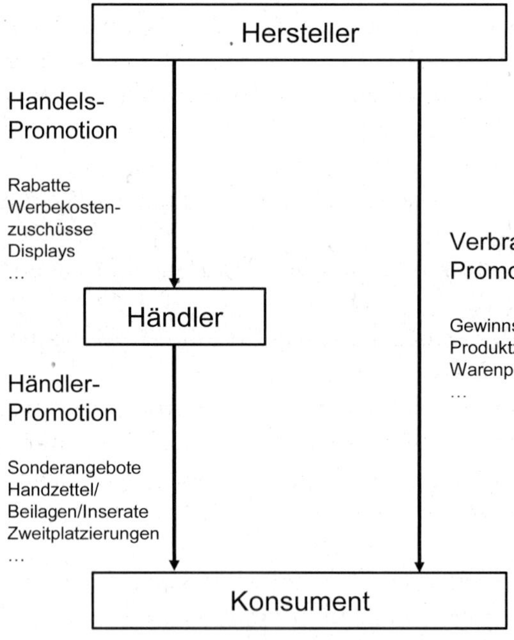

Quelle in Anlehnung an: Blattberg/Neslin 1990: 4 (nach Gedenk 2002: 24)

Dies kann z. B. über Rabatte für Händler, Werbegeschenke, Bereitstellung von Displaymaterialien, Propagandisten oder durch besondere Schulungsprogramme für Händler geschehen. Handelspromotion soll jedoch auch die Händler dazu anregen, ihrerseits Händlerpromotion für Kunden zu veranstalten (Gedenk 2002: 13). Als Instrumente im Rahmen der Handelspromotion bieten sich Rabatte (z. B. Sonderangebote), die Bereitstellung von Materialien (etwa Displays) oder auch Incentives für Handelsmitarbeiter an (Reisen, Sachpreise) (Gedenk 2002: 16; Pflaum/Eisenmann 1993: 248 ff.).

Im Hinblick auf die Kundenkommunikation gewinnt neben der Händlerpromotion die Verbraucherpromotion an Bedeutung („consumer promotions", Gedenk 2002: 13). Damit die Verkaufsförderung ihre Funktion als Auslöser von Impulskäufen erfüllen kann, soll eine Maßnahme in einem ersten Schritt dafür sorgen, die Aufmerksamkeit der Verbraucher zu gewinnen. Im zweiten Schritt soll der Kunde mit dem Produkt in Kontakt kommen (z. B. über eine Warenprobe) und sich aktiv mit ihm auseinander setzen (z. B. durch die Beantwortung von Fragen im Rahmen eines Gewinnspiels). Im dritten Schritt schließlich, dem Kauf, soll der Kunde weitere Vorteile z. B. durch Sonderangebote oder Rabatte erhalten. Instrumente der Verbraucherpromotion lassen sich in Preis-Promotion (z. B. Sonderangebote, Sonderpackungen oder Coupons) und Nicht-Preis-Promotion (z. B. Handzettel, Displays, Warenproben, Gewinnspiele, Events) unterscheiden (Gedenk 2002: 19). Pflaum und Eisenmann (1993: 9) klassifizieren die Maßnahmen der Verbraucherpromotion wie folgt:

- Personenbezogene Promotion (z. B. Direkt-Mailings, Kundenclubs)
- Preisbezogene Promotion (z. B. Preisofferten, Zugaben)
- Medienbezogene Promotion (z. B. Product Placement, Coupons, Teleshopping)
- Produktbezogene Promotion (z. B. Sampling-Aktionen, Aktionen des Image-Transfers)
- Verbraucherbezogene Kollektiv-Promotion (z. B. Kooperativ-Promotion, Verbund-Promotion)

Sowohl die Händler- als auch die Verbraucherpromotion sprechen letztendlich den Konsumenten an. Als Instrumente stehen Produktproben, Prämien, Sonderangebote, Sonderpreispackungen, Gutscheine oder Coupons, Rückvergütungsrabatte, Probenutzung, Gewinnspiele und Wettbewerbe, Treueprämien oder Garantieleistungen zur Verfügung.

Einige Autoren ergänzen die oben angesprochenen Formen der Verkaufsförderung um die so genannte „staff promotion", die sich an die Vertriebsmannschaft des Unternehmens selbst richtet. Hierzu gehören Aktivitäten, die entweder an Mitarbeiter beim Verkauf im Haus oder an Mitarbeiter, die auf ihren Reisen vor Ort verkaufen, gerichtet sind (Pepels 2000: 5). Dies können z. B. Motivationsveranstaltungen, Incentives oder Wettbewerbe als Anreizsysteme sein.

Rolle und Bedeutung

Im Rahmen der Kommunikationspraxis eines Unternehmens ist die Verkaufsförderung bislang eher ein nachgeordnetes Instrument. Sie übernimmt weitgehend Unterstützungsaufgaben und ist überwiegend auf die Information und die Kaufmotivation der Kunden hin orientiert. Dennoch hat ihre Bedeutung im Vergleich zu den anderen Instrumenten des Marketing-Mix in den letzten Jahren zugenommen (Fuchs/Unger 2003: 6). Vor dem Hintergrund eines immer stärkeren Wettbewerbsdrucks in vielen Branchen, der Austauschbarkeit von Produkten und zunehmend kürzeren Produkt-Lebenszyklen scheint insbesondere die Verkaufsförderung geeignet, den Kunden am Point of Sale zu überzeugen. Wie entscheidend der Kommunikationsweg Verkaufsförderung ist, zeigt auch eine Studie des Point of Purchase Advertising Institute, Frankfurt. Demnach fällt über die Hälfte der deutschen Kunden erst am Point of Sale ihre Kaufentscheidung. Durch Sonderangebote, Gratisproben oder kostenlose Beratung wird im Rahmen der Verkaufsförderung versucht, diese spontane Kaufentscheidung zugunsten eines bestimmten Produktes oder einer bestimmten Dienstleistung zu beeinflussen.

Verkaufsförderung kann man darüber hinaus auch als Instrument der Marktforschung einsetzen. Ein erster Testlauf eines Sonderangebotes kann z. B. Aufschluss darüber geben, wie das Produkt in einem größeren Verbreitungsgebiet aufgenommen wird. Gewinnspiele ihrerseits können dazu genutzt werden, einen Anreiz für die Teilnahme an einer Befragung zu schaffen oder Adressen für das Direct-Marketing zu sammeln (Gedenk 2002: 90).

Wesentliches Element einer erfolgreichen Verkaufsförderung ist die Evaluation. Handelspromotion lässt sich etwa über unternehmensinterne Daten des Herstellers evaluieren, den Erfolg kann man über Handelspanels, Informationen des Handels oder Beobachtungen des Außendienstes messen (Gedenk 2002: 130). Verbraucherpromotion hingegen kann z. B. über den Absatz des Handels oder über Haushaltspanels evaluiert werden.

Trends

Neue Wege zur Kundenansprache und -überzeugung eröffnen sich der Verkaufsförderung durch den Fall des Rabattierungsgesetzes. Seither erfreuen sich besonders die Coupons, d. h. Waren- und Wertgutscheine, einer wachsenden Beliebtheit. Kaum ein anderes Mittel der Verkaufsförderung hat solche Wachstumserwartungen wie der Bereich des Couponing (Ploss/Kopatz/Kücherer: 2002). Bislang nehmen Kunden in Deutschland das Couponing jedoch eher zögerlich an. Eine an der Universität Mannheim durchgeführte Studie unter über 500 Verbrauchern zeigte, dass ein Viertel der befragten Konsumenten beim Einkauf noch nie Coupons eingelöst hat und lediglich jeder Achte Coupons sehr häufig einsetzt (Bauer/Görtz/Dünnhaupt: 2002). Als Gründe für die Skepsis gegenüber dem Couponing nennen die Befragten vor allem den Aufwand, Coupons zu suchen, auszuschneiden und aufzubewahren sowie die soziale „Überwachung" beim Einlösen an der Kasse. Demgegenüber werden Preisnachlässe und eine gewisse Exklusivität als größte Pluspunkte dieses neuen Angebotes wahrgenommen.

2.5. Eventkommunikation

Eventkommunikation ist die zielgerichtete, systematische Planung, Organisation, Inszenierung und Kontrolle von Events, die als multisensitive Plattform einer erlebnis- und dialogorientierten Präsentation eines Produktes, einer Dienstleistung oder eines Unternehmens dienen und durch emotionale und physische Reize Aktivierungsprozesse auslösen (in Anlehnung an Bruhn 1997: 777 f.).

Grundzüge

Im Gegensatz zur klassischen Veranstaltung ist ein Event ein Erlebnis, das die Gefühls- und Erfahrungswelt des Teilnehmers in besonderer Weise anspricht und zu einer positiven Emotionalisierung führt. Ein Event ist etwas Besonderes, etwas Einmaliges – nicht nur für den Teilnehmer, sondern auch aus Sicht der Unternehmenskommunikation. Denn im Gegensatz zu Routine-Veranstaltungen (Mitarbeiterversammlungen, Jubilarfeiern, Schulungen) werden Events eigens geschaffen. Durch sie sollen Informationen vermittelt und eine Bindung aufgebaut werden. Im Bereich der Kundenkommunikation kann es sich z. B. um Veranstaltungen zu Produktvorstellungen, Kundenbindungsevents o. ä. handeln. Damit ein Event ein solch einmaliges, emotionales Erlebnis ist, muss er auf die speziellen Bedürfnisse der Teilnehmer zugeschnitten sein. Die drei zentralen Erfolgsfaktoren lauten Emotionalisierung, Exklusivität und Authentizität.

Die kommunikativen Vorteile, die man durch Events gewinnen kann, sind vielfältig. Für deutsche Unternehmen, so ergab eine Umfrage unter 120 Kommunikationsexperten (Zanger/Drengner 2003), eignet sich Event-PR in erster Linie zur Kundenbindung. Darüber hinaus erwarten sie eine Imageverbesserung, sehen in Events Chancen für die Neukundenbindung, die Erhöhung des Bekanntheitsgrades und die kontinuierliche Kontaktpflege.

Maßnahmen

Die Liste möglicher Anlässe für Events ist ebenso lang wie die der Formen der Eventkommunikation. Neben Motivationsveranstaltungen wie Kick-Off-Meetings gehören zum Bereich der Events Incentive-Reisen, Festakte und Galas, aber auch emotionalisierte Veranstaltungen für ausgewählte Adressaten (z. B. bei Road Shows, Events im Rahmen von Fachmessen, Pressekonferenzen oder im Handel; Bruhn 1997: 779). Grundsätzlich kann man unterscheiden zwischen unternehmensinternen und unternehmensexternen Events.

Unternehmensinterne Events sind z. B. Kongresse, Tagungen, Kick-Off-Events oder ähnliche Koordinations- und Fortbildungsveranstaltungen, die insbesondere der Informationsvermittlung und der Motivierung der Mitarbeiter dienen. Dabei zielen diese Events durch ein erlebnisorientiert gestaltetes Rahmenprogramm auf die Identifikation der Teilnehmenden mit dem Unternehmen ab (Nufer 2002: 36). Unternehmensexterne Events werden von Unternehmen initiiert, um einer zunehmenden Freizeit- und Erlebnisorientierung gerecht zu werden. Oft handelt es sich dabei um Sport- oder Kulturveranstaltungen, die positive Erinnerungs- und Assoziationseffekte auslösen und „letztlich einen Imagetransfer von der erlebnisdominierten Veranstaltung auf das Unternehmen, das Produkt oder die Marke bewirken sollen“ (Nufer 2002: 37). Gemeint sind damit etwa Roadshows oder Wanderpräsentationen, die gute Möglichkeiten zur Kontaktherstellung mit den Kunden vor Ort bieten. Im Vergleich zur Messe haben die unternehmensexternen Veranstaltungen den Vorteil, dass man den Kunden individuell und fernab von jeder Konkurrenz betreuen kann. Eine Mischform im Bereich der Kundenkommunikation bilden z. B. Kick-Off-Events, durch die neue Produkte oder Produktlinien eingeführt werden. Teilnehmer können Händler, ausgewählte Kunden oder Pressevertreter, aber auch die gesamte Öffentlichkeit sein. Kick-Off-Events werden bevorzugt bei der Präsentation neuer Baureihen von der Automobilindustrie eingesetzt (ebd.).

Neben der Klassifikation nach der Reichweite können Events in informations- und freizeitorientiert unterschieden werden. Unter dem Begriff Infotainment sind Eventtypen zusammengefasst, die zwar der Informationsvermittlung dienen, die diese Informationen aber im Rahmen eines Unterhaltungsprogramms präsentieren. Durch Unterhaltungsorientierung und Emotionalisierung wird versucht, eine höhere Aktivierung und Aufnahmebereitschaft beim Rezipienten zu erreichen. Bei freizeitorientierten Aktivitäten tritt der Informationsgehalt in den Hintergrund. Sie sind nahezu ausschließlich auf Unterhaltung ausgerichtet und zielen auf eine möglichst große emotionale Wirkung. Bestes Beispiel für rein freizeitorientierte Aktivitäten sind Incentive-Reisen.

Rolle und Bedeutung

Events sind mittlerweile ein fester Bestandteil von Markenführung und Unternehmenskommunikation (Forsa 2001). Wie eine Befragung von 200 Marketingverantwortlichen großer deutscher Unternehmen aus dem Jahr 2001 zeigte, nutzen fast zwei Drittel (62 Prozent) der größten deutschen Unternehmen Events als festen Bestandteil der emotionalen Markenführung. 87 Prozent der Befragten waren der Meinung, dass erfolgreiche Markenführung sowohl emotionale als auch informelle Vermittlung brauche. Dementsprechend setzt mehr als die Hälfte der größten deutschen Unternehmen Eventkommunikation ein, um ihre Zielgruppen zu informieren und gleichzeitig emotional zu überzeugen. 40 Prozent verfolgen darüber hinaus das Ziel, den persönlichen Austausch mit ihren Zielgruppen zu verbessern. Die Zielgruppen der Events sind vielfältig: Auf Platz eins werden Kunden (81 Prozent) genannt, gefolgt von Journalisten (57 Prozent), Geschäftspartnern (55 Prozent), Öffentlichkeit generell (44 Prozent), Händlern (39 Prozent) und Mitarbeitern (34 Prozent).

Über die letzten Jahrzehnte hinweg hat die Bedeutung der Eventkommunikation nicht nur im Rahmen der Markenführung, sondern auch der Unternehmenskommunikation deutlich zugenommen. Events haben den Vorteil, dass sie sowohl auf der operativen als auch der strategischen Ebene Wirkung erzielen (Zanger 2001): Hinsichtlich kurzfristiger Kommunikationsziele erreichen sie eine vergleichsweise hohe emotionale Aktivierung und ermöglichen Interaktion und Dialog. Mittel- und langfristige Kommunikationsziele sind eine dauerhafte Kundenbindung, eine längerfristige Gedächtniswirkung und die Imagebildung. Neben der steigenden Erlebnisorientierung in der Gesellschaft sind für die zunehmende Bedeutung von Events auch die auf Seiten der Konsumenten gestiegenen Anforderungen an die Kommunikationsqualität verantwortlich (Zanger 2001).

Trends

Die Eventkommunikation hat in den vergangenen Jahren klar von der Umverteilung der Kommunikationsbudgets profitiert. Verschiedene Umfragen haben ergeben, dass Unternehmen ihr Engagement im Bereich der Events künftig weiter ausdehnen wollen. Auch in der Eventkommunikation wird es aber in den nächsten Jahren darum gehen, Ziele wie Kundengewinnung und -bindung möglichst effizient zu erreichen und Erlebniswelten für Kunden in einem angemessenen Kosten-Nutzen-Verhältnis zu gestalten. „Mehr Events, allerdings mit kleinerem Budget", resümieren Zanger und Drengner (2003) den Trend ihrer Umfrage.

2.6. Messen und Ausstellungen

Messen und Ausstellungen sind „Schauveranstaltungen mit Marktcharakter, die den Verkauf von Waren und zunehmend auch von Dienstleistungen fördern sollen" (Arnold 2000: 9).

Grundzüge

Messen und Ausstellungen haben „[...] die Aufgabe, Anbieter und Abnehmer direkt in Kontakt miteinander zu bringen, die Erzeugnisse möglichst im Original zu präsentieren und einen persönlichen Dialog zu forcieren" (Selinski/Sperling 1995: 81). In der Theorie werden Messen als verkaufsorientierte Veranstaltungen bezeichnet, die ein Fachpublikum ansprechen. Ausstellungen sind hingegen eher informationsorientiert und an ein Laienpublikum gerichtet. In der Praxis ist diese Unterscheidung jedoch kaum von Bedeutung (Selinski/Sperling 1995: 14), wenngleich die Zusammensetzung der Besucher sicher eine Rolle in der Darstellung der Unternehmen spielt. Fachbesucher haben andere Interessen als Privatleute; auch stellen Repräsentanten aus Politik, Wirtschaft oder Wissenschaft unterschiedliche Erwartungen an einen Messestand.

Durch die Anwesenheit aller wichtigen Konkurrenten und Nachfrager auf einem begrenzten Raum sowie die kurze Dauer stellt die Messe einen konzentrierten Markt dar. Sie bietet nicht nur die Möglichkeit zur Vorstellung technischer Innovationen, sondern auch einen Freiraum, um neue Kommunikationsstrategien zu erproben (Selinski/Sperling 1995: 7). Diese Sondersituation gilt es intensiv zu nutzen: Von der Vorbereitung über die Steuerung und Abwicklung bis zur Auswertung muss jeder Schritt genau geplant werden. Die Organisation von Messebeteiligungen wird somit zu einer Führungsaufgabe (Huckemann/TerWeiler 1995: 28 f.). Besondere Bedeutung hat dies in Unternehmen aus der Investitionsgüterindustrie, die bis zu einem Drittel ihrer Marketingausgaben für Messebeteiligungen verwenden.

Messen und Ausstellungen können besonders die Kundenkommunikation eines Unternehmens fördern: Sie kombinieren die Präsentation multimedialer Inhalte mit der Möglichkeit des persönlichen Kontaktes zu Unternehmenspartnern und Kunden, ohne den Aufwand, den Einzel-Meetings verursachen würden. Zudem können neue Kunden aus einem Publikum geworben werden, das mit der Zielgruppe des Unternehmens besser übereinstimmt, als die gesamte

Breite des Marktes. Durch den direkten Kundenkontakt sind aber auch interne Verbesserungen möglich. Das persönliche Zusammentreffen fördert die Kundenorientierung der Mitarbeiter, ihn wird bewusst, mit wem sie es eigentlich das ganze Jahr über zu tun haben und welche Bedürfnisse auf Kundenseite bestehen. Außerdem kann die Zusammenarbeit einzelner Abteilungen, z. B. von Marketing und Vertrieb, verbessert und ein gemeinsamer Weg für Unternehmensbereiche gefunden werden, die sich in ihrer grundlegenden Betrachtungs- und Bewertungsweise unterscheiden (Huckemann/TerWeiler 1995: 22). Den Nutzen von Messen und Ausstellungen kann man zusätzlich durch die Beobachtung der Konkurrenz erhöhen: Die eigene Marktposition wird deutlich, außerdem können frühzeitig Konzepte entwickelt werden, um gegnerischen Strategien zu begegnen. Kombiniert mit dem direkten ökonomischen Erfolg, der auf Messen und Ausstellungen erzielt wird, sind diese Veranstaltungen ein Kommunikationsinstrument, das bei adäquater Nutzung auf mehreren Ebenen zum Unternehmenserfolg beitragen kann.

Maßnahmen
Ein Unternehmen, das sich für die Beteiligung an Messen und Ausstellungen entscheidet, versucht den Markt aktiv zu beeinflussen und verwendet sein komplettes Marketing-Instrumentarium, um den konzentrierten Messemarkt zu bearbeiten. Damit dies erfolgreich gelingt, sind zwei grundsätzliche Entscheidungen zu treffen: „Welche Ziele sollen erreicht werden?" und „Wie viel Geld kann investiert werden?" Die im Vorfeld der Messe definierten Ziele wirken sich ebenso wie der finanzielle Rahmen auf die Auswahl und die Gestaltung eines Messeauftritts aus. Was die Beteiligung an Messen und Ausstellungen gegenüber anderen Mitteln der Kundenkommunikation auszeichnet, ist der persönliche Kontakt zwischen Kunde und Unternehmensvertreter. Das bringt Chancen und Gefahren mit sich: Der Unternehmensvertreter, dem der Kunde auf der Messe begegnet, stellt für ihn das personifizierte Unternehmen dar. Er kann viel Sympathie vermitteln, aber auch negative Effekte hervorrufen. Durch gut geschultes Standpersonal und die konsequente Ausrichtung an den Interessen der Besucher (Eingehen auf die Probleme der Kunden, Anbieten von Lösungsvorschlägen statt Produktpräsentation) können die Möglichkeiten, die sich durch die persönliche Kommunikation bieten, zum Vorteil des Unternehmens genutzt werden (Huckemann/TerWeiler 1995: 5; Selinski/Sperling 1995: 9).

Die Messe ist grundsätzlich als integrierte Veranstaltung zu verstehen. Laufende Konzepte aus den Bereichen Werbung, Verkaufsförderung, Öffentlichkeitsarbeit/PR, aber auch persönlicher Verkauf werden aufgegriffen, konzentriert, aufeinander abgestimmt und je nach Bedarf neu ausgerichtet (Selinski/Sperling 1995: 83 ff.). Vor allem die multimediale Informationsvermittlung kombiniert mit den Möglichkeiten der persönlichen Kommunikation eröffnet das breite Spektrum, das sich der Kundenkommunikation auf Messen und Ausstellungen bietet.

Rolle und Bedeutung

Messen und Ausstellungen bieten umfassende Möglichkeiten für die Kundenkommunikation: Das variabel einsetzbare Instrumentarium erlaubt kurzfristige, taktische und vordergründig ökonomische Ziele zu verfolgen. Hierbei handelt es sich beispielsweise um Warenverkauf, den Abschluss von Kooperationsverträgen oder das Finden neuer Zuliefererbetriebe. Zugleich kann ein Unternehmen auch langfristige, strategische Zielsetzungen mit Hilfe von Messen erreichen. So können Erfolge in Bereichen erzielt werden, die nur indirekt einen Einfluss auf das ökonomische Ergebnis haben. Dennoch ist das Image, die Prägung einer Corporate Identity und die Vermittlung der Unternehmensphilosophie eine wichtige Grundlage für den langfristigen Erfolg (Selinski/ Sperling 1995: 80 f.). Aufgrund dieser beiden Dimensionen einer Messebeteiligung wird Messen und Ausstellungen ein immer höherer Stellenwert im Kommunikationsmix der Unternehmen eingeräumt.

Eine im Oktober 2002 vorgenommene Umfrage unter 500 Unternehmen, die auf einer Messe ausstellten, zeigte, dass 74 Prozent der Befragten der Messebeteiligung im Bereich der Business-to-Business-Kommunikation eine sehr wichtige Funktion zuschreiben. Sie liegt damit an zweiter Stelle, allein der Bereich „Persönlicher Verkauf/Außendienst“ wird als wichtiger angesehen (AUMA 2003: 22). Messen bieten zudem ein ideales Umfeld, um neue Strategien und Marktbearbeitungskonzepte zu testen. Das direkte Kunden-Feedback und die Möglichkeit, alle relevanten Kräfte auf dem Markt zu beobachten, gestatten es einem Unternehmen Erkenntnisse über zukünftige Chancen, aber auch Risiken zu gewinnen und bei der Unternehmensplanung zu berücksichtigen (Huckemann/TerWeiler 1995: 21). Des Weiteren können wertvolle Informationen über die Zielgruppe gewonnen werden.

Trends

In Zeiten, in denen die Wirtschaftlichkeit des Unternehmens immer mehr zum alleinigen Ziel jeglichen Handelns wird, tritt die Wertorientierung mehr und mehr in den Vordergrund. Die Beteiligung an Messen und Ausstellungen fordert einen großen finanziellen Aufwand – die langjährige Tradition einer Messebeteiligung reicht als Begründung für eine Teilnahme nicht mehr aus. Im Bereich von Veranstaltungen mangelt es wie in manch anderem Feld der

Kommunikation an Möglichkeiten, Erfolge aussagekräftig zu dokumentieren (Mast 2005b; Pfannenberg/Zerfaß 2005; Zerfaß 2004b; Besson 2003; Kiene 2003; Baerns 1997). Durch Marktforschung kann man aber auch hier den entstandenen Mehrwert z. B. in Bereichen wie Imagevermittlung, -verbesserung oder Kundenbindung messen und zumindest in Ansätzen dokumentieren (Arnold 2000: 159; Selinski/Sperling 1995: 212 ff.). Die Registrierung aller Messekontakte, die Auswertung von Besucherprofilen oder die Auswertung des Rücklaufs auf Einladungsaktionen gehören ohnehin zu den grundlegenden Maßzahlen. Ein weiterer Trend, der auf die Optimierung der Kosten-Nutzen-Relation zielt, ist die konsequentere Planung und Durchführung von Messeveranstaltungen. Nach dem Motto „Messen dauern länger als sie dauern" (Huckemann/TerWeiler 1995: 6) wird der Intensivierung aller Messephasen immer größere Aufmerksamkeit geschenkt. Die Messeziele werden sehr genau im Vorfeld definiert. Während der Messe sind eine steigende Professionalisierung und die Abwendung von der Massen- hin zur persönlichen Kundenkommunikation zu beobachten (Huckemann/TerWeiler 1995: 59, 64).

Die Messebeteiligung aller Unternehmen ist von verschiedenen Entwicklungen geprägt: Es findet eine Konzentration auf die Hauptereignisse im Messejahr statt, kleinere Veranstaltungen werden zunehmend vernachlässigt. Der Trend geht von der Präsenz auf allgemeinen Messen mit einem breiten Waren- und Dienstleistungsangebot hin zur stärkeren Beteiligung an Fachmessen. Außerdem wächst der Abstand zwischen den einzelnen Messen, an denen sich Unternehmen durchschnittlich beteiligen, die Zahl der Messeauftritte nimmt also ab (Arnold 2000: 13). Inhaltlich gewinnen Kommunikationsziele im Vergleich zu Verkaufzielen eine immer größere Bedeutung (Selinski/Sperling 1995: 45).

3. Potenziale der Kommunikationswege

3.1. Analyseraster für Bewertungen

Darstellungen der unterschiedlichen Kommunikationswege finden sich in fast jedem Marketingwerk im Rahmen der Kommunikationspolitik (Bruhn 2002; Stender-Monhemius 1999) oder in Einführungen in die Unternehmenskommunikation (Mast 2002). Eine systematische Analyse und Bewertung bleibt die Mehrzahl der Autoren jedoch schuldig. Um den Beitrag der einzelnen Kommunikationswege zu den Zielen der Kundenkommunikation zu messen, ist die Entwicklung eines Analyserasters sinnvoll. Dessen Elemente ergeben sich aus den Zielvorgaben und Anforderungen, die die Kundenkommunikation an Kommunikationswege stellt.

1. Information (Mehrwert): Zentraler Aspekt der Kundengewinnung und -bindung ist die Information über das Produkt oder die Dienstleistung. Information ist nicht nur der erste Schritt hin zu einer kognitiven Beschäftigung mit dem Angebot des Unternehmens, sie ist auch die Grundlage einer jeden Kommunikation. Erst wenn eine Botschaft auch eine verwertbare Information mit Neuigkeitscharakter aufweist, liefert sie Mehrwert.

2. Emotionalität: Auf der affektiven Ebene kann man als Bewertungskriterium die Emotionalität eines Kommunikationsweges heranziehen. Schließlich handelt es sich bei einer Vielzahl von Kaufprozessen weniger um rationales als vielmehr um stark affektiv-emotional geprägtes Verhalten. In vielen Feldern wird weit stärker emotional als rational kommuniziert. Die Werbung etwa dient weniger der Information als der Überzeugung und Überredung. Events beeindrucken häufig gerade dadurch, dass sie emotionale Erlebniswelten kreieren. Emotionalität ist somit als wichtiges ergänzendes Kriterium zu nennen.

3. Interaktivität: Im 21. Jahrhundert wollen viele Kunden nicht länger passiv Adressaten von Unternehmenskommunikation sein. Nicht zuletzt seit das Internet die Möglichkeit bietet, in Sekundenschnelle Anfragen oder Beschwerden an ein Unternehmen zu schicken, will der Kunde als Partner in den Verkaufsprozess einbezogen werden, der durch einen kommunikativen Austausch etabliert und unterstützt werden soll. Die Interaktivität entwickelt sich zur zentralen Größe dieser neuen Art von Kundenbeziehung. Sie ist weniger auf dem technischen Aspekt begründet als vielmehr auf ein partnerschaftliches Verhältnis von Unternehmen und Kunde hin ausgelegt.

Der Gedanke der Interaktivität ist nicht neu. Er liegt in der Grundform des zwischenmenschlichen Austausches, der Face-to-Face-Kommunikation oder persönlichen Interaktion begründet. Durch die Entwicklung der so genannten Neuen Medien, die auch schriftlich bzw. audiovisuell eine Interaktion ermöglichen, eröffneten sich für den Kontakt zwischen Unternehmen und Kunde neue Möglichkeiten. Wie persönlich die Kommunikation, wie unmittelbar das Feedback und wie vielfältig die sprachliche Vermittlung der Inhalte ist, wird mit dem Begriff des Reichtums („richness“) eines Kommunikationskanals bezeichnet.

Diese Media Richness-Theorie verbindet die Wahl eines Kommunikationskanals mit den zu vermittelnden Inhalten und den zu lösenden Aufgaben (Daft/Lengel 1986). Je unsicherer die Aufgabe und je mehrdeutiger die Inhalte, desto eher sollte man „reiche“ Medien einsetzen, so die Theorie. Denn je besser ein Medium für den Kommunikationszweck geeignet ist, desto effektiver kann die Aufgabenerfüllung sein. Reich ist ein Medium dann, wenn es viele

Informationen bietet, persönliche Kontakte ermöglicht und Feedback zulässt. Die persönliche Kommunikation ist die reichhaltigste Form der Kommunikation, schriftlich-papierne Medien hingegen haben die niedrigste Media Richness.

Schaubild 26
Media Richness

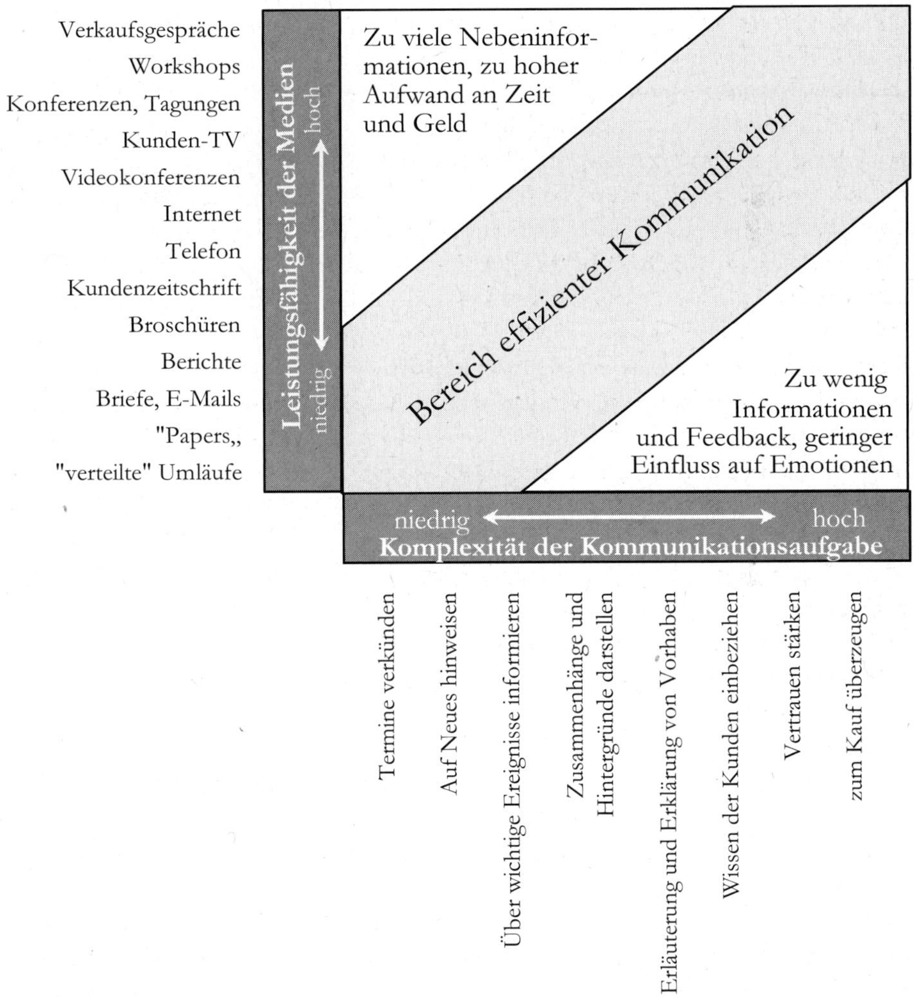

Quelle in Anlehnung an: Daft/Lengel 1986

Die Neuen Medien sind Hybridprodukte, die sich je nach Betonung des interaktiven Elements zwischen den beiden Extrempolen verorten lassen. Schaubild 26 zeigt die Zuordnung der einzelnen Kommunikationskanäle nach der Media Richness-Theorie (Picot/Reichwald/Wigand 1998).

Entsprechend der Media Richness-Theorie hängt der Erfolg von Unternehmenskommunikation (auch) davon ab, ob ein Unternehmen die Informationen mit der angemessenen „richness" vermitteln kann. Media Richness lässt sich vereinfachend mit Interaktion gleichsetzen. In der Frage, wie interaktiv ein Kommunikationsweg gestaltet werden kann, drückt sich die Frage nach seiner Reichhaltigkeit aus ebenso wie nach der Mehrdimensionalität der Wahrnehmungen. Transportiert er nur Schriftinformationen (z. B. E-Mails) ist er ärmer als wenn er Sprache oder Bilder mit Text übermittelt. Für die Analyse der einzelnen Kommunikationswege gewinnt damit das Element der Interaktivität in Kombination mit Mehrdimensionalität an Bedeutung.

4. Personalisierung: Unmittelbar an die Interaktivität schließt der Grad der Personalisierung bzw. Individualisierung der Kommunikation an. Wichtig ist jedoch zu betonen, dass eine Personalisierung auch in schriftlichen – und der Media Richness-Theorie nach eher „armen" – Medien durchaus möglich ist. Selbst Direct Mailing erlaubt trotz Massenversand eine namentliche Ansprache des Kunden. Der Kunde ist nicht mehr länger ein anonymer und passiver Empfänger kommunikativer Kaufappelle, sondern ein Individuum, das es als Kommunikationspartner zu halten und zu „pflegen" gilt.

5. Kostenintensität (Wertorientierung): Ein wichtiger Grund für die Wahl eines Kommunikationskanals sind die Kosten. Gerade in Zeiten der Wirtschaftskrise wird die Frage nach dem (monetären) Beitrag eines Kommunikationsweges zum Unternehmenserfolg gestellt. Rechnet sich ein Kommunikationsweg nicht, so wird er durch einen anderen substituiert. Somit ist als ein weiteres Kriterium zur Bewertung der Kommunikationswege die Kostenintensität zu nennen. Inwiefern einer dieser Wege Kosten sparend oder kostenintensiv ist, wird als weiteres Analysekriterium mit aufgenommen. Hinzu können zahlreiche weitere Aspekte wie Schnelligkeit der Informationsübermittlung oder auch Glaubwürdigkeit treten. Die genannten fünf Aspekte werden jedoch als Kernpunkte für die Bewertung von Kommunikationswegen verstanden und im Folgenden zum Leistungsvergleich herangezogen. Aus diesen fünf Leistungsanforderungen ergibt sich ein Analyseraster.

Über diese Leistungsanforderungen hinaus lassen sich zwei weitere Kriterien formulieren, die zu einer Gesamtbewertung eines Kommunikationsweges dienen können: Das ist erstens die Frage nach Wechselwirkungen oder Integrationsleistungen eines Kommunikationsweges mit anderen (crossmediale Vernetzung) sowie zweitens die Klassifikation eines Kanals nach seiner Zielorientierung (Priorität der Ziele). Im zweiten Fall handelt es sich darum, wie langfristig die Wirkung eines Kommunikationsweges angelegt ist, d. h. ob er eher auf die Erreichung strategischer oder eher operativer bzw. taktischer Ziele ausgerichtet ist.

3.2. Leistungsvergleich

Die Befragung der Kommunikationsverantwortlichen von Deutschlands Top-500-Unternehmen offenbart eine klare Dominanz des Aspektes Information, wenn es um den Nutzung von Kommunikationsinstrumenten geht. Knapp 82 Prozent der Kommunikationsverantwortlichen nennen als wichtigstes Entscheidungskriterium im Rahmen der Kundenkommunikation das Kriterium „informativ". Diese große Bedeutung drückt sich in Schaubild 27 im ausgesprochen hohen Wert von 1,7 aus. Ebenfalls als wichtig, wenn auch mit deutlichem Abstand nennen knapp 52 Prozent der Befragten den Aspekt der Individualität (Mittelwert: 2,5). Während 38 Prozent die Emotionalität (3,1) und 30 Prozent die Interaktivität eines Kommunikationsweges (3,2) schätzen, wird das

Schaubild 27
Kriterien zur Auswahl eines Kommunikationsweges

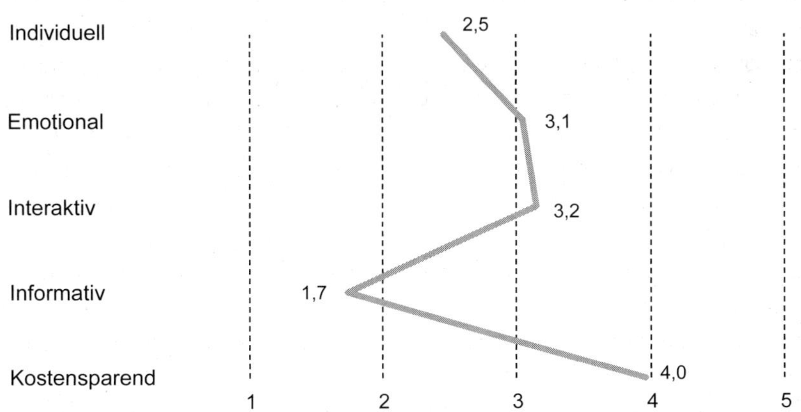

Antworten auf die Frage: „Welches sind Ihrer Meinung nach die wichtigsten Kriterien für die Auswahl eines Kommunikationsweges zum Kunden?" Mittelwerte (1 = sehr wichtig, 5 = unwichtig)
Basis: Top-500-Unternehmen in Deutschland (n=100)

Kriterium „kostensparend“ mit lediglich 15 Prozent (4,0) als vergleichsweise unwichtig eingestuft.

Die Kundenkommunikation scheint damit in erster Linie auf Information ausgerichtet zu sein. Ein Kommunikationsweg ist für die Verantwortlichen ganz allgemein dann zur Ansprache des Kunden geeignet, wenn er einen sehr stark informativen Charakter aufweist. Zudem sollte er eine deutliche Individualisierung der Kommunikation ermöglichen. An Bedeutung gewinnen auch durchschnittlich ausgeprägte Emotionalität und Interaktivität. Bei diesen Ausprägungen handelt es sich jedoch um eine Bewertung, wie sie im Rahmen der Kundenansprache im Allgemeinen vorliegen sollte, so dass von einem durchschnittlichen Idealprofil gesprochen werden kann.

Viel aufschlussreicher als die gewünschte Ausprägung ist die Bewertung der einzelnen Kommunikationswege im Raster der fünf Charakteristika. Wenn bestimmte Kriterien für die Wahl eines Kommunikationsweges identifiziert werden können: Bilden die einzelnen Kommunikationswege entlang dieser Kriterien ein individuelles Profil aus? Lässt sich anhand dieser Profile entscheiden, ob ein Kommunikationsweg für ein bestimmtes Kommunikationsziel geeignet ist? Wie unterscheiden sich die einzelnen Kommunikationswege entlang dieser Bewertungskriterien?

Kommunikative Profile der Kommunikationswege

Nach Aussage der Befragten lässt sich jedem Kommunikationsweg ein individuelles Profil zuordnen. Vergleicht man diese individuellen Profile mit der Idealausprägung, so ergibt sich für Messen und Ausstellungen sowie für die Verkaufsförderung die größte Ähnlichkeit. Alle anderen kommunikativen Profile weichen von der durchschnittlichen Ausprägung ab, so dass sie im Folgenden einzeln oder, wenn dies zu aussagekräftigen Erkenntnissen führt, im Vergleich miteinander dargestellt werden.

Messen, Ausstellungen und Eventkommunikation: Messen und Ausstellungen werden als besonders informativ und interaktiv, durchschnittlich emotional und individuell, jedoch ausgesprochen teuer eingeschätzt. Da die PR-Praktiker das Kostenargument mit einem Wert von 2,0 [2] als vergleichsweise unwichtig einstufen, können die hohen Kosten von Messen und Ausstellungen in der Gesamtbewertung in den Hintergrund treten. Im Vergleich zur durchschnittlichen Wunschvorstellung der Befragten sind sie zudem weniger auf eine individuelle und informative Ansprache ausgelegt, dafür etwas emotionaler und deutlich interaktiver. Das interaktive Element ist vor allem durch die persönliche Kom-

[2] auf einer Skala von 1 (sehr wichtig) bis 5 (unwichtig)

munikation, die auf Messen und Ausstellungen stattfinden kann, geprägt. Dabei halten die befragten Kommunikationsverantwortlichen Messen und Ausstellungen für wesentlich informativer und interaktiver als Events. Events haben gegenüber Messen und Ausstellungen den Vorteil, dass sie häufig individueller sind, weil sie eine spezifische, meist sehr eng zugeschnittene Zielgruppe ansprechen. Außerdem werden sie von den Befragten als weitaus emotionaler eingestuft als Messen und Ausstellungen. Events dienen weniger der Information als vielmehr der emotionalen Bindung. Schaubild 28 zeigt die Kurven für das Leistungsprofil von Messen und Ausstellungen sowie Events im Vergleich.

Verkaufsförderung: Für die Verkaufsförderung stimmen das Kostenelement und die Individualität weitgehend mit der von den Praktikern angegebenen Wichtigkeit überein. Sie ist emotionaler und interaktiver, jedoch deutlich weni-

Schaubild 28
Kommunikative Profile von Messen, Ausstellungen und Events

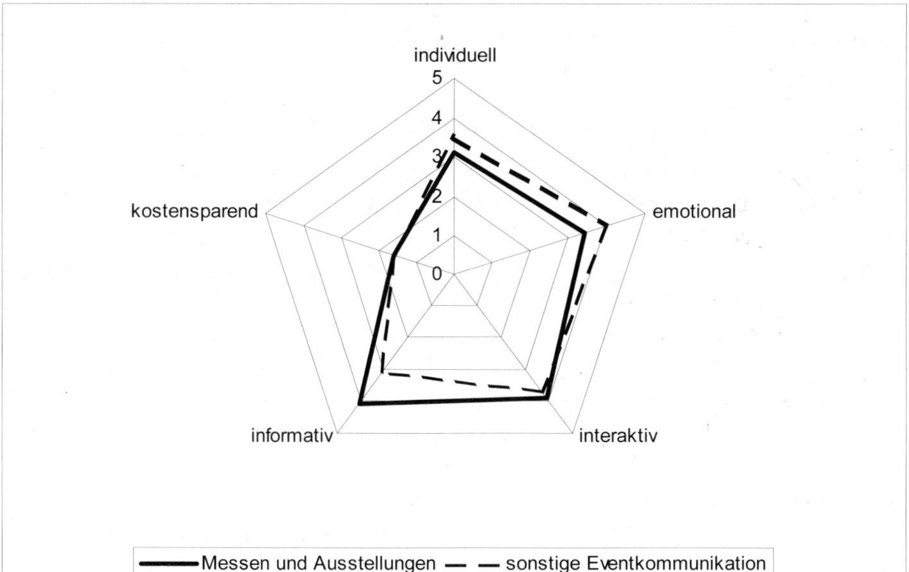

Antworten auf die Frage: „Wie gut erfüllen Messung und Ausstellungen sowie sonstige Events die fünf Bewertungskriterien?" Mittelwerte (1 = schlecht, 6 = sehr gut)
Basis: Top-500-Unternehmen in Deutschland (n=100)

ger informativ und individuell. Insgesamt weist die Verkaufsförderung entlang dieser vier Kriterien eine ähnliche Ausprägung auf, die jedoch insgesamt eher schwach ist (Schaubild 29). Ihren Informationsgehalt, ihre Individualität und Interaktivität gewinnt die Verkaufsförderung vor allem durch das persönliche Gespräch z. B. am Point of Sale. Dann besteht Gelegenheit, im Gespräch dem (potenziellen) Kunden das Produkt, dessen Charakteristika sowie weitere Aspekte, etwa Herstellungsverfahren oder Inhaltsstoffe, zu erklären. Auch die Emotionalität kommt im direkten Kundenkontakt zum Ausdruck. Ergänzt wird die persönliche Kommunikation im Rahmen der Verkaufsförderung durch begleitende Informationsmaterialien, Vergünstigungen (wie z. B. Rabatte, Coupons oder Sonderangebote) und ein entsprechend gestaltetes Umfeld (z. B. Produktvorführungen oder Gewinnspiele im Laden).

Schaubild 29
Kommunikatives Profil der Verkaufsförderung

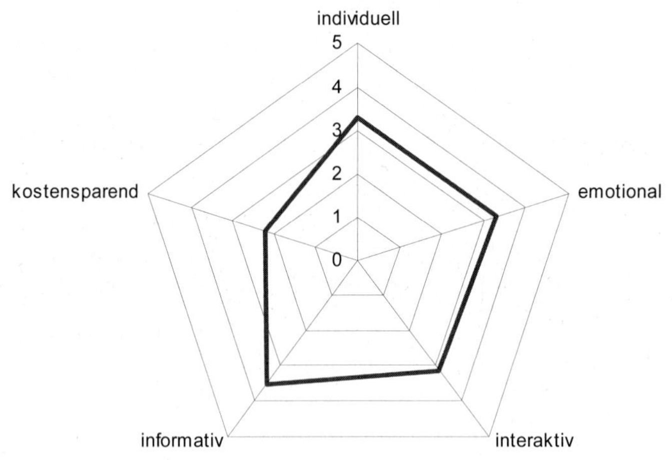

Antworten auf die Frage: „Wie gut erfüllt die Verkaufsförderung die fünf Bewertungskriterien?" Mittelwerte (1 = schlecht, 6 = sehr gut)
Basis: Top-500-Unternehmen in Deutschland (n=100)

Persönliche Kommunikation: Alle Kommunikationswege weisen stark ausgeprägte, individuelle Profile auf. Die Face-to-Face-Kommunikation etwa wird im Vergleich mit allen anderen erfragten Kommunikationswegen als mit Abstand am individuellsten, interaktivsten, informativsten und emotionalsten eingestuft (Schaubild 30), was nicht weiter verwundert. Schließlich bietet das persönliche Gespräch die Möglichkeit, durch Fragen und Antworten spontan und flexibel auf den Partner einzugehen, Informationen je nach Bedarf aufzubereiten und weiterzugeben und zugleich Gefühle, Stimmungen und Bewertungen auszudrücken. Ein persönliches Gespräch zwischen Unternehmensvertreter (z. B. Verkäufer) und Kunde ist jedoch im Allgemeinen teurer als Massenkommunikation; deshalb bedient man sich dieses Weges nicht entsprechend häufig in der Unternehmenskommunikation.

Schaubild 30
Kommunikatives Profil der persönlichen Kommunikation

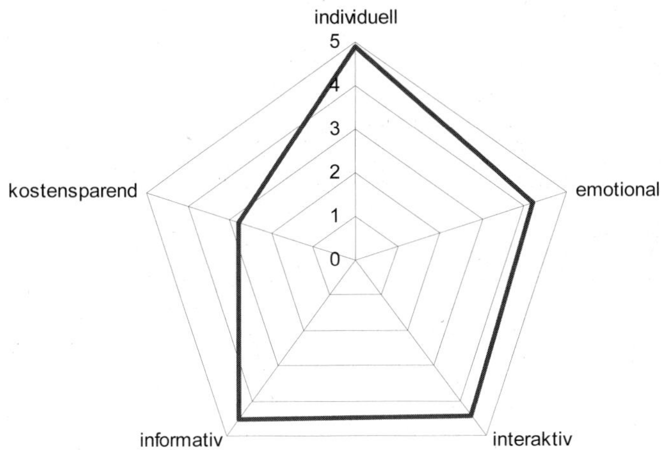

Antworten auf die Frage: „Wie gut erfüllt die Face-to-Face-Kommunikation die fünf Bewertungskriterien?" Mittelwerte (1 = schlecht, 6 = sehr gut)
Basis: Top-500-Unternehmen in Deutschland (n=100)

Mitarbeiterkommunikation: Die Mitarbeiterkommunikation weist nahezu identische Ausprägungen bei den Kriterien individuell, emotional, interaktiv und Kosten sparend auf wie die persönliche Kommunikation (Schaubild 31). Lediglich der Informationsgehalt der internen Kommunikation weicht von den anderen Charakteristika ab. Auch dieses Ergebnis lässt Rückschlüsse auf die Verortung der internen Kommunikation in der Ansprache von Kunden zu. Sie ist in erster Linie durch Information gekennzeichnet. Es handelt sich dabei um Informationen über aktuelle Entwicklungen der Wirtschaftstätigkeit, über neue Produkte und Dienstleistungen, über personelle oder organisatorische Änderungen und nicht zuletzt über alle Bereiche, die die unmittelbare Tätigkeit des Einzelnen (z. B. in Projekten) betreffen. Darüber hinaus kommt der Interaktion eine zentrale Rolle zu, ausgelöst nicht zuletzt durch emotionale Kommunikation. Denn Mitarbeiterkommunikation muss den Mitarbeiter immer bei seinen Bedürfnissen, Hoffnungen und Ängsten abholen, um ihn in das Unternehmen

Schaubild 31

Kommunikatives Profil der Mitarbeiterkommunikation

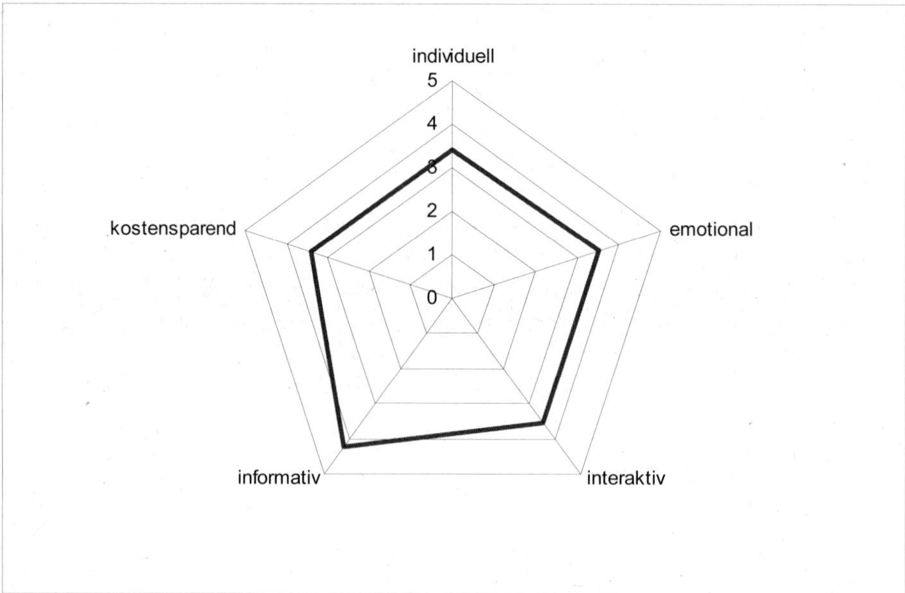

Antworten auf die Frage: „Wie gut erfüllt die Mitarbeiterkommunikation die fünf Bewertungskriterien?" Mittelwerte (1 = schlecht, 6 = sehr gut)

Basis: Top-500-Unternehmen in Deutschland (n=100)

zu integrieren und die für ihn möglichst optimale kommunikative Umgebung zu schaffen.

Sponsoring: Das Sponsoring schneidet im Vergleich zu den anderen Kommunikationswegen verhältnismäßig schlecht ab: Es ist der teuerste und zugleich am wenigsten informative und interaktive Kommunikationsweg (Schaubild 32). Bedenkt man, dass sich Sponsoring z. B. über Kultur-, Umwelt- oder Programmsponsoring immer an Gruppen richtet, so überrascht dieses Ergebnis nicht. Entsprechend weist Sponsoring auch im Kriterium Individualität lediglich durchschnittliche Werte auf. Die besondere Stärke des Sponsorings sehen die Befragten im Aspekt der Emotionalität. Durch den Imagetransfer zwischen Sponsor und Gesponsertem gelingt es im Idealfall, die meist emotionale Affinität der Gesponserten (z. B. zu Fußball, Popkonzert, Spielfilm) auch auf Produkte, Dienstleistungen oder das Unternehmen als Ganzes zu übertragen. Auf diese Weise ist es möglich, „neutrale" Produkte oder Dienstleistungen mit emotionalen Aspekten zu kombinieren und „emotional aufzuladen".

Schaubild 32

Kommunikatives Profil des Sponsorings

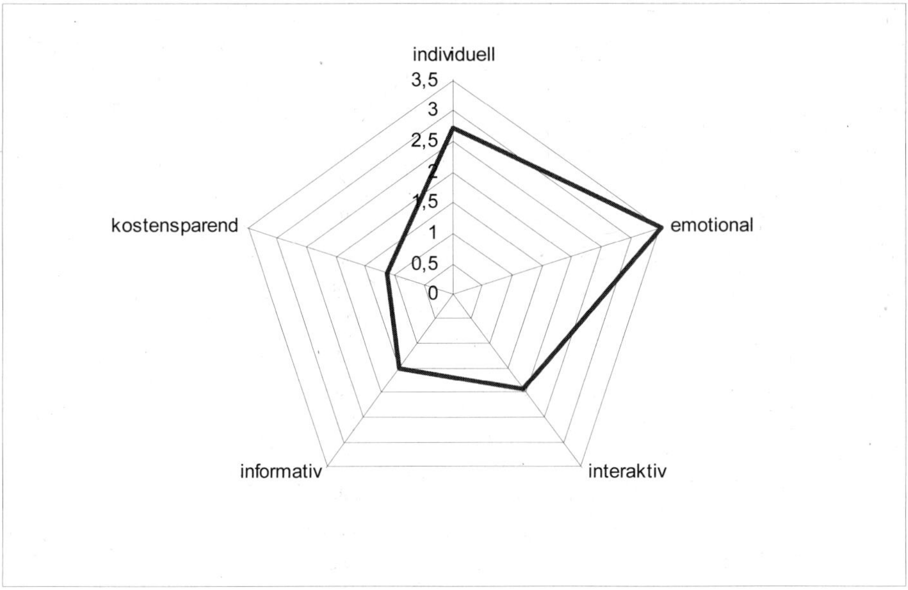

Antworten auf die Frage: „Wie gut erfüllt das Sponsoring die fünf Bewertungskriterien?" Mittelwerte (1 = schlecht, 6 = sehr gut)
Basis: Top-500-Unternehmen in Deutschland (n=100)

Gedruckte und digitale Medien: Ähnlich aussagekräftige Ergebnisse zeigen sich, wenn man gedruckte Medien mit Online-Kommunikation vergleicht (Schaubild 33). Die Informationsleistung der gedruckten wie der digitalen Kommunikation wird von Praktikern als gleichwertig eingeschätzt. In Bezug auf die Emotionalität, die die beiden Kommunikationsformen vermitteln, zeigen sich erste Unterschiede. Demnach kann gedruckte Kommunikation emotionaler sein als Online-Kommunikation. Bei papiernen Medien wirken Bilder, Fotos und Farbe stärker und sie erzwingen einen weitgehend linearen Lesefluss, durch die man eine emotionale Dramaturgie besser umsetzen kann als etwa durch eine nonlineare, interaktiv zugängliche Website. Im Gegenzug dazu ist Online-Kommunikation individueller, preisgünstiger und interaktiver als dies gedruckte Medien sein können. Insbesondere den Aspekt der Interaktivität betonen die Befragten. Online-Medien können sowohl über die vorhandenen Feedback-Kanäle (z. B. E-Mail) als auch durch die Interaktion mit dem Medium selbst (z. B. Datenbankabfragen) einen Austausch zwischen Kunde und Unternehmen sicherstellen.

Schaubild 33
Kommunikative Profile von gedruckten Medien und Online-Kommunikation

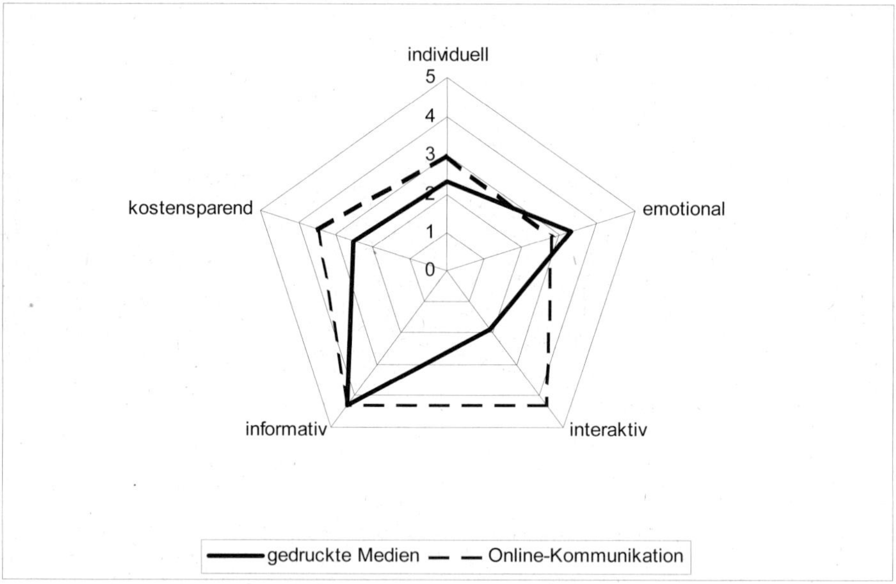

Antworten auf die Frage: „Wie gut erfüllen gedruckte Medien und Online-Kommunikation die fünf Bewertungskriterien?" Mittelwerte (1 = schlecht, 6 = sehr gut)
Basis: Top-500-Unternehmen in Deutschland (n=100)

Werbung und Public Relations: Ähnlich interessant ist der direkte Vergleich von Werbung und Öffentlichkeitsarbeit. Während die Werbung in erster Linie emotional kommuniziert, weist die PR deutlich höhere Werte für die Kriterien „interaktiv", „informativ", „individuell" und „Kosten sparend" auf (Schaubild 34). Besonders den Informationscharakter von PR betonen die Befragten. Durch eine Kombination von PR und Werbung lassen sich demnach alle fünf Kriterien relativ gut abdecken. Die Werbung stellt das emotionale Element heraus, indem sie z. B. den Kunden gefühlsmäßig an das Produkt bzw. die Marke bindet. PR hingegen spricht eher das kognitive System an, indem sie rational kommuniziert sowie Informationen und Argumente anbietet.

Schaubild 34
Kommunikative Profile von Werbung und Public Relations

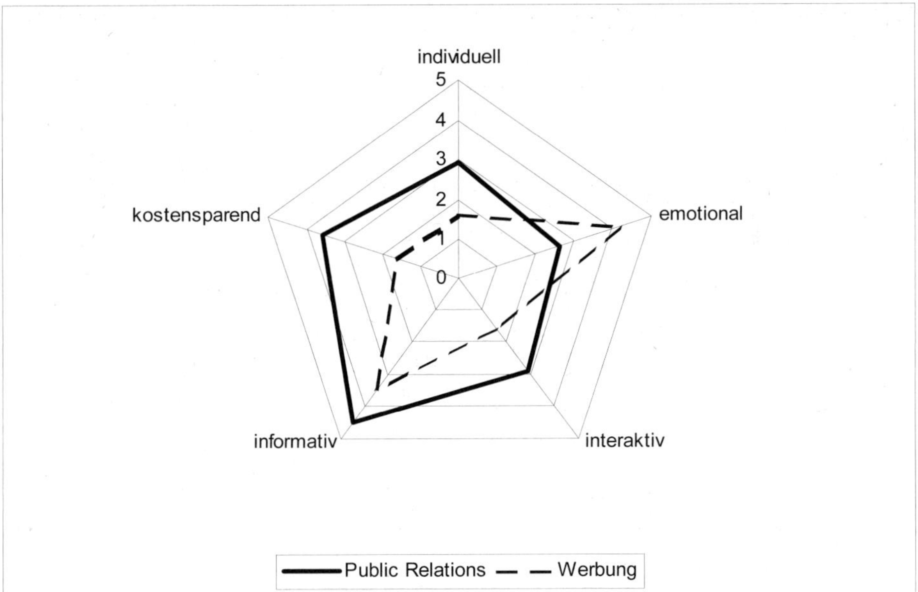

Antworten auf die Frage: „Wie gut erfüllen Werbung und Public Relations die fünf Bewertungskriterien?"
Mittelwerte (1 = schlecht, 6 = sehr gut)
Basis: Top-500-Unternehmen in Deutschland (n=100)

Zusammenfassender Leistungsvergleich der Kommunikationswege

Unter dem Aspekt der Kosteneinsparung liegt die PR im Gesamtvergleich an erster Stelle, gefolgt von der Online-Kommunikation. Für die PR ergeben sich deshalb eher geringe Kosten, weil sie große Zielgruppen relativ günstig (z. B. über Informationsmittler wie die Medien) ansprechen kann. Insofern erreicht sie mit relativ geringen Einsätzen eine große Breitenwirkung. Die Online-Kommunikation hat unter Kostengesichtspunkten den Vorteil, dass Informationen für das Internet häufig „Abfallprodukte" von Image-Flyern oder Kundenzeitschriften sind, die in diesen Medien weiterverwendet werden. Zudem ist die digitale Bereitstellung – trotz technischer Kosten – deutlich preisgünstiger als gedrucktes Material, nicht zuletzt da keine Versandkosten anfallen.

In Bezug auf die Individualität liegt die persönliche Kommunikation auf einem deutlichen ersten Platz. Auch bei den restlichen drei Kriterien weist sie im Vergleich die höchsten Ausprägungen auf, wenn die Abstände zu den zweitplatzierten Kommunikationswegen auch gering ausfallen. Als ausgesprochen emotional wird die Werbung wahrgenommen. Die PR gilt als sehr informativ, die Online-Kommunikation als interaktiv.

Wie diese Ergebnisse zeigen, besitzt jeder Kommunikationsweg spezifische Stärken und Schwächen. Entsprechend ihren Stärken werden sie bestimmten Zielsetzungen und Aufgabenstellungen zugeordnet und in der Praxis im Sinne einer integrierten, crossmedialen Kommunikation eingesetzt. Die integrierte Kommunikation trägt der Überzeugung Rechnung, dass alle Kommunikationswege, -kanäle und -instrumente des Unternehmens aufeinander abgestimmt sein sollten, um optimale Kommunikationserfolge zu erzielen. Crossmedia bezeichnet eine medienübergreifende Erstellung, Bearbeitung und Verteilung von Inhalten im Zuge der internen und externen Unternehmenskommunikation. Beide Aspekte lassen sich unter dem Stichwort der organisatorisch, personell und inhaltlich vernetzten Kommunikation zusammenfassen.

3.3. Trends

Über die weitere Entwicklung der Kommunikationswege urteilen die befragten Top-500-Unternehmen übereinstimmend. Die Online-Kommunikation wird wichtiger ebenso wie die die Schaffung emotionaler Erlebniswelten. Auch das Business-TV – nun in Form von Kunden-TV – wird künftig mehr eingesetzt.

Bedeutungszuwachs digitaler Kommunikation

Betrachtet man die gedruckten und digitalen Medien im Rahmen der Kundenkommunikation näher, so zeigt sich eine deutliche Dominanz der Online-Kommunikation. Besonders dem Internet messen die befragten Leiter der Corporate Communications eine große Bedeutung bei, denn in der aktuellen Konjunkturlage gewinnen Kommunikationsinstrumente, die sich durch eher niedrige Kosten auszeichnen, an Gewicht.

Als wichtig werden auch Broschüren und Kundenmagazine eingestuft. Allerdings geht nach Ansicht der Kommunikationsexperten der Trend weg von Broschüren hin zu geschlossenen Informationsbereichen für Kunden auf Unternehmenswebsites. Innerhalb der nächsten zehn Jahre werden geschlossene Nutzerplattformen wesentlich wichtiger werden als zur Zeit, so glauben die Befragten (Schaubild 35).

Schaubild 35
Bedeutung der Kommunikationsinstrumente heute und in zehn Jahren

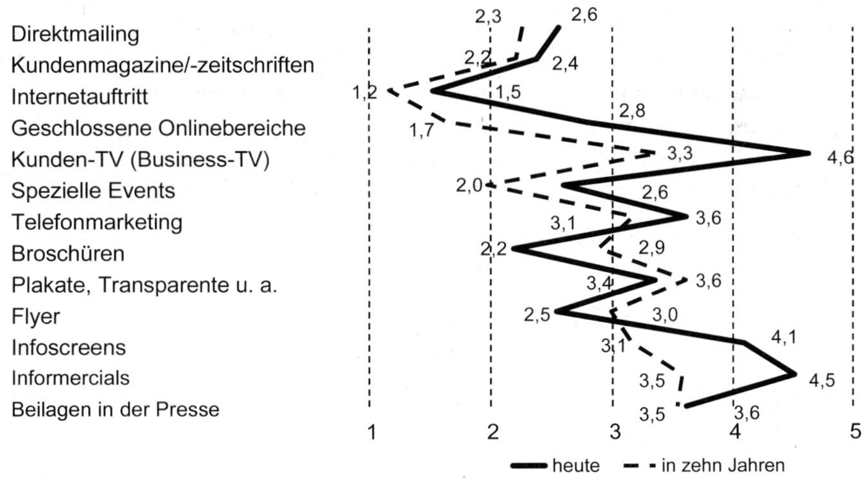

Antworten auf die Frage: „Welche Kommunikationskanäle bevorzugen Ihre Kunden, wenn sie mit Ihrem Unternehmen in Kontakt treten möchten?" Mittelwerte (1 = sehr wichtig, 5 = unwichtig)
Basis: Top-500-Unternehmen in Deutschland (n=100)

Geschlossene Nutzerplattformen sind passwortgeschützte Bereiche auf Unternehmenswebsites. In der Pressearbeit haben sich solch exklusive Bereiche für die Vorab-Information von Journalisten bereits etabliert. Zur Ansprache und Bindung von Kunden erscheinen vor allem „virtual communities" viel versprechend. Eine virtuelle Gemeinschaft ist ein soziales Netzwerk von Menschen, die sich über das Medium Internet entlang gemeinsamer Interessen oder Themen zusammenfinden. Sie entwickeln ein Zusammengehörigkeitsgefühl und identifizieren sich sowohl mit der Community als auch mit dem jeweiligen Thema.

Aus Sicht eines Unternehmens sind besonders der Netzwerkcharakter und die starke Bindung der Mitglieder an das Thema von Bedeutung. Gelingt es dem Unternehmen, eine solche Community z. B. zu einzelnen Produkten oder zu seinem sozialen Engagement ins Leben zu rufen, so eröffnet sich die Möglichkeit, die Community-Mitglieder an das Unternehmen zu binden. Ein Großteil dieser Mitglieder wird aus Kunden bestehen, da sie über ihren Kauf bereits eine erste, wenn auch lose Bindung zum Unternehmen eingegangen sind. Diese Beziehung kann kommunikativ gestärkt werden, indem sich die Mitglieder sowohl untereinander als auch mit Unternehmensvertretern zu unternehmens-, produktbezogenen oder anders gearteten Themen austauschen. Durch einen Passwortschutz entsteht eine Exklusivität, die das Zusammengehörigkeitsgefühl weiter steigern kann.

Über die Kundenbindung hinaus bieten Communities aus Sicht des Unternehmens eine hervorragende Gelegenheit, sich über die Stimmung innerhalb der Bezugsgruppen zu informieren. Sind die Kunden mit dem Produkt zufrieden? Wie beurteilen sie den Service? Stößt das neu begonnene soziale Engagement des Unternehmens auf Zustimmung oder überwiegt die Kritik? Virtuelle Communities mit Kunden und anderen am Unternehmen interessierten Gruppen können durch eine systematische Beobachtung als Frühwarnsysteme für mögliche Konflikte dienen. Insofern sind sie nicht nur für die Kommunikation vom Unternehmen zum Kunden, sondern auch für die Rückmeldung vom Kunden zum Unternehmen wichtig.

Kunden-TV: Infoscreens und Infomercials

Auch für Infoscreens und Informercials erwarten die Praktiker starke Zuwächse, so dass im Business- und Kunden-TV ein weiterer Wachstumsbereich der Kundenkommunikation zu liegen scheint. Business-TV ist einer der neueren Kommunikationswege (Jäger 1999; Jungbeck/Ritter/Goedhart 1998; Amberger/Geiger/Jancker 1999).

Infoscreens sind Bildschirme, die an öffentlichen Plätzen (z. B. in Rathäusern, Warteräumen oder Zügen) angebracht sind. Mit ihnen können Unternehmen die breite Öffentlichkeit (also auch Kunden) in Phasen des Wartens oder der Langeweile mit kurzen Informations- oder Werbespots ansprechen. Dazu werden Sendeschleifen produziert, die neben eher werblich gestalteten Spots auch Weltnachrichten oder Informationen (z. B. Streckenverlauf des Zuges, in dem der Zuschauer gerade sitzt) enthalten. Durch die Kombination mit solchen Informationen hofft man, beim Zuschauer eine höhere Aufmerksamkeit zu erzeugen und auch für die Unternehmensspots oder -nachrichten zu erhalten. Die andauernde Wiederholung der Sendung in Form einer Endlosschleife gewährleistet, dass in diesem Umfeld so viele Menschen wie möglich erreicht werden. Infomercials sind ähnlich aufbereitete Werbesendungen, die jedoch über das private Fernsehgerät empfangen werden können. Sie sind länger als die für Infoscreens produzierten Spots, gelten aber ebenso als Werbung.

Das klassische Kunden-TV lässt sich – im Gegensatz zu Infomercials und Infoscreens – eher dem PR-Bereich zurechnen. Hier handelt es sich um audiovisuelle Sendungen, die den Informationsaspekt in den Vordergrund rücken. Man kann sie entweder über Fernsehgeräte oder über Computer via Internet empfangen. Meist wird Kunden-TV in Verkaufsräumen ausgestrahlt und ist dann stark auf Produkte oder Dienstleistungen fokussiert. Am heimischen Fernseher ist klassisches Kunden-TV bislang nur selten zu sehen: Die geltenden medienrechtlichen Bestimmungen verhindern seinen breiten Einsatz im öffentlichen Fernsehen; deshalb bleibt Kunden-TV auf eine klar begrenzte Gruppe wie Premium-Kunden oder auf Verkaufsräume des Unternehmens an sich beschränkt.

Schaffung emotionaler Erlebniswelten

Auch die Eventkommunikation ist nach Ansicht der befragten Kommunikationsverantwortlichen einer der Bereiche, die zum Zwecke der Kundenansprache zunehmend an Bedeutung gewinnen werden. Sie vermuten, dass der Eventbereich in zehn Jahren ein wesentlich stärkeres Gewicht für die Kundenkommunikation haben wird als heute.

Wie können emotionale Erlebniswelten für den Kunden geschaffen werden? Eine mögliche Antwort auf diese Frage ist das Event-Shopping. „Einkaufen oder Shopping wird neben anderen Aktivitäten zu einer ganz wichtigen Form der Freizeitgestaltung“, schreibt Denzel (1999: 16). Die Freizeitgestaltung sei dominiert von dem Wunsch, einerseits etwas zu erleben und andererseits bestehende Freundschaften zu pflegen und neue Kontakte zu knüpfen. Gerade in Zeiten des elektronischen, ortsunabhängigen Einkaufs gewinnen der zwischenmenschliche Kontakt und das sensuelle Erlebnis beim Kauf an Bedeutung.

Das Event-Shopping als eine der neueren Entwicklungen im Bereich der Kundenkommunikation unterstreicht diesen Trend. Der Kauf wird zu einem Erlebnis, das durch Kommunikation einen Eventcharakter erlangt. Der Autokauf etwa hat schon seit Jahren Eventcharakter. Bestes Beispiel ist die VW-Autostadt: „Die Autostadt verbindet unterschiedliche Themen und Blickwinkel zu einer spannungsreichen Erlebniswelt", so ist auf deren Website zu lesen. Von der Geschichte der Mobilität über die Kinderverkehrsschule bis hin zur Werkstour und der „Erlebnisabholung" des neuen Wagens bietet das Konzept ein Erlebnis, das eindeutig Freizeitpark-Charakter hat.

Fasst man die Ergebnisse der Umfrage zusammen, so zeigen sich zwei übergreifende Trends. Einerseits gewinnen solche Kommunikationswege an Bedeutung, mit deren Hilfe ein Unternehmen Kunden individuell und emotional ansprechen kann. Zugleich gewinnt der Aspekt des Dialogs an Gewicht. Kundenkommunikation ist ein Austausch zwischen Unternehmen bzw. Unternehmensvertretern auf der einen und Kundengruppen auf der anderen Seite. Es sind vor allem interaktive Kommunikationskanäle, die unter diesem Aspekt der Kundenkommunikation immer wichtiger werden.

Neben eine stärkere Individualisierung und Emotionalisierung tritt als zweiter großer Trend die zunehmende Ausdifferenzierung und Auffächerung der Kommunikationsinstrumente. Die Kundenansprache erfolgt heute nicht nur durch integrierte Kommunikation, sondern sie ist in weiten Teilen crossmedial. Inhalte werden über die verschiedenen Kanäle hinweg konsistent vermittelt, wenn auch jeweils medienspezifisch aufbereitet. Neben der Dialogorientierung ist es die Crossmedialität der Kommunikation, die Unternehmen zur Ansprache und Bindung (potenzieller) Kunden in den nächsten Jahren stärker beachten werden.

!

Kunden können über eine Vielzahl unterschiedlicher Kommunikationsformen angesprochen werden. Neben klassische Instrumente wie Werbung, Verkaufsförderung, Messen und Ausstellungen treten breiter orientierte Instrumente der Unternehmenskommunikation, z. B. Public Relations, Sponsoring und Eventkommunikation.

Kunden sind neben den Mitarbeitern die wichtigste Zielgruppe der Unternehmenskommunikation. Das belegt eine Umfrage unter den Kommunikationsverantwortlichen der Top-500-Unternehmen Deutschlands.

Wichtigstes Ziel der Kundenkommunikation in der angespannten Wirtschaftslage ist die Kundenbindung, gefolgt von der Information über Produkte bzw. Dienstleistungen und die Gewinnung neuer Kunden.

Public Relations sollen in der Kundenkommunikation in erster Linie Interesse wecken. Für die Gewinnung neuer Kunden eignen sich besonders Messen und Ausstellungen. Kundenbindung wird am besten über persönliche Kommunikation erreicht.

Jeder Kommunikationskanal hat ein spezifisches Profil, dementsprechend er sich für bestimmte Kommunikationsaufgaben eignet. Aus Sicht der befragten Kommunikationsfachleute spielt dabei in erster Linie das Potenzial für die Informationsvermittlung eine Rolle. Darüber hinaus sind die Möglichkeiten einer individuellen, emotionalen Ansprache, die Dialogfähigkeit und die Kosten Bewertungs- und Auswahlkriterien.

In der Kundenkommunikation werden nach Meinung der Befragten vor allem Online-Kommunikation, emotionale Erlebniswelten und Kunden-TV an Bedeutung gewinnen.

Literaturtipps

Bruhn, Manfred (2002): Kommunikationspolitik. München: Vahlen. *Das Basiswerk behandelt Stellung, Grundzüge und Instrumente der Kommunikationspolitik von Unternehmen aus Sicht des Marketings. Es eignet sich sowohl als Einführungsliteratur als auch als Nachschlagewerk. Seine vier Teile geben einen Überblick über die wichtigsten Aspekte des Feldes Kommunikationspolitik (Bedeutung, strategische Ausrichtung, Instrumente und rechtliche Rahmenbedingungen).*

Cutlip, Scott M. / Center, Allen H. / Broom, Glen M. (2000): Effective Public Relations. 8th ed. Upper Saddle River: Prentice Hall. *Als „Bibel der PR" bezeichnet, befasst sich der Klassiker mit den Möglichkeiten effektiver interner und externer Kommunikation. Er bietet einen fundierten Einblick in das Feld der Unternehmens-PR, die als Managementprozess verstanden wird. Ein Schwerpunkt des Buches liegt auf dem strategisch-systematischen Planungsprozess.*

Mast, Claudia (2002): Unternehmenskommunikation. Ein Leitfaden. Stuttgart: Lucius und Lucius. *Das Handbuch beschreibt das Themenfeld der Unternehmenskommunikation aus kommunikationswissenschaftlichem Blickwinkel. Neben theoretischen Ansätzen werden der Managementprozess, Medien und Kommunikationswege, Netzwerke sowie ausgewählte Praxisfelder der Unternehmenskommunikation vorgestellt (interne Kommunikation, Kundenkommunikation, Investor Relations, Pressearbeit usw.).*

Kapitel 5

Strategische Wege der Kundenkommunikation

Zeitschriften, Newsletter, Online-Angebote, Business-TV – es gibt kaum ein Medium, das Unternehmen für ihre interne und externe Kommunikation noch nicht entdeckt haben. Neue Medien wie das Internet haben sich in den letzten Jahren zu Massenmedien entwickelt. Doch mit der Anzahl der Kanäle steigt auch die Komplexität: Viele Kommunikationsabteilungen haben Mühe, den Überblick über die Nutzung der einzelnen Medien und die Verbreitung der Inhalte zu behalten. Insbesondere in Krisensituationen oder Changeprozessen kann es problematisch werden, wenn der Einsatz der Medien nicht systematisch geplant wird. Dies gilt insbesondere für die Kommunikation mit den Kunden, da das Unternehmen diese Bezugsgruppe zeitnah und gezielt mit wichtigen Informationen erreichen muss.

Der enorme Zuwachs an medialen Möglichkeiten verändert die Medienlandschaft in Unternehmen. Die Herausforderung für die Unternehmenskommunikation besteht darin, Medien entsprechend ihrer Leistung gezielt zu nutzen. Außerdem muss der Medien-Mix sorgfältig geplant werden, d. h. die Abstimmung der Medien aufeinander. Dabei hilft z. B. eine erste Bestandsaufnahme und Ordnung der vorhandenen Medien.

Den Mix verschiedener Kommunikationsformen und Medien bei der Kundenansprache kann man nach zentralen Kriterien ordnen und gestalten (in Anlehnung an Mast 2002: 270 f.):

- Grundsätzlich sind zwei Arten der Kundenkommunikation zu unterscheiden: Die direkte Kommunikation richtet sich bezugsgruppenspezifisch per Kundenmedien unmittelbar an die Kunden, während diese indirekt auch über die Massenmedien angesprochen werden. Dabei werden Multiplikatoren eingeschaltet, die das Wissen weitergeben und dadurch multiplizieren.
- Die Richtung, die ein Kommunikationsvorgang bei der Kommunikation eines Unternehmens mit seinen Kunden einschlagen soll, lässt sich unterscheiden in Abwärtskommunikation („top down“), Aufwärtskommunikation („bottom up“) und horizontale Kommunikation für den gegenseitigen Austausch („in between“). Eine top down-Kommunikation verläuft vom Unternehmen zum Kunden, eine bottom up-Kommunikation vom Kunden zum Unternehmen. Ein Austausch der Kunden untereinander findet z. B. in Internetforen statt.

- Ein weiteres Kriterium, Kundenmedien zu klassifizieren, besteht in deren Art der Ansprache: Push-Medien bringen einen einseitigen Kommunikationsfluss mit sich (z. B. Werbung) und haben eine Informations- oder sogar Beeinflussungsfunktion. Pull-Medien sind hingegen dialogorientiert und erfüllen eine Interaktions- bzw. Individualisierungsfunktion. Der Kunde muss selbst aktiv werden und Informations- und Kommunikationsangebote abrufen (z. B. Online-Kommunikation).
- Es ist notwendig, die Kernbereiche der Kommunikation entsprechend ihrer Leistung gezielt einzusetzen und miteinander zu vernetzen. Man unterscheidet die drei Säulen persönliche Kommunikation, gedruckte Medien und elektronische Kommunikation.
- Die Funktionalität der Kommunikationswege entscheidet darüber, ob sich Medien und Kommunikationsformen überhaupt für bestimmte Aufgaben eignen. Einflussreiche, aufwändige Kommunikationsformen wie persönliche Gespräche oder Business-TV („reiche" Medien) kommen dann in Frage, wenn es um die Vermittlung komplexer Inhalte geht, während „ärmere" Kanäle wie Briefe oder Broschüren weniger dafür geeignet sind.

Die Wahl eines Mediums wird bestimmt vom Ziel, das man erreichen will, und von den Anforderungen, die an den Kommunikationsvorgang gestellt werden.

Kapitel 5 beschäftigt sich mit den strategischen Wegen der Kundenkommunikation. In einem ersten Schritt werden direkte und indirekte Kommunikationskanäle zur Kundenansprache dargestellt. Anschließend wird beschrieben, welche Funktionen und Leistungen die drei zentralen Kommunikationsformen (persönliche, gedruckte und elektronische Kommunikation) in der Kundenkommunikation übernehmen. Eine Analyse der Rolle von einseitiger und zweiseitiger Kommunikation im Bereich der Kundenkommunikation schließt das Kapitel ab.

1. Direkte und indirekte Kommunikationswege

Unternehmen nutzen verschiedene Informationsträger, um ihre Bezugsgruppen anzusprechen. Dabei unterscheidet man Medien, die sich zielgruppenspezifisch direkt an die Kunden wenden, z. B. Kundenzeitschriften, und die Vermittlung von Informationen und Botschaften über Meinungsführer, die durch die Massenmedien zu Wort kommen.

1.1. Kundenmedien

Auf der einen Seite werden Kunden im Rahmen des Corporate Publishing direkt vom Unternehmen durch Medien angesprochen. Dazu gehören vor allem Kundenzeitschriften, die sich vorrangig und unmittelbar an Kunden richten und entsprechend bezugsgruppenspezifisch konzipiert sind (vgl. Kapitel 6). Weitere Instrumente wie Kundenclubs, Kundenevents oder spezielle Online-Angebote im Internet (z. B. Produktinformationen, personalisierte Zugänge und Sites, Diskussionsforen) sind speziell auf die Bedürfnisse der Rezipienten zugeschnitten.

Für diese Kundenmedien fungiert meist eine Abteilung im Unternehmen als Clearingstelle mit Querschnittsfunktion, welche das Corporate Publishing insgesamt organisiert und überwacht, während die zuliefernden Redaktionen ihre Inhalte selbst aufbereiten. Über diese kundenspezifischen Kanäle wenden sich Unternehmen direkt an ihre Kunden. Der Vorteil unternehmenseigener Publikationen besteht darin, dass sie ganz gezielt Kunden ansprechen und ihren Wünschen nachkommen. Kundenzeitschriften haben kaum Streuverluste, insbesondere dann nicht, wenn entsprechende Kundendatenbanken mit Adressen vorliegen und die Exemplare direkt an die Empfänger geschickt werden.

1.2. Meinungsführer

Kunden werden gleichzeitig auch über andere Kommunikationskanäle angesprochen, die nicht direkt vom Unternehmen gesteuert werden können. Die Massenmedien richten sich an eine breite Öffentlichkeit oder an ein Fachpublikum und damit auch an aktuelle und potenzielle Kunden. Auf diesem Weg betreiben Unternehmen indirekt Kommunikation mit ihren Kunden (vgl. Kapitel 7). Sie transportieren in ihrer Wirtschafts- und Unternehmensberichterstattung sowie durch andere Beiträge zahlreiche Informationen über Unternehmen und/oder ihre Produkte und Dienstleistungen. Diese sind jedoch nicht spezifisch auf Kunden zugeschnitten, zumal sie sich vorrangig an eine breite Öffentlichkeit richten. Durch ihre Medienarbeit versuchen Unternehmen, auf die Berichterstattung positiv Einfluss zu nehmen (Konken 1998; Förster 1994). Ein Vorteil der indirekten Kundenkommunikation über die Massenmedien besteht für Unternehmen darin, sich dadurch auch an Personenkreise zu richten, die spezielle Kundenmedien nicht erreichen können. Potenzielle Kunden können deshalb durch Tageszeitungen, Nachrichtenmagazine und Rundfunk angesprochen und auf Unternehmensthemen aufmerksam gemacht werden. Außerdem sind über die Medien vermittelte Unternehmensinformationen für die Rezipienten normalerweise besonders glaubwürdig, da die Unternehmen sie nicht direkt beeinflussen können und die Medien im Idealfall für eine objektive Unternehmensberichterstattung sorgen. Aus diesen Gründen ist die Intensivierung der Medienarbeit für Unternehmen heute das dringlichste Vorhaben in der externen Kommunikation (Mast 2004b: 7). Aufmerksamkeit in den Medien zu finden gilt außerdem als die größte Herausforderung der Zukunft (ebd. 15).

Doch nicht nur Journalisten fungieren als Meinungsführer, die eine Schaltstelle zwischen Medien und Rezipienten bilden. Experten für bestimmte Themen, Politiker und Wissenschaftler können genauso als Opinion Leaders auftreten und zeichnen sich durch einen intensiven Kontakt mit den Medien aus.

Schaubild 36
Direkte und indirekte Kommunikation bei der Kundenansprache

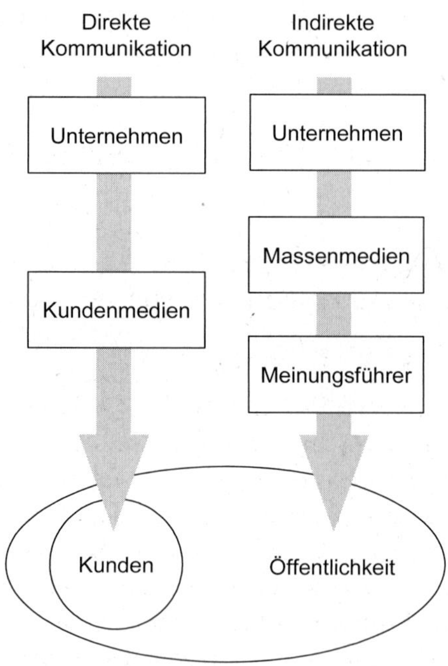

Quelle: eigene Darstellung

Dies entspricht der Vorstellung vom so genannten „two-step-flow of communication", vom zweistufigen Kommunikationsfluss. Danach erreichen die Informationen der Massenmedien einen großen Teil der Öffentlichkeit nicht direkt, sondern gelangen zunächst in einem ersten Schritt zur Gruppe der Meinungsführer und über diese in einem zweiten Schritt zu den Rezipienten (Burkart 2002: 209 f.). Kunden sind somit die Rezipienten direkter und indirekter Kommunikation (Schaubild 36).

Nicht nur mediale Wege, sondern auch persönliche Kommunikation kann sich direkt oder indirekt an Kunden richten: Direkte persönliche Kommunikation vollzieht sich z. B. zwischen Mitarbeitern und Kunden (Beratungs- oder Verkaufsgespräch); indirekte persönliche Kommunikation erfolgt wiederum über Multiplikatoren, z. B. wenn im Umfeld des Kunden Produkte oder Dienstleistungen in Gesprächen weiterempfohlen werden.

Indirekte Kommunikation erfolgt über Massenmedien, derer sich Multiplikatoren bedienen. Dies kann auch durch Anzeigen, die Unternehmen schalten, bewirkt werden. Christine Knoepffler, Pressesprecherin von O_2 GmbH & Co. OHG (München), stellt in folgendem Beitrag dar, wie Prominente als Multiplikatoren in den Massenmedien erfolgreich eingesetzt werden können.

Christine Knoepffler, O_2 GmbH & Co. OHG, München

Talk of the town
Über die Entscheidung eines Unternehmens, Prominente in der Kommunikation einzusetzen

Auch wenn O_2 nicht ausschließlich auf prominente Gesichter in der Werbung setzt, sind Testimonialkampagnen typisch für die Markenkommunikation des Unternehmens. Die bekanntesten Gesichter Deutschlands aus den Bereichen Sport, Comedy, Musik, und Film bzw. Theater stehen für die Marke. Franz Beckenbauer, Anke Engelke, Dieter Bohlen und Veronica Ferres wurden langfristig in die O_2 Familie aufgenommen und bewerben heute unterschiedliche Produkte und Services. Daneben haben Reiner Calmund, die Olympiaschwimmerin Hannah Stockbauer, die Goldmedaillengewinner von Athen Tim Wieskötter und Ronny Rauhe, der Modedesigner Willy Bogner sowie das BMW

Williams Formel 1 Team mit ihrem Auftritt in thematisch passenden Kampagnen geholfen, O_2 erfolgreich zu machen.

Um die Hintergründe zu verstehen, die zu der Entscheidung führten, Prominente in der Werbung einzusetzen, muss man die Geschichte von O_2 kennen, die sieben Jahre vor der eigentlichen Geburt der Marke begann und sicher eine der ungewöhnlichsten in Deutschland ist. Im Mai 1995 wurde als Joint Venture von VIAG AG, Telenor und British Telecommunications die VIAG Interkom gegründet. Das Unternehmen erhielt zwei Jahre später die vierte Mobilfunk-Lizenz in Deutschland. Im Oktober 1998 startete die VIAG Interkom als jüngster Netzbetreiber in Deutschland seine Mobilfunk-Services. Die Marke VIAG Interkom wurde auf dem Markt etabliert und hatte Anfang des neuen Jahrtausends eine ungestützte Markenbekanntheit von 32 Prozent.

Im Mai 2002 erfolgte ein radikaler Cut. Gegen alle Bedenken wurde über Nacht der Markenwechsel vollzogen: „VIAG Interkom ist jetzt O_2". „O_2" – ein englischer Name, den man in Deutschland erst einmal lernen musste, um ihn richtig aussprechen zu können. Und nicht nur das. Dahinter stand ein komplett anderes Markenkonzept. Der drastische Schritt von VIAG Interkom zu O_2 wurde gewagt, weil das Unternehmen durch den Demerger von VIAG und British Telecom die Chance sah, seine Mobilfunksparte als nun eigenständiges Unternehmen unter einer in Europa einheitlichen Marke zu führen. Zudem war man sich bewusst, dass die Marke VIAG Interkom bei entscheidenden Kriterien Schwächen hatte. Der Mobilfunkanbieter wollte sichtbarer werden. Angesichts so vieler Veränderungen waren die Reaktionen der Öffentlichkeit auf die neue Marke wenig optimistisch: Die „VIAG Interkom löst sich in Luft auf", befürchtete das „Handelsblatt". Die „Berliner Morgenpost" prophezeite der „albernen Umbenennung" einen „Schlag ins H_2O".

Die Kommunikationsverantwortlichen des Unternehmens standen vor zwei großen Herausforderungen. Zum einen musste eine einzigartige, unverwechselbare und einprägsame Markenwelt geschaffen werden. Nach wie vor dominiert zwar das Preis-Leistungsargument die Kaufentscheidung des Kunden. Allerdings stehen dem Verbraucher heute über 600 unterschiedliche Tarifkombinationen zur Verfügung. Der Markt ist für ihn schwer zu überblicken. Damit nimmt die Bedeutung von emotionalen Werten bei der Wahl eines Anbieters zu. Man entscheidet sich zunehmend für eine Marke, ein Image.

Das zweite große Ziel war, die neue Mobilfunkmarke O_2 in möglichst kurzer Zeit bekannt zu machen. Die Entscheidung für einen Mobilfunkanbieter wird in Deutschland sehr stark von Empfehlungen des sozialen Umfelds beeinflusst. O_2 hatte zum Start keine Empfehler, denn noch kannte niemand diese völlig neue Marke. Um sich im Mobilfunkmarkt zu etablieren, mussten die

Markenerinnerungswerte und die Durchsetzungsfähigkeit wie auch die Empfehlungsfunktion schnellstens gesteigert und angekurbelt werden.

Wie kann also eine profitable Zielgruppe am effektivsten zum Wechsel aufgefordert werden? Die Marketingverantwortlichen von O_2 entschieden sich in Zusammenarbeit mit der Agentur Grey (Düsseldorf) für eine Testimonialkampagne. Die Erwartung an den Einsatz eines prominenten Gesichts war, einen „Beschleuniger-Effekt“ für den schnellen Awareness-Aufbau zu erwirken und die schnelle Durchsetzung der Verkaufsbotschaft zu garantieren. Ein weiterer Grund für die Entscheidung eine Testimonialkampagne zu starten, war die breite PR-Wirkung, die durch eine sinnvolle Verknüpfung von Marketing- und Pressemaßnahmen erzielt werden kann.

Damit nutzte man einen allgemeinen Trend. Die Aufmerksamkeitsgesellschaft hat ein zunehmendes Verlangen nach Celebrities. Die Wochenzeitung „Die Zeit“ sieht einen der Gründe darin, dass Prominente Orientierung in einer Gesellschaft des Überangebots böten. „So gibt es stets einen ganzen Fächer verschiedener Startypen – von Halle Berry über Julia Roberts bis zu Nicole Kidman, in dem für jeden etwas dabei ist. (...) Stars helfen uns den Status Quo unserer Identität zu bestimmen. (...) Sie erscheinen als klar definierte Menschen mit einer Biographie, die gerne auch mit Widersprüchen und Schwierigkeiten ausgestattet sein darf. Zu diesen Identitäten können wir uns in Beziehung setzen“ (zeit.de/2004/41).

Das Branchenmagazin „AdAge“ spricht von unserer Gesellschaft als „Celebrity obsessed culture“. Der Anteil von Prominenten in der Werbung nimmt stark zu. Untersucht man die neu angelaufenen Werbespots, hat sich die Zahl derer mit Testimonials von 2000 bis 2003 verdreifacht. Schätzungsweise jeder zehnte Spot bedient sich heute eines bekannten Gesichts. In den USA beträgt der Anteil der Fernsehwerbung mit Prominenten in der Prime Time bereits 20 Prozent („Horizont“, 30. 09. 2004). Mit gutem Grund: Über 65 Prozent schenken Werbung mit Promis eine höhere Aufmerksamkeit (Horizont/TNS Emnid). Ein bekanntes Gesicht kann sogar die Kaufentscheidung beeinflussen. 83 Prozent, davon überdurchschnittlich viele Frauen, sind eher bereit eine Marke zu kaufen, wenn sie von einem Prominenten beworben wird – Tendenz steigend (2003; Horizont/TNS Emnid; GfK-Marktforschung, Omnibus Systeme). Jugendliche und ältere Menschen sprechen ebenfalls tendenziell stärker auf Werbung mit Prominenten an.

Die Zielgruppe bei der Einführung der neuen Marke O_2 waren die profitablen Vieltelefonierer. Der zunehmend gesättigte Mobilfunkmarkt Deutschlands wurde mehr und mehr zum Wechslermarkt, obwohl die Marktpenetration hier mit 85 Prozent noch unter dem europäischen Durchschnitt lag und der Mobilfunkmarkt 2003 bezogen auf die Anzahl der Kunden um zehn Prozent gewachsen war.

Angesichts dieser Entwicklung war das strategische Ziel klar: die „Mobile Generation" zum Wechsel zu O_2 zu bewegen.

Die Schlüsselidee zur Umsetzung der Verkaufsbotschaft „It's time to change! Die Mobile Generation wechselt zu O_2" in der Markeneinführungskampagne war eine geplante Frechheit. Das prominenteste Mobilfunktestimonial wurde als erster „Wechsler" von der direkten Konkurrenz abgeworben. „It's time to change!" Mit Franz Beckenbauer erhöhte sich die Markenpopularität sprunghaft und schon nach kurzer Zeit war er das bekannte Testimonial von O_2. Die Risikobereitschaft hat sich ausgezahlt. Mit innovativen Services und einer stringenten Marketingstrategie lag die Markenbekanntheit bereits fünf Monate nach dem Launch von O_2 vor der von VIAG Interkom. Nach acht Monaten war das Unternehmen mit einer gestützten Markenbekanntheit von 85 Prozent auf dem Niveau des etablierten Wettbewerbs.

Die Werbepartnerschaften von O_2 sind langfristig angelegt, um eine Kontinuität in der Kommunikation zu gewährleisten. Die Prominenten werden mit einer klaren Rollenverteilung eingesetzt. Während Franz Beckenbauer für die Produkte Genion und Business Integration wirbt, deckt Dieter Bohlen das Kompetenzthema Musik ab. Anke Engelke, der weibliche Star für Comedy und Unterhaltung, steht mit Franz Beckenbauer für Genion. Veronica Ferres, die eine hohe Glaubwürdigkeit sowie großes Vertrauen genießt, hat den neuen großen Tarif O_2 Active in den Markt eingeführt. Neben den großen Kampagnen werden die Werbepartner immer wieder für kreative Aktionen und Dienste eingesetzt, die die „can do"-Attitüde des Unternehmens verdeutlichen. In einem Spot mit Dieter Bohlen konnten sich die Zuschauer beispielsweise in den Werbepausen der zweiten Deutschland-sucht-den-Superstar-Staffel per SMS um je eine Pizza bewerben, die an die 1000 schnellsten deutschlandweit noch am selben Abend ausgeliefert wurde. Für die Weihnachtskampagne 2003 von O_2 standen mit Anke Engelke, Franz Beckenbauer und Dieter Bohlen zum ersten Mal in Deutschland drei Prominente gemeinsam für einen Werbespot vor der Kamera. Der Spot war zudem der erste 3D-Spot im deutschen Fernsehen. Anke Engelke wirbt so für den Taxidienst von O_2, bei dem man – tippt man T-A-X-I – automatisch mit der nächstgelegenen Taxizentrale verbunden wird. Sie war aber auch Rennfahrerin des O_2 MINIs bei der neuen Autorennserie „Mini Challenge".

Heute, zweieinhalb Jahre nach der Geburt der Marke, liegt die gestützte Markenbekanntheit von O_2 bei 95 Prozent (September 2004), die Sympathiewerte für die Marke sind überdurchschnittlich hoch. Mit den prominenten

Werbepartnern hat O_2 es geschafft, Signale in unterschiedlichen Lebenswelten – Unterhaltung, Comedy, Musik und neue Medien – zu setzen. Die Testimonials wirken als „Turbos" bei der Kommunikation der Marke. Auch, weil bei der Planung der Marketingmaßnahmen die Pressestrategie berücksichtigt wird. PR-Aktionen mit Prominenten, die große öffentliche Aufmerksamkeit erreichen, verstärken die Kommunikationswirkung des klassischen Marketings. Heute ist O_2 die Nummer Eins bei der Durchsetzungsfähigkeit und bei der Werbeerinnerung. 64 Prozent der Betrachter empfinden O_2 Spots als einzigartig. Der Durchschnitt in der Telekommunikationsbranche liegt hier bei 56 Prozent. Mit den Kampagnen der letzten zweieinhalb Jahre erreichte O_2 mit den geringsten Werbespendings im Mobilfunkmarkt die höchste Werbeerinnerung. In der siebten „Bravo Faktor" Studie des Heinrich Bauer-Verlags gibt die Zielgruppe selbst eine Prognose für die Entwicklung von O_2: Jeder dritte Teenager in Deutschland hält O_2 für eine Marke mit Zukunft.

Schaubild 37
Werbung mit Testimonials: Beispiel O_2

Quelle: O_2 GmbH & Co. OHG, München

Die Zielgruppenansprache mit Testimonials wirkt bei O_2. Dennoch darf nicht außer Acht gelassen werden, dass sich ein Unternehmen mit der Entscheidung für einen Prominenten voll auf das Risiko einlässt, dass dessen Image schwankt oder sich verändert, worauf man als Unternehmen nicht immer Einfluss hat. Auch waren für die schnelle Etablierung der neuen Marke O_2 neben dem Einsatz von Prominenten mehrere Faktoren verantwortlich: eine effiziente Mediaplanung mit starkem, konzentrierten Werbedruck, die konsequente Vernetzung der Kampagne auf allen Ebenen, die Fokussierung auf die Marke, die Bereitschaft, sich immer wieder auf Sonderwerbeformen und überraschende Aktionen einzulassen, und nicht zuletzt das Bekenntnis aller Mitarbeiter zu der neuen Marke. Egal, ob man mit Testimonials wirbt oder einen anderen Weg geht – eines bleibt unerlässlich, will ein Unternehmen erfolgreich sein: Das Markenversprechen muss in der Qualität der Produkte und Services eingehalten werden.

2. Persönliche, schriftliche und elektronische Kommunikation

Die Kernbereiche persönliche, schriftliche und elektronische Kommunikation erbringen unterschiedliche Leistungen und erfüllen damit auch verschiedene Funktionen in der Kundenkommunikation. Während elektronische Medien durch ihre Schnelligkeit bei der Informationsvermittlung glänzen, sind Printmedien ideale Träger für vertiefende Hintergrundinformationen. Die zentrale Stellung der Kundenzeitschrift im Corporate Publishing ist unbestritten; trotzdem muss sie sich im Kommunikationsmix entsprechend ihren Stärken positionieren, um auch in Zukunft eine wichtige Rolle zu spielen. Der dritte Kernbereich der Kundenkommunikation ist die persönliche Kommunikation und umfasst z. B. Beratungsgespräche mit Kunden, Informationsgespräche, persönliche Gespräche bei Events, bei Tagen der offenen Tür oder bei Beschwerdestellen. Die Bedeutung der Face-to-Face-Kommunikation nimmt zu, zumal der Kunde eine individuelle, an seinen Bedürfnissen orientierte Ansprache wünscht.

2.1. Grundzüge der Kommunikationsformen

1895 gilt in Deutschland als das Geburtsjahr der Kundenzeitschrift. Der erste Titel erschien unter dem Namen „Norddeutsches Handwerk" und wurde von den Handwerkskammern Niedersachsen und Magdeburg herausgegeben. Doch es dauerte noch viele Jahrzehnte, bis sich das Medium als Instrument zur Erreichung von Kommunikationszielen in Unternehmen durchsetzte. Bereits ab den 50er-Jahren stieg die Zahl der Titel; der Boom setzte jedoch erst in den 90er-Jahren des 20. Jahrhunderts ein. Gab es 1995 noch ungefähr 400 Titel von Kundenzeitschriften, so publizieren heute deutsche Unternehmen ca. 3000 Kundenmagazine. Der Trend ist eindeutig: Die Zahl steigt weiter und trotz der wirtschaftlich angespannten Lage werden die wenigsten Titel eingestellt. Im Gegenteil: Sie werden weiterentwickelt, professioneller und an die Bedürfnisse der Kunden angepasst. Die Unternehmen haben die hohe Wirksamkeit dieses Mediums längst erkannt (Lücke 2005: 10). Die Themen der Berichterstattung in Kundenzeitschriften sind vielfältig und reichen von unternehmens- und produktbezogenen Informationen bis zu unabhängigen Inhalten mit Unterhaltungswert (vgl. Kapitel 6).

Inzwischen ist auch die Bedeutung des Internets bei der Kundenansprache gestiegen. Im Vergleich zu den unternehmensinternen Medien Mitarbeiterzeitschrift und Intranet ist jedoch der Konkurrenzkampf zwischen Kundenzeitschrift und Online-Auftritt noch weit weniger ausgeprägt. Die elektronische Kundenkommunikation macht dem Printmedium seinen Rang bisher nicht streitig, zumal sie andere Ziele verfolgt und andere Funktionen hat. Durch das Internet werden z. B. Diskussionsforen, personalisierte Zugänge oder Plattformen für Clubkonzepte ermöglicht (vgl. Kapitel 9). Deshalb können sich Kundenzeitschrift und Online-Medium optimal ergänzen. Die Online-Kommunikation kann auch als eine Sonderform der schriftlichen Kommunikation angesehen werden, die sich der digitalen Medien als Übermittlungskanal bedient (Foscht 1998: 13).

Unter persönlicher Kommunikation wird im Allgemeinen die unmittelbare Face-to-Face-Kommunikation zwischen zwei oder mehr Menschen verstanden. Sie erfordert die physische Anwesenheit der Kommunikationspartner am selben Ort, damit sie von Angesicht zu Angesicht und ohne technische Hilfsmittel miteinander sprechen können. Im organisatorischen Rahmen ist für die persönliche Kommunikation in erster Linie der Kontext entscheidend, d. h. Fragen der Hierarchie, der Stellung zueinander oder der Wirkung des Unternehmens als solches (Wahren 1987: 45). Im Zusammenhang mit der persönlichen Kommunikation zwischen Unternehmensvertreter(n) und Kunde(n) gewinnen ähnliche Faktoren an Bedeutung.

Im Umgang mit dem Kunden ist persönliche Kommunikation ein gängiger Weg, etwa bei Verkaufsgesprächen (Neu 1997: 55 ff.). Es kann sich z. B. im Rahmen einer Verkaufsförderungsmaßnahme um ein persönliches Gespräch zwischen einer Hostess auf einer Messe (als Unternehmensrepräsentantin) und einem potenziellen Käufer (Kunden) handeln. Dabei kommen besonders stark soziale und emotionale Gesichtspunkte ins Spiel (Wahren 1987: 3). So hat jede Nachricht nach Schulz von Thun (1981: 14 f.) mit Sach-, Inhalts-, Beziehungsaspekt sowie Selbstoffenbarung eine Vielzahl unterschiedlicher Botschaften. Für die persönliche Kommunikation zwischen Unternehmen und Kunde hat diese grundlegende Erkenntnis der Kommunikationswissenschaft tief greifende Bedeutung: So findet zwischen Verkäufer und Käufer nie ein Gespräch lediglich zur Sache (z. B. ein Produkt) statt, sondern implizit kommen in ihm immer auch Aspekte der gegenseitigen Beziehung (z. B. Wertschätzung des Kunden von Seiten des Verkäufers), appellative Aspekte (z. B. die Erwartungshaltung des Verkäufers, das Produkt an den Kunden zu verkaufen) und der Aspekt der Selbstoffenbarung (z. B. persönliche Überzeugung des Verkäufers vom Produkt) zum Ausdruck. Zentraler Bestandteil dieser Wahrnehmung ist die nonverbale Kommunikation beider Seiten.

Das persönliche Gespräch (Neuberger 1998; Rosenstiel 1993) ist unter optimalen Bedingungen die effizienteste Kommunikationsform, weil sie mehrere Funktionen gleichzeitig erfüllt: Information, Interaktion, Interpretation und Beeinflussung. Die Face-to-Face-Kommunikation ermöglicht den Kommunikationspartnern ständig Rückkopplungen, indem sie abwechselnd sprechen, Rückfragen stellen und damit Unklarheiten aus dem Weg räumen können. Zudem ist es mehr als bei jeder anderen Kommunikationsform möglich, den Gesprächspartner zu überzeugen oder zu beeinflussen (Mast 2002: 268 f.). Auch können durch persönliche Kommunikation intensive Kontakte aufgebaut werden, ein wichtiger Erfolgsfaktor für die Kundenbindung. Auf diesem Weg können komplexe Sachverhalte vermittelt werden; eine emotionale Ansprache ist jederzeit möglich. Aufgrund der persönlichen Vermittlung von Botschaften und der intensiven Interaktivität eignen sich Gespräche besonders für Beratung und Betreuung von Kunden, vor allem jedoch für den Verkauf von Produkten (Mast 2000a: 32 ff.; Bruhn 1997: 174). Die persönliche Kommunikation ist deshalb als einzige Kommunikationsform imstande, sämtliche Grundfunktionen der Kundenkommunikation abzudecken.

Die Bedeutung der persönlichen Kommunikation im Rahmen der Kundenkommunikation steigt mit der Komplexität der Sachverhalte. Endkunden oder Geschäftskunden, die Abnehmer verhältnismäßig komplexer Produkte sind, sind oftmals in höherem Maße auf persönliche Kommunikation angewiesen und greifen in diesem Kontext seltener auf Online-Angebote zurück.

Neben die unmittelbare persönliche Kommunikation zwischen Unternehmensvertreter und Kunde tritt der mittelbare Kontakt über Dritte. Das Konzept der Meinungsführer, basierend auf dem so genannten „Two-Step-Flow of Communication“, ist eines der zentralen Konzepte der Kommunikationswissenschaft: Über Meinungsführer oder Multiplikatoren erhalten die Produkte oder Dienstleistungen neben ihren formalen Aspekten mit der ausgesprochenen Empfehlung eine positive Bewertung, die der Endkunde schließlich als vom Unternehmen unabhängig und somit wesentlich glaubwürdiger wahrnimmt. Ziel der Kundenkommunikation muss es deshalb auch sein, „Empfehlungsnetzwerke" (Denzel 1999: 33) aufzubauen.

2.2. Funktionen und Leistungen der Kommunikationskanäle

Damit der Erfolg von Kommunikationsmaßnahmen gewährleistet werden kann, genügt es nicht, neue Medien wie das Internet oder Business-TV einzusetzen oder traditionelle Medien, z. B. die Kundenzeitschrift, zu modernisieren. Erst die Verzahnung und Vernetzung der drei strategischen Kommunikationsformen persönliche Kommunikation, gedruckte und elektronische Medien ermöglichen einen Wettbewerbsvorteil für das Unternehmen. Dazu ist es erforderlich, zunächst die Leistung dieser drei Kommunikationsformen zu bestimmen.

Um den beständigen Informationsfluss zum Kunden sicherzustellen, dem Kunden zusätzliche Leistungen zu bieten und ihn emotional anzusprechen, sollte ein Kommunikationssystem entwickelt werden, das folgende Grundfunktionen der Kundenkommunikation abdeckt (in Anlehnung an Mast 2002: 271 ff.):

- *Aktualität*: Im globalen Wettbewerb müssen Unternehmen immer schneller Entscheidungen treffen und umsetzen. Die Aktualität der Nachrichtenverteilung ist entscheidend für Erfolg oder Misserfolg. Die Kundenkommunikation muss deshalb eine möglichst schnelle, zeitgleiche Verteilung von Informationen und Nachrichten gewährleisten. Dies ist insbesondere dann wichtig, wenn eine Krise droht, d. h. wenn beispielsweise bei fehlerhaften Produkten eine umfangreiche Rückrufaktion notwendig ist, wenn in einem kürzeren Zeitraum Sonderaktionen durchgeführt werden, z. B. ein Kundenevent, oder wenn das Unternehmen befristet bestimmte Zusatzleistungen anbietet, z. B. die Teilnahme an einem Gewinnspiel.
- *Erklärung, Vertiefung, Bewertung*: Die Kommunikation mit dem Kunden erfordert vertiefende Hintergrundinformationen und die Erklärung von Zusammenhängen. Diese Dimension hilft dem Kunden, sich in der Informationsflut zurechtzufinden und gibt ihm wichtige Impulse für sein Handeln, z. B. für den zukünftigen Konsum von Produkten des Unternehmens. Zudem müssen dem Kunden Inhalte geboten werden, die Probleme analysieren, Lösungen bewerten und das weitere Vorgehen sichtbar machen. Die Kommentierung unterneh-

menskritischer Aussagen gehört ebenfalls in diese Kategorie, die zur Schaffung von Glaubwürdigkeit einen wichtigen Beitrag leistet.

- *Mehrwert*: Aktuelle und erklärende Informationen allein genügen dem Kunden nicht. Er fordert Zusatzleistungen, die ihm sein alltägliches Leben erleichtern oder ihm einen bestimmten Nutzen bringen. Die Palette ist breit: Je nach Ausrichtung der Produkte und Dienstleistungen können Nutzwerte in unterhaltenden Themen, Gewinnspielen, Clubmitgliedschaften, Give aways oder Events bestehen.
- *Emotionale Ansprache, Aktivierung*: Diese Dimension ist auf die Emotionen der Kunden ausgerichtet. Angesichts des „Information Overload“ verweigern und ignorieren Kunden heute oft Werbebotschaften (Reaktanz). Im emotionalen Bereich ist jedoch noch Platz für eine entsprechende Ansprache. Sie kann durch eine besondere Gestaltung der Medien, durch Events oder Kundenclubkonzepte erfolgen.

Schaubild 38
Leistungen der Kundenmedien

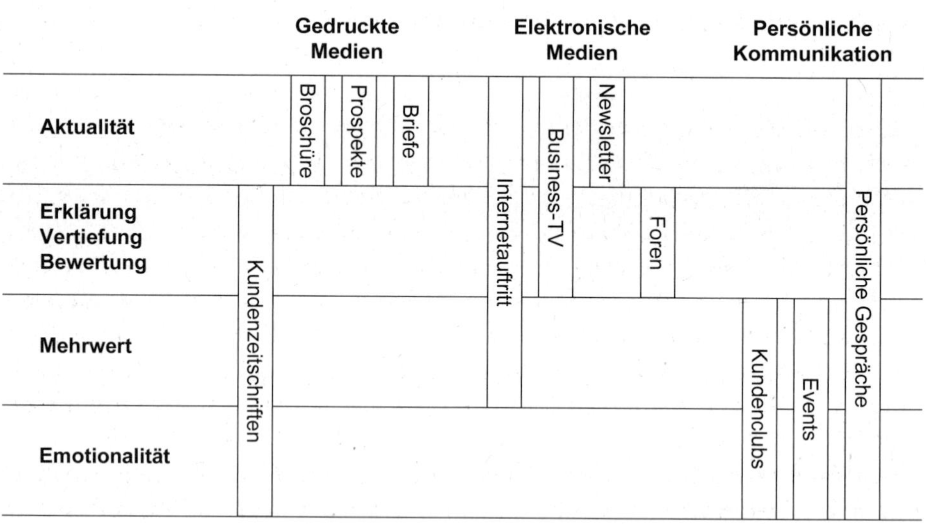

Quelle: eigene Darstellung

Die Optimierung der Kundenkommunikation richtet sich an der Positionierung der einzelnen Medien aus (Schaubild 38). Während Business-TV, das Internet und andere elektronische Medien wie Newsletter oder Diskussionsforen bzw. Chats insbesondere aktuelle Informationen liefern können, konzentrieren sich Kundenzeitschriften, Kundenclubs und Events sowie Erlebniswelten auf die Schaffung von Mehrwert und auf eine emotionalisierte Kundenkommunikation. Die Kundenzeitschrift ist gleichzeitig der wichtigste Träger für die Dimensionen Erklärung, Vertiefung und Bewertung.

Verschiedene Kommunikationsformen und eine breite Palette an Instrumenten ermöglichen eine differenzierte, zielgerichtete Kundenansprache. Andreas Scharf, Chefredakteur von Reader's Digest Deutschland (Stuttgart), stellt in seinem Beitrag dar, auf welch vielfältige Weise und über welche Kommunikationswege die Kunden von „Reader's Digest" angesprochen werden. Er erläutert dabei auch, wie wichtig es ist, Kundenbedürfnisse zu kennen und den Kunden als Kommunikationspartner ernst zu nehmen.

Andreas Scharf, Reader's Digest Deutschland, Stuttgart

Redaktionen als Service-Center für Kunden
Wie Reader's Digest mit seinen Kunden kommuniziert

Viel mehr Medienkonsum geht kaum. Das Angebot ist groß und größer, die Nachfrage bei Lesern, Zuschauern oder Zuhörern annähernd gesättigt (woran das Internet nicht unschuldig ist). Schlimmer noch, der Werbemarkt, die wirtschaftliche Basis der Medien insgesamt, ist eine unberechenbare Größe.

Die Folge: Die Erwartungshaltung des Kunden, also des Lesers, Zuschauers und Zuhörers, wächst. Sie drückt sich – welch Glück – nicht nur im Ruf nach Billigprodukten aus, sondern eher nach Zusätzlichem (Motto: „Ein wenig mehr darf's schon sein"). Sie drückt sich auch in der Nachfrage nach Qualität aus – doppeltes Glück. Und in dem Bedürfnis, als Kunde ernst genommen zu werden.

Deshalb kommt einer kontinuierlichen Kommunikation zwischen der Zeitschrift im Besonderen bzw. den Medien im Allgemeinen und ihren Nutzern eine entscheidende Bindungsaufgabe zu, wobei die bloß fristgerechte Vorlage des Produktes in Form der redaktionellen Leistung nicht ausreicht. Bei „Reader's Digest" zum Beispiel ist es traditionell mehr: die aktive Betreuung des Lesers, der Leserin. Grundvoraussetzung dafür ist ein gewachsenes Verständnis vom und für den Leser und eine gepflegte Vertrauensbasis: Die Leser glauben dem, was sie in *ihrem* Magazin lesen. So lässt sich sicher kommunizieren!

Wer ist Kunde der Zeitschrift?

Eine Zeitschrift ist mehr als die Redaktion. Miteinander operieren Redaktion, Anzeigenverkauf, Marketing, Public Relations, Customer Service und Vertrieb im Markt – und haben Kunden, mit denen sie bedarfsgerecht kommunizieren. Es sind nicht immer dieselben Kunden oder Kundeninteressen, auch wenn es dasselbe Endprodukt, die Zeitschrift, ist.

Doch zurück zur Redaktion, die zuallererst ihre Leserinnen und Leser als ihre Kunden (an-)erkennen muss. So gesehen könnte man moderne Redaktionen als Service-Center begreifen, deren Kundenfreundlichkeit sich in der Produktqualität ausdrückt (Verständlichkeit, Verlässlichkeit, Nutzwert). Erwartungen an Redaktionen artikulieren aber nicht nur die Leser, sondern eben auch die Anzeigenkunden, die Marketingabteilung, der Customer Service usw. Kunden sind ebenso andere Medien, mithin die Öffentlichkeit jenseits der eigenen Leser.

Warum Kundenkommunikation?

Wer etwas veröffentlicht, will, dass es – im Falle einer Zeitschrift – gelesen wird. Da helfen nur: eine klare Vorstellung vom Leser als Kunden sowie eine klare Kommunikationsstrategie.

Jede Kundenansprache, ob es sich um die Beantwortung einer Leserzuschrift, die Lieferung eines Verlagsproduktes oder die Herausgabe einer Presseinformation handelt, stellt eine Beziehung zum jeweiligen Kunden her mit dem Ziel der Kundenbindung. (Dass dahinter geschäftliche Interessen stehen, versteht sich von selbst.) Oberstes Gebot ist daher Kundenzufriedenheit, und Voraussetzung von Kundenzufriedenheit ist Kenntnis der Kundenbedürfnisse – und eben aktive Kundenkommunikation.

Wie lernt die Redaktion Kundenbedürfnisse kennen?

Leser bekommen die Ware Magazin. Das ist zunächst eine sehr einseitige Kommunikation, besser: ein Angebot. Dieses Angebot beinhaltet, nein muss beinhalten die Offenheit zur wechselseitigen Kommunikation.

Ganz klassisch: der Leserbrief. Ist er Ventil für (Un-)Zufriedenheit, ist er Selbstzweck und hat in sich bereits ein Kundenbedürfnis erfüllt. Leserbriefe beinhalten aber doch meistens mehrere Botschaften. Die Redaktion kann herauslesen, welches Thema ihre Leser besonders interessiert, und erfährt so viel über Kundenbedürfnisse und -zufriedenheit. Deshalb sind Leserbriefe nie lästig! Und ein eigens (nicht förmlich) beantworteter Leserbrief ist Gewähr für Zufriedenheit des Kunden und eine ideale Form der Kundenbindung.

Ganz probat: die Leserbefragung. Standardisiert zwar ermöglicht sie Aufschluss über die Bedürfnisse – wenn nach ihnen gefragt wird (und nicht nur rückwärts gewandt Zufriedenheit im Fokus steht). Nachdem der Leser, den es millionenfach gibt, ein bis auf Ausnahmen unbekanntes Objekt der Kommunikation ist, hat „Reader's Digest" ein Verfahren etabliert, regelmäßig die Bedürfnisse und Interessen der Kunden, also seiner Leser, zu erforschen – eine Dienstleistung am Kunden! Erhoben werden Informationen über Interessensgebiete wie auch Reaktionen auf konkrete Themenvorschläge.

Aufgrund der Repräsentativität der befragten Leser lässt sich auch ablesen, inwieweit sich Leserinteressen verschieben, von der unmittelbaren Erkenntnis abgesehen, welches Thema auf größtes Interesse stößt. Ergebnisse aus diesen Leserbefragungen können nie bindend sein, aber verlässliche Indikatoren sind sie. Und sie vermitteln – zu Recht – das Empfinden beim Kunden: Ihre Meinung ist uns wichtig.

Ganz direkt: die Leserkonferenz. Sie holt den Leser persönlich ab, im Sinne von in die Redaktion. Die Erfahrung lehrt: Besser lässt sich Kundenzufriedenheit mit der Erforschung von Kundenbedürfnissen nicht paaren. Eine aufwändige aber lehrreiche Eins-zu-Eins-Kommunikation, wenn auch in einer Gruppensituation.

Und die Kommunikationsstrategie?

Inhalt und Form müssen zueinander passen. Niemand erwartet Nacktbilder in „Reader's Digest". Weiterhin unterstellt, dass redaktioneller Inhalt Teil der Kommunikation mit dem Kunden Leser ist, so würde dieser Kommunikationsversuch fehlschlagen, weil es kein gemeinsames Verständnis gibt. Die Kommunikation wäre gestört. Vor allem würden die Nacktbilder der Strategie zuwiderlaufen, Kundenbindungen herzustellen. Das heißt natürlich nicht, dass nicht erweiterte oder veränderte redaktionelle Angebote die Kundenzufriedenheit steigern oder neue Kundenkreise erreichen könnten! Sie dürfen nur nicht die gemeinsame Kommunikations- oder Wertebasis verlassen.

Im Falle von „Reader's Digest" ist die Kommunikationsstrategie für redaktionelle Inhalte: bewusst nicht reißerisch – gezielt positiv – vorsätzlich langlebig.

Leserbeteiligung oder: Leser schreiben für Leser

Gängig sind Angebote, die zumindest den Eindruck vermitteln sollen, der Leser werde beteiligt. Dies ist in der Regel nicht der Fall, denn bestenfalls wird die Meinung des Lesers (also des Kunden) durch die Redaktion aufgenommen, günstigstenfalls als Anregung angenommen. Solche Aktivitäten zur Kundenbindung, zu denen Aktivitäten wie Abstimmungen, Reisen, Prämien, Gewinnspiele oder Zusatzausgaben usw. gehören können, dienen dazu, die Leser-Blatt-Bindung zu stärken. Dazu zählt auch die „Reader's Digest"-Initiative „Ehrenamt des Jahres", bei der die Leser aktiv zur Wahl gerufen werden. Dahinter verbergen sich zwei Ziele der Kommunikation: Zum einen soll der Leser involviert werden, zum anderen stellt die Redaktion gesellschaftspolitisch vorbildliches Engagement ins Rampenlicht. Beides färbt positiv auf das Image der Redaktion ab.

Kaum eine Redaktion lässt ihre Leser bei Auswahl und Gestaltung der Inhalte aber tatsächlich mitbestimmen. Gleichwohl, auch Aufrufe zur Einsendung von Leserzuschriften für eine redaktionelle Verwertung (nicht Leserbriefe) sind verbreitet ein fester Bestandteil – und keinesfalls zu unterschätzen. Dieses Instrument ist im Sinne der Leser-Blatt-Bindung durchaus zielführend. Die Leistung der Redaktion besteht dann darin, die Kundenbeiträge für den Einsender wie für die gesamte Leserschaft erkennbar im Magazin wiederzugeben. Nur dann wird aus einer aufeinander folgenden jeweils einseitigen Kommunikation (Redaktion ruft Leser auf; Leser sendet Zuschrift ein) ein Gewinn bringender Austausch.

Zur Philosophie von „Reader's Digest" zählt seit Jahrzehnten, den Leser durch eigene Einsendungen am redaktionellen Inhalt beitragen zu lassen. Dies geschieht in der Regel innerhalb von monatlich wiederkehrenden Rubriken, in denen eingesandte Erlebnisse oder Anekdoten veröffentlicht werden. Hier korrespondieren zwei Kundenbedürfnisse ideal miteinander: der individuelle Wunsch, etwas selbst Verfasstes gedruckt zu sehen, mit dem allgemeinen Interesse, eben solche persönlichen Rubriken zu rezipieren. Denn zum einen sind die Einsendungen ein nie versiegender Quell, zum anderen belegt die Leserforschung die hohe Akzeptanz der Rubriken, die Leser für Leser schreiben.

Diese Form der Kommunikation signalisiert dem Kunden eindeutig: Wir nehmen dich ernst. Sie hat sich als Markenzeichen von „Reader's Digest" etabliert.

Mein Name ist Kunde, können Sie mir helfen…

Feste Bestandteile jeder Redaktions-, besser Verlagskommunikation mit Kunden sind Customer Service und Call Center, Newsletter und Webpage. Dies sind – persönliche oder unpersönliche – Dienstleistungen für Kunden, aber sie sind wegen ihrer Mittelbarkeit letztlich fern der Redaktion.

Der unmittelbare Weg in die Redaktion ist der Anruf. Und ehrlich gesagt, Telefonate sind wertvoll, aber können sehr zeitintensiv sein. Unter ihnen gibt es eine wichtige Kategorie: die Hilferufe, die Rat suchenden – im psychologischen wie im ganz praktischen Sinne. Diese Anrufe sind kostbar, untermauern sie doch den eigenen Anspruch, Vertrauensmedium zu sein. Da wird die Redaktion jenseits von gedruckter Kompetenz zum wahren Service-Center. Und menschlich.

Vertrieb und Redaktion im Einklang

In der (Neu-)Kundenansprache kommuniziert der Vertrieb das Qualitätsversprechen der Redaktion. Bereits beim ersten Kontakt mit dem Verlag erhält der (Neu-)Kunde einen nachhaltigen – und später häufig kaum mehr änderbaren – Eindruck vom Profil und den Werten der Zeitschrift. Durch die Abstimmung mit dem Vertrieb bei der Ansprache der Kunden kann und muss die Redaktion die Erwartungshaltung der Leser positiv beeinflussen. Hier entsteht der Keim für eine anhaltende Leser-Blatt-Bindung.

Letztlich ist es aber der Vertrieb, der den Kunden dank seiner Angebote zur Entscheidung motiviert, ein Abonnement abzuschließen bzw. zu verlängern. Bei „Reader's Digest" als Verlags- und Direktmarketingunternehmen prägen Verlässlichkeit und Glaubwürdigkeit auch die Kundenansprache im Promotion- und Werbematerial, also in den Mailings. Diese Form der Kundenansprache unterscheidet sich gravierend von solchen, die mit öffentlicher Werbung arbeiten. Sie muss umso mehr Aufmerksamkeit erwecken, z. B. durch das Instrument der Gratisverlosung, die die Beachtung der Mailings erhöht. Dieser Kommunikationsweg unterliegt strengen Vorschriften und folgt so dem Wertemuster, für das die Zeitschrift steht: Beispielsweise belegt die Garantie von gleichen und fairen Gewinnchancen – übrigens unabhängig von einer Bestellung – die Glaubwürdigkeit der Gratisverlosung.

Öffentlichkeitsarbeit – die andere Kundenkommunikation

Im Vordergrund von Öffentlichkeitsarbeit steht die Selbstvermarktung – eine Strategie, die sich jede Redaktion zu Eigen machen muss. Solches Redaktionsmarketing hat zwingend die Aufgabe, der eigenen Reichweite und dem Bekanntheitsgrad zu dienen bzw. die Relevanz zu untermauern.

Kunde der Redaktion (und des Verlages) ist die Öffentlichkeit nur mittelbar. Zunächst sind die anderen oder konkurrierenden Medien die Kunden. Gängig ist die Form der Pressemitteilung bzw. der Vorabmeldung, soweit es einen exklusiven Inhalt betrifft. Andere sind denkbar und erfolgreich wie die „vertonte" Pressemitteilung, also redaktioneller Magazininhalt für Hörfunkanbieter in eine sendefähige Form gebracht.

Dieser Medien-Kundenkreis ist wegen seiner Multiplikatorfunktion ebenso wichtig wie schwierig zu befriedigen und am wenigsten zu beeinflussen. Anders gesagt: Der Erfolg von Kommunikation mit dem Kunden Kollege ist nicht selten zufällig – oder von individuellen Bedürfnissen oder äußeren Umständen abhängig. Exklusivität verkauft sich in der Regel von selbst und kann nur geschlagen werden durch konkurrierenden Nachrichtenüberfluss.

Der Kunde Kollege ist im Übrigen auch der anspruchsvollste, weil er Fachmann ist; er will mundgerecht beliefert also angesprochen werden, ohne sich inhaltlich bevormundet zu fühlen.

Die Kommunikationsstrategie hier setzt darauf, die eigene Marke, die eigene Bekanntheit, die eigene Attraktivität, das Image darzustellen und zu steigern. Ein Kommunikationserfolg zahlt sich unmittelbar im doppelten Sinne aus: Der Kunde Leser fühlt sich bestätigt in seiner Kaufentscheidung für seine Zeitschrift, weil diese Akzeptanz in anderen Medien findet; der Anzeigenkunde fühlt sich in seiner Belegungsentscheidung bestätigt, weil die Zeitschrift im Markt relevant ist. Öffentlichkeitsarbeit ist eine tragende Säule redaktioneller Kundenkommunikation.

Werbung als Kommunikationsplattform

Im Grunde gilt für die veröffentlichte Anzeige, was für redaktionellen Inhalt gilt: Sie muss die Bedürfnisse des Lesers befriedigen (oder wecken), sie muss den Leser ernst nehmen (oder provozieren), sie muss verstanden werden (oder interpretierbar sein). Die Redaktion konkurriert also mit den Anzeigen um die Aufmerksamkeit des Lesers, der beider Kunde ist.

Der Werbung Treibende ist aber eben auch Kunde der Redaktion (und nicht nur der Anzeigenabteilung). Er hat Anspruch auf Information über die redaktionellen Ziele – durchaus auch in Form von Kundenbesuchen –, damit er seine Kauf-, also Belegungsentscheidung trifft. Zum Wohle der Zeitschrift, der attraktive Werbung nützt, nicht schadet.

In der Binnenbetrachtung konkurrieren seine Bedürfnisse leicht mit den journalistisch-ethischen Grundsätzen redaktioneller Arbeit. Berührungsängste sind freilich fehl am Platz. Die Kommunikation miteinander ist dann erfolgreich, wenn Grenzen von Informationsaustausch und Kooperation klar definiert sind – durchaus im Sinne der Zufriedenheit des gemeinsamen Kunden Leser.

Auf zwei Spezialitäten von „Reader's Digest" sei verwiesen: „Angelika" und das „Leserforum 45plus".

- Als attraktive Partnerin der Anzeige tritt die Rubrik „Angelika" in der Zeitschrift auf. Ihr Kommunikationsauftrag ist die klare und werbliche Ansprache des Kunden Leser, verbunden mit einer Identifikationsfigur, die der Rubrik ihr Gesicht gibt – auch im Wortsinn. Ihr Stilmittel ist die erklärende Werbung. Die Rubrik ist übrigens auch klar als werblich erkennbar, weswegen die Koexistenz mit redaktionellem Inhalt unproblematisch ist. „Angelika" ist eine Mischform von Redaktion und Anzeige, ohne die Grenzen zu verwischen oder aufzulösen. Die Kommunikation ist deshalb so erfolgreich, weil verständlich und glaubwürdig in beide Richtungen: dem Kunden Leser wie dem Anzeigenkunden gegenüber.
- Das „Reader's Digest Leserforum 45plus" bündelt wiederum die Bedürfnisse beider Kundengruppen. Es ergründet – repräsentativ und unabhängig von der redaktionellen Leserforschung – die Bedürfnisse der Leser in der Zielgruppe 45plus und kommuniziert die Ergebnisse den Anzeigenkunden und der Fachwelt. Diese Brücken- oder Anwaltsfunktion dient beiden: Der Leser wird mit seinen spezifischen Interessen ernst genommen, und der Anzeigenkunde lernt die Leser, die er werblich ansprechen will, kennen.

Kundenkommunikation der Zukunft: Qualität vor Quantität

Die Kunden werden immer anspruchsvoller werden. Die Ansprüche zu identifizieren wird die größte Herausforderung sein, denn diese Ansprüche sind alles andere als übereinstimmend. Sie werden immer unterschiedlicher werden.

Die Kundenkommunikation muss darauf mit immer individualisierterer, anders gesagt zielgenauerer Ansprache reagieren. Kundenkommunikation wird immer mehr Überzeugungsarbeit leisten müssen, der Service-Gedanke noch viel stärker in den Mittelpunkt rücken, weil der Kunde immer kostbarer wird. Er mag es bedauern, aber er, der Kunde, wird zugleich immer transparenter.

Diesen Preis zahlt er für persönliche und bedürfnisgerechte bis hin zu produktspezifischer Ansprache.

Was kann das für Redaktionen und die Kommunikation mit ihren Lesern bedeuten? Erstens, dasselbe! Wachsende Ansprüche verlangen nach bedarfsgerechtem Service. Redaktionen müssen sich darauf einlassen, intensiv(er) mit ihrem Kunden, dem Leser, zu kommunizieren, um seine Ansprüche zu erkennen oder antizipieren zu können. Gute Unterhaltung kann übrigens auch ein solcher Anspruch sein wie mehr lokale Anbindung oder die Sehnsucht nach Halt und positiven Werten. Zweitens, das gedruckte und vervielfältigte Wort wird nicht aussterben. Trotz Internet. Oder dank Internet? In Zukunft wird der Leser aber seine Ansprüche anders formulieren und ausleben.

Das Internet dient zunächst nur als (rasend) schnelles Kommunikationsmedium im Alltag, also auch im Austausch von Redaktionen mit Lesern und umgekehrt. Insofern ersetzt es oder verändert es den Kommunikationsweg bzw. das -mittel, nicht jedoch die Zeitschrift selbst. Es multipliziert Informationen und stellt sie mannigfach, aber unkoordiniert, unkommentiert, ungeordnet und ohne Gewichtung zur Verfügung. Eine Einbahnstraße, die durch ihre zeitraubende Unübersichtlichkeit eher zur Sackgasse wird.

Die Auflösung der Einbahnstraße bedeutet: Qualität vor Quantität. Eines allerdings dürfte sich ehrlicherweise nicht realisieren lassen: Mitbestimmung der Leser. Es kann auch nicht gewollt sein, weil die Vielfalt leicht einem Massengeschmack zum Opfer fallen könnte. Umso entscheidender ist die Hinwendung von Redaktionen an den Kunden Leser. Erfolgreiche Kundenkommunikation ist aber immer nur eine Annäherung an die Kundenzufriedenheit möglichst vieler, nie aller.

Der sicherste Weg zu einer erfolgreichen Kommunikation mit dem Leser ist auch in Zukunft der, ihn als Kunden ernst zu nehmen. Eine gute Redaktion ist ein gutes Service-Center – im Dienste des Kunden Leser.

3. Einseitige und zweiseitige Kundenkommunikation

In den letzten Jahren hat in der Kundenkommunikation ein Perspektivenwechsel von einem Transaktions- zu einem Beziehungsmarketing stattgefunden. Während in der Vergangenheit die Transaktion von Einzelleistungen sowie die Gewinnung von Neukunden im Vordergrund der Unternehmenskommunikation standen, so hat die Bedeutung von Aufbau und Pflege langfristiger Kundenbeziehungen für den Unternehmenserfolg zugenommen (Bruhn 2000: 13;

Huck/Güller 2004: 63 f.). Dies ist darauf zurückzuführen, dass die Kosten zur Gewinnung eines Neukunden angesichts gesättigter Märkte und hohem Konkurrenzdruck ein Vielfaches der Kosten zur Bindung bestehender Kunden betragen.

Als Grundlage für eine solche beziehungsorientierte Kommunikation kann das klassische Kommunikationsmodell, bei dem eine Botschaft vom Sender über ein Medium zum Empfänger transportiert wird, nicht mehr dienen (Bruhn 2003). Vielmehr findet nun ein ständiger Rollenwechsel statt (Bruhn 2000: 14; Zerfaß 2004a: 28; Lischka 2000a: 56 f.). Das neue Kommunikationsmodell besteht aus einem zweiseitigen Kommunikationsprozess (Dialog) zwischen gleichberechtigten Kommunikationspartnern. Durch den wechselseitigen Informationsaustausch beeinflussen beide Kommunikationspartner die Inhalte der Interaktion. Der Dialog ist grundsätzlich weniger steuerbar als einseitige Kommunikationsformen, weil beide Akteure auf einen umfassenden Pool an Informations- und Interaktionsangeboten zugreifen können. Außerdem ist es möglich, flexibler auf Kommunikationssituationen und -bedürfnisse der Gesprächspartner zu reagieren (Bruhn 2000: 14; Lueken 1996: 66 ff.).

Dialoge in Form von persönlichen Gesprächen (Goldhaber 1993: 243 ff.; Knapp/Miller 1985; Lerg 1970) geben den Kommunikationspartnern die Möglichkeit, abwechselnd zu sprechen, Rückfragen zu stellen, Unklarheiten aus dem Weg zu räumen und die verbale wie nonverbale Ebene der Kommunikation mit einzubeziehen. Gespräche sind deshalb allen anderen Kommunikationsformen überlegen, wenn es darum geht, einen persönlichen Kontakt mit dem Kunden herzustellen und Einfluss auf ihn auszuüben. Die Vorteile des Dialogs sind das intensive Eingehen auf Interessen und Bedürfnisse des Kunden, das sofortige Erkennen von Kommunikationsstörungen, z. B. Verständnisprobleme, sowie die unmittelbare Reaktion des Gesprächspartners. Bei der Vermittlung von Informationen kann man auf den Wissensstand des Partners eingehen. Außerdem ermöglichen lockere, informelle Gespräche den Aufbau und die Pflege von Beziehungen zum Kunden. Darüber hinaus können Motivationseffekte erzielt werden (Mast 2002: 172 ff.).

Voraussetzung für eine zweiseitige, beziehungsorientierte Kommunikation ist eine Outside-in-Perspektive, bei der das Unternehmen Kommunikationsform und -inhalte auf die Bedürfnisse und Wünsche der Rezipienten ausrichtet. In der Dialogkommunikation ist es oftmals der Kunde, der Kommunikationsprozesse initiiert. Er ist nicht mehr passiver Rezipient, sondern ein aktiver Nutzer, der auf eine Ansprache von Seiten des Unternehmens nicht angewiesen ist. Der Kunde entscheidet, welche Beziehungen er mit einem Unternehmen eingeht und aus welchen Quellen er sich informieren will. Information wird immer mehr zur Holschuld; Kunden können Daten und Informationen eigenverantwortlich abrufen und bei Bedarf Kommunikationsprozesse selbst anstoßen.

Typische Formen für den gegenseitigen Austausch von Wissen, Erfahrungen und Informationen in der so genannten horizontalen Kommunikation (Mast 2000b: 148; Goldhaber 1993: 161 ff.), die weder eindeutig aufwärts noch abwärts verläuft, sind:

- Neue Medien, z. B. das Internet, das sich als Kommunikationsplattform für den Austausch zwischen Unternehmen und Kunden, jedoch auch zwischen den Kunden untereinander durchgesetzt hat (z. B. in Form von Diskussionsforen oder Chats);
- informelle persönliche Begegnungen, etwa im Rahmen von Events, die ein Unternehmen für spezielle Kundengruppen veranstaltet (beispielsweise für Geschäftskunden, Kundenclubmitglieder oder Stammkunden);
- Beratungs- und Verkaufsgespräche zwischen Unternehmensvertretern und Kunden.

In der PR-Literatur wird der Dialogbegriff oftmals mit den vier PR-Modellen von Grunig/Hunt (1984) und vor allem mit dem vierten Modelltyp der symmetrischen Kommunikation in Verbindung gebracht. Symmetrische Kommunikation ist dabei als dialogorientiertes Handeln und zweiseitige Kommunikation zu verstehen. Sie beschreibt den Idealtyp eines wechselseitigen, inhaltlich aufeinander bezogenen Austauschprozesses zwischen zwei gleichberechtigten Kommunikationspartnern.

Aufgabe der Kommunikationsaktivitäten ist es angesichts der zweiseitigen Dialogorientierung nun nicht mehr, Informationen an ein Massenpublikum zu vermitteln, sondern ein umfassendes Informationsangebot bereitzustellen, auf das Kunden zurückgreifen können. Das bisherige Kommunikationssystem funktionierte nach dem Prinzip „Information als Bringschuld", d. h. Auswahl und Aufbereitung von Kommunikationsinhalten war alleinige Aufgabe der Kommunikatoren (Push-Orientierung); es handelte sich also um eine einseitig ausgerichtete Kommunikation. Informationen können jedoch auch so bereitgestellt werden, dass deren Auswahl der Rezipient selbst nachfrageorientiert vornimmt („Information als Holschuld"). Diese Pull-Orientierung, die sich durch einen selbstbestimmten und individuellen Informationsabruf auszeichnet, ist Voraussetzung für einen zweiseitigen Kommunikationsfluss.

Kundenkommunikation kann mehrere strategische Wege einschlagen. Sie kann direkt und indirekt erfolgen, sie kann die verschiedenen Kommunikationsformen Print-, Online- und Face-to-Face-Kommunikation nutzen und sie kann einseitig oder zweiseitig ausgerichtet sein. Den Bedürfnissen und der Medienkompetenz der einzelnen Kundengruppen entsprechend werden die verschiedenen Kommunikationswege genutzt. Peter Caspar Hamel, Vice President Corporate Branding bei der Degussa AG (Düsseldorf), stellt in folgendem Beitrag dar, wie spezifisch und bezugsgruppenorientiert die Kundenkommunikation des auf Feinchemie spezialisierten Konzerns in den verschiedenen Branchen ausgerichtet wird.

Peter Caspar Hamel, Degussa AG, Düsseldorf

Branchenspezifische Kundenkommunikation

Die heutige Degussa AG ist ein im Februar 2001 aus ursprünglich fünf Vorgängerunternehmen neu formierter Konzern. Die Schwerpunkte ihrer unternehmerischen Aktivitäten lagen in der chemischen Industrie, umfassten aber auch historisch gewachsene Geschäftsfelder wie die Edelmetallraffinerie, die auch Namensgeber der „alten" Degussa (Deutsche Gold- und Silber-Scheideanstalt) war.

Im Zuge der neuen, seither verfolgten Konzernstrategie wurde das Unternehmen durch ein umfangreiches Desinvestitionsprogramm auf sein neues Kerngeschäftsfeld Fein- und Spezialchemie fokussiert. Ungeachtet seines nun auf das neue Aufgabengebiet beschränkten Produktportfolios ist der Degussa-Konzern nach wie vor äußerst heterogen strukturiert – und zwar sowohl im Hinblick auf das Produktangebot als auch auf seine Organisation.

Insgesamt 21 weitgehend eigenständig operierende Business Units bieten mehr als 40.000 Chemikalien an, die sie unter über 850 unterschiedlichen Produktmarken- und rund 50 Segmentsmarkennamen auf den Markt bringen. Stark fragmentiert sind auch die Märkte selbst: Degussa liefert Chemikalien und Dienstleistungen an so unterschiedliche Abnehmer wie die Automobilzulieferindustrie, die kosmetische Industrie, die Nahrungs- und Genussmittel- und die Bauindustrie. Degussa-Erzeugnisse sind fast immer reine B-to-B-Produkte, die es den Kunden des Konzerns ermöglichen, ihre eigenen Produkte entweder

- überhaupt produzieren zu können (als unverzichtbarer Bestandteil eines Endproduktes, z. B. Tenside) oder
- ihnen eine besondere Eigenschaft zu verleihen (z. B. Betonverflüssiger, Additive für Öle, Pigmente für Lacke) oder

- im Produktionsprozess zu beeinflussen oder kostengünstig und umweltschonend zu gestalten (z. B. Wasserstoffperoxid H_2O_2).

So heterogen die Segmentierung der vom Unternehmen belieferten Märkte ist, so vielfältig müssen naturgemäß die Instrumente der Markterschließung und -betreuung sein. Am Beispiel dreier Branchen soll exemplarisch beschrieben werden, wie die Struktur des zu erschließenden und betreuenden Marktes den Einsatz des Marketing- und PR-Instrumentariums maßgeblich beeinflusst.

Automotive

Der „Automotive" genannte Markt der Automobil- und Automobilzulieferindustrie gliedert sich nach internationalem comment in die drei Stufen

- Automobilhersteller, „OEM" (original equipment manufacturer) genannt,
- Systemlieferanten, die „Tier 1" heißen sowie die klassischen
- Zulieferer „Tier 2", die Vorprodukte oder einzelne Teile anbieten.

Degussa liefert als Tier 2-Hersteller eine Reihe von Vorprodukten an verschiedene Systemlieferanten, die nicht mehr einzelne Fahrzeugteile sondern ganze Baugruppen produzieren. Autoelektrik und Beleuchtung, komplette Fahrwerkskomponenten, bestehend aus Feder-, Dämpfungs- und Bremssystemen oder Kühler-, Heizungs- und Klimaanlagen, werden von ihnen längst aus einer Hand direkt an die Fließbänder von VW, Mercedes, BMW oder Porsche geliefert.

Entscheidungen über das finale Design eines Autos, über technische Spezifikationen und damit auch über Werkstoffe eines Fahrzeugs trifft allerdings nicht die Zulieferindustrie, sondern der OEM. Für ein Unternehmen wie Degussa bedeutet dies, sich nicht nur den direkten Kunden Tier 1 als zuverlässiger Lieferant darstellen, sondern sich darüber hinaus den Automobilherstellern (OEMs) gegenüber als leistungsfähiger Forschungs- und Entwicklungspartner präsentieren zu müssen.

Dies geschieht mittels eines ausgewogenen Mixes von klassischen Marketingmaßnahmen sowie einiger eher PR-orientierten Instrumente. Über die üblichen direkten Kundenkontakte der Vertriebseinheiten (Push-Marketing) hinaus werden die Produktmarketingaktivitäten durch PR-Maßnahmen in der Fachpresse – meist Produktanzeigen und Autorenbeiträge – unterstützt.

Für langfristig ebenso wichtig hält das Unternehmen seine branchenspezifischen Pull-Marketing Aktivitäten. Ihre Basis sind die so genannten Innovative Days, branchenweit ausgerichtete Veranstaltungen, die sich als wissenschaftliche Leistungsschau direkt an Forscher und Entwickler bei den Automobilherstellern wenden. Sie treffen ihre Counterparts von Degussa und diskutieren die technologischen Trends der Zukunft. Mit diesen „Automotive Innovative Days“ hat Degussa ein international orientiertes Branchenpodium geschaffen, das eine wesentlich erhöhte Transparenz zwischen den Stufen der Automobilindustrie möglich macht. So werden die Produkte von Degussa, die beispielsweise wesentliche Bestandteile von Autos sind, bei solchen Veranstaltungen klar visualisiert. Schaubild 39 zeigt verschiedene Produkte des Unternehmens, die in einem in Scheiben zerteilten Auto zu erkennen sind. Auf diese Weise werden den Kunden der Automobilzulieferindustrie die komplexen Produkte von Degussa und deren Funktion in Endprodukten begreiflich gemacht.

Hiervon abgeleitet entstehen derzeit weitere PR-Instrumente – so sind ein Branchenportal sowie ein Automotive-Newsletter in Planung – die sich direkt an die Automobilhersteller wenden und in ihrer Wirkung deutliche Pull-Marketingeffekte erwarten lassen.

Schaubild 39
Komplexe Produkte begreifbar machen (Degussa AG)

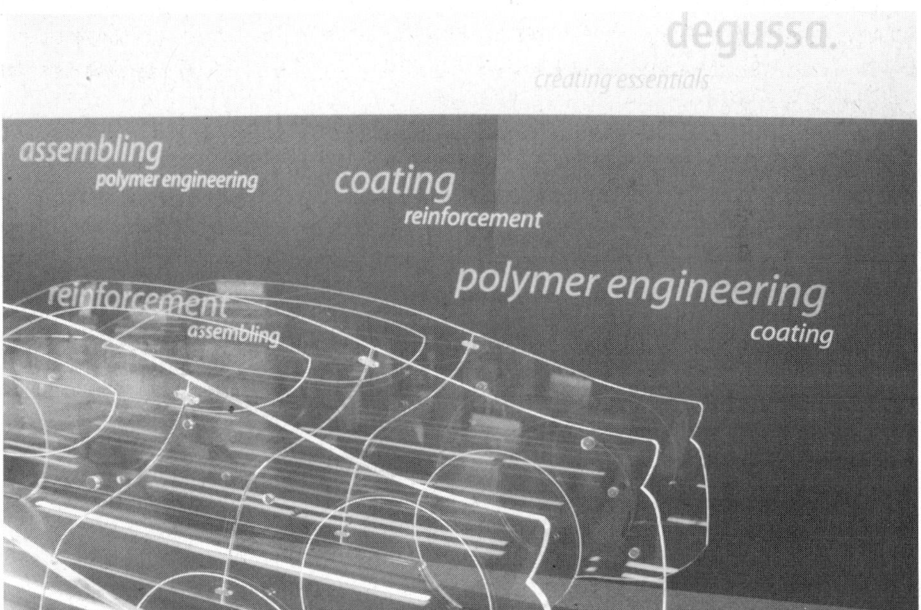

Quelle: Degussa AG, Düsseldorf

Zusammenfassend ist es für Degussa zwingend notwendig, sich in diesem vergleichsweise wenig segmentierten und von einem starken Konzentrationsprozess, vor allem aber durch eine zunehmende vertikale Integration gekennzeichneten Markt, dem Produktentscheider zu präsentieren, dessen direkter Lieferant das Unternehmen jedoch nicht ist. Da die zwischengeschalteten Tier 1-Systemlieferanten kaum daran interessiert sind, den Status ihrer eigenen Tier 2-Lieferanten – etwa den von Degussa – beim Automobilhersteller zu unterstützen, kann eine direkte Ansprache der OEM letztlich eher mit PR-Maßnahmen gelingen als mit dem klassischen Marketinginstrumentarium.

Care Specialties

Im Gegensatz hierzu findet die Kundenansprache im Markt der so genannte Care Specialities überwiegend mit „klassischem" Marketing statt. Typische Kunden sind die Markenartikler der kosmetischen Industrie sowie die Wasch- und Reinigungsmittel-Produzenten. Die Kundenstruktur ist sehr gemischt. Degussa erzielt in diesem Sektor rund ein Drittel seiner Erlöse mit nur 20 Großkunden, muss aber andererseits mehrere tausend kleinere Kunden erreichen.

Dieses Marktsegment lebt in noch höherem Maße als die Automotive Industry von der langfristigen Zusammenarbeit mit den Forschungs- und Entwicklungsabteilungen der großen Degussa-Kunden. In einigen Produktbereichen ist es typisch geworden, Forschungsprojekte gemeinsam mit einzelnen Abnehmern zu betreiben. Durch die direkte Anbindung an die F & E-Bereiche der Kunden gewinnt das Unternehmen eine unverzichtbare Position nicht nur als Lieferant, sondern vor allem als leistungsfähiger Entwicklungspartner.

Gezielte PR-Maßnahmen setzt die Division Care Specialities in der Regel dann um, wenn es gilt, neue Produkte in den Markt einzuführen. Neue „Zutaten" für Kosmetika, die die Eigenschaften von Cremes, Shampoos oder Make Ups maßgeblich verbessern, werden zunächst über die relevante Fachpresse eingeführt. Neben einer möglichst umfangreichen Berichterstattung im redaktionellen Teil schaltet die Division entsprechende Anzeigen, die die eher fachlich orientierte Berichterstattung emotional unterstützen. Denn auch in der Fachpresse ist Emotionalität ein unverzichtbarer Teil einer gelungenen Einführungskampagne.

Bevor also neue Entwicklungen mit Hilfe des Marketingrepertoires beworben werden, wird ihr Bekanntheitsgrad über vielfältige PR-Aktivitäten eingeleitet. Nur dann ist gesichert, dass die Wirkung des üblichen Produktmarketings nicht unter allzu großen Streuverlusten leidet.

Construction Chemicals

Die zunehmende Bedeutung von PR zur Unterstützung des Produktmarketings wird besonders deutlich in einem Markt, in dem nur wenige Großkunden neben einer fast unübersehbaren Vielfalt von Kleinkunden erreicht werden müssen. Bei Degussa betrifft das einige Marktsegmente der Bauchemie mit rund 150.000 potenziellen Kunden allein in Deutschland. Diese spezifischen Teilmärkte befinden sich in einer dramatischen Umbruchsituation, als deren Folge eine völlig veränderte Kundenansprache notwendig wurde. Am Beispiel eines speziellen Degussa-Fliesenklebers soll dies exemplarisch beschrieben werden.

Unter dem Markennamen PCI Nanolight verkauft die Degussa AG einen neu entwickelten Fliesenkleber, dessen ungewöhnlich großer Markterfolg sicher auf seine besonderen Eigenschaften, in der Startphase der Markterschließung aber auch durch eine für diesen Produktbereich neuartige Vermarktungsform zurückzuführen war.

„Früher" liefen Vermarktung und Vertrieb der Produkte der Degussa-Marke PCI nahezu ausschließlich über den Fachhandel und etablierte Kundenbeziehungen, aufgebaut und gepflegt durch gebietsverantwortliche Verkäufer und Marketiers. Sie besuchten die typischen Kunden – Fachhandelsunternehmen, aber auch größere Handwerksbetriebe und Bauunternehmen – stellten das Produkt vor und pflegten die Kundenkontakte auf Basis umfangreicher Kundenkarteien und der in diesen Fällen typischen Marketingformen. Mittels vielfältiger PR-Aktivitäten wurden über die Fachpresse die eigentlichen Käufer erreicht, also private und gewerbliche Bauherren und die in ihrem Auftrag tätigen Berufsgruppen, z. B. Architekten.

Diese Art der Vermarktung setzt allerdings eine stabile Branchenstruktur voraus, in der relativ wenige Kunden – höchstens einige tausend – zuverlässig relativ große Aufträge platzieren. Die wirtschaftlichen Veränderungen der vergangenen Jahre führten in Deutschland indessen zu starken Veränderungen der Branchenstruktur der Bauindustrie und damit auch der vorgelagerten Stufen. Das Bauhauptgewerbe erlitt drastische Einbußen, weniger stark betroffen (wenngleich immer noch stark genug) waren hingegen die auf Renovierungsarbeiten spezialisierten oder sich auf diese Arbeiten zurückziehenden Gewerke, beispielsweise jenes der Fliesenleger. Aufträge an dieses Gewerk besitzen typischerweise geringere wirtschaftliche Umfänge, und werden tendenziell von eher kleinen Firmen, im Zeitalter der Ich-AG häufig sogar von einzelnen Handwerkern, ausgeführt, deren Aktivitäten kaum noch den Rahmen eines klassischen Handwerksbetriebs füllen.

Auf nicht weniger als 150.000 potenzielle Kunden schätzt Degussa die Zahl jener Groß-, Mittel- und Kleinbetriebe, einzelner Handwerker, aber auch begabter Heimwerker, die als Abnehmer für PCI Nanolight allein in Deutschland in Frage kommen. Über noch so engagierte Gebietsverantwortliche und die von ihnen betriebenen Direktmarketingmaßnahmen ist dieser Interessentenkreis nicht mehr zu bedienen.

Degussa konzentrierte sich bei der Lösung des Problems auf eine zweistufige Strategie. Zum einen öffnete das Unternehmen seine bislang strikt auf den Baustofffachhandel gerichtete Vertriebsstrategie vorsichtig und beliefert heute auch eine geringe Zahl penibel kontrollierter Einzelhändler mit seinen Produkten. Die Aufhebung der Beschränkung auf den Fachhandel wird freilich nur in enger Abstimmung mit dieser Handelsstufe vorgenommen. Vor allem gilt es hier, einer möglichen, durch den Einzelhandel verursachten Preiserosion entgegenzuwirken, die auch auf den Fachhandel negative Auswirkungen hätte.

Zum anderen wendet sich das Unternehmen heute verstärkt über typische PR-Aktivitäten an seine Zielgruppe mit ihrer drastisch gestiegenen Kundenzahl. Eine noch engere Zusammenarbeit mit der Fachpresse, vor allem auch über die Special-Interest-Presse, sowie eine deutlich veränderte Ansprache der Kunden ist die Folge. Special-Interest-Publikationen wenden sich, anders als die Fachpresse, nicht an professionelle Verarbeiter, sondern an die Vielzahl der Feierabend-Handwerker und Heimwerker, die, wie bereits beschrieben, Kleinaufträge aus- oder Renovierungsarbeiten in Nachbarschaftshilfe durchführen.

In seinen Werbeaussagen stellt Degussa vor allem die Qualität des Produktes, seine besondere Eigenschaften sowie die einfache, fast narrensichere Verarbeitbarkeit in den Vordergrund. Während in der klassischen Branchen-Fachpresse weiterhin Fakten auch zur Wirtschaftlichkeit dominieren, geht es in Heimwerkermagazinen eher um Fragen wie Ökologie, Produktsicherheit, leichte Verarbeitung auch für Nicht-Experten. Anleitungen zur Verarbeitung, früher von den dominierenden, professionell arbeitenden Kundengruppen kaum benötigt, stehen bei dieser Form der Produkt-PR im Vordergrund.

Degussas Strategie in diesem Marktsegment orientiert sich – zusammenfassend beschrieben – an den Zielgruppen:

- Fachhandel und Handwerk
- Einzelhandel und Endverbraucher

Die beiden Handelsstufen sind als „kaufende Kunden“ unmittelbare Produktabnehmer und damit direkte Ansprechpartner im Rahmen einer klassischen Push-Marketing Strategie. Ein entsprechendes Pull-Marketing richtet sich an Handwerksbetriebe, Architekten, Bauherren sowie an die zahllosen Heimwerker, die als „verarbeitende Kunden“ gelten aber nur indirekten Kontakt zum Hersteller haben. Dieses Pull-Marketing wird, begünstigt durch die beschriebene fortschreitende Fragmentierung der Kundengruppen, immer wichtiger.

Im Hinblick auf den Einsatz von Marketing- oder PR-Instrumenten fällt die Prognose für die weitere Entwicklung vor diesem Hintergrund nicht schwer: PR-gestütztes Pull-Marketing wird in vielen Branchen an Bedeutung gewinnen. Diese Entwicklung scheint unumkehrbar zu sein, weil auch Hersteller von industriellen Vorprodukten sich immer stärker vor die Notwendigkeit gestellt sehen, die Endmärkte zu verstehen und sich in ihren Werbebotschaften an diese zu wenden. Nur dann können sie die Bedürfnisse der Endverbraucher richtig erkennen und ihre unternehmerischen Aktivitäten entsprechend steuern.

!

Unternehmen setzen auf eigene Medien für die Kundenkommunikation (direkte Kommunikation) sowie auf allgemein zugängliche Massenmedien wie Presse, Rundfunk und Internet (indirekte Kommunikation), die dabei eine Multiplikatorfunktion einnehmen.

Unternehmenskommunikation muss folgende Grundfunktionen abdecken: Aktualität, Erklärung, Vertiefung, Bewertung der Inhalte, Mehrwert sowie emotionale Ansprache und Aktivierung.

Schriftliche, elektronische und persönliche Kommunikation erfüllen unterschiedliche Funktionen. Schriftliche bzw. gedruckte Medien haben ihre Stärke in der zeitlichen und räumlichen Disponibilität. Elektronische Medien weisen eine hohe Aktualität auf. Persönliche Kommunikation eignet sich vorrangig für die Bewältigung komplexer Kommunikationsaufgaben und für die individuelle Ansprache.

Einseitige Kundenkommunikation verläuft in einer Richtung vom Kommunikator zum Rezipienten, bzw. vom Unternehmen zum Kunden. Ziel ist es u. a., Informationen zu vermitteln und einen Aufmerksamkeitseffekt zu erzeugen. Rückkopplungskanäle sind dabei nicht vorgesehen. Zweiseitige Kundenkommunikation bezieht sich auf den wechselseitigen, dialogischen Austausch zwischen gleichberechtigten Kommunikationspartnern. Ziel ist das wechselseitige Verständnis und die gegenseitige Beeinflussung. Feedbackkanäle spielen eine zentrale Rolle, um die Kommunikationsarbeit zu optimieren.

Literaturtipps

Bentele, Günter/Steinmann, Horst/Zerfaß, Ansgar (Hrsg.) (1996): Dialogorientierte Unternehmenskommunikation. Grundlagen – Praxiserfahrungen – Perspektiven. Berlin: Vistas. *Das Buch ist das erste umfassende Kompendium zur Dialogkommunikation aus interdisziplinärer Sicht. Dabei stehen folgende Fragen im Vordergrund: In welchen Zusammenhängen führen interaktive Medien, wechselseitige Verständigungsprozesse, argumentative Konfliktlösungen zum Erfolg? Ist Dialogkommunikation in der Praxis überhaupt realisierbar? Wie können soziale Beziehungen in Organisation, Markt und Gesellschaft dialogisch gestaltet werden? Ergänzt wird der Sammelband durch Fallstudien von Unternehmen verschiedener Branchen. Der Leser erhält einen Überblick über das Themenfeld und konkrete Anregungen für die erfolgreiche Gestaltung von Öffentlichkeitsarbeit und Marktkommunikation.*

Geyer, Günther (2003): Das Beratungs- und Verkaufsgespräch in Banken. Mehr Erfolg durch aktiven Verkauf. 7. überarbeitete und aktualisierte Auflage. Wiesbaden: Gabler. *Dieser bewährte Ratgeber liefert Antworten auf Fragen zu aktivem Verkaufen und zur Kundenpflege. Entwicklungen wie der wachsende Wettbewerb, neue Vertriebsformen und die Einführung des Euro sind dabei ebenso berücksichtigt wie die Neukundengewinnung.*

Konken, Michael (1998): Pressearbeit. Mit den Medien in die Öffentlichkeit. Limburgerhof: FBV-Medien-Verlag. *Dies ist eines der wenigen Bücher, die sich systematisch mit der Pressearbeit in Deutschland auseinandersetzen. Ausgehend von der Rolle der Medien für die Gesellschaft und journalistischen Arbeits- und Darstellungsformen beleuchtet Konken die Funktion und die Aufgabe von Pressesprechern, unterschiedliche Instrumente der Media Relations sowie rechtliche und ethische Rahmenbedingungen.*

Kapitel 6

Kundenzeitschriften – der direkte Weg

Im Zeitalter der Kommunikation sind die Adressaten der Unternehmenskommunikation täglich zahlreichen Werbe- und Informationsreizen ausgesetzt. Die Werbedichte steigt: Im Fernsehen laufen Werbespots in immer kürzeren Intervallen, der Briefkasten quillt über von Werbeprospekten, im E-Mail-Account finden sich zahlreiche Werbemailings bzw. Spams und Callcenter bedrängen Verbraucher und potenzielle Kunden mit Anrufen. Rezipienten reagieren auf die Reizüberflutung oftmals mit Reaktanz, d. h. sie ignorieren und wenden sich bewusst gegen derartige Kommunikationsaktivitäten. Kunden als wichtige Zielgruppe der Unternehmenskommunikation sind insbesondere vom „Information Overload" betroffen. Mit der Überforderung der Kunden steigt auch die Unsicherheit der Unternehmen: Wie kann man Kunden überhaupt noch erreichen? Über welche Medien kann eine wirkungsvolle Kommunikation mit den Kunden erfolgen?

Unternehmen erreichen ihre Kunden grundsätzlich über allgemein zugängliche Medien wie Zeitungen, Nachrichtenmagazine, Fernsehen, Hörfunk und Internet. Sie werden entweder in der Berichterstattung erwähnt oder bringen sich durch Werbeanzeigen oder Werbespots ins Gespräch. Dies reicht jedoch für eine umfassende und zielgerichtete Ansprache der Kunden nicht mehr aus. Aus diesem Grund produzieren Unternehmen eigene Medien für ihre Kundenkommunikation. Diese unternehmensspezifischen Medien haben sich in den letzten Jahren stark ausgeweitet. Als Antwort auf die Reizüberflutung durch Werbung wurde Mitte der 90er-Jahre das inzwischen 100 Jahre alte Medium der Kundenzeitschrift wieder entdeckt; der Boom ist seither ungebrochen: Die Zahl der Kundenzeitschriften vervielfachte sich in den letzten zehn Jahren. Die Magazine erhielten neue Funktionen, die bestehenden Medien wurden überarbeitet und neue Zeitschriften haben sich etabliert. Kundenzeitschriften spielen die Hauptrolle in der Kunden-PR. Neben klassischer Werbung über verschiedenste Kanäle, Internetaktivitäten, Newsletter, Guerilla-Marketing, d. h. einer undogmatischen, teilweise antizyklischen und unplanmäßigen Kommunikationspolitik, setzen Unternehmen heute immer mehr auf dieses Medium, das bei weitem nicht mehr nur ein Mittel zur Verkaufsförderung ist.

In Kapitel 6 wird das Segment der Kundenzeitschriften als Instrument der Kundenkommunikation in der Unternehmenspraxis erläutert. Ausgehend von einer kurzen Darstellung des Marktes der Kundenzeitschriften wird eine Typologisierung vorgenommen. Im Anschluss daran geht es um die Zielsetzungen, die Unternehmen mittels Kundenzeitschriften verfolgen, sowie um das Thema Glaubwürdigkeit durch publizistische Leistungen. Abschließend wird die Integration der Kundenzeitschrift in die Medienlandschaft diskutiert. Einzelne Beispiele für Kundenzeitschriften, vorgestellt von PR-Verantwortlichen aus der Praxis, untermauern die theoretischen Überlegungen.

1. Kundenzeitschriften als Teil des Corporate Publishing

Corporate Publishing ist ein medienübergreifender Gattungsbegriff und hat sich durch steigende Professionalität in den letzten Jahren zu einem wichtigen Bestandteil der Unternehmenskommunikation entwickelt. Es handelt sich um eigens entwickelte Kommunikationskanäle, deren Inhalt die Unternehmen selbst gestalten; man bezeichnet sie auch als kontrollierte Medien. Corporate Publishing ist multimedial und erstreckt sich über Instrumente wie Kundenzeitschriften, Mitarbeiterzeitschriften, Newsletter, Geschäftsberichte, Nachhaltigkeitsberichte oder Internetportale. Insgesamt zeichnen sich die Medien im Corporate Publishing durch eine im Vergleich zur Werbung hohe Glaubwürdigkeit aus (Schmitz 2004: 11).

Corporate Publishing bezeichnet eine Publikation, die folgende Anforderungen erfüllt: Sie entspricht in inhaltlicher Qualität und Form den Anforderungen einer klassischen, der umfassenden Information dienenden Medienpublikation. Sie wird im Interesse eines Unternehmens oder einer Institution herausgegeben, um Bezugsgruppen wie Kunden, Mitglieder oder Mitarbeiter durch einen kontinuierlichen, langfristig angelegten Dialog zu akquirieren und/oder zu binden – in jedem Fall mit dem Ziel, ihren Wert für das Unternehmen dauerhaft zu steigern (in Anlehnung an Lücke 2005: 9).

Corporate Publishing zeichnet sich durch folgende Merkmale aus:

- *Interne und externe Kommunikation.* Corporate Publishing hält verschiedenste Medien bereit, um interne und externe Bezugsgruppen gleichzeitig mediengerecht und deren Bedürfnissen entsprechend zu bedienen.
- *Bezugsgruppenorientierte und mediengerechte Ausrichtung.* Corporate Publishing richtet sich klar an den Bedürfnissen und Wünschen der Kunden, Mitarbeiter oder Öffentlichkeit aus. Dadurch will man erreichen, dass die Bezugsgruppen die Unternehmensmedien regelmäßig nutzen. Zudem werden die Inhalte und Botschaften der Unternehmenskommunikation den Leistungen und Funktio-

nen der einzelnen Medien entsprechend aufbereitet und dargestellt, um die Effektivität der Kommunikationsarbeit zu steigern.

- *Crossmediale und integrierte Kommunikation.* Corporate Publishing orientiert sich an einer medienübergreifenden Erstellung, Bearbeitung und Verteilung von Inhalten. Dem crossmedialen Prozess entsprechend sollte eine „integrierte Medienredaktion" für die medienspezifische Aufbereitung der Inhalte im Unternehmen eingerichtet werden (Mast 2003: 40). Nach diesem Prinzip kann Corporate Publishing als Querschnittsfunktion fungieren. In Zeiten der Medienvielfalt bedeutet Unternehmenskommunikation außerdem integrierte Kommunikation, die Inhalte und Botschaften aufeinander abstimmt und vernetzt und sie dem Rezipienten „wie aus einem Guss", d. h. einheitlich, erscheinen lässt.
- *Kompetente und glaubwürdige Kommunikation.* Unabhängig vom einzelnen Medium gilt für Corporate Publishing der Anspruch: Hoher Nutzwert und qualifizierte, redaktionell aufbereitete Inhalte sind entscheidend für den Erfolg bei der Bezugsgruppe. Journalistische Glaubwürdigkeit und ein professionelles Erscheinungsbild sind unverzichtbare Größen, wenn man Unternehmensmedien gestaltet.

In Apotheken und Supermärkten liegen sie aus, der Frequent Flyer der Lufthansa oder der Mobilfunkkunde bekommt sie per Post zugeschickt und in der Deutschen Bahn ist sie direkt am Platz zu finden, wo sich der Kunde zwangsläufig aufhält: Kundenzeitschriften haben Hochkonjunktur und sind zudem beliebt – sowohl als Kommunikationsinstrument auf der Seite der Unternehmen als auch als kostenloses Magazin bei Kunden. Das liegt nicht zuletzt an der stark zielgruppenspezifischen Ausrichtung und innovativen Konzepten, die längst nicht mehr nur über die Belange von Unternehmen berichten. Kundenzeitschriften richten sich direkt, d. h. ohne weitere Vermittlungsinstanz oder Multiplikatoren, an ihre Rezipienten. Nicht die Selbstdarstellung des Unternehmens, sondern das Informations- und Lesebedürfnis des Empfängers sind maßgebend. Aus dem Kunden, der kostenlos eine Zeitschrift erhält, muss zuerst ein Leser gemacht werden. Richtig konzipiert ist eine eigene Zeitschrift bestens geeignet, redaktionelle Inhalte auf die Unternehmensstrategie auszurichten. Der große Vorteil: Im Idealfall ist der Streuverlust sehr gering, weil eine fest umrissene Zielgruppe versorgt wird.

1.1. Zeitschriften für Geschäftskunden und Endverbraucher

Kundenzeitschriften werden von Unternehmen vieler Branchen herausgegeben (Müller 1999; Steinmetz 2003). 3500 deutschsprachige Kundenmagazine gibt es in Deutschland mit einer Auflage von 456 Millionen Exemplaren. Allein im Jahr 2003 ist die Auflage um zehn Prozent gestiegen, während die Publikumszeitschriften ein Auflagenminus verzeichneten. Unter den Top 500-Unternehmen in Deutschland gibt fast die Hälfte ein Kundenmagazin heraus, das regelmäßig erscheint. Weitere 30 Prozent der Unternehmen planen diesen Schritt (Mediaedge CIA). Wie eine Studie aus dem Jahr 2002 belegt, sind Apothekenzeitschriften mit 86 Prozent die meist gelesenen Kundenzeitschriften. Auf Platz zwei rangieren die Zeitschriften der Krankenkassen (45 Prozent), dicht gefolgt von den Kundenzeitschriften der Supermärkte mit 44 Prozent. Mehr als ein Drittel der befragten Leser gab an, regelmäßig Kundenzeitschriften zu lesen. Als Grund dafür nannten über drei Viertel (78 Prozent) den kostenlosen Zugang, gut die Hälfte (56 Prozent) das Interesse am Inhalt. Fast genauso viele interessieren sich für Unternehmensinformationen (53 Prozent). Die Grundeinstellung der Deutschen gegenüber Kundenzeitschriften ist sehr positiv: 69 Prozent der Befragten sind durch eine Kundenzeitschrift auf neue Produkte aufmerksam geworden, 55 Prozent empfinden die Artikel als sehr informativ und knapp die Hälfte der Leser von Kundenzeitschriften (46 Prozent) sieht darin ein willkommenes Service-Angebot (Mediaedge CIA).

Eine Studie des Forum Corporate Publishing belegt, wie wichtig Kundenzeitschriften auch aus Sicht der Unternehmen für die Kundenkommunikation sind: 90 Prozent der befragten Unternehmen betrachten die Kundenzeitschrift als wichtigstes Instrument der Kundenpflege. Das übergeordnete Ziel ist demnach die Kundenbindung. In der reizüberfluteten Werbewelt wird die Kundenzeitschrift zum stabilisierenden Faktor. Erst an zweiter Stelle folgen Ziele wie Customer Relationship Management oder Cross Selling (Corporate Publishing e. V. 2001).

Bei Kundenzeitschriften sind grundsätzlich zwei Kategorien zu unterscheiden: Zeitschriften, die für den Endverbraucher bestimmt sind (Business to Consumer bzw. B-to-C) und Zeitschriften, die sich an Geschäftskunden richten (Business to Business bzw. B-to-B). Geschäftskundenbetreuung im B-to-B-Bereich ist heute ohne Zeitschriften kaum mehr vorstellbar. Geschäftskunden interessieren sich weniger für Unterhaltungs- oder Lifestylethemen. Die *Kundenzeitschriften für Geschäftspartner* vermitteln deshalb vor allem Fachinformationen und Fakten. *B-to-C-Publikationen* sind die Klassiker unter den Kundenzeitschriften. Sie werden als Zugabe des Handels oder der Unternehmen an den Endverbraucher vertrieben, liegen in Geschäften (z. B. Apotheken oder Bäckereien) aus bzw. werden dem Kunden zugesandt, beispielsweise von Krankenkassen und Mobilfunkunternehmen.

1.2. Kategorien von Kundenzeitschriften

Man unterscheidet qualitative und quantitative Kundenzeitschriften. *Quantitative Kundenzeitschriften* sind vorwiegend kostengünstig produzierte Massenblätter, die in hohen Auflagen erscheinen. Meist ist das Budget für diese Titel niedrig. Die Hefte haben deshalb oft einen geringen Umfang, Druck und Papier sind nicht von bester Qualität, die Beiträge fallen kürzer aus und Hintergrundberichterstattung gibt es kaum. Dennoch finden quantitative Kundenzeitschriften oft reißenden Absatz am Point of Sale, wenn viele aktuelle oder potenzielle Kunden ohne zielgruppengenaue Ansprache erreicht werden sollen. Beispiele dafür sind die zahlreichen Titel von Drogeriemärkten, Apotheken oder Supermärkten.

Qualitative Kundenzeitschriften werden hingegen mit großem Aufwand und in vergleichsweise niedrigen Auflagen produziert, z. B. von Automobilherstellern oder Fluggesellschaften. Bei ihnen wird nicht vorrangig das Ziel verfolgt, Kunden zum Kauf von Produkten zu bewegen bzw. zum Absatz von Unternehmensleistungen beizutragen. Vielmehr soll dadurch ein Mehrwert geschaffen werden, der dem Kunden eine Zusatzleistung bietet. Dadurch lässt sich das Hauptziel dieses Zeitschriftensegments, die Kundenbindung, besser erreichen. Quantitative Titel hingegen zielen oftmals eher auf Verkaufsförderung ab. Qualitativen Kundenmedien unterscheiden sich redaktionell stark von quantitativen durch die fundierte Aufarbeitung von Themen, durch die meistens umfassende Hintergrundberichterstattung und durch die Themenauswahl, die in der Regel nicht von Produkten und Dienstleistungen des Unternehmens geprägt ist. So findet man in qualitativen Kundenzeitschriften viele branchen-, produkt- und unternehmensfremde Themen. Sie sind inhaltlich eher allgemein gehalten und beziehen sich nur indirekt auf das Unternehmen selbst bzw. seine Marktleistungen. Dabei steht ein Mehrwert für den Leser im Mittelpunkt, den man als Kunden gewinnen oder erhalten will. Ihm sollen nicht nur Informationen, sondern auch Unterhaltung, Nutzwert und Serviceleistungen geboten werden.

Welche Form der Kundenzeitschrift für ein Unternehmen in Frage kommt, richtet sich nach der Größe der Zielgruppe, der angestrebten Auflage und dem zur Verfügung stehenden Etat. Das redaktionelle Konzept, die Papierauswahl und die Distributionsform einer Kundenzeitschrift orientieren sich an den Merkmalen der Zielgruppe und dem Wirkungsziel, das mit der Publikation verbunden ist.

Beabsichtigt ein Unternehmen, sich durch eine Kundenzeitschrift als ein Massenmedium an eine sehr große Anzahl von Endkunden zu richten, die keine speziellen Interessen am Unternehmen selbst haben, wie es z. B. bei Apotheken, Supermärkten oder Bäckereien der Fall ist, so wird meist auf eine quantitative Kundenzeitschrift zurückgegriffen. Sie kann entweder prospektartig aufgemacht sein oder produktorientierte Beiträge zu den jeweiligen Sparten enthalten (z. B. in den oben genannten Fällen zu den Themen Gesundheit oder Ernährung). Die Kundenansprache erfolgt dabei eher ungenau, d. h. Bedürfnisse und Wünsche der Kunden werden im Allgemeinen nicht unmittelbar berücksichtigt. Die Art der Kommunikation ist bei solchen Publikationen vornehmlich einseitig. Grundsätzlich wird nicht darauf abgezielt, mit den Kunden und Verbrauchern in einen Dialog zu treten. Es geht vielmehr darum, den konsumierenden Bürger auf einem verhältnismäßig oberflächlichen Niveau über

Schaubild 40
Charakteristische Merkmale von Kundenzeitschriften

	Quantitative Kundenzeitschrift	Qualitative Kundenzeitschrift
Stellung der Kunden	schwach	stark
Aufmachung	prospektartig	journalistisch
Zielsetzung	Information Verkaufsförderung	Kundenbindung Imagebildung
Themenauswahl	produktorientiert	unternehmens- und produktunabhängig
Kundenansprache	unspezifisch	zielgruppenspezifisch
Kommunikation	einseitig	zweiseitig

Quelle: eigene Darstellung

entsprechende Themen zu informieren und ihn zu unterhalten. Diese Form von Kommunikation wäre nach Grunig/Hunt (1984) dem Modell der Informationstätigkeit zuzuordnen: Informationen werden durch eine einseitige Kommunikation vom Sender zum Rezipienten durch ein unternehmenseigenes Massenmedium transportiert. Kritische Stimmen zu den publizierenden Organisationen sind hingegen kaum zu finden.

Qualitative Kundenzeitschriften hingegen haben eine anspruchsvolle Leserschaft. Sie richten sich an wichtige Stakeholder, die Interesse am Unternehmen haben, gewisse Ansprüche an dessen Produkte stellen und außerdem möglicherweise eine kritische Größe für das Fortbestehen des Unternehmens darstellen. Derartige Kundenzeitschriften sind im Idealfall journalistische Produkte, die eine hohe Glaubwürdigkeit beim Leser erreichen. Glaubwürdigkeit ist der wichtigste Erfolgsfaktor bei qualitativen Kundenzeitschriften: Das strategische Gesamtziel der Kundenzeitschrift lässt sich nur erreichen, wenn Vertrauen bei den Lesern geschaffen werden kann. Dazu ist es u. a. notwendig, die Berichterstattung losgelöst von unternehmens- und produktorientierten Themen und gleichzeitig auf die Bedürfnisse der Leserschaft abgestimmt zu gestalten. Ein weiteres wichtiges Teilziel, um das übergeordnete Ziel der Kundenbindung zu erreichen, ist die Initiierung eines Dialogs bzw. einer Zweiwegkommunikation mit der Zielgruppe. Dieser Anspruch entspricht dem Modell der Überzeugungsarbeit (Grunig/Hunt 1984; Avenarius 2000), bei der ein Kanal zur Rückkopplung geschaffen wird. Das von Lesern der Kundenzeitschrift erhaltene Feedback z. B. über Coupons, Preisausschreiben, Spiele und andere Inhalte kann anschließend zur Optimierung der Kommunikationsmaßnahmen beitragen. Schaubild 40 fasst die charakteristischen Merkmale der beiden Zeitschriftentypen zusammen.

Nach Müller lassen sich insgesamt vier Kundenzeitschriftentypen unterscheiden (Schaubild 41) (Müller 1999: 56 ff.): Prospektzeitschriften bestehen insbesondere aus unternehmens- und produktbezogenen Informationen und enthalten kaum redaktionelle Beiträge. In der Gestaltung ähneln sie Verkaufsprospekten. Firmenzeitschriften beschäftigen sich vor allem mit Aktivitäten und Entscheidungen des Unternehmens, ergänzen diesen Themenbereich aber mit allgemeinen Inhalten. Thematische Kundenzeitschriften haben das Ziel, die Kunden mit einleuchtenden Argumenten zu überzeugen und ihnen einen Mehrwert zu bieten. Sie sind vergleichbar mit professionellen journalistischen Produkten. Allgemeine Kundenzeitschriften enthalten meist Themen, die unabhängig vom Unternehmen stehen, und dienen dem Aufbau und der Pflege der Beziehung zum Kunden. Unternehmensbezogene Informationen sind hier kaum zu finden.

1.3. Ziele von Kundenzeitschriften

Kundenzeitschriften werden heute von vielen Unternehmen eingesetzt, um Beziehungen zu Bezugsgruppen aufrechtzuerhalten und zu pflegen. Man unterscheidet zwischen ökonomischen und außerökonomischen Zielen.

Ökonomische Ziele von Kundenzeitschriften sind Verkaufsförderung, d. h. die kurzfristige Unterstützung und Förderung des Absatzes von Marktleistungen durch zusätzliche Anreize, Gewinnung von Neukunden und Wertsteigerung des Unternehmens. Diese Ziele verfolgen alle Unternehmen, die eine Kundenzeitschrift herausgeben. Bei der Kategorie der qualitativen Zeitschriften stehen meist andere, außerökonomische Zielsetzungen im Vordergrund. In

Schaubild 41
Strategien der Herausgabe von Kundenzeitschriften

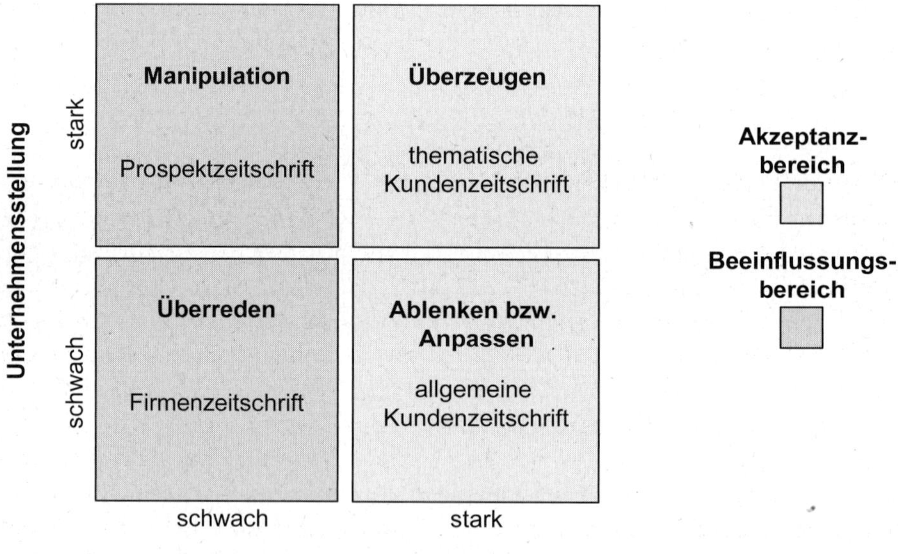

Quelle in Anlehnung an: Müller 1999: 56

diesen Fällen sind Kundenzeitschriften wirksam als ein klassisches PR-Instrument. Die Kundenbindung, die Gestaltung und Pflege des Images des Unternehmens oder von Produkten sowie die Positionierung von Marken sind Ziele, die Unternehmen mittels Kundenzeitschriften erreichen können.

Bei knapp der Hälfte der 500 größten deutschen Unternehmen, die über ein oder mehrere Kundenmagazine verfügen, stehen nach der Media-Pilotstudie ARMAda (Allensbacher Relation-Media-Analyse) bei der Herausgabe dieser Printmedien folgende Ziele im Vordergrund: In der Kundenbindung sehen 93 Prozent der befragten Unternehmen eines der wichtigsten Ziele, 81 Prozent wollen durch ihre Kundenzeitschrift am Image arbeiten, 58 Prozent geben an, ihre Verkaufsförderung damit unterstützen zu wollen und ein Viertel nennt Motivationsziele (Institut für Demoskopie Allensbach 2000).

Nach einer Studie des Fachverbandes Forum Corporate Publishing (FCP) in Zusammenarbeit mit dem Zentrum für Unternehmenskommunikation am MCM Institut der Universität St. Gallen und dem Hamburger Institut MW Research sind die wichtigsten Ziele, die Unternehmen mit Kundenzeitschriften zu erreichen suchen, die Kundenloyalität und das Image zu stärken. Außerdem wollen viele Firmen ihr Profil schärfen und sich mit den Kundenmagazinen von Wettbewerbern abgrenzen. Servicekompetenz und Kundenfreundlichkeit zu demonstrieren sind weitere Zielsetzungen der befragten Unternehmen. Zwei Drittel der Unternehmen erhoffen sich von ihren Kundenzeitschriften zudem eine absatzfördernde Wirkung (Forum Corporate Publishing e. V. 2001).

Kundenbindung als wichtigstes Ziel

Die nachhaltige *Kundenbindung* ist eindeutig das herausragende Ziel der Kundenzeitschrift. Einen neuen Kunden zu gewinnen kostet im Schnitt zehnmal mehr als einen vorhandenen Kunden zu halten. Kundenbindung kann vor allem dann entscheidend sein, wenn Käufer und Verkäufer nur unregelmäßig in Kontakt stehen. Weil ein Endkunde der Automobilindustrie gewöhnlich nur in größeren Zeitabständen ein neues Auto kauft, ist eine kontinuierliche Kommunikation und Kontaktpflege mit ihm notwendig. Man will ihn regelmäßig auf neue Modelle und Produkte aufmerksam machen; Markenkultur und Image müssen ihm über Jahre hinweg präsent bleiben. Ein geeignetes Instrument, um ihn emotional anzusprechen und die Beziehung zwischen ihm und dem Unternehmen von einem rein transaktionsorientierten Verhältnis in eine dauerhafte Kundenbindung zu verwandeln, ist z. B. ein Kundenclub (vgl. Kapitel 9).

Bisher sind etwa 74 Prozent aller Kunden Stammkunden (Rolke 2003: 24). Sie stabilisieren den Umsatz und sind regelmäßige Abnehmer von Produkten.

Doch für die Zukunft erwarten die PR- und Marketingmanager der größten deutschen Unternehmen eine neue Situation: Die Kundenloyalität wird abnehmen. 45 Prozent der Unternehmen rechnen mit einer Abnahme der Treue ihrer Kunden, nur 20 Prozent mit einer Zunahme. Bindungsverlust wird als ein genereller Trend angesehen (Rolke 2003: 24 ff.). Es gilt, dieser Entwicklung entgegenzuwirken, indem man die Ansätze zur Kommunikation mit dem Kunden überdenkt und optimiert.

Kundenbindung ist allerdings kein Ziel, das kurzfristig erreicht werden kann, sondern dazu bedarf es einer kontinuierlichen Kommunikation. Gerade in Zeiten, in denen Kunden schneller bereit sind, die Marke zu wechseln, und außerdem ihre Kaufentscheidung immer stärker durch Preisvergleiche treffen, ist das Ziel der Kundenbindung eine der größten Herausforderungen.

Schaubild 42
Zielsetzung von Kundenzeitschriften

Quelle: eigene Darstellung

Um die Kundenbindung als strategisches, übergeordnetes Gesamtziel von Kundenzeitschriften zu erreichen, ist es notwendig, zunächst mehrere Teilziele ins Visier zu nehmen. Die Voraussetzung für den Erfolg eines Kundenmagazins ist die Erreichung verschiedener Teilziele (Schaubild 42).

Glaubwürdigkeit und Imagepflege

Eine Kundenzeitschrift will wie ein journalistisches Produkt gelesen werden – entsprechend liegen ihr journalistische Prinzipien zugrunde. *Glaubwürdigkeit* ist ein zentrales Element, das zur Bindung von Kunden führt. Der Leser muss dem Unternehmen vertrauen und es als kompetent wahrnehmen. Glaubwürdigkeit entscheidet darüber, ob der Kunde die Botschaften annimmt. Der Leser wünscht keine schön gefärbten Aussagen, sondern wahrheitsgemäße, vollständige, prägnante Informationen. Die Themenauswahl und die Aufbereitung der Inhalte von Kundenzeitschriften müssen, um glaubwürdig zu sein, den Anforderungen eines professionellen Journalismus (Mast 2004a) entsprechen.

Ein weiteres Teilziel, das mit der Herausgabe von Kundenzeitschriften verfolgt wird, ist die *Imagebildung und -pflege*. Wie erleben Kunden Kommunikationsvorgänge und was ist dabei das Endprodukt? Images sind Vorstellungsbilder, die sich die Bezugsgruppen zu Eigen machen, und erfüllen eine Orientierungsfunktion (vgl. Kapitel 3). Bei der Herausgabe einer Kundenzeitschrift ist es wichtig zu wissen, welche Eindrücke für ein bestimmtes Image relevant sind. Images entstehen u. a. durch mediale Kommunikation und können über die Kundenzeitschrift mitgesteuert werden. Die Inhalte dabei sind rationaler und emotionaler Natur. Was davon aber kann eine Kundenzeitschrift – als ein Medium zur Imagegestaltung innerhalb der integrierten Kommunikation – vermitteln? Auf der einen Seite transportiert sie auf kognitiver Ebene Kenntnis und Wissen, die sich im weitesten Sinne auf die objektive Beschaffenheit des Unternehmens beziehen, andererseits auf affektiver Ebene Stimmungen, Wertungen, Empfindungen und Gefühle – Komponenten mit vorwiegend emotionalem Ursprung (Mast 2002: 60 f.). Hier geht es z. B. darum, was „zwischen den Zeilen" steht, welche (unternehmensunabhängigen) Themen und Fotos gewählt werden, wie Erscheinungsbild und Ausdrucksweise der Zeitschrift sind. Je mehr Informationen dem Kunden über das Unternehmen zur Verfügung stehen, desto zuverlässiger kann sich das Image entwickeln. Entsprechend der Themenauswahl und -darstellung im Magazin können sich Imagekomponenten wie „exklusiv", „dynamisch", „modern", „sportlich" oder „konservativ" auf das Unternehmen bzw. die Marke übertragen. Aus diesem Grund ist die Kundenzeitschrift im integrierten Kommunikationsmanagement ein Eckpfeiler bei der Bildung, Gestaltung und Pflege eines Images.

Aufschlussreiche Erkenntnisse zum Markt der Kundenzeitschriften lieferte eine Umfrage des Verbandes des „Association of Publishing Agencies" (London), bei der 700 Nichtleser und Leser von Kundenzeitschriften (B-to-B und B-to-C) befragt wurden (Schaubild 43). Wie sich zeigte, können Kundenzeitschriften das Image von Unternehmen beeinflussen. Sind beispielsweise 80 Prozent der Befragten, die keine Kundenzeitschriften lesen, der Auffassung, dass die jeweilige Marke einen guten Ruf hat, so teilen 93 Prozent der Leser von

Schaubild 43

Imagegewinn durch Kundenzeitschriften
Umfrage unter Lesern und Nichtlesern

Aussage	Nichtleser	Leser	Differenz
Die Marke hat einen guten Ruf.	80%	93%	13%
Das Unternehmen schätzt seine Kunden.	72%	86%	14%
Das Unternehmen bemüht sich, Kundeninteressen zu erfüllen.	70%	86%	16%
Dem Unternehmen kann man vertrauen.	70%	89%	19%
Das Unternehmen bietet ein gutes Preis-Leistungsverhältnis.	73%	84%	11%
Das Unternehmen verbessert seine Angebote kontinuierlich.	68%	79%	11%

Quelle: APA-Report 2003; zit. n. Lücke 2005: 12
Repräsentative Befragung von 700 Lesern und Nichtlesern von Kundenzeitschriften im Jahr 2003 durch den Verband „Association of Publishing Agencies" (davon 400 Leser von B-to-C- und 150 Leser von B-to-B-Magazinen sowie eine Kontrollgruppe von 150 Nichtlesern)

Kundenzeitschriften diese Meinung. Auch urteilen Leser und Nichtleser unterschiedlich in der Frage, ob sich das Unternehmen bemüht, Kundeninteressen zu erfüllen: Unter den Nichtlesern bejahen dies nur 70 Prozent, unter den Lesern immerhin 86 Prozent. Im Hinblick auf das Ziel, Vertrauen bei den Kunden zu schaffen, ist der Unterschied am größten: 70 Prozent der Nichtleser glauben, man könne dem Unternehmen vertrauen – bei den Lesern sind es bereits 89 Prozent. Kundenzeitschriften haben nach diesen Umfrageergebnissen einen klaren Einfluss auf ihre Zielgruppe.

Sicherlich sind diese deutlichen Unterschiede in den Einschätzungen nicht nur auf die Kundenzeitschrift zurückzuführen. Schließlich können die Leser eines Magazins die Zeitschrift deshalb zugeschickt bekommen, weil sie bereits in einer Beziehung zum Unternehmen stehen. Dennoch: Die Kundenzeitschrift als direkter Kommunikationsweg zum Kunden kann das i-Tüpfelchen eines Vertrauens- und Imagemanagements sein. Durch entsprechende Themenwahl und -gestaltung der Kundenzeitschrift wird dem Leser ein bestimmtes Bild des Unternehmens vermittelt. Beispielsweise gelang es BMW durch das Motto „Freude am Fahren“ einen emotionalen Werbespruch zu formulieren, mit dem sich BMW-Fahrer identifizieren. Es steht mit Werten wie Dynamik, Ästhetik und Innovation in Verbindung. Das „BMW Magazin“ versucht, Themen wie Lifestyle, Reisen und Ernährung mit Technik und damit so weit wie möglich mit der Marke BMW zu verbinden (Lücke 2005: 27 ff.). Im „Lancia Magazin“ erwarten den Leser statt einer Übermacht technischer Kennzahlen Themen rund um die Bereiche Italien, Charme, Handwerk, Dolce Vita, Tradition und Innovation. Hier spielt das Auto nur eine Nebenrolle. Ziel ist es, durch einen Imagetransfer bestimmte Eigenschaften mit der Marke Lancia in Verbindung zu bringen (Thomas 2004: 51).

Etablierung eines Dialogs zur emotionalen Bindung

Wenn sich auch elektronische Medien grundsätzlich besser zum Austausch zwischen Unternehmen und ihren Kunden eignen (z. B. per E-Mail, Diskussionsforen und Chats im Internet, Online-Plattformen), so sind die Initiierung eines *Dialogs* und die Einrichtung von Feedbackkanälen für die Leser auch für eine Kundenzeitschrift wichtig. Durch Rückmeldungen von Lesern kann man die Kundenkommunikation optimieren und die Kanäle besser auf die Bedürfnisse der Zielgruppe ausrichten. Die Leser haben dann die Möglichkeit, gezielt in Kommunikationsprozesse einzugreifen. Andererseits festigt ein direkter Austausch unter den Kommunikationspartnern die Beziehung zwischen Unternehmen und Kunden. Pflegt das Unternehmen ein interaktionsorientiertes

Management der Kundenbeziehung und bezieht auch den Leser seiner Kundenzeitschrift in seine Aktivitäten ein, so wird der Kunde sich stärker an Unternehmen und Marke gebunden fühlen und deshalb weniger anfällig für den Wechsel zu Konkurrenzprodukten sein.

Aus diesem Grund sind Kundenzeitschriften voll mit Dialogangeboten, um den Lesern in irgendeiner Form zur Kontaktaufnahme mit dem Unternehmen zu bewegen. Ein positiver Nebeneffekt solcher Leseraktionen ist natürlich auch die Gewinnung wertvoller Informationen über die Leserschaft. Mit Hilfe der gewonnenen Daten können Präferenzen und Einstellungen ermittelt werden, um die Angebote noch stärker den Bedürfnissen der Kunden anzupassen.

Nicht zu unterschätzen ist auch die Bedeutung von Response-Elementen. Ein Preisausschreiben oder ein Gewinnspiel, das einen besonders attraktiven Preis bietet, kann bewirken, dass der Kunde sich intensiver mit dem Magazin befasst und den Preis als besonderen Mehrwert anerkennt. Aus Umfragen lassen sich ganz gezielt Leserdaten generieren und das Vertrauen der Kunden gewinnen, da die Leser merken: Ihre Meinung ist gefragt. Das gleiche gilt für den Abdruck von Leserbriefen. Kunden erkennen, dass Kritiken ernst genommen werden und bauen eine stärkere emotionale Bindung zum Unternehmen auf. Vor allem muss der Kunde wissen, an wen er sich wenden kann. Durch E-Mail-Adressen, Web-Adressen, Antwortpostkarten und Hotlines bietet man dem Kunden die Chance, auf das Gelesene zu reagieren.

Eine Möglichkeit dazu besteht in einem umfangreichen Info-Service. Versieht man jeden Artikel mit einem Ansprechpartner und dessen Telefonnummer sowie E-Mail-Adresse, wird dem Kunden klar vermittelt, er könne auf sehr einfache Weise einen direkten Kontakt herstellen. Darüber hinaus sollte das Medium Raum geben für Leserbriefe, -anfragen und -tipps. Es ist sinnvoll, geplante Schwerpunktthemen im Voraus anzukündigen, wobei man die Leser zur Einsendung entsprechender Erfahrungsberichte, Meinungsäußerungen und Anregungen auffordern kann. Die frühzeitige Ankündigung ermöglicht es, das hoffentlich zu erwartende Feedback angemessen redaktionell zu verarbeiten. Um den Lesern die aktive Beteiligung zu erleichtern, wird dem Heft ein Antwortformular beigelegt oder beigeheftet. Umfangreicher und aufwändiger, aber gern gesehen sind zudem Leserumfragen und -aktionen, die in der Regel nur zu bestimmten Anlässen organisiert werden können.

Zudem ist zu empfehlen, möglichst oft – nach dem Prinzip von Crossmedia-Strategien – auf die Links der entsprechenden Internetseiten des Unternehmens und auf E-Mail-Adressen hinzuweisen. Auch der Hinweis auf Online-Foren und -plattformen zum Austausch mit Unternehmensvertretern bei bestimmten Themen kann nützlich sein. Zudem eigenen sich Kundenzeitschriften, um Kundenevents anzukündigen, für die persönliche Kontakte und Gespräche mit Unternehmensvertretern in Aussicht gestellt werden. Im Anmeldeverfahren kann sich das Unternehmen außerdem einen guten Überblick über potenzielle und aktuelle Kunden verschaffen. Angaben und Kontaktdaten zu Ansprechpartnern für die Leser bei Fragen, Anregungen und Beschwerden sollten in jeder Kundenzeitschrift enthalten sein.

Im Zeitalter der elektronischen Kommunikationskanäle übernehmen Printmedien eine neue Funktion. Die Gestaltung einer Kundenzeitschrift unterliegt deshalb neuen Grundsätzen. Die Verbreitung aktueller Informationen wird meist durch den unternehmenseigenen Internetauftritt oder durch Business-TV sichergestellt. Dabei ist zu berücksichtigen, dass längst nicht alle Leser der Kundenzeitschrift auch Besucher der entsprechenden Webpages sind. Kundenzeitschriften haben den Vorteil, dass die Leser sie entweder an Ort und Stelle vorfinden (z. B. „DB mobil" in der Bahn oder das „Lufthansa Magazin" im Flugzeug), oder dass sie direkt per Post an den Kunden verschickt werden. Kundenzeitschriften werden der Zielgruppe also buchstäblich „in die Hand gelegt"; sie muss sie nicht zuerst abrufen oder anfordern.

Nutz- und Mehrwerte für den Kunden

Ist die Kundenzeitschrift kundenorientiert gestaltet, erfüllt sie Wünsche und Bedürfnisse ihrer Leser, bringt sie Nutzwerte, d. h. lern- und handlungsorientierte Inhalte, Ratschläge, Tipps und Hinweise, so sind die Voraussetzungen für eine Stammleserschaft und damit auch deren Bindung an das Unternehmen gegeben.

Der Leser möchte also nicht nur informiert werden, sondern er sucht einen persönlichen Vorteil und einen konkreten Nutzen. Unerheblich ist dabei, ob es um Rat zur privaten Vorsorge, die Optimierung von Geldanlagen, Bücher- und Reisetipps oder Hinweise für Gesundheit und Fitness geht: Wichtig ist, dass der konkrete Nutzen für den Kunden erkennbar ist (Ott 2004: 88 f.).

Die Bindung von Kunden kann in der Kundenzeitschrift auch über eine emotionalisierte Ansprache erfolgen. Dies geschieht durch unterhaltende Geschichten und Beiträge, die man gern liest. Sie müssen nicht zwangsläufig einen Bezug zum Unternehmen aufweisen. Hier können alle möglichen Themen, die unterhaltend und spannend sind, z. B. aus den Bereichen Wirtschaft, Gesellschaft, Freizeit oder Boulevard, aufgegriffen werden (Mast 2002: 321). Erforderlich ist es somit, die Inhalte eines Kundenmagazins exakt auf die Interessen und Bedürfnisse der Kunden auszurichten und eine ausgewogene Zusammenstellung aus Unterhaltungs- und Nutzwerten zu bieten.

Die redaktionelle Aufbereitung der Inhalte von Kundenzeitschriften sollte deshalb einer Trias von Ereigniswerten, Nutzwerten und Gefühlswerten entsprechen (Schaubild 44).

Konzepte für Kundenzeitschriften sollten so angelegt sein, dass sie mit Blick auf die zu erreichende Bezugsgruppe das Spannungsfeld zwischen

- *Nachrichtenwerten*, d. h. aktuellen Berichten und Beiträgen über unternehmens- und produktorientierte wie auch unternehmensunabhängige Themen,
- *Nutzwerten*, d. h. die Auswahl und Aufbereitung von Inhalten, die für die Leser einen konkreten Nutzen, einen Lerneffekt oder eine Handlungsorientierung haben, und
- *Gefühlswerten*, d. h. Inhalten, welche die Kunden emotional ansprechen und unterhalten (Mast 2002: 318 f.), beachten.

Schaubild 44
Orientierungswerte für die redaktionelle Aufbereitung von Kundenzeitschriften

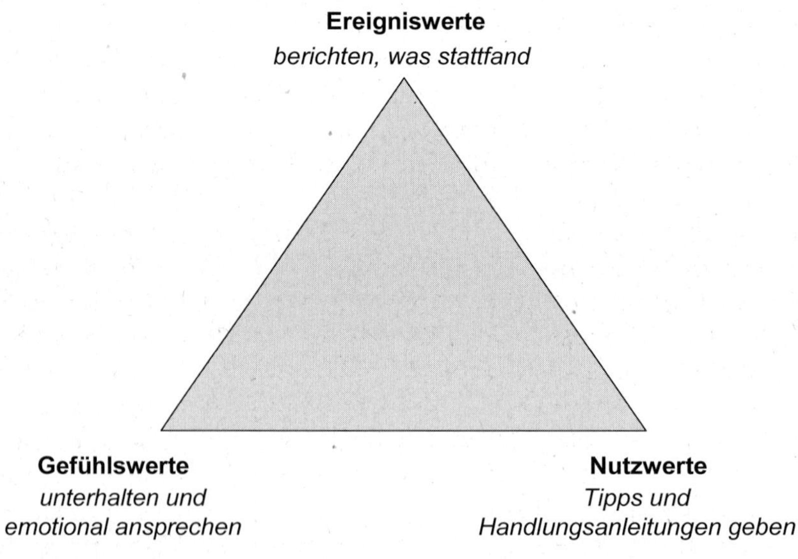

Quelle in Anlehnung an: Mast 2002: 319

2. Glaubwürdigkeit durch publizistische Leistungen

Glaubwürdigkeit erzeugt ein Medium durch umfassende, präzise und wahrheitsgemäße Informationen. Professionelle Kundenzeitschriften beziehen ihr Instrumentarium aus dem Journalismus und positionieren sich dadurch bei den Rezipienten als vertrauenswürdige Produkte.

Moderne Kundenzeitschriften sind selbstkritisch, dürfen sich weder anbiedern noch die eigenen Produkte in den Vordergrund stellen. Die Herausforderung besteht darin, die Marke dezent im Hintergrund zu halten und sie doch so zu präsentieren, dass sie stets präsent und dem Leser bewusst ist (Lücke 2005: 25). Man will den Kunden nicht ausschließlich mit reinen Brancheninformationen und Produktneuheiten konfrontieren. Im Kundenmagazin sollen deshalb auch unternehmens- und branchenunabhängige Texte zu lesen sein, d. h. Lifestyle-Reportagen, Portraits interessanter Persönlichkeiten, Ratschläge, Glossen, Cartoons, Rätsel und Buchtipps.

Ein professionelles Kundenmagazin ist mit einem journalistischen Produkt, z. B. einer Publikumszeitschrift, vergleichbar. Gut gemachte Kundenmagazine „unterscheiden sich nicht mehr von den etablierten, unabhängigen Wirtschafts- oder Lifestyle-Magazinen" (Ott 2004: 90). Einerseits verfügen sie über die klassischen journalistischen Darstellungsformen wie Berichte, Reportagen, Features, Glossen und Interviews (Mast 2004a). Andererseits haben sie Inhalte, die sich teilweise auf branchen-, unternehmens- oder produktbezogene Informationen beziehen, jedoch gleichermaßen auch davon losgelöste, unabhängige Themen im weitesten Sinne, z. B. aus Politik, Wirtschaft und Gesellschaft, in den Vordergrund stellen.

Der Trend geht dahin, dass Kundenzeitschriften Themen des eigenen Unternehmens, seiner Produkte und Marken kaum oder nur am Rande aufgreifen. Das Kundenmagazin „zu Tisch" von Miele (Schaubild 45) bezieht sich beispielsweise gar nicht oder nur indirekt auf die Produkte des Unternehmens. Weil die Produktpalette sehr breit ist, lässt sich vieles im Magazin unterbringen. Vermittelt werden Themen aus den Bereichen Lebensart, Genuss, Kochen und Garten, Kultur und Reisen. Nützliches Infotainment, viele Rezepte und aufwändig recherchierte und professionell geschriebene Hintergrundgeschichten sind in diesem Magazin zu finden – genauso könnten sie auch in hochwertigen Publikumszeitschriften stehen. Auf das Unternehmen selbst lässt nur ein dezent gehaltenes, unauffälliges Logo auf der Vorderseite schließen. Dieses Konzept scheint beim Leser Anklang zu finden: Die Redaktion erhält eine Vielzahl an Telefonaten, E-Mails und Briefen, sobald im Heft zu einem Feedback aufgefordert wird. Der hohe journalistische Qualitätsanspruch führt zu einer hohen Glaubwürdigkeit bei der Leserschaft. Die Miele-Kunden bilden inzwischen eine Art „verschworene Gemeinschaft" – obwohl kein Clubkonzept von Seiten des Unternehmens angelegt worden ist.

Das Magazin der Deutschen Bahn „DB mobil" (Schaubild 46) verfolgt ein ähnliches Konzept. Neben zahlreichen unternehmensabhängigen Beiträgen und Informationen, die einen hohen Nutz- und Unterhaltungswert aufweisen, steht das Thema Mobilität und Reisen im Vordergrund – allerdings ohne das Unternehmen und seine Leistungen in den Mittelpunkt zu stellen. So ist in einer Ausgabe beispielsweise ein Interview mit Albert Einstein bzw. mit dessen Biographen zu lesen – mit dem dezenten Zusatz, Einstein sei sehr gern und oft mit der Bahn gefahren. Ein weiteres Beispiel ist eine journalistisch aufbereitete Reportage über den aktuellen umfangreichen Umbau des Hauptbahnhofs in Frankfurt am Main. Hier erfährt der Leser scheinbar nebenbei eine überraschende Neuigkeit: Die Deutsche Bahn befördert jährlich am Frankfurter Hauptbahnhof doppelt so viele Passagiere wie der viel bekanntere internationale Frankfurter Flughafen. Der Leser, der Kunde der Deutschen Bahn ist, zumal das Magazin in den Wagen ausliegt, bekommt Aktuelles, Unterhaltendes, Informatives geboten – Inhalte, die weit vom Unternehmen Deutsche Bahn entfernt sind und dennoch das Thema Bahnfahren sehr positiv darstellen.

Schaubild 45
Kundenzeitschrift „zu Tisch" (Miele & Cie. KG)

Quelle: Miele & Cie. KG, Gütersloh

Schaubild 46
Kundenzeitschrift „DB mobil" (Deutsche Bahn AG)

Quelle: Deutsche Bahn AG, Berlin

Professionelle Kundenzeitschriften sind selbstkritisch und berichten nur dezent über die dahinter stehenden Unternehmen und ihre Marken. Ein entsprechendes Konzept verfolgt das „Lufthansa Magazin", das in jeder Ausgabe ein „Bordgespräch" mit Prominenten abdruckt. Vordergründig wirbt das Magazin damit fürs Fliegen. Auf der anderen Seite verstärkt es bei den lesenden Kunden unterbewusst das Vertrauen in Flugzeuge und außerdem ein Gefühl exklusiver Zugehörigkeit.

Der Trend geht eindeutig dahin, dass sich Kundenzeitschriften als journalistisch aufbereitete Magazine positionieren, die sich durchaus mit hochwertigen Publikumszeitschriften vergleichen lassen. Bei den Zielebenen von professionellen Kundenzeitschriften spielen journalistische Aspekte neben PR- und Marketingzielen eine zentrale Rolle (Schaubild 47). Der journalistische Anspruch an das Produkt beginnt bereits beim Erscheinungsbild der Kundenzeitschrift, das im Idealfall dem eines hochwertigen kommerziellen Magazins ent-

Schaubild 47
Zielebenen der Kundenzeitschriften

Quelle: Forum Corporate Publishing e. V. 2001

spricht. Ein eigenständiges, klares Konzept ist Voraussetzung für den Erfolg, um sich bei Kunden als Kommunikationsmedium zu positionieren. Der Nutzwert, der heute auch in Tageszeitungen, Publikumszeitschriften u. ä. wichtig für die Leser-Blatt-Bindung ist, stellt für eine Kundenzeitschrift ein weiteres zentrales Element dar (Ott 2004: 85 ff.). Auch Unterhaltungsfaktoren sind ein Mittel, um den Leser dazu zu bewegen, auch die nächste Ausgabe wieder zur Hand zu nehmen. Ein letzter wichtiger Punkt zur Erzeugung von Glaubwürdigkeit ist die Möglichkeit zur Interaktion bzw. zur Initiierung eines Dialogs zwischen Unternehmen und Kunde, der keinesfalls ein passiver Rezipient bleiben soll.

Nach den Ergebnissen einer Umfrage des Forums Corporate Publishing unter Managern aus Unternehmen verschiedener Branchen ist das wichtigste Kriterium die Glaubwürdigkeit: Fast ein Viertel der Befragten will dieses Ziel mit der Kundenzeitschrift unbedingt erreichen. An zweiter Stelle steht das Informationsangebot. 22 Prozent der Manager geben als wesentliches Ziel an, dem Rezipienten umfassende Informationen zu bieten. Ein eigenständiges Konzept und ein gutes Erscheinungsbild sind für die Kundenzeitschriften aus Sicht der Manager ebenfalls wichtig. Nutzwert und Unterhaltung wollen 19 bzw. 12 Prozent ihren Lesern unbedingt bieten (Forum Corporate Publishing 2001: 20). Alle befragten Unternehmen stellen hohe journalistische Ansprüche an ihre Magazine.

3. Integration in die Medienlandschaft

Kommunikation ist wichtig, wenn es um die Positionierung eines Unternehmens, seiner Marken und Produkte in der Öffentlichkeit geht. Die Kommunikationsstrategie muss Botschaft, Medien, Zeitpläne und Bedürfnisse der Bezugsgruppen in das richtige Verhältnis zueinander setzen. Einer erfolgreichen integrierten Unternehmenskommunikation gelingt es, die Inhalte und Themen, die durch die verschiedenen Kommunikationsinstrumente und -maßnahmen transportiert werden, sorgfältig aufeinander abzustimmen, um so ein konsistentes Erscheinungsbild nach innen und außen zu erzeugen.

Die Bedeutung einer integrierten Kommunikation ist in den letzten Jahren deshalb gestiegen, weil sich Unternehmen auf Kommunikationsprozesse einstellen müssen, die vom Kunden gesteuert werden. Bisher waren es die Unternehmen, die bestimmt haben, wann, mit wem und über welchen Kanal welche Botschaft vermittelt wurde. Inzwischen ist es der Kunde, der entscheidet, welche Beziehungen er zu einem Unternehmen aufrechterhalten will und aus welchen Quellen er sich informiert. Kunden dominieren die Märkte, sie nutzen die verschiedenen Informationsquellen über ein Unternehmen und seine Produkte und haben vornehmlich durch neue Medien wie das Internet einen offenen Zugang zu Informationen. Das „System der kontrollierten Botschaftsverteilung" (Kirchner 2001: 34) wurde abgelöst und so ausgerichtet, dass Kunden Unternehmenskommunikation „als einen Fluss von Informationen von nicht unterscheidbaren Quellen" erleben (Kirchner 2001: 35). Nach Kirchner ist integrierte Unternehmenskommunikation „der Prozess des koordinierten Managements aller Kommunikationsquellen über ein Produkt, ein Service oder ein Unternehmen, um gegenseitig vorteilhafte Beziehungen zwischen einem Unternehmen und seinen Bezugsgruppen aufzubauen und zu pflegen" (2001: 36).

Die wachsende Zahl der Kommunikationsmedien und die Informationsüberlastung der Kunden erfordern, eine integrierte Kommunikation zur Darstellung des Unternehmens und seiner Leistungen einzusetzen. Nachdem über Jahrzehnte hinweg die Kunden- und Mitarbeiterzeitschriften von Unternehmen höchstens von Druckschriften oder Aushängen am „Schwarzen Brett" begleitet wurden, ist die Medienlandschaft in der internen und externen Kommunikation inzwischen zu einem komplexen Gebilde zahlreicher Kanäle geworden: Internet, Intranet und Extranet, interne und externe Unternehmenszeitschriften, Business TV, E-Mail, Newsletter und viele weitere Medien haben sich durchgesetzt (Mast 2002; Hoffmann 2001; Mast 2000a; Will 1998). Wie man sich dieser verschiedenen Medien bedient, muss systematisch geplant werden.

Die Herausforderung für die Unternehmenskommunikation besteht darin, zu erkennen, für welche Aufgaben die einzelnen Medien geeignet sind und wie sie sich gezielt einsetzen lassen. Außerdem ist zu beachten, dass der Kommunikationsmix funktioniert, indem man die Medien – entsprechend ihrer Funktion und Leistung – sorgfältig aufeinander abstimmt (Mast 2002: 270). Entscheidend sind die Verknüpfung der Kommunikationsbereiche und die Verzahnung der einzelnen Medien. Wie aber lässt sich dies mit Blick auf die Vielzahl der Kanäle erreichen? Wie ist es möglich, Kundenzeitschriften in den Medienmix zu integrieren?

Das Internet ist heute ein zentrales Medium der Kundenkommunikation. Durch personalisierte Bereiche, Diskussionsforen, Shoppingkonzepte und uneingeschränkte, aktuelle Informationen ist das Medium in kurzer Zeit zu einem wichtigen Kanal für die Kundenansprache geworden. Diese Elemente eignen sich zu einer Verbindung mit dem Printprodukt. Der „Königsweg der Kundenkommunikation" kann die Kombination von Print, Online und E-Commerce sein: Unternehmensthemen und Produkte werden in der Kundenzeitschrift vertieft behandelt, im Internet sind weitere, aktuelle Informationen zu finden.

Per E-Commerce werden Waren bestellt und verschickt. Es ist ein deutlicher Trend hin zu Online-Magazinen zu verzeichnen. Anbieter, die ihre Kundenzeitschrift als Printausgabe veröffentlichen, stellen die gleichen oder abgewandelte Inhalte auch im Internet bereit, einem Medium, in dem man schneller agieren und reagieren kann. Dies berücksichtigen die Unternehmen, indem sie die Ausgaben im Internet häufiger aktualisieren als ihre gedruckten Pendants.

Das „Microsoft Magazin" beispielsweise hat Links aus dem Internet im Printprodukt platziert, um dem Leser weiterführende Informationen anzubieten. Doch auch hier gilt: Diese Informationen beziehen sich keineswegs nur auf das Unternehmen. Mehrwerte und Unterhaltung für die Leser und Online-Nutzer sind wichtiger als Eigenwerbung, um glaubwürdig bei Leser zu wirken. Das Internet steht keineswegs in Konkurrenz zum Kundenmagazin, sondern ist seine geeignete Ergänzung.

Viele Unternehmen gehen jedoch davon aus, dass Print- bzw. Online-Angebote verschiedene Kundengruppen mit unterschiedlichem Mediennutzungsverhalten bedienen. So können die Zielgruppen entsprechend ihren Kommunikationsbedürfnissen gezielt durch den Einsatz eines bestimmten Mediums angesprochen werden. Das „Commerzbank Journal" z. B. richtet sich in der Online-Version eher an Nichtkunden, wohingegen das Druckerzeugnis für die Commerzbank-Kunden konzipiert wird.

Events und Kundenmagazine lassen sich bei der Gewinnung von Neukunden besonders effektiv verbinden. Events sorgen für eine emotionale Ansprache potentieller Kunden und Kundenzeitschriften initiieren einen Dialog mit ihnen bzw. pflegen eine langfristige Beziehung. DaimlerChrysler erfasst beispielsweise bei bestimmten Events die Adressen der Teilnehmer, beispielsweise Speditionsmitarbeiter und der Fahrer schwerer LKWs. Wenn sich diese bei einer der vielen Veranstaltungen wie „Actros on tour" über eine Zugmaschine informieren, an einem Fahrsicherheitstraining oder einem Seminar teilnehmen und dabei ihre Daten hinterlassen, bekommen sie fortan das Magazin „Route" (Schaubild 48) nach Hause geschickt. 65 000 Adressen liegen dem Geschäftsbereich Mercedes Benz Trucks dadurch inzwischen vor. Mit diesem Konzept der Kundenbindung erhöht sich die Wahrscheinlichkeit, dass sich die Fahrer in ihren Unternehmen dafür einsetzen, dass beim Neukauf die Entscheidung für einen Mercedes-LKW ausfällt (Lücke 2005: 19 ff.).

Im Kommunikationsmix ist die Kundenzeitschrift ein integrierendes Element: Kaum ein Instrument der Kundenkommunikation ist voll funktionsfähig ohne die ergänzende Wirkung eines Printmediums. So stehen u. a. Kundenclubkonzepte, Internetauftritte und Eventkommunikation meistens in sehr enger Verbindung mit der Kundenzeitschrift.

Schaubild 48
Kundenzeitschrift „Route“ (Mercedes Benz)

Quelle: DaimlerChrysler AG, Stuttgart

Das mit Kundenzeitschriften verfolgte übergeordnete, strategische Kommunikationsziel ist die Kundenbindung. Sie lässt sich dann erreichen, wenn man vier Ziele anstrebt: Glaubwürdigkeit schaffen, das Image pflegen, einen kontinuierlicher Dialog initiieren und Mehrwert für den Kunden erbringen. Durch das Themenmanagement in professionellen Kundenzeitschriften, das sich oftmals auch auf unternehmensunabhängige Bereiche konzentriert, kann unter optimalen Bedingungen ein Imagetransfer stattfinden.

Kundenclubkonzepte sind ohne die Unterstützung und Ergänzung durch ein Kunden- bzw. Clubmagazin nicht denkbar. Es übernimmt neben Online-Medien und Events eine zentrale Kommunikationsfunktion innerhalb des Clubs. So werden Mitglieder im Idealfall über verschiedene Medien angesprochen und erhalten üblicherweise regelmäßig ein Magazin, welches die wichtigsten Informationen über clubrelevante Ereignisse direkt transportiert. Weitere Kanäle kommen hinzu, um andere Funktionen abzudecken: Auftritte von Kundenclubs im Internet ermöglichen es, z. B. Reisen oder Tickets für Veranstaltungen zu buchen, sich über Aktuelles zu informieren oder sich an einem Chat zu beteiligen. Das Kundenclubmagazin hingegen stellt die grundlegende Kommunikation des Clubanbieters sicher und fungiert als Wegweiser für die Mitglieder.

Corporate Publishing umfasst mehr als die Herausgabe von Kundenzeitschriften. Es bezieht sich auf die professionelle, bezugsgruppenorientierte Ge staltung sämtlicher Unternehmensmedien nach journalistischen Grundsätzen, wobei die Kundenzeitschrift eine zentrale Funktion einnimmt. Sie ist unumstritten das wichtigste PR-Instrument der Kundenkommunikation. Kein anderes Medium konnte bisher eine derart zentrale Funktion bei der Kundenansprache erfüllen.

Doch neben den elektronischen Kanälen fasst derzeit ein neues Kundenmedium in Großunternehmen Fuß: das Corporate Book. Corporate Books verstärken das Instrument Kundenmagazin. Beispielsweise war für BMW der Launch der neuen 6er-Reihe ein Anlass, ein Buch herauszugeben. Die aufwändig fotografierte und von renommierten Autojournalisten geschriebene 188 Seiten dicke Publikation soll dem Kunden die Wartezeit verkürzen und ihn auf die kommende Fahrfreude einstimmen. Unternehmensbücher werten Marken auf und verstärken die kundenbindende Wirkung bereits bestehender Kundenmagazine.

Auch in der Zukunft kann man mit einer zunehmenden Bedeutung der Kundenzeitschrift rechnen. Voraussetzung dafür ist, dass sie sich an ihren Leistungen ausrichtet, sich auf ihre Stärken konzentriert und sich neben anderen Kanälen klar positioniert. So hat das traditionelle Medium gute Chancen, sich auch angesichts der rasanten Entwicklung elektronischer Kanäle langfristig als Königsweg der Kundenkommunikation unverzichtbar zu machen.

Der nachfolgende Beitrag beleuchtet die Rolle von Kundenzeitschriften, die am Point of Sale ausliegen. Sie richten sich an eine große Leserschaft und müssen vielerlei Interessen und Bedürfnisse abdecken. Welche Konzepte werden in der Unternehmenspraxis verfolgt? Peter Carlo Kanzler, Chefredakteur der „Apotheken Umschau" (Baierbrunn), erläutert, welchen Ansatz er bei der Konzeption dieser Kundenzeitschrift verfolgt.

Peter Carlo Kanzler, „Apotheken Umschau", Baierbrunn

„Apotheken Umschau"
Publizistische Informationen am Point of Sale

Die Zahlen sind beeindruckend: 7,2 Millionen Auflage, 16,7 Millionen Leser pro Monat, mehr als 3000 redaktionelle Seiten pro Jahr. Die „Apotheken Umschau" hat sich seit ihrer Gründung im Jahr 1955 zu einer festen Größe in der deutschen Medienlandschaft, ja sogar zu einem renommierten Markenartikel entwickelt. Und diese Bekanntheit – knapp 80 Prozent der Deutschen kennen das Magazin – wurde mit Themen erreicht, die auf den ersten Blick keineswegs verkaufsfördernd wirken: etwa Fußpilz, Hämorrhoiden, Prostatabeschwerden, Inkontinenz, Neurodermitis, Brust- und Darmkrebs. Trotz – oder gerade wegen – dieser heiklen Themen ist das Interesse an dem Magazin enorm. Natürlich spielt noch ein weiterer Punkt eine entscheidende Rolle: Die „Apotheken Umschau" ist für den Kunden (Patienten) kostenlos. Nicht aber für den Apotheker. Er kann das Heft beim Wort & Bild-Verlag abonnieren – er muss es aber nicht.

Aber eine kostenlose Verteilung garantiert noch lange nicht eine hohe Aufmerksamkeit oder gar Anerkennung. Angesichts des umfangreichen Informationsangebotes gilt die althergebrachte Devise „Was nichts kostet, ist auch nichts wert" im Zeitschriftenmarkt seit langem nicht mehr. Entscheidend für den Erfolg beim Leser sind die glaubwürdige redaktionelle Aufbereitung der Themen, der hohe Nutzwert der Informationen und die optische Attraktivität. Diesen Erfolg erarbeitet sich die „Apotheken Umschau" mit einem hohen journalistischen Anspruch. Sie misst sich dabei indirekt mit der breiten Palette der Verkaufstitel – von „Für Sie" bis „Vital", vom „Stern" bis „Focus", von der „Brigitte" bis zur „Freundin". Nur wenn der Apotheker von der Qualität und dem Nutzwert der „Apotheken Umschau" überzeugt ist und damit einen Vorteil für sich erkennt, ist er auch bereit, sie zu abonnieren.

Für ihn ist die „Apotheken Umschau" primär ein hervorragendes Instrument der Kundenbindung. Ein optimales „Informations-Beratungs-Verkaufs"-Szenario in der Apotheke könnte wie folgt aussehen: Ein Patient – nennen wir ihn Paul Huppertz – kommt in die Apotheke, um nach der aktuellen Ausgabe der „Apotheken Umschau" zu fragen. Dabei kauft er eine Packung Papiertaschentücher und (ganz nebenbei) eine Dose Hustenpastillen. Zu Hause liest Paul Huppertz mit großem Interesse einen redaktionellen Beitrag über einen neuen Hautcreme-Wirkstoff; auch eine Anzeige über eine Mundspüllösung weckt sein Interesse. Mit der Ausgabe geht Kunde Huppertz am nächsten Tag zu seinem Apotheker, lässt sich von ihm beraten und kauft schließlich zwei Produkte. Mit diesem Ablauf sind alle beteiligten Parteien zufrieden: Der Leser fühlt sich gut informiert, der Apotheker kann seine Beratungskompetenz ausspielen – und der Anzeigenkunde freut sich, weil seine Werbung wahrgenommen wurde und sogar zum Kauf eines Produktes geführt hat.
Das Ziel der „Apotheken Umschau" ist die für ein breites Publikum angelegte und seriös aufbereitete gesundheitliche Aufklärung. Das Leserinteresse ist entscheidend für die Auswahl der Themen und nicht die oft PR-gesteuerten Interessen eines Herstellers. Die „Apotheken Umschau" ist nicht die Hauszeitschrift (Corporate Magazin) eines Konzerns oder Verbandes, sondern eine Kundenzeitschrift im klassischen Sinn – und diese werden definiert als „... periodisch erscheinende Zeitschriften belehrenden und unterhaltenden Inhalts, die der Verbraucherinformation, dem Kundenkontakt und der Werbung dienen und die Interessenten gegen Entgelt von unabhängigen Verlagen beziehen und zur Kundengewinnung und Kundenerhaltung kostenlos abgeben" (Bundesverband Deutscher Kundenzeitschriftenverleger e. V.).

Diese Definition trifft auf die Inhalte der „Apotheken Umschau" voll und ganz zu. Die Redaktion ist in ihrer Themenfindung, der Bildauswahl, der Ge staltung von Grafiken und Illustrationen, der Auswahl der Autoren und der Heftmischung absolut unabhängig. Sie bereitet gesundheitsrelevante Themen für eine breite Leserschaft verständlich (und durchaus kritisch) auf und legt viel Wert auf eine ansprechende Optik. Das Thema Fußpilz wird beispielsweise nicht mit Horroraufnahmen aus der medizinischen Praxis bebildert, sondern mit dem Foto eines schönen Frauen- oder Männer-Fußes.

Schaubild 49
Kundenzeitung „Apotheken Umschau“

Quelle: Wort & Bild Verlag, Baierbrunn

Die Zeitschrift erscheint 24-mal pro Jahr, hat einen Mindestumfang von 84 Seiten und ist in drei „Bücher" (Ressorts) unterteilt:

Unter „Rat+Hilfe" – dieser Teil umfasst etwa 50 Prozent des Heftumfangs – werden Gesundheitsthemen laienverständlich dargestellt. Das jeweilige Titelthema hat einen Umfang von zwölf Seiten und behandelt detailliert einen komplexen Bereich (z. B. „gesunder Urlaub"). Ziel ist es, dem Leser möglichst viel Nutzwert zu bieten und über Krankheiten und deren Vorbeugung aufzuklären. Die Themenpalette reicht von allgemeinen Hinweisen zum Umgang mit Arzneimitteln über Schmerztherapien bis hin zu Vorsorgetipps und psychologischen Ratschlägen. Jeder Beitrag wird in der Regel ergänzt durch einen Servicekasten mit Adressen und Telefonnummern von weiteren Informationsstellen wie Forschungseinrichtungen, Selbsthilfegruppen oder Kompetenznetzen.

Artikel aus dem Bereich „Forschung+Wissen" machen dem Leser neueste wissenschaftliche Erkenntnisse und medizinische Innovationen transparent. Um komplizierte Sachverhalte den Lesern anschaulich und vor allem verständlich zu vermitteln, setzt die Redaktion verstärkt auf Grafiken und Illustrationen.

Das Ressort „Leben+Genießen" liefert Artikel aus den Themenfeldern Ernährung, Psychologie, Bewegung, Sport, Kosmetik und Reise. Auch diese Beiträge werden stets mit einem hohen nutzwertigen Anspruch aufbereitet.

Generell gilt: In der „Apotheken Umschau" bedient man sich aller journalistischen Stilformen – von der kleinen Meldung bis zur groß angelegten Medizinreportage, vom Interview bis zum Feature. Der Apotheker hat zudem die Möglichkeit, die Zeitschrift mit einer 12-seitigen Rätselbeilage und/oder einer bis zu 72 Seiten starken TV-Programmbeilage zu abonnieren.

Um die qualitative Messlatte der Beiträge möglichst hoch zu halten und die Unabhängigkeit der Redaktion zu gewährleisten, hat die „Apotheken Umschau" einige anspruchsvolle Regeln festgelegt, die sie auch konsequent einhält:

- In der Zeitschrift werden keine Produkt- und Firmennamen genannt. Sogar auf allgemein bekannte Begriffe wie zum Beispiel Aspirin wird verzichtet (sie heißt hier Acetylsalicylsäure, kurz ASS).
- Recherche-Reisen bezahlt grundsätzlich der Verlag.
- Redakteure der Zeitschrift besuchen regelmäßig die wichtigsten medizinischen Kongresse, Symposien und Konferenzen. Sie stehen in engem Kontakt mit den führenden medizinischen Forschungseinrichtungen in Deutschland.
- Eine eigene fachwissenschaftliche Redaktion – bestehend aus Medizinern und Pharmazeuten – überprüft alle Texte, Grafiken und Fotos auf die sachliche Richtigkeit.

- Um nicht von Agenturmaterial abhängig zu sein und um den Lesern exklusives Bildmaterial zu bieten, setzt die Redaktion verstärkt auf eigene Fotoproduktionen.
- Auch diesen Luxus leistet sich die „Apotheken Umschau“: Alle Titelbilder werden vorab einem ausgewählten Personenkreis vorgelegt und auf diese Weise getestet.
- Verlagsinterne Fortbildungsveranstaltungen mit hochkarätigen Referenten und Dozenten finden mindestens einmal pro Monat statt.
- Und auch dies ist im Medizinjournalismus leider nicht mehr selbstverständlich: In der „Apotheken Umschau“ – ebenso wie in den anderen Objekten des Wort & Bild-Verlages („Senioren Ratgeber“, „Diabetiker Ratgeber“, „Medizini“, „Baby & Familie“) – gibt es keinen gekauften Journalismus.

Qualitativ hochwertige Kundenzeitschriften richten sich meist an eine kleinere Anzahl an Kunden, deren Bedürfnisse dem Unternehmen bekannt sind und die auf spezielle Art und Weise angesprochen werden müssen. Auch hier ist das Ziel die Kundenbindung. Wie lässt sich diese in der Unternehmenspraxis erreichen? Welche Anforderungen werden an qualitative Kundenmagazine gestellt, damit sie erfolgreich sind? Sebastian Ahrens, Sprecher der Geschäftsführung der Hapag-Lloyd Kreuzfahrten GmbH (Hamburg), und Negar Etminan, Pressereferentin bei der Hapag-Lloyd Kreuzfahrten GmbH (Hamburg), berichten in folgendem Beitrag über ihr Konzept einer Kundenzeitschrift.

Sebastian Ahrens / Negar Etminan, Hapag-Lloyd Kreuzfahrten, Hamburg

Exklusivität und emotionale Ansprache

Das Kundenmagazin „Passagen“ von Hapag-Lloyd Kreuzfahrten

Im Rennen um die Gunst des Konsumenten müssen Unternehmen heute ihre Produkte und Dienstleistungen mit deutlichem Mehrwert ausstatten. Dieser Mehrwert basiert auf der Kombination einer starken Marke mit einem Produkt mit hohem Nutzen für den Kunden und mit einem ausgeprägten Kundenservice. Auf dem direkten Weg zum Kunden ist für Hapag-Lloyd Kreuzfahrten das Kundenmagazin „Passagen“ ein wichtiges Kommunikations- und Service-Instrument, das seinen festen Platz im Marketing-Mix unseres Unternehmens gefunden hat. Vor allem als Instrument zur Kundenbindung und -gewinnung hat die Zeitschrift unter den Marketingtools zum Aufbau und zur Pflege der Kundenbeziehung einen ganz besonderen Stellenwert.

Der Erfolg dieses Produktes hängt jedoch von der Professionalität ab, mit der es konzipiert, realisiert und stets weiterentwickelt wird. Mit „Passagen" verfolgen wir den Anspruch, eine wirkliche Bereicherung in der Flut vorhandener Kundenmagazine zu bieten. Anspruchsvoll reisen und mit Anspruch lesen – diesem hohen Qualitätsmaßstab stellen wir uns mit „Passagen" sechsmal pro Jahr. Das Magazin muss die Informationen effizient zum Leser transportieren und den Dialog mit unseren Kunden unterstützen. Zu erreichen sind diese Ziele nur durch ein redaktionelles Konzept, das dem Magazin zugrunde liegt, und einer optischen Aufmachung und Haptik, von außerordentlicher Qualität, die sich bereits beim ersten Kontakt von anderen Medien positiv abhebt.

Ein wohlschmeckendes Gericht entsteht nicht, indem man viele Zutaten zusammenfügt. Es ist viel mehr die Harmonie edler Zugaben und ihr genussorientiertes Zusammenspiel, das zu einer unverwechselbaren Gaumenfreude führt. Nach diesem Prinzip präsentieren sich auch die Rubriken in unserem Magazin. Auf 52 Seiten angelegt soll das Magazin die Unternehmensstrategie „Kreuzfahrten sind unsere Leidenschaft" widerspiegeln und unterstützen. Zielgruppe des Magazins ist eine gehobene, genussorientierte Leserschaft der Generation 50 plus, die „Passagen" als Hapag-Lloyd-Kreuzfahrt-Kunden nahezu ohne Streuverlust erreicht. Hauptziel des Magazins ist es, Reiselust und Interesse für Reisen im Allgemeinen und erst in zweiter Instanz für Reisen mit Hapag-Lloyd Kreuzfahrten zu wecken. Hierzu dienen in erster Linie die drei großen „Fernweh"-Rubriken. Diese sind Features zu Zielorten und Destinationen, die mit unserer Kreuzfahrtenflotte angefahren werden. Ob auf dem Eismeer der Antarktis oder auf den Osterinseln am Ende der bewohnten Welt, in der Wildnis des Amazonas oder auf den Spuren der Antike zwischen tausend griechischen Inseln – die Zeitschrift stellt in interessanten Reportagen mit außergewöhnlichen Fotos die schönsten Reiseziele aus zum Teil ungewohnten Perspektiven und Betrachtungswinkeln vor. So lässt sich beispielsweise mit einer Reportage über die Seele des Tangos auf spannende Weise das Interesse für den Südamerikanischen Subkontinent wecken.

Höchstes Gebot dabei ist die journalistische Aufbereitung der Texte, die unterhaltsam und informativ sein sollen. Die Reportagen sind keinesfalls eine Routenbeschreibung der Schiffe, sondern bieten viel mehr interessante kulturelle und geschichtliche Hintergrundinformationen zu den jeweiligen Ländern. Ergänzt werden diese durch Infokästen mit besonderen Specials und Insidertipps. Erst im letzten Schritt findet dann der konkrete Bezug zu den entsprechenden Kreuzfahrten mit Buchungshinweisen und Reisehighlights statt. Die emotionale Bildsprache durch hochwertige und aussagestarke Bilder ist dabei mindestens genauso wichtig, um die Botschaften zu transportieren.

Emotionalität und Vielfalt geben auch bei der Themenwahl der Rubriken den Ton an. So richten sich diese nach den erlebnisorientierten Themenreisen, die wir gezielt in den letzten Jahren entwickelt haben. Von klassischen Musikreisen über Gourmet-, Event- und Edutainmentreisen bis hin zu Krimireisen, Golfreisen und Expeditionen, die Kommunikation ist hier stringent an die Produktstrategie gebunden und unterstützt diese wirkungsvoll. Außerdem bieten die unterschiedlichen Themenkomplexe ideale Anknüpfungspunkte für kurzweilige, Lifestyle-orientierte Berichte und Kurzreportagen, die „Passagen" umso mehr von einem reinen Reisemagazin unterscheiden. Dadurch, dass dabei insbesondere Kooperationspartner mit einem vergleichbaren Qualitätsanspruch in Form von besonderen Produktvorstellungen oder Kurzberichten zum Zuge kommen, schaffen wir nicht nur zusätzlichen Lesernutzen, sondern können die Zeitschrift außerdem als ausgesprochen effektives werbliches Medium in Marketingkooperationen einsetzen. Auf den Seiten „Tipps, Trends und Träume" bieten wir beispielsweise exklusive Lifestyle-Produkte passend zum Hauptthema des Heftes sowie Neues aus der Warenwelt unserer Kooperationspartner.

Die Ergebnisse einer Leserbefragung (Juli 2004, Basis: 1.054 befragte Leser) bestätigen das Konzept. Fast drei Viertel der befragten Leser schätzen besonders Dinge von bleibendem Wert in ihrem persönlichen Umfeld, 40 Prozent außerdem technisch hochwertige Produkte. Besonders interessieren die Leser Trends aus den Bereichen Kunst (35 Prozent), Kameras (34 Prozent), Mode (31 Prozent), Uhren und Schmuck (31 Prozent), PKW (30 Prozent) (Mehrfachnennungen möglich) und sie schätzen die Lifestyle-Rubriken des Magazins.

Weitere wichtige Elemente der Kundenbindung sind zweifelsohne auch Sympathie und Glaubwürdigkeit. Unsere Leser treffen beispielsweise unter der Rubrik „An Bord" prominente Persönlichkeiten, die im Magazin ihre persönlichen Eindrücke und Erlebnisse schildern, sie erhalten beim „Portrait eines Crewmitglieds" tiefere Einblicke in das Bordleben, lernen interessante Personen und Berufe kennen. Hierdurch erfährt der Leser mehr rund um den Service und die Kundenorientierung unseres Unternehmens. So unterstützt die Zeitschrift die positive Einstellung des Kunden zum Unternehmen und hilft die Beziehungen zu vertiefen. Die hieraus resultierende Glaubwürdigkeit und das Vertrauen unserem Unternehmen gegenüber sind allein mit prägnanten Werbesprüchen und plakativen Bildern nicht zu erreichen. Denn hier besteht ein nicht zu unterschätzender Bedarf nach mehr Kommunikationstiefe und Vermittlung von substanzieller Information.

Schaubild 50
Kundenzeitschrift „Passagen“ (Hapag-Lloyd Kreuzfahrten)

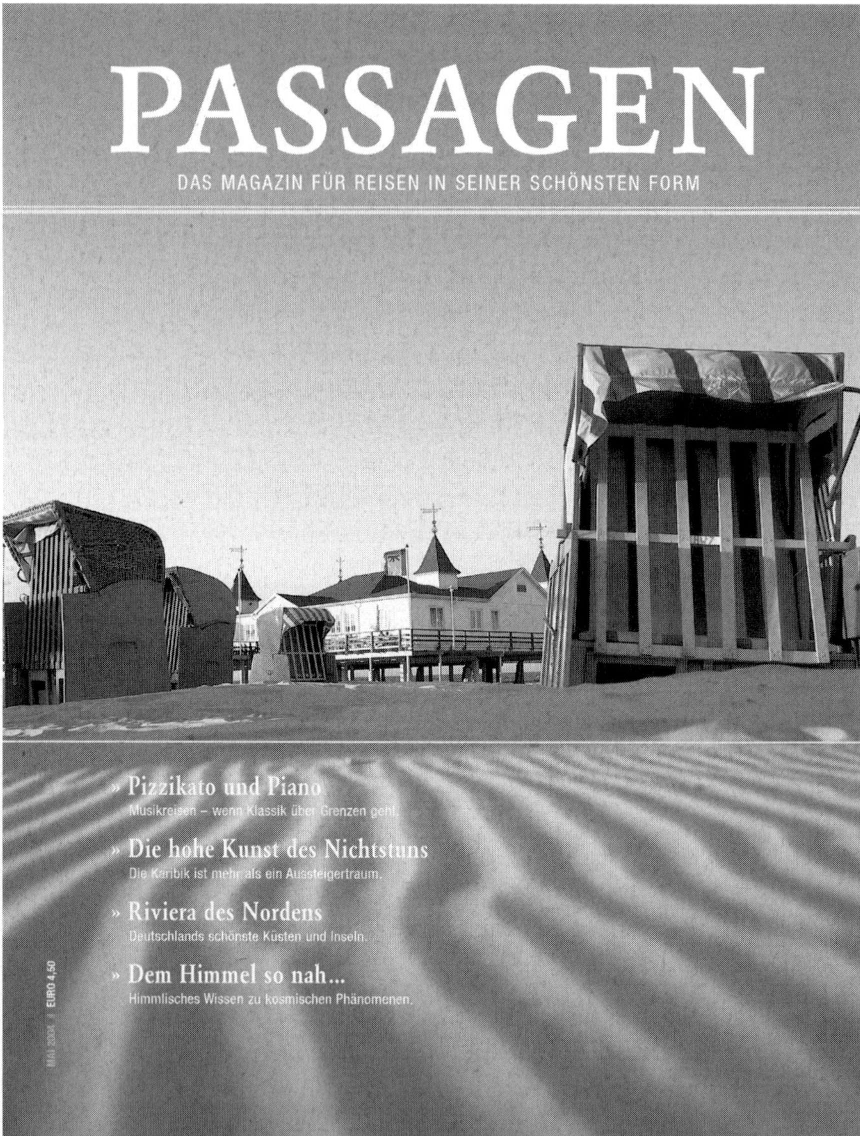

Quelle: Hapag-Lloyd Kreuzfahrten GmbH, Hamburg

Mit diesem hohen journalistischen Anspruch, einer zielgruppengerecht aufbereiteten Themenauswahl und ihrer Informationstiefe sorgt „Passagen" für hohe Akzeptanz bei den Lesern. Die positive bis begeisterte Resonanz unserer Kunden bestätigt uns darin, dass wir auf dem richtigen Kurs liegen. Mit der bereits erwähnten Leserbefragung können wir zwischenzeitig den außerordentlich hohen Anklang auch in Zahlen belegen. So lesen mehr als 70 Prozent der Befragten die Zeitschrift eine Stunde und länger und heben das Magazin nach dem Lesen auf bzw. geben es an eine andere Personen zum Lesen weiter; mehr als 40 Prozent sogar an mindestens zwei Personen.

Über die Bindung zu bestehenden Kunden hinaus wird das Magazin zwecks Neukundengewinnung über namhafte und renommierte Kooperationspartner verteilt. Hier arbeiten wir mit einer Reihe von Unternehmen, die ähnliche Zielgruppen ansprechen, partnerschaftlich zusammen: Exklusive Hotels, Limousinen- und Mietwagenservice, Sterne-Gastronomie, Automobilhersteller, aber auch Anbieter von hochwertigen Konsumgütern aus unterschiedlichen Bereichen (Food, Elektronik, Mode, Kultur) gehören dazu. Diese Kooperationen verbinden und sind sinnvoll, denn sie dienen den Interessen aller Seiten. Wir erreichen eine zusätzliche Verteilung für „Passagen" an für uns attraktive Zielgruppen, während unsere Kooperationspartner durch Auslage einer hochwertigen, kostenlosen Zeitschrift ihren Kunden einen zusätzlichen Nutzen verschaffen können.

In Summe ist die Zeitschrift in sehr kurzer Zeit ein zentraler Bestandteil unseres Marketing-Mixes geworden. Für die Zukunft gilt es, die Qualität des Magazins zu wahren und wo möglich weiter auszubauen. Insbesondere hinsichtlich des Umfangs und der damit möglichen redaktionellen Inhalte haben wir bereits eine Reihe von Ansätzen für eine sinnvolle Weiterentwicklung konzipiert. Gleichzeitig schöpfen wir die Möglichkeiten einer wirtschaftlichen Gegenfinanzierung über Anzeigen mittlerweile so weit aus, dass eine Erweiterung des Magazinumfangs nicht zuletzt auch zur weiteren Steigerung der Wirtschaftlichkeit sinnvoll geworden ist. So ist „Passagen" nicht nur eine effektive, sondern zugleich auch eine ausgesprochen effiziente Kommunikationsplattform mit unseren Kunden, auf die wir nicht mehr verzichten wollen.

!

Corporate Publishing ist ein medienübergreifender Gattungsbegriff und multimedial ausgerichtet. Es erstreckt sich über Instrumente wie Kundenzeitschriften, Mitarbeiterzeitschriften, Newsletter, Geschäftsberichte, Nachhaltigkeitsberichte und Internetportale; insgesamt zeichnen sich die Medien durch eine hohe Glaubwürdigkeit aus. Corporate Publishing erfolgt im Interesse eines Unternehmens oder einer Institution, um Bezugsgruppen wie Kunden, Mitglieder oder Mitarbeiter direkt anzusprechen und durch einen kontinuierlichen, langfristig angelegten Dialog zu binden.

Kundenzeitschriften richten sich an Endverbraucher (Business to Consumer bzw. B-to-C) oder an Geschäftskunden (Business to Business bzw. B-to-B).

Man unterscheidet quantitative und qualitative Kundenzeitschriften. Quantitative Kundenzeitschriften sind vorwiegend kostengünstig hergestellte Massenblätter, die in hohen Auflagen erscheinen und meist am Point of Sale ausliegen. Qualitative Kundenzeitschriften werden hingegen mit großem Aufwand und in vergleichsweise niedrigen Auflagen produziert. Bei ihnen wird nicht vorrangig das Ziel verfolgt, Kunden zum Kauf von Produkten zu bewegen bzw. zum Absatz von Unternehmensleistungen beizutragen. Vielmehr soll dadurch ein Mehrwert geschaffen werden, der dem Kunden eine Zusatzleistung bietet. Das strategische Ziel ist die Kundenbindung.

Zielsetzungen von Kundenzeitschriften sind die Schaffung von Glaubwürdigkeit bei den Kunden, die Imagebildung, -gestaltung und -pflege, die Initiierung eines Dialogs mit den Kunden und die Schaffung von Mehrwert für Kunden. Über diese Teilziele kann das übergeordnete Ziel, die Kundenbindung, erreicht werden. Orientierungswerte für die redaktionelle Aufbereitung des Inhaltes von Kundenzeitschriften sind Ereigniswerte, Nutzwerte und Gefühlswerte.

Glaubwürdigkeit ist einer der wichtigsten Erfolgsfaktoren von Kundenzeitschriften. Professionelle Kundenzeitschriften beziehen ihr Instrumentarium aus dem Journalismus und positionieren sich dadurch bei den Rezipienten als vertrauenswürdige Produkte. Moderne Kundenzeitschriften sind selbstkritisch, dürfen sich weder anbiedern noch die Produkte des herausgebenden Unternehmens in den Vordergrund stellen.

Im Kommunikationsmix ist die Kundenzeitschrift ein integrierendes Element: Kaum ein Instrument der Kundenkommunikation ist voll funktionsfähig ohne die ergänzende Wirkung eines Printmediums. So stehen u. a. Kundenclubkonzepte, Internetauftritte und Eventkommunikation meistens in sehr enger Verbindung mit der Kundenzeitschrift.

Literaturtipps

Lücke, Richard (2005): Fakten, Trends und Perspektiven. Konzeption, Herstellung und Vertrieb von Kundenzeitschriften. Bonn: Deutsche Post AG. *Dieser Ratgeber der Deutschen Post AG präsentiert wertvolles Basiswissen und aktuelle Entwicklungen zum Thema Corporate Publishing. Praxisnah und anhand vieler Beispiele werden einzelne Stufen des Produktionsprozesses von Kundenzeitschriften vorgestellt – von der Konzeption über die Umsetzung bis hin zu Druck und Vertrieb.*

Müller, Frank (1999): Die Renaissance der Kundenzeitschrift. Mit einem klassischen Medium erfolgreich neuen Herausforderungen begegnen. Ottobrunn: Trurnit. *Das Buch ist wissenschaftlich fundiert und zugleich stark an der Praxis ausgerichtet. Der Autor entwickelt anhand zahlreicher Beispiele und Umfragen ein praktisches Modell für die „ideale" Kundenzeitschrift.*

Schmitz, Thomas (2004): Kundenzeitschriften. Mehrwert für Marken. Göttingen: Business Village. *Mit seinem Buch verdeutlicht der Autor Wirkungsweise und Nutzen von Kundenmagazinen und vermittelt in komprimierter Form, wie man dialogorientierte Printmedien konzipiert und verwirklicht. Dabei liegt ein besonderer Schwerpunkt auf inhaltlichen und gestalterischen Mechanismen, die zum Erfolg einer Kundenzeitschrift beitragen können.*

Weichler, Kurt/Endrös, Stefan (2005): Die Kundenzeitschrift. Konstanz: UVK. *Das Buch stellt Geschichte, Strukturen und Produkte des Marktes der Kundenzeitschriften vor. Es erläutert Faktoren wie Professionalität, Glaubwürdigkeit oder Dialogbereitschaft, die für den Erfolg einer Kundenzeitschrift entscheidend sind, und veranschaulicht diese am Beispiel herausragender Kundenmagazine. Darüber hinaus gibt das Buch eine präzise Anleitung für die Entwicklung und Umsetzung einer Kundenzeitschrift: Schritt für Schritt erläutert es die verschiedenen Phasen der Produktion, von der Konzeption über die Redaktion und die Herstellung bis hin zum Vertrieb.*

Kapitel 7

Medien als Multiplikatoren – der indirekte Weg

Die Zahl der Zeitungen, Zeitschriften, Hörfunk- und Fernsehkanäle und mit ihnen die zu füllenden Seiten und Sendeminuten haben sich in den letzten Jahrzehnten vervielfacht. Zugleich erhöhte die Kommerzialisierung des Mediensystems den wirtschaftlichen Druck auf die Redaktionen. Der Bedarf der Massenmedien an Inhalten ist heute dementsprechend groß (Mast 2003; Spachmann 2005). Für die Kundenkommunikation bietet dieser Bedarf zahlreiche Ansatzpunkte, Zielgruppen noch stärker als bislang über Medienarbeit anzusprechen. Massenmedien eignen sich zur Ansprache von Fachpublika ebenso wie zur Information der allgemeinen Öffentlichkeit und zur Imagebildung (Mast 1999). Im Vergleich zu unternehmenseigenen Publikationen, z. B. einer Kundenzeitschrift, die Unternehmen über vorliegende Adressbestände ganz gezielt an bestehende Kunden oder potenziell Interessierte schicken, hat der „Umweg" über unabhängige Medien den Nachteil, dass einerseits große Streuverluste bei der Ansprache dieser Zielgruppen auftreten und es andererseits nicht möglich ist, die letztlich publizierten Inhalte zu steuern und auf die Kunden zuzuschneiden.

Dass sich Presse und Rundfunk in ihren redaktionellen Beiträgen eben *nicht* ausschließlich an die Kunden eines Unternehmens richten, stellt jedoch gerade die große Chance der Medienarbeit dar: Medien bieten mit ihrer Multiplikatorfunktion die Möglichkeit, breitere Personenkreise als nur die unmittelbaren, häufig gar namentlich bekannten Dialogpartner eines Unternehmens anzusprechen. Sie informieren (mehr oder weniger) objektiv über das Unternehmen, seine Produkte oder Dienstleistungen. Sie wählen Informationen im Idealfall entsprechend der Erwartungen und Präferenzen ihrer Leser, Hörer oder Zuschauer aus, gewichten und bewerten sie. Durch den Journalisten als Vermittler, Experten oder Berater erhält eine Information für den Rezipienten eine höhere Glaubwürdigkeit und den Anschein einer externen Expertise; deshalb kann sich der oben genannte mögliche Nachteil der mangelnden Steuerbarkeit eines Beitrages durch ein Unternehmen in einen deutlichen Vorteil für Presse- und Medienarbeit verwandeln.

Kunden-PR ist also vorrangig als Medienarbeit zu verstehen. Schließlich lesen auch Kunden Tageszeitung, hören Radio und sehen fern. Im Sinne einer integrierten Kundenkommunikation kommt es darauf an, bestehende sowie mögliche künftige Kunden als Teil der breiten Öffentlichkeit und nicht in erster

Linie als Konsumenten mit Informationen über das Unternehmen, dessen Stellung im Markt oder seine Produkte bzw. Dienstleistungen über den Journalisten als Multiplikator zu versorgen. Marke, Image und Reputation entfalten sich nur dann in vollem Umfang, wenn der Kunde in verschiedenen Rollen, Informationsbereichen und Kommunikationskontexten ein rundes, in sich schlüssiges Bild vom Unternehmen oder vom Produkt erkennen kann.

Unter Presse- oder Medienarbeit (engl.: Media Relations) werden nachfolgend alle Formen der Public Relations verstanden, die auf die Ansprache von Journalisten der Massenmedien ausgerichtet sind, mit dem Ziel, über diese Medien an der öffentlichen Diskussion teilzuhaben und die letztlich anzusprechenden Zielgruppen der Unternehmenskommunikation zu erreichen.

Kapitel 7 beschäftigt sich mit der Presse- und Medienarbeit als Teil von Kunden-PR. Dabei wird sowohl die Ansprache der breiten Öffentlichkeit mit dem Ziel der Unternehmens- und Produktpositionierung (vor allem Produkt-Pressearbeit) als auch die Pressearbeit für Fachmedien dargestellt. Ausgehend von den Zielen der Medienansprache im Rahmen der Kundenkommunikation geht es darum, die Pressearbeit als medienvermittelte Ansprache des Kunden näher zu beleuchten. Den Abschluss des Kapitels bildet ein Überblick über ausgewählte Instrumente einer kundenorientierten Presse- und Medienarbeit. Zahlreiche Gastbeiträge zeigen, wie Medienarbeit im Rahmen der Kundenkommunikation in der Praxis abläuft.

1. Ziele der Medienansprache

1.1. Teilhabe an der öffentlichen Diskussion

Warum soll ein Unternehmen im redaktionellen Teil der Massenmedien präsent sein? Wozu die Arbeit und der Ärger mit eigenwilligen Journalisten, so die häufig gestellte Frage besonders im Mittelstand. Reicht es nicht aus, die Kunden über unternehmenseigene Medien anzusprechen, deren Inhalte und Tenor man ganz gezielt steuern kann? Presseveröffentlichungen erreichen im Vergleich zu anderen PR-Aktivitäten eine besonders hohe Aufmerksamkeit in der Bevölkerung, so lässt sich die zentrale Stärke der redaktionellen Berichterstattung für die Kundenkommunikation auf den Punkt bringen (Konken 1998: 13). Nur ein Unternehmen, das sich aktiv in diesen Informationsprozess einbringt, kann zu seinen eigenen Gunsten auf ihn einwirken (Förster 1994: 7; Arendt 1993: 17). Vorteile einer aktiven Presse- und Öffentlichkeitsarbeit können sein:

- *Medienberichterstattung bringt ein Unternehmen, ein Produkt oder ein Thema ins Gespräch:* Als mittleres oder großes Unternehmen von den Medien und damit von weiten Teilen der Öffentlichkeit nicht wahrgenommen zu werden, schränkt den wirtschaftlichen Wirkungskreis in der Regel stark ein. Sogar Unternehmen der Zuliefererbranche mit klarer Dominanz der Business-to-Business-Kommunikation sind auf massenmediale Öffentlichkeit angewiesen. Mit Blick auf die Breitenmedien gewinnt sie z. B. bei der Standortkommunikation oder für die Mitarbeiterrekrutierung an Bedeutung. Auch die Fachmedien haben eine große Bedeutung für die Kundenkommunikation. Kaum ein anderer Kommunikationskanal bietet so viele Chancen, das Unternehmen und seine Produkte bei den relevanten Zielgruppen bekannt zu machen, wie ein Fachmedium.

- *Aktive Pressearbeit verhindert das Entstehen eines Informationsvakuums:* Wer sich der breiten Öffentlichkeit bekannt macht, verhindert das Entstehen von Informationslücken. Die Gefahr eines Informationsvakuums liegt neben dem oben angesprochenen Desinteresse darin, dass andere es füllen. Äußert sich eine Pressestelle nicht zu einer konkreten Anfrage, so kann es gerade bei konflikthaltigen Themen zu Spekulationen und Gerüchten kommen. Äußern erst einmal Dritte Vermutungen zum Thema, so laufen spätere Äußerungen des betroffenen Unternehmens Gefahr als unglaubwürdig aufgenommen zu werden. Der Imageschaden durch Nicht-Kommunikation kann entsprechend groß sein.
- *Medienberichterstattung verleiht das Label der Glaubwürdigkeit:* Medien werden als „objektive" und „neutrale" Vermittlungsinstanz bezeichnet, die zwischen interessengeleiteter PR und den Interessen und Erwartungen des Publikums über eine objektive, unabhängige Information angesiedelt sind. Berichtet z. B. ein Fernsehmagazin über ein Unternehmen und betont dabei die besonders hohe Qualität seiner Produkte, so ist diese Aussage durch die (mehr oder weniger objektive) Bewertung der Journalisten weitaus glaubwürdiger als wenn dieselbe Aussage in der Kundenzeitschrift des betreffenden Unternehmens erscheint. Verlautbarungen eines Unternehmens können durch die Prüfung, Gewichtung und Bewertung der Redaktionen nur an Qualität gewinnen – auch wenn die Prüfung nicht immer zu seinen Gunsten ausfällt.

Diese drei Gründe sind die zentralen Argumente, die für eine aktive Presse- und Medienarbeit sprechen, die nicht nur auf Medienanfragen reagiert, indem sie z. B. angeforderte Informationen oder gewünschtes Bildmaterial zur Verfügung stellt. Weil es, wie oben angesprochen, für ein Unternehmen erforderlich ist, ein aktiver Bestandteil der Gesellschaft zu sein und sich an der öffentlichen Diskussion zu beteiligen, ist die bloße Reaktion unzureichend. Vielmehr bedarf es einer aktiven Pressearbeit, die Kontakte zu Journalisten aufbaut, Presseinformationen herausgibt, Pressekonferenzen veranstaltet und weitere Angebote wie Firmenführungen, Redaktionsbesuche, Pressegespräche usw. macht (Förster 1994: 7). Im Mittelpunkt steht dann der Dialog mit den Medienvertretern, die man aus Sicht der Öffentlichkeitsarbeit als Partner im Kommunikationsprozess versteht. Allein dieses Verständnis von Pressearbeit kann in der Kommunikationsgesellschaft erfolgreich sein, da nur auf diese Weise eine Steuerung und Planung der Media Relations und damit eine zielorientierte Beteiligung an der öffentlichen Diskussion möglich ist. Lediglich in Ausnahmefällen sollte bzw. muss eine aktive Medienarbeit auf reaktives Verhalten reduziert werden. Dies ist z. B. in Krisenzeiten der Fall, bei Gegendarstellungen, Unterlassungsklagen oder Dementis – immer dann, wenn ein Unternehmen zeitweise in die Defensive gedrängt wird.

Orientiert an diesen beiden Grundhaltungen lassen sich unterschiedliche Media-Relations-Programme ableiten, die ebenfalls von einer passiven Haltung gegenüber den Medien bis hin zu einer aktiven Gestaltung der Beziehung reichen (Schaubild 51). Besonders an aktive Programme werden hohe Anforderungen gestellt, da es notwendig ist, sie bewusst zu planen, zu implementieren und zu evaluieren (Howard/Mathews 2000: 11 f.). Sie werden gezielt auf die strategischen und operativen Ziele der Organisation ausgerichtet. Dazu bedarf es eigener, spezieller Media-Relations-Ziele, Strategien und Zeitpläne, d. h. es ist ein eigener Media-Relations-Prozess nötig.

Schaubild 51
Arten der Pressearbeit

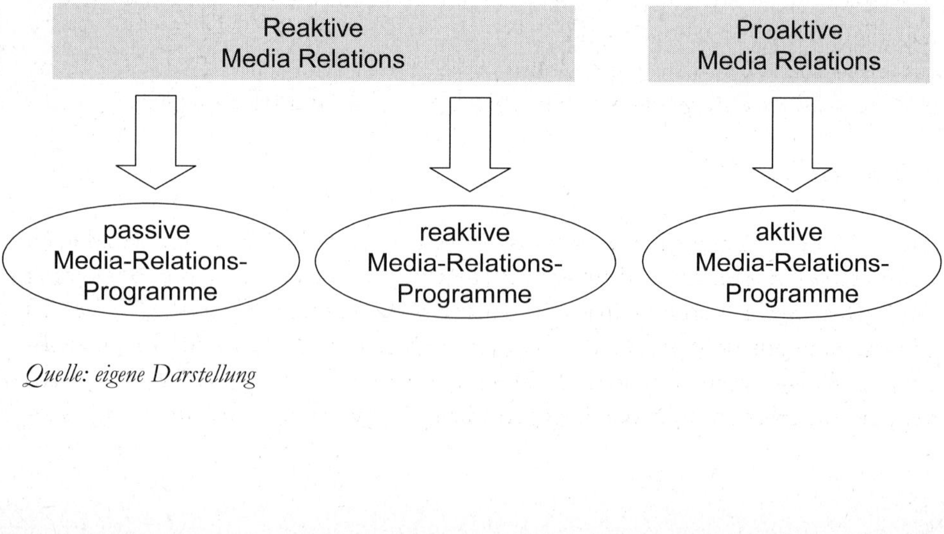

Quelle: eigene Darstellung

Ziel der Pressearbeit ist es dann, Themen soweit möglich gezielt auf die Agenda der Medienberichterstattung zu setzen, die Diskussion über das Thema zum Vorteil der Organisation zu lenken und ein strategisches Themenmanagement zu betreiben (Schulz-Bruhdoel 2001: 155 f.). Der Begriff des Themas ist dabei weit gefasst: Es kann sich um allgemeine Unternehmensthemen, aber auch um Innovationsprozesse, neue Produkte oder Verfahrensweisen handeln.

Gelungenes Beispiel für die Positionierung eines innovativen Produktes in Special-Interest- und Branchenmedien ist die Kommunikation zur Markteinführung der Sanitärarmatur Hansamurano. Die Hansa Metallwerke AG erschloss mit dem sowohl in Funktion als auch Design neuartigen Produkt ein neues-Marktsegment, was mit einer Neuorientierung von Marke und Image einherging. Neben der persönlichen Kommunikation auf Messen und Ausstellungen sowie am Point of Sale bildete die Medienarbeit ein wichtiges Standbein der Kommunikationsstrategie. Frank Neubert, Marketing-Referent der Hansa Metallwerke AG, Stuttgart, zeigt im folgenden Beitrag wie und mit welchen Instrumenten es gelingt, Fachmedien zu Multiplikatoren bei der Vermittlung einer Innovation zu machen.

Frank Neubert, Hansa Metallwerke AG, Stuttgart

Mit „Hansamurano“ eine Innovation kommunizieren

In diesem Beitrag soll exemplarisch beschrieben werden, wie es der Hansa Metallwerke AG gelungen ist, in einem schwierigen Marktumfeld eine ungewöhnliche High-End-Badarmatur einzuführen. Im Besonderen soll auf die Bedeutung der Pressearbeit eingegangen werden. Im Focus steht der deutsche Markt.

Ausgangssituation

Als Anbieter von Sanitärarmaturen ist Hansa direkt von der in Schwierigkeiten befindlichen Baubranche abhängig. Zum einen reduziert sich ihre Bedeutung von selbst, denn (vereinfacht) „vieles, was wir zukünftig brauchen, ist bereits gebaut, auch am richtigen Ort“. Zum anderen sind z. B. ca. 26 Millionen renovierungsfähige Wohneinheiten als Milliarden-Potential zwar statistisch vorhanden, sie unterliegen aber der allgegenwärtigen Investitionszurückhaltung. Speziell der Sanitärbereich kennt Zyklen von ca. zwölf Jahren, deshalb kommt in Zeiten wirtschaftlicher Unsicherheit kein Investitionsdruck auf.

Die Sanitärbranche ist noch sehr stark in die Strukturen des Handwerks eingebunden. Im dominanten so genannten klassischen Vertriebsweg verkaufen zumeist mittelständische Hersteller an den Großhandel. Dieser erfüllt seine Handelsfunktionen gegenüber dem Handwerker, bei dem der Endkunde seine Leistung einkauft. Hansa verpflichtet sich seit Jahrzehnten streng diesem Vertriebsweg und bezieht daraus auch einen Gutteil der sehr starken Reputation im Handwerk. Allgemein verzeichnet der Armaturenbereich jedoch drastische Rückgänge und gerät zunehmend durch Posten-Aktionen von Discountern, die im anteilsmäßig wachsenden Ersatz- und Austauschgeschäft regelmäßig verbrannte Erde hinterlassen, unter Druck. Wachstumschancen ergeben sich im beratungsintensiven und markendominierten Premium-Segment.

Hansa Metallwerke AG

Gegründet 1911, fertigt das Unternehmen seit 1950 Sanitärarmaturen. Seither kontinuierlich bis auf Platz zwei in Deutschland gewachsen, steht die Marke Hansa seit jeher für qualitativ hochwertige, funktionale und auf das Fachhandwerk orientierte Produkte. Viele Basisfunktionalitäten in heutigen Sanitärarmaturen gehen auf Innovationen von Hansa zurück, die seit Jahrzehnten die präferierte Marke des Fachhandwerks ist. Dominierend in Ertrag und Stückzahl ist das mittlere Preissegment. Bis 2003 gibt es kein differenziert ausgebautes Premiumsegment, das firmeneigene Verständnis von Qualität bedeutet ferner einen Verzicht auf das unterste Preissegment.

Neue Produkte

Zwei Faktoren bestimmen maßgeblich die Anforderungen an aktuelle Sanitär-Produkte: zum einen der Generationenwechsel im Handwerk, mit einem unternehmerisch und gestalterisch denkenden Nachwuchs; zum anderen die Wandlung der funktionalen deutschen Nasszelle zum repräsentablen Erholungsraum für Körper und Geist im Zuge der Wellness- und Homing-Welle. Damit wachsen die Ansprüche an Design, Funktionalität und nicht zuletzt an das Image. Die Antwort der Hersteller liegt häufig in der Einbindung namhafter Designer in die Produktgestaltung.[1] Diese propagieren die Verschmelzung von Bad- und

[1] Bereits 1975 Luigi Colani für Villeroy & Boch, maßgeblich aber seit 1994 die Sanitärobjekt-Serien „Starck 1“ und „Starck 2“ von Philippe Starck.

Lebensräumen und weisen so Marken im Bad ebensoviel Bedeutung zu wie denjenigen der Unterhaltungselektronik oder der Einrichtung.

Gemessen an den Anforderungen war das Hansa-Sortiment im wachsenden oberen Preissegment lückenhaft, wenig trennscharf und nicht designorientiert. Nabel und Trendmesse der internationalen Sanitärwelt ist alle zwei Jahre die Messe ISH in Frankfurt. 2003 sollte dort zum Hansa-Jahr werden. Dazu lautete die schlichte Aufgabenstellung an das Produktmanagement: „Die Erarbeitung eines Designvorschlags für eine komplette Badarmaturen-Serie im gehobenen Preissegment, die den Qualitätsansprüchen einer Hansa-Armatur gerecht wird" und „ ...deren herausragende, klare bis markante Form eine gute Positionierung in Sanitärausstellungen weltweit garantiert".[2]

Schaubild 52
Hansamurano: ein innovatives Produkt

Quelle: Hansa Metallwerke AG, Stuttgart

[2] Auszug aus dem Designer-Briefing für die Hansamurano, Januar 2001.

Es war höchste Designkompetenz gefragt. So konnte Dr. Bruno Sacco gewonnen werden, der von 1975 bis 1999 Chefdesigner bei Mercedes-Benz war und damit die Marke Mercedes maßgeblich geprägt hat. Zusammen mit Reinhard Zetsche, Gründer von Octopus-Design und Designer von „jüngeren" Hansa-Produkten, entstehen erste Entwürfe. Von Anfang an war klar, dass die Differenzierung im Wettbewerb nicht wie bisher über die Hülle der Armatur gelingen konnte. Leitgedanke war es, eine bis dato nicht da gewesene Präsenz des Wassers am Waschtisch zu schaffen. Es sollte frei und natürlich fließen und damit der Bedeutung des Wassers als wichtigstem Lebensbaustein und wertvollem Lebensmittel Rechnung tragen. Die Materialien sollten diesen Anspruch unterstützen. So entstand ein geneigter, verchromter Zylinder, der eine Glasschale trägt, über die Wasser drucklos und wie ein sanfter Wasservorhang ins Becken strömt. Da erstmals Glas so in einer Armatur eingesetzt wurde, stand das berühmte venezianische Glashandwerk Pate bei die Namensgebung: Hansamurano.

Anforderungen an die Kommunikation – eine Geschichte entwickeln

Der Entwurf war für die Marke Hansa nicht unproblematisch. Einerseits waren die Anforderungen erfüllt, andererseits bestand die Gefahr, die eher konservativen, aber dennoch guten Hansa-Kunden durch die „Radikalität" stärker zu vergrätzen als neue Käufergruppen gewonnen werden könnten: Würde also der Einstieg in die repräsentative Oberklasse mit einem Vertrauensverlust in der für das Unternehmen lebenswichtigen Mittelschicht einhergehen? Ferner war es notwendig die stückzahlorientierten Produktionsabläufe auf eine Kleinserie hin abzustimmen.

Um diese Probleme zu entschärfen, erfolgte bereits im Entwicklungsstadium eine sehr intensive Abstimmung zwischen Produktmangement, Marketing und Vertrieb, zwischen Designern, Ausstellungsarchitekten und Werbeagentur. Über allem stand die Prämisse, dass die Hansamurano trotz High-End-Anspruch in ihrer Bildwelt, der Ansprache und der Vermarktung immer eines bleiben muss: eine typische Hansa-Armatur. Da die Differenzierung über das Wasser selbst erfolgt, konnte man es sich ersparen, den viel benutzten Kommunikationsansatz „Design" zu bemühen. Der Ansatz „Natur" mit Assoziationen an „Quelle" oder „Blüte" war ebenfalls inkonsequent, da die Armatur als „Zapfstelle" immer auch in einem kulturellen Kontext steht. In diesem verkörpert der Brunnen ideal das Wesen von Armatur und Waschtisch. Speziell die

Fontana di Trevi[3] ist das perfekte Key-Visual für die Hansamurano: von perfekter Handwerkskunst, im höchsten Maße ästhetisch und sinnlich, aber niemals elitär und für jeden zugänglich.

Das Kommunikationskonzept

Angesichts der Vertriebsstruktur unterscheidet Hansa bei den Zielgruppen die Verkaufsmittler (push) und die Endverwender (pull). In der Branche dauert es leider etwa ein Jahr, bis Produkte flächendeckend dem Endkunden über Ausstellungen und Beratung präsentiert werden können. Da Hansa nur über das Fachhandwerk verkauft, war Werbung, die sich an Endverwender richtet, zur Neueinführung wenig Erfolg versprechend. Aufgrund der geplanten Verkaufszahlen und einer strengen Wirtschaftlichkeitsorientierung bekam das Projekt zudem ein nur knappes Marketing-Budget zur Verfügung gestellt.

Zur Inszenierung der Armatur wurde eine eigene Material- und Farbwelt geschaffen, die sich stark am Trevi-Brunnen orientierte. Die konzipierten, stark abstrahierten Module ließen sich sowohl für die Fotografie als auch für die Messeinszenierung und für Zielkundenveranstaltungen verwenden. Die Grundrisse hat das Unternehmen als Gestaltungsvorschläge in eine PoS-Broschüre integriert.

Im Vorfeld der genannten Messe wurde über Anzeigen die Branche sensibilisiert und eine eigene Homepage (www.hansamurano.de) zur „Informationsdrehscheibe" ins Netz gestellt. Zudem wurden adäquate Verkaufsunterlagen erarbeitet. Maßgeblichen Einfluss auf die Verbreitung der Informationen sollte allerdings der Fachpresse im Rahmen eines speziellen Pressekonzeptes zugewiesen werden.

Multiplikatoreffekte der Presse nutzen

Über die positive redaktionelle Einbindung von Produkten in Zeitschriften lässt sich die Medialeistung vervielfachen. Dies war auch eine wichtige Zielsetzung für die Hansamurano: in die redaktionelle Berichterstattung der wichtigsten Special-Interest-, Design- und Architekturtitel sowie der Branchentitel zu gelangen. Dazu sollte eine spezielle Presseveranstaltung im Vorfeld der Messe beitragen.

---

[3] Fontana di Trevi in Rom, 1735 von Salvi gebaut. Der Sage nach kehrt jeder nochmals nach Rom zurück, der eine Münze in den Brunnen wirft. Berühmt auch durch Fellinis „la dolce vita".

Presseveranstaltungen finden in der Regel als Pressekonferenz oder als Event statt. Pressekonferenzen haben eher formalen Charakter und gehören zum journalistischen Pflichtprogramm ohne besonderen Reiz. Bei Eventveranstaltungen dagegen stehen Aufwand und Erfolg, gemessen als veröffentlichte Texte, häufig in keinem guten Verhältnis. Hansa hat sich daher gegen eine perfekt choreografierte Multimedia-Demonstration entschieden. Die Hansamurano sollte vielmehr in einer Art Workshop präsentiert werden, um zusammen mit Journalisten, Geschäftsleitung und den Designern das Werden dieser Armatur anhand von Entwürfen, Modellen und Mustern (auch kritisch) zu diskutieren. Dazu hat Hansa den Vorabend der Messe gewählt, als repräsentativen Ort ein altes Schloss-Hotel mit entsprechendem Charme und hochwertiger Gastronomie. Eingeladen hat das Unternehmen nur die Ressortverantwortlichen, wobei von 23 Einladungen 16 angenommen wurden. Die Umgebung, die offene Atmosphäre und die ungewöhnliche Art der Präsentation empfanden die Teilnehmer als wohltuend anders und sehr individuell. Am Morgen nach der Veranstaltung fand dann gemeinsam eine Standbegehung auf der Messe statt, bei der Hansa erstmals die Gesamtinszenierung präsentierte. Als Unterlage wurde eine ausführliche und separate Pressemappe zusammengestellt, die auf der Basis eines Presseverteilers auch viele weitere Redaktionen erhielten.

Auch bei der Pressearbeit gelten im Wesentlichen die Media-Kriterien „Reichweite“ und „Kontakt“. Eine hohe Reichweite durch massenhafte Aussendung bedeutet zwangsläufig Streuverluste und zumeist Standard-Berichterstattung in Form von knappen Pressetext-Zitaten. Intensive Kontakt-Arbeit bringt dagegen qualitativ hochwertigere Ergebnisse in Form von individuellen Berichten und Bildmaterial.

Die Hansamurano hat seit der Präsentation ein sehr großes Medienecho gefunden. Etwa 200 Seiten redaktionelle Berichterstattung in Fach-, Special-Interest- und Zeitungstiteln lassen sich in ein Vielfaches des eingesetzten Budgets umrechnen. Ferner ist die Armatur in der Branche zu einem Platzhalter-Motiv für hochwertige Badarmaturen geworden, was die Reichweite nochmals erhöht.

Der Erfolg: Produkt und Marke etablieren

Das Produkt hat durch seinen einzigartigen Charakter bereits auf der Messe viele Kunden und selbst die Konkurrenz überzeugt. Trotz der polarisierenden Erscheinung hat sich der neuartige Ansatz als mehrheitsfähig herausgestellt. Hansa profitiert davon in mehrfacher Hinsicht: Die Armatur hat eine extrem rasche Markteinführung erfahren und bringt somit sehr früh ihren Deckungsbeitrag in das Ergebnis ein. Die Stückzahlen sind für ein derart positioniertes Produkt erfreulich hoch, was wiederum die Amortisationszeit der Investitionen verkürzt. Sicher genauso bedeutsam ist die Einzahlung auf das Markenkonto „Hansa". Das befürchtete Identifikationsproblem aus dieser Sortimentsspreizung ist ausgeblieben und viele „Traditionalisten" unter den Kunden haben die Möglichkeit erhalten, mit „ihrer" Hansa neue Zielgruppen zu erschließen. Über die markante Optik findet zudem ein positiver Transfer vom Produkt zur Marke statt. Hinzu kommt die Auszeichnung des Produktes mit zahlreichen bedeutsamen Designpreisen. Der glaubhafte, markengerechte Kommunikationsansatz sowie die Fokussierung auf Multiplikatoren haben dazu wesentlich beigetragen.

Erfolg schafft immer auch eine Erwartungshaltung. Die Hansamurano kann und wird daher kein Einzelprodukt bleiben, sondern bildet den Einstieg in ein neues Segment. Unter dem Slogan „Wasser erleben" wird Hansa Produkte vermarkten, die in bestimmten Facetten dieses Themas einzigartige Merkmale aufweisen und so eine Differenzierung gegenüber der Konkurrenz ermöglichen.

1.2. Zwei Zielgruppen: Journalisten und Rezipienten

Die Ansprache der Redaktionen mit dem Ziel, eigene Inhalte in die Medien zu bringen, ist jedoch nur ein erster Schritt. Der zweite Schritt, die Weitergabe der Informationen, Gewichtungen oder Bewertungen zu den letztlich relevanten Zielgruppen innerhalb der Öffentlichkeit, ist schließlich das eigentliche Ziel der Pressearbeit.

Betrachtet man die Zielsetzung der Medienarbeit, so kennt sie zwei verschiedene Etappen: die der Ansprache des einzelnen Journalisten und die der (medienvermittelten) Ansprache der eigentlichen Zielgruppen wie Kunden, Anwohner, Investoren, Unternehmensgegner, allgemein Interessierte. Handelt es sich nicht um ein- und dieselbe Zielgruppe? Schließlich muss ein Journalist eine Pressemitteilung doch mit den Augen seiner Leser, Zuschauer oder Hörer lesen, orientiert er sich doch an deren Erwartungen und Wünschen oder an dem, was er für die Erwartungen und Wünsche seiner Rezipienten hält. Mehr denn je müssen Medienprodukte heute schließlich den Geschmack des Publikums treffen; deshalb kann es sich keine Redaktion dauerhaft leisten, am Publikum vorbeizuarbeiten.

Sicherlich: Journalisten orientieren sich bei der Nachrichtenauswahl an ihrem Publikum. Die Nachrichtenfaktoren (Mast 2004a: 53 ff., 242 ff.; Mast 2003:

59 ff.; Staab 1990; Schulz 1976) etwa spiegeln diese Orientierung am Publikumsgeschmack wider. Nichtsdestotrotz reicht es nicht aus, die Pressearbeit von Unternehmensseite ausschließlich auf die Ausrichtung und das Publikum eines Mediums zuzuschneiden. In einem ersten Schritt muss der Journalist als Individuum überzeugt werden, dass ein vom Unternehmen angebotenes Thema eine „Story" wert ist. Und, so zeigen Gespräche sowohl mit PR-Fachleuten als auch mit Journalisten, es kommt immer stärker auch darauf an, den Journalist durch eine Pressestelle mit Zusatzinformationen z. B. zu möglichen Interviewpartnern inner- und außerhalb des Unternehmens oder auch mit weiterführenden Aspekten des Themas zu versorgen. Es sind nicht mehr länger nur die PR-Leute, die zwischen ihrer Organisation und externen Zielgruppen vermitteln. Auch Journalisten müssen sich heute im Mikrokosmos ihrer Redaktion für ihre Themen stark machen. Manche PR-Experten sprechen mittlerweile von einer „thematischen Munitionierung" der Journalisten für die Redaktionskonferenz. Ein Journalist orientiert sich also nicht ausschließlich an seinem Publikum, sondern ist gezwungen, interne Rahmenbedingungen, Erwartungshaltungen und Anforderungen zu berücksichtigen.

Mit Blick auf die Frage nach den Zielen der Pressearbeit lässt sich festhalten: Medienarbeit verfolgt zwei zentrale Zielsetzungen (Hendrix 1995: 51). Einerseits übernimmt sie eine Dienstleistungsfunktion für die Medien, indem sie Redaktionen mit Informationen aus dem Unternehmen, mit Themenvorschlägen und mit Bildmaterial versorgt. Zugleich ist sie aber auch auf den „Endkun-

Schaubild 53
Zweigeteiltes Zielsystem der Medienarbeit

proaktive Media Relations reaktive Media Relations	kognitive Ziele affektive Ziele konative Ziele
Dienstleistungsfunktion der Pressearbeit für die Medien	Ansprache der Endzielgruppen

Quelle: eigene Darstellung

den" ihrer Kommunikationsarbeit hin orientiert, die Öffentlichkeit oder ausgewählte Teile der Öffentlichkeit. Die operativen Ziele können hier vielfältig sein: Sie reichen von der Erhöhung des Wissensstandes (kognitives Ziel) über die Entwicklung positiver Einstellungen (affektives Ziel) bis hin zu Verhaltensänderungen (konatives Ziel) (Schaubild 53).

Ist die Information des Unternehmens möglichst passgenau auf die Leser, Zuschauer oder Hörer des entsprechenden Mediums zugeschnitten, so sind die Chancen für eine Veröffentlichung bzw. Berichterstattung größer, als wenn dies nicht der Fall ist. In der Regel lassen sich die beiden Zielsysteme also weitgehend problemlos miteinander verbinden, orientieren sich doch sowohl PR-Fachleute als auch Journalisten im Idealfall am Publikum. Von Bedeutung ist diese Form des Two-Step-Flow der Kommunikation jedoch vor dem Hintergrund der Frage, ob sich Medienberichterstattung steuern lässt. Sie soll im folgenden Abschnitt dieses Kapitels näher diskutiert werden.

1.3. Glaubwürdigkeit als Fundament

Die Berichterstattung der Massenmedien zu steuern, davon träumen viele Pressesprecher. Wenn Medien Sachverhalte veröffentlichen, die nicht an die Öffentlichkeit hätten dringen sollen, wenn sie negativ über das Unternehmen berichten oder Produktbewertungen in Fachzeitschriften schlecht ausfallen, dann sorgt das im Unternehmen für Ärger und manchmal gar für handfeste Umsatzeinbußen. In solchen Fällen zeigt sich, welchen Einfluss Kommunikation auf den Geschäftserfolg haben kann. Aber ist es aus Sicht der Unternehmenskommunikation wirklich wünschenswert, durchweg positive Medienberichterstattung zu erzielen? Die Antwort ist einfach: Zumindest eine ausgewogene Berichterstattung ist es, die die Medienarbeit anstreben sollte. Gerade für die Kundenkommunikation ist es wichtig, dass Produkte sachgerecht in den Medien dargestellt werden.

Wann eine Darstellung von Unternehmen, Marke oder Produkt in den Medien angemessen ist, ist sicherlich eine Frage der jeweiligen Zielsetzung und Erwartungshaltung. Gemeinsam ist jedoch jeder Berichterstattung der Anspruch, glaubwürdig zu sein. Journalismus definiert sich nicht über die Wahl der Darstellungsformen oder seine möglichst weitgehende Unabhängigkeit von wirtschaftlichen, politischen oder anderen Akteuren. Es ist vielmehr seine erwartete größtmögliche Neutralität im Umgang mit interessengeleiteter Kommunikation, die ihn glaubwürdig macht. Auf die Unternehmenskommunikation und ihre Erwartungen an die Medien übertragen, heißt dies: Auch die Berichterstattung über das Unternehmen muss glaubwürdig sein, will sie ihre Zielgruppen überzeugen. Glaubwürdigkeit in der Berichterstattung über Unternehmen und deren Produkte heißt zugleich, dass Pressearbeit nicht überreden oder manipulieren darf, sondern ihre Inhalte durch eine eigene Recherche des Journalisten ergänzt und objektiviert werden sollten. Eine Initiierung von Berichterstattung durch Pressemitteilungen kann also nur eine Seite der Medaille sein. Wenn ein Leser in seiner Tageszeitung einen Beitrag über den Aufschwung der deutschen Wirtschaft liest und darin ein Unternehmen exemplarisch hervorgehoben wird, dann wirkt das ausgewogener, unabhängiger und glaubwürdiger als eine Meldung über das neue Produkt, das mit Foto und Preis in einer Frauenzeitschrift abgebildet ist.

Gerade bei der Kundenkommunikation sehen viele Unternehmen jedoch genau solche Produkt-Meldungen als Erfolg. Sie können aber nur ein Teilergebnis der kundenorientierten Medienarbeit sein. Es muss auch darauf ankommen, den engen Kreislauf des heute vielfach eher reagierenden als agierenden Journalismus zu durchbrechen und Unternehmensthemen so zu verankern, dass sie zum Selbstläufer werden.

Schaubild 54
Aufgaben von Pressefachleuten

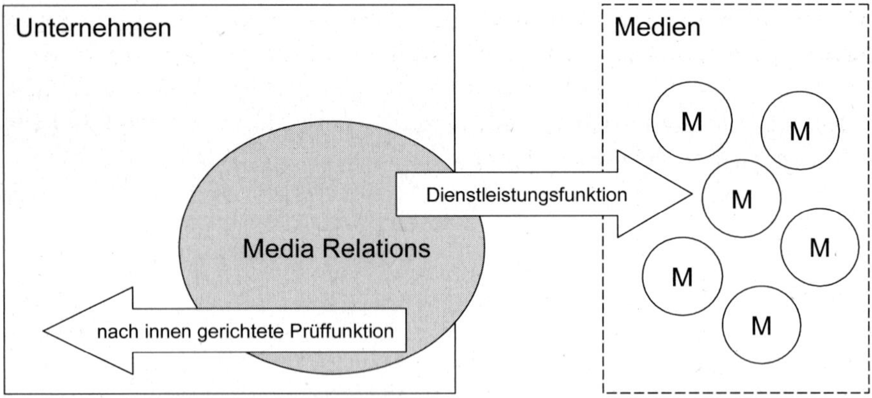

Quelle: eigene Darstellung

Zugleich sollte die Glaubwürdigkeit auch für die Presse- und Öffentlichkeitsarbeit *die* zentrale Messgröße sein. Das Verhältnis von PR-Experte und Journalist ist im Idealfall durch gegenseitiges Vertrauen geprägt. Vertrauen kann nur entstehen, wenn sich beide Parteien auf die Aussagen des anderen verlassen können. Glaubwürdigkeit ist somit auch ein Gütekriterium für die Qualität von Pressearbeit. Professionelle Pressearbeit heißt, Informationen, die im Unternehmen an die PR-Abteilung herangetragen werden, kritisch auf ihren Informationsgehalt, ihren Nachrichtenwert und ihre Tauglichkeit für die Medienberichterstattung als Ganzes und für ein spezielles Medium zu prüfen. Man könnte diese Aufgabe als nach innen gerichtete Prüffunktion bezeichnen. Pressearbeit wird dann ihre Dienstleistungsfunktion gegenüber Redaktionen erfüllen, wenn sie ausschließlich wichtige, korrekte und wahrheitsgemäße Informationen weitergibt (Schaubild 54). Zurückhaltung ist dementsprechend bei Superlativen zu üben, die Produkte als immer neuer, innovativer, besser usw. zu vermarkten suchen.

An Glaubwürdigkeit können Unternehmensinformationen auch dann gewinnen, wenn unabhängige Dritte sie bestätigen. Gerade im Bereich der Produkttests gewinnen unabhängige Prüfinstitute und objektive Testberichte an Bedeutung. Die Stiftung Warentest gehört ohne Frage zu den bekanntesten in diesem Markt. Ihre Testhefte sind unabhängige, glaubwürdige Meinungsführermedien, die Produkte auf die wesentlichen Aspekte reduzieren, vergleichen und ihren Lesern verständlich und übersichtlich vorstellen. Peter Gurr, stellvertretender Chefredakteur von „test“, dem Verbrauchermagazin der Stiftung Warentest, spricht mit seinem Magazin den mündigen, interessierten Verbraucher an. Inwiefern er einen konstruktiven Dialog zwischen Unternehmen und Kunden fördern will und wo er dabei an der Kundenkommunikation ansetzt, beschreibt er in seinem nachfolgenden Beitrag.

Peter Gurr, Stiftung Warentest, Berlin

Kommunikation ist keine Einbahnstraße

Ende der 50er Jahre, als sich Regale und Schaufenster in Deutschland erstmals wieder mit Waren füllten, hatte der Bundesverband der Deutschen Industrie (BDA) ein ziemlich klare Vorstellung von Kundenkommunikation: „Der Kunde ist durch Werbung in ausreichendem Maße unterrichtet". Durch Normen und engagierte Arbeit sei darüber hinaus „zumindest für eine ausreichende Qualität gesorgt". „Es ist und bleibt die vornehmste Pflicht eines Unternehmens, nur Qualitätswaren zu produzieren", legte 1957 der Wirtschaftsverband Eisen, Blech und metallverarbeitende Industrie nach. Kommunikation als Einbahnstraße vom Anbieter zum Kunden. Das Unternehmen produziert, der Kunde konsumiert, Widerspruch zwecklos.

Nur gut, dass nicht nur viele Verbraucher, sondern auch Politiker aller Parteien ganz anderer Meinung waren. „König Kunde" stand in den frühen 60er-Jahren vor einem schnell wachsenden Angebote konkurrierender Produkte und war von der zunehmend komplizierteren Technik, häufig ohne kompetente Beratung, überfordert. Der dringende Wunsch nach Markttransparenz und nach einer objektiven Beurteilung der Qualität als Basis für rationale Kaufentscheidungen ebnete den Weg zu einer Institution, die diesen Wunsch erfüllte. Das Bundeswirtschaftsministerium unter Ludwig Erhard entwickelte 1962 das Konzept für ein allgemeines Deutsches Warentest-Institut. Zwei Jahre später war es soweit: „Die Aufgabe der Stiftung Warentest ist es, die Öffentlichkeit über objektivierbare Merkmale des Nutz- und Gebrauchswertes von Waren und Dienstleistungen zu unterrichten" schrieb die Bundesregierung 1964 dem Berliner Institut zur Gründung ins Stammbuch.

Heute, über 40 Jahre später, kann sich kaum jemand, auch nicht die Wirtschaft, vorstellen, dass die Märkte ohne einen ständigen Dialog zwischen Anbietern und Kunden funktionieren können. Kommunikation schafft Transparenz und Vertrauen. Kann sich der Kunde bei seinen Kaufentscheidungen auf objektive und unbeeinflusste Informationen verlassen, dann fällt die Entscheidung leicht, Fehlinvestitionen lassen sich vermeiden. Objektive Informationen bringen den Verbraucher auf gleiche Augenhöhe mit dem Anbieter – der mündige Verbraucher wird Realität. Im Gegenzug bringen Wünsche und Kritik der Kunden dem Anbieter wichtige Impulse, die Qualität zu steigern und neue Märkte zu erschließen. Der informierte Verbraucher wird so zum Partner einer funktionierenden Marktwirtschaft. Nicht der Kampf zwischen Konsumenten und Anbietern ist das Ziel, sondern ein konstruktiver Dialog. Stand die Wirtschaft der Stiftung Warentest am Anfang höchst argwöhnisch gegenüber, so nutzt sie heute selbst weitgehend die Arbeitsergebnisse, um Produkte und Dienstleistungen laufend zu verbessern.

Worauf die Redaktion der Stiftung Warentest Wert legt
„Die Kraft die durch den Knoten geht"

Rund 70 Prozent der Kunden, so 1976 das Ergebnis einer repräsentativen Umfrage im Auftrag der Stiftung Warentest, sind mit den beim Kauf zur Verfügung stehenden Informationen nicht zufrieden. Dazu ein einfaches Beispiel für eine ganz alltägliche Frage: Welches Waschmittel wäscht am besten? Der Weisse Riese hat angeblich „Die Kraft, die durch den Knoten geht". Dash dagegen „wäscht so weiß, weißer geht es nicht". Oder lieber Persil „Aus Liebe zur Wäsche", und nicht vergessen „Waschmaschinen leben länger" natürlich nur mit Calgon.

Die Kraft, die durch den Knoten geht, war relativ schnell als billiger Reklametrick entlarvt. Aber erst nach Hunderten von Waschgängen lässt sich die Frage beantworten, wer weißer wäscht. Wenn die „Liebe zur Wäsche" Sauberkeit und Pflege gleichermaßen verspricht, müssen die Laken außerdem nach jedem Waschgang auf Gewebeschäden und Zugfestigkeit geprüft werden. Dass Waschmaschinen ohne Calgon hoffnungslos verkalken, ist zwar trotz jahrelanger Tests nicht belegt, hält sich aber hartnäckig und ebenso erfolgreich in der Werbung als einträgliches Geschäft mit der Angst.

Der Schwerpunkt der Redaktionsarbeit besteht also darin, aus der Fülle von Ergebnissen ein Bild zu entwickeln, das sowohl eine einfache und schnelle Kaufentscheidung ermöglicht, als auch detaillierte Informationen auf unterschiedliche Fragen zum Produkt bietet. Dazu wurden verschiedene Instrumente im Heft entwickelt. Die Testtabellen sind Sammelpunkt und Infozentrum für alle Testergebnisse. Mit der gewichteten Zusammenfassung von Gruppenurteilen zum „test"-Qualitätsurteil wird der Vergleich einfach und übersichtlich. Die Detailnoten geben wichtige Eigenschaften für unterschiedliche Zielgruppen wieder und ermöglichen eine differenzierte Beurteilung. Der Text macht nicht nur auf die Ergebnisse aufmerksam, sondern versucht einen Überblick über das geprüfte Marktsegment insgesamt zu geben und lässt so Alternativen für den Käufer erkennen. Am häufigsten gelesen und genutzt wird die kurze Zusammenfassung „Unser Rat". Dort erfährt der Leser knapp und konzentriert das Fazit der Untersuchung. Zusätzliche Elemente wie Interviews, Glossar und Tipps bringen Informationen und Nutzwert über das reine Testgeschehen hinaus. So profitieren auch Leser von dem Test, die nicht unmittelbar vor einer Anschaffung stehen.

Nach welchen Kriterien erfolgt die Auswahl von Produktinformationen?
„Alles was den Verbraucher interessiert"

Im ersten Jahrzehnt von „test" drehte sich fast alles um die „weiße Ware", die großen und kleinen Haushaltsgeräte bestimmten den Heftinhalt. Entsprechend orientierten sich die Produktinformationen vorrangig an Fragen zum Gebrauchs- und Nutzwert und zur Preiswürdigkeit. Nur wenige Jahre später wollen die Leser aber auch wissen, wie gut die Handhabung ist. Diese Frage galt zunehmend neuen Produkten der Unterhaltungselektronik und deshalb gerieten die Haushaltsgeräte etwas aus dem Blickfeld.

Nicht zuletzt das Reaktorunglück in Tschernobyl 1986 weckte das Umweltbewusstsein. Gefragt waren jetzt Umweltfreundlichkeit und Energieverbrauch, die Belastung mit Schadstoffen, die Frage wie stark Abwasser die Gewässer verunreinigt und wie sich die Verpackung entsorgen lässt. Die Lebensdauer der Geräte war jetzt eine wichtige Information, die Recyclingmöglichkeiten ein Teil der Testbetrachtung. In den 90er Jahren prägten die Themen Ernährung, Kosmetik und Gesundheit das Leserinteresse. Bei den technischen Geräten dominierten der Computer und seine Peripherie. Aber nicht nur Megahertz und Gigabyte waren gefragt. Bei den nicht einfach zu bedienenden Geräten wurde der Service immer wichtiger: Wo gibt es Rat, wie gut erreiche ich die Hersteller-Hotline, wie lange gibt mir die Garantie Sicherheit? Aktuell rückt auch die Herstellung der Produkte immer stärker ins Blickfeld. Das ethisch-soziale und ökologische Verhalten von Unternehmen ist zwar nicht kaufentscheidend, aber das Interesse an Information, wie Hersteller ihre soziale Verantwortung (Corporate Social Responsibility) wahrnehmen, wächst.

Im Grundsatz gilt: Was den Verbraucher interessiert, das ist auch Gegen stand der Berichterstattung. Laufende Umfragen, die Resonanz am Beratungstelefon und die Erfahrung von Projektleitern und Redakteuren sind die Grundlage für die Planung der Heftbeiträge. Am stärksten halten sich die Themen Ernährung, Sicherheit und Gesundheit. Außerdem gilt: Neue Produktgruppen wie Handys und Digitalkameras, DVD-Player und Flachbildfernseher werfen bei der Markteinführung die meisten Fragen auf. Wenn innovative Produkte erst einmal im Massenmarkt angekommen sind und die Preise drastisch fallen, dann schwindet das Interesse merklich. Inzwischen sorgt der Fortschritt wieder für neue Fragen und Lesestoff.

Worauf legen Sie dabei besonders großen Wert?
Die nützlichste Einrichtung – gleich nach dem roten Kreuz

69 Prozent der Bundesbürger kennen die Stiftung Warentest, mehr als ein Drittel davon orientiert sich bei wichtigen Kaufentscheidungen an ihren Qualitätsurteilen. Grundlage für dieses Erfolgsmodell ist die in der Satzung verankerte Neutralität und Objektivität der Stiftung, auf die sich auch ein hohes Vertrauen in die Untersuchungsergebnisse gründet.

Daraus ergeben sich klare Spielregeln. In „test" gibt es zwar ein breites Spektrum an Beiträgen wie bei jedem anderen Magazin: von den Nachrichten über ausführliche Reports und die Untersuchungen bis zum Rezept des Monats. Nur eines gibt es nicht: Werbung. Das Anzeigenverbot ist in der Satzung der Stiftung Warentest fest verankert und soll die finanzielle Unabhängigkeit von Handel und Industrie gewährleisten.

Damit liegt aber auch die Meßlatte bei allen redaktionellen Beiträgen eine Stufe höher. Sachkunde und Nachprüfbarkeit der Inhalte sind oberstes Gebot. Neuheitenberichte und Pressetexte, die über rein werbliche Ankündigungen nicht hinausgehen, haben keine Chance auf Veröffentlichung im Heft. Schwerpunkt sind die Untersuchungsergebnisse. Die sorgfältige Testarbeit nach anerkannten wissenschaftlichen Methoden beginnt schon bei der Anlage der Untersuchung. Erster Schritt ist eine genaue Analyse des Marktes, um häufig gekaufte Produkte ebenso wie interessante Außenseiter für die Testauswahl sicher zu erfassen. Zweiter Schritt ist der anonyme Einkauf im Handel. Dienstleistungstests erfolgen stets verdeckt. Bei der Ausarbeitung des Prüfprogramms lassen sich die Testleiter von einem Beirat aus Experten beraten. Die Prüfung selbst erfolgt durch unabhängige Labors nach den Vorgaben der Stiftung. Die Bewertung der Ergebnisse liegt allein in der Hand der Projektleiter, bei negativen Ergebnissen wird bis zu dreimal nachgeprüft, um ein eindeutiges Ergebnis sicherzustellen. Der Aufwand lohnt sich. Die Stiftung Warentest wurde in einer Umfrage als „die nützlichste Einrichtung in der Bundesrepublik – gleich nach dem roten Kreuz" bewertet.

Inwiefern leisten Sie einen Beitrag zur Kommunikation von Unternehmen mit ihren Kunden?
Durch Kritik zur Qualität „Made in Germany"

Testergebnisse beeinflussen die Nachfrage. Die Nachfrage regelt das Angebot. Den entscheidenden Part in diesem Zusammenwirken spielt immer mehr der Handel. Wie eine Untersuchung der IHK Darmstadt 1979 ergab, waren 57 Prozent der befragten Einzelhändler bereit, positiv bewertete Artikel in ihr

Sortiment aufzunehmen. 50 Prozent wollten negativ bewertete Artikel nicht mehr nachbestellen. Heute sind die Reaktionen auf Testergebnisse noch drastischer. Große Discounter nehmen Produkte, die ein schlechteres Urteil als „befriedigend" erzielen, zu Lasten des Anbieters ohne Federlesen aus dem Regal.

Trotzdem ist die Reaktion der Anbieter auf Prüfergebnisse überwiegend positiv. Industrie- und Handelsumfragen bestätigen, dass 80 Prozent der Hersteller getesteter Fabrikate die Testergebnisse systematisch auswerten. Mehr als zwei Drittel dieser Hersteller berücksichtigen Prüfkriterien der Stiftung Warentest bei der eigenen Qualitätskontrolle. Auch Hersteller, deren Fabrikate nicht getestet wurden, berücksichtigen – wenn auch in geringerem Umfang – Warentests im Rahmen ihres Marketings. Der Warentest gibt „wettbewerbsintensivierende Impulse, führt in erster Linie zu einem Qualitätswettbewerb in Industrie und Handel, kaum jedoch zu einem Preiswettbewerb". Aktuelle Entwicklungen belegen gerade dies. Geiz ist nur bei kurzlebigen Produkten geil. Bei langlebigen Anschaffungen steht die Qualität an erster Stelle und nicht der Preis.

Kritik wird nicht immer als angenehm empfunden. Von Anfang an hat das Spannungsfeld zwischen der Presse- und Meinungsfreiheit und dem so genannten Recht am eingerichteten und ausgeübten Gewerbebetrieb immer wieder die Gerichte beschäftigt: mit positivem Ausgang. Gewerbetreibende müssen sich öffentlicher Kritik stellen, solange sie neutral, objektiv, sachkundig und um Richtigkeit bemüht ist. Dabei dürfen sogar bestehende Normen überschritten werden, besonders dann, wenn es um Sicherheit geht. Rechtlich hat die Presse damit als Stimme des Verbrauchers eine solide Basis.

Der Kunde kommt auch direkt zu Wort, dafür sorgt die Stiftung Warentest mit ihrer Marktforschung, die als Grundlage für die Testarbeit dient. Eine der wichtigsten Maßnahmen ist die jährliche Umfrage bei den „test"- und „FINANZtest"-Abonnenten. Gefragt wird nach dem persönlichen Nutzen. Das Ranking ist eine wichtige Basis für die Testplanung. Monatliche Copytests fragen nach den Kaufgründen für die jeweilige Ausgabe, dem Nutzwert der Inhalte und nach Anregungen für zukünftige Projekte. Gruppendiskussionen zu einzelnen Schwerpunktthemen oder Sonderheften lassen den Leser ausführlich zu Wort kommen und werden sorgfältig für die Testarbeit ausgewertet. Wünsche und Kritik der Kunden bestätigen oder verändern so unmittelbar die Arbeit der Stiftung Warentest. Zum 40jährigen Dienstjubiläum im Dezember 2004 gab es von Verbraucherschutzministerin Renate Künast Bestätigung und Lob: „Die Stiftung Warentest hat bedeutenden Anteil am Aufbau des Qualitätsstandortes Deutschland und dem weltweiten Erfolg des Qualitätskennzeichens ‚Made in Germany'."

2. Pressearbeit als medienvermittelte Ansprache des Kunden

2.1. Fachmedien und Breitenmedien

Pressearbeit lässt sich im Rahmen der Kundenkommunikation zur mittelbaren Ansprache von Kunden einsetzen. Journalisten übernehmen die Rolle von Multiplikatoren, aber zugleich auch die der Vermittler zwischen Unternehmen und Öffentlichkeit. Für die Medienarbeit ist es wichtig zu wissen, welche Zielgruppen ein Medium anspricht, damit sie ihre Inhalte bestmöglich auf das jeweilige Medium zuschneiden und somit ihre Chancen auf Berichterstattung erhöhen kann. Neben der Kenntnis der Zielgruppen und damit der grundlegenden Ausrichtung des Blattes ist auch die Zielsetzung der Redaktion zu berücksichtigen: Steht die reine Informationsvermittlung im Vordergrund der Berichterstattung? Will die Redaktion ihrem Publikum Tipps und Entscheidungshilfen geben, so dass eher der Ratgeberjournalismus dominiert? Oder stehen Nutzen und Verwendungszusammenhang von Produkten in einem weiter gefassten Kontext im Vordergrund der Berichterstattung, so dass z. B. wirtschaftliche Zusammenhänge oder technische Fragestellungen entscheidend sind?

Bezogen auf den Aspekt der Mediengattung lassen sich grob drei Kategorien unterscheiden, die an die Pressearbeit unterschiedliche Anforderungen stellen:

- *Fachmedien* eignen sich durch ihre Ausrichtung auf Fachpublika in erster Linie für den Business-to-Business-Bereich. Sie sprechen Fachleute in der Regel im beruflichen Kontext an; sie sind meist auf einen Berufsstand (z. B. Maschinenbauer, Architekten, IT-Fachleute) oder eine Qualifikationsebene (z. B. Entscheider in mittelständischen Betrieben) ausgerichtet.
- *Breiten- und General-Interest-Medien* haben die Öffentlichkeit als Ganzes oder ausgewählte Teile dieser Öffentlichkeit im Blick. So breit das Spektrum und die Ausrichtung dieser Vielzahl an Titeln ist, so vielfältig sind auch ihre Zielgruppen und damit deren Nutzungsmuster, -kontexte und -umgebungen. Gemeinsam ist ihnen jedoch in der Regel, dass sie ihre Inhalte für ihre jeweilige Zielgruppe so verständlich und nutzwertorientiert wie möglich aufbereiten.
- *Special-Interest-Medien* sind zwischen Fach- und allgemeinen Medien angesiedelt. Sie richten sich an interessierte Laien mit entsprechender Vorbildung. Anders als Fachmedien vermitteln sie Fachinhalte meist leichter verständlich und sprechen ihre Rezipienten eher im privaten Umfeld an, im Rahmen eines Hobbys oder eines berufsunabhängigen Interesses.

Versteht man Kundenkommunikation im Journalismus als Berichterstattung über Produkte und Dienstleistungen, so kommt den Berufsrollen des serviceorientierten Ratgebers und des neutralen Informationsvermittlers eine besondere Bedeutung zu:

- Der *serviceorientierte Ratgeber* will Angebote und Problemlösungen kritisch prüfen und vergleichen und daraus Tipps und Hinweise für seine Leser, Hörer, Zuschauer oder Online-Nutzer ableiten. Dazu sichtet er Informationen aus Sicht seines Publikums, z. B. mit den Augen eines potenziellen Käufers. Das besondere Gewicht dieser Berufsrolle aus Sicht der Kundenkommunikation liegt darin, dass etwa Kaufempfehlungen oder auch negative Bewertungen in Special-Interest-Titeln deutliche Konsequenzen für die Verkaufszahlen eines Produktes haben können. Die Medienarbeit hat sich, weil der serviceorientierten Journalismus zunimmt, immer stärker darauf ausgerichtet, den konkreten Nutzwert von Produkten in unterschiedlichen Anwendungskontexten oder Verwendungszusammenhängen darzustellen.
- Als *neutrale Informationsvermittler* sehen Journalisten ihre Aufgabe darin, Informationen möglichst genau und sachlich wiederzugeben, ohne (Be-) Wertungen vorzunehmen. Dabei kommt es darauf an, verständlich zu berichten. Eine genaue Wiedergabe z. B. von PR-Informationen ist nicht immer im Sinne der PR, haftet an ihr doch leicht das Stigma der „Hofberichterstattung“ und damit eine geringe Glaubwürdigkeit. Medienarbeit sollte bereits im Unternehmen versuchen, eine ausgewogene Information zusammenzustellen.

Abhängig davon, welchen Medientyp man ansprechen will und welche Funktion in einem Medium dominiert, muss sich auch die Informationsbereitstellung und -aufbereitung durch die Pressearbeit unterscheiden. Die Zusammenarbeit gerade im Bereich des kritischen Ratgeberjournalismus ist nicht immer einfach, davon kann Christoph Witte, Herausgeber und Chefredakteur der „Computerwoche“, München, berichten. Bei der Auswahl der Themen und Produkte für die Berichterstattung stellen er und seine Redakteure deren Nutzen für ihre Zielgruppe in den Vordergrund. Dazu prüfen sie Produkte auf ihren ganz konkreten Beitrag für den Arbeitsalltag der Leser – wie bei kritischen Produkttests nicht anders zu erwarten, besteht nicht jedes Produkt den Test mit Bravour. Wie schwierig deshalb die Zusammenarbeit mit mancher Pressestelle sein kann, zeigt der nachfolgende Beitrag. Gerade Fachmedien, die für ihre Testberichte die Unterstützung oder zumindest Aussagen und Stellungnahmen der Unternehmen benötigen, sind auf Zuverlässigkeit und Vertrauenswürdigkeit der PR-Ansprechpartner angewiesen.

Christoph Witte, „Computerwoche", München

Produktinformationen in der „Computerwoche"

Die „Computerwoche" (CW) ist ein so genanntes Business-to-Business-Medium und fokussiert auf die kommerziell eingesetzte Informationstechnik. Als marktführendes Print- und Online-Medium ist die „Computerwoche" die Informationsdrehscheibe für IT-Entscheider und IT-Professionals in Unternehmen. Sie informiert aktuell, kompetent und kritisch über neue Produkte, Trends und Technologien. Ihre qualitativ hochwertigen Beiträge zeichnen sich durch einen hohen Nutzwert aus, der dem CW-Leser hilft, zum Erfolg seines Unternehmens beizutragen (verbreitete Auflage im IV. Quartal 2004 nach IVW: 53.859). Neben der Print- und Onlineausgabe (www.computerwoche.de) verschafft die „Computerwoche" Top-IT-Entscheidern, IT-Managern und IT-Professionals eine anspruchsvolle Veranstaltungsplattform für den direkten Wissenstransfer untereinander sowie mit der Industrie und Beratern. Für die Events der „Computerwoche" gelten die gleichen Ansprüche an Qualität und Nutzwert wie für die Zeitschrift.

Kriterien für die Auswahl von Produkten für die Berichterstattung

Die „Computerwoche" versteht sich als konstruktiv kritisches Medium, das die Bedürfnisse der Anwender-Community in den Vordergrund seiner Berichterstattung stellt. Diese Positionierung bestimmt die Information über Hersteller- und Produkt-Strategien sowie die Darstellung der Produkte in der „Computerwoche". Deshalb stellt der Nutzen für die Zielgruppe das mit Abstand wichtigste Kriterium für die Auswahl der Produkte dar, über die in der „Computerwoche" berichtet wird. Dabei definieren wir Nutzen wie folgt:

- das Produkt ergänzt/erneuert das IT-Equipment des Unternehmens;
- das Produkt löst ein Problem, das der Leser in seiner DV-Welt hat;
- das Produkt ist innovativ und hat das Potenzial, die Prozesseffektivität des Unternehmens zu erhöhen;
- Produkte, die eines oder mehrere dieser Kriterien erfüllen und preiswerter sind als andere, haben einen höheren Nutzen.

Weitere Kriterien für die Auswahl von Produkten für die Berichterstattung sind:

- Aktualität: Die „Computerwoche" wird auch daran gemessen, wie schnell sie über neue Produkte berichtet. Deshalb ist es unser Anspruch, über marktrelevante Produkte als erste oder zumindest als eine der ersten Zeitschriften zu berichten. Auch deshalb, weil die Leser die Qualität einer Fachpublikation unter anderem an der Schnelligkeit messen, mit der sie ihnen Informationen liefert.

- Verfügbarkeit: Je näher der Markteintritt eines Produktes ist, desto größer ist das Interesse unserer Leserschaft.
- Marktbedeutung des Herstellers: Je größer die Marktpräsenz eines Herstellers, desto eher gelangen gemeinsame Produkte in die „Computerwoche", weil sie eine hohe Installationsdichte aufweisen.
- Produkte nach Themen: Produkte in sich entwickelnden Märkten werden intensiver beschrieben als solche in stagnierenden oder sich technologisch nicht mehr weiter entwickelnden Märkten.
- Produktberichterstattung zu Themen, die – wie wir aus unseren Leserbefragungen wissen – auf großes Interesse stoßen, findet natürlich öfter statt.

Insgesamt gliedert sich die Produktberichterstattung in der „Computerwoche" in folgende Bereiche:

- Produktmeldungen,
- ausführliche Produktbeschreibungen,
- Produktvergleiche sowie
- Tests/First Looks.

In allen Arten der Produktberichterstattung legen wir größten Wert darauf, das Nutzenversprechen einzulösen, das wir unseren Lesern gegenüber abgeben. Das heißt: Leser finden in der „Computerwoche" schnell die sachlich richtige Information zu den Produkten, die die Frage nach möglichen Einsatzgebieten, Eigenschaften, nach den Vorteilen/Nachteilen gegenüber Konkurrenzprodukten, der Verfügbarkeit, dem Preis und der Bedeutung für die Installationswirklichkeit des Anwenders beantworten.

Zusammenarbeit mit Unternehmenspressestellen

Pressestellen sind im besten Fall Informationsdrehscheiben, im schlechtesten schirmen sie ihr Unternehmen von der Presse ab. Da kann von Zusammenarbeit keine Rede sein. Solche Pressestellen kontaktieren wir nur, um ein offizielles Dementi einzuholen, um Bildmaterial abzufordern oder Produktinformationen zu erbitten. Schon der Wunsch, Produktinfos gegen eine Sperrfrist vorab zu erhalten, scheitert hier. Wer weitergehende Informationen abfragt, bekommt sie entweder überhaupt nicht oder erst Tage nach Redaktionsschluss. Pressestellen dieser Art betrachten Journalisten nicht als Partner, sondern als natürliche Feinde. Eine solche Pressestelle versuchen wir zu umgehen. Geht es dabei um PR-Stellen von IT- oder Telekommunikationsherstellern, klappt das oft erstaunlich leicht. Meistens wissen die Produktmanager um die Inkompetenz der Kollegen und geben der „Computerwoche“ die nötigen Informationen.

Die Kooperation mit den „Informationsdrehscheiben“ funktioniert in aller Regel gut. Die Kollegen auf der anderen Seite wissen, was Fachjournalisten benötigen, und bemühen sich, die erbetenen Informationen so schnell wie möglich beizubringen. Oft verfügen die Mitarbeiter in diesen Pressestellen über gutes Fachwissen und erteilen bei nicht allzu tief reichenden Fragen erschöpfend Auskunft. Selbst in kritischen Situationen mauern sie nicht, teilweise suchen sie sogar aktiv den Kontakt zu den Journalisten. Natürlich betreiben auch diese Teams PR für ihr Unternehmen; wird's kritisch, trachten sie danach, ihr Unternehmen gut aussehen zu lassen. Obwohl die Journalisten um diesen „einseitigen“ Blick wissen, erleben sie eine kooperative Pressestelle als hilfreich.

So banal es klingt: Die Qualität der Zusammenarbeit hängt vor allem von der Einhaltung gegebener Zusagen ab. Dabei ist es gleichgültig, ob es um Interviewpartner, Informationsmaterial, Bilder, Testgeräte oder Produktinfos geht.

Gute Pressestellen zeichnen sich durch ein gesundes Maß an Aktion aus. „Gesund“ ist das Versenden interessanter Presseinformationen, Quartalsbilanzen, Personalmeldungen, Informationen über Wechsel in der Firmen- und Produktstrategie sowie das Anbieten interessanter Gesprächspartner. Aktionismus entsteht hingegen, wenn eine Pressestelle versendeten Informationen hinterhertelefoniert und inquisitorisch nach dem Termin der angestrebten Veröffentlichung fragt. Ebenfalls als übertrieben empfindet es die CW-Redaktion, wenn Informationen an jeden Redakteur versendet werden statt einer einzigen Zusendung an unseren zentralen Posteingang. Oder wenn aus Mangel an echten Neuigkeiten Nebensächliches oder Altbekanntes in „frische“ Presseinformationen umgearbeitet wird.

Erheblich erschwert es die Kommunikation mit Unternehmen, wenn eine „freie“ Presseagentur als Verbindungsglied zwischen Unternehmen und Presse agiert. Oft sind die Mitarbeiter dort schon bei einfachen Fragen nach Produkten oder dem Unternehmen überfordert. Und anders als bei unternehmensinternen Pressestellen haben sie keinen Zugriff auf die wichtigen Ansprechpartner in den jeweiligen Firmen. So bleiben Informationen auf der Strecke.

Vor allem kleinere Unternehmen wählen aus Kostengründen diesen Weg zur Presse, oft mit dem Ergebnis, dass ihre Informationen aufgrund von Qualitätsmängeln einerseits und fehlender Kommunikation durch die Agentur andererseits von Redaktionen nicht beachtet werden.

Beitrag zur Kundenkommunikation

Fachblätter und Special-Interest-Titel wie die „Computerwoche" leisten einen wesentlichen Beitrag zur Kommunikation zwischen Herstellern und ihren Kunden. Wir beschreiben, erklären, analysieren und bewerten Produkte und Strategien. Bei den Kunden bedeuten Investitionen in ihre Unternehmens-Datenverarbeitung hohe Kapitalbindung. Nicht selten geben die Leser der „Computerwoche" mehrere Millionen Euro für Hard- und Software aus. So belaufen sich beispielsweise die IT-Budgets der Deutschen Bank oder von DaimlerChrysler auf jeweils mehrere Milliarden Euro. Grob geschätzt investieren Unternehmen zwischen ein und fünf Prozent ihres Umsatzes in IT. Angesichts dieser Aufwendungen wird einem die Bedeutung von Erklärungen und Analysen klar. Zeitschriften wie die „Computerwoche" sind natürlich nicht das einzige Beratungsinstrument. Spezialisierte IT-Berater, Anwendervereinigungen und Marktforschungsunternehmen nehmen diese Aufgabe ebenfalls wahr.

Die „Computerwoche" versucht ihren Lesern immer zu vermitteln, ob ein Hersteller wirtschaftlich gesund ist, ob seine Produkte gut sind, wie schwierig oder einfach sie zu managen und mit welchem Aufwand sie zu unterhalten sind. Außerdem sollte die Lektüre dem Leser helfen zu beurteilen, welche Technologien für ihn wichtig sind oder werden könnten und welche er nicht anzuwenden braucht.

Aus diesen Gründen sind Fachzeitschriften ein sehr wichtiges, wenn nicht das entscheidende Kommunikationsmedium zwischen Herstellern und Kunden. Im Gegensatz zur Publikumspresse beschäftigen sie Journalisten, die gleichzeitig Experten in ihren Fachgebieten sind. Sie sind (noch) nicht verpflichtet, alles nur noch in Kurzform zu präsentieren, sondern können detailliert auf den Gegenstand ihrer Berichterstattung eingehen.

Um mit Einstein zu sprechen, erklären Fachzeitschriften ihre Welt so „einfach wie möglich, aber nicht einfacher". Kurz: Sie werden gebraucht. Das wird auch in Zukunft so sein. Wahrscheinlich werden Fachpublikationen zusehends „online" ihre Informationen verbreiten. In einer immer „schneller" werdenden Gesellschaft wollen immer weniger Leute auf die nächste Ausgabe ihrer Fachzeitschrift warten. Sie wollen die benötigten Informationen sofort. Deshalb sind auch angesehene Fachzeitschriften gezwungen, sich mit einem starken Online-Ableger auszustatten, wenn sie weiterhin ihre Rolle in der Kundenkommunikation spielen wollen. Dabei werden sie als neutrales Glied in der Informationskette nicht überflüssig. Informationen der Hersteller können auch im Online-Zeitalter die Informationen der Fachzeitschriften nicht ersetzen, weil sie bei weitem nicht deren Glaubwürdigkeit besitzen.

2.2. Medienarbeit als Kontaktpflege und Beziehungsmanagement

Das Verhältnis von PR und Journalismus ist sensibel. Während PR-Fachleute von ihrem Gegenüber als „Partner im Kommunikationsprozess" und von sich selbst als Dienstleister sprechen, distanzieren sich Journalisten meist bewusst von der Unternehmenskommunikation. Unabhängig von dieser Hassliebe sind beide heute mehr denn je auf ein gutes Arbeitsverhältnis angewiesen. Gute Medienarbeit wird deshalb von Kommunikationsfachleuten als hohe Schule des Beziehungsmanagements verstanden. Wichtigste Aufgabe eines Pressereferenten ist es deshalb, den Kontakt mit den Medien aufzubauen und zu pflegen sowie offen und wahrheitsgemäß zu kommunizieren (Rota 1994: 72). Er nimmt eine Mittlerrolle zwischen Unternehmen und Öffentlichkeit ein.

Bedeutung des persönlichen Kontaktes und des gegenseitigen Vertrauens: Einerseits haben persönliche Beziehungen und gegenseitiges Vertrauen insbesondere im Rahmen der Pressearbeit zentrale Bedeutung. Man denke z. B. an Krisenzeiten, Informationen mit Sperrvermerk oder Vorab-Informationen. Andererseits nehmen Journalisten, wie bereits oben dargestellt, eine Gatekeeper-Funktion wahr, d. h. sie selektieren die Informationsflut. Je enger ihr Kontakt zu einem Unternehmen ist, desto größer sind die Chancen, dass seine Informationen nicht ungelesen im Papierkorb landen. Frühere positive Erfahrungen, eine hohe Glaubwürdigkeit und die Gewissheit, dass ein Unternehmen qualitativ hochwertige und gut verwertbare Informationen liefert, tragen dann Früchte. „Persönliche Bekanntschaft fördert das gegenseitige Vertrauen und kann der Ausgangspunkt für eine lange, gute Zusammenarbeit werden", resümiert Rota (1994: 76) im Sinne eines Praxistipps.

Kontinuierliche Kontaktpflege als Erfolgsfaktor: Ist der Kontakt einmal aufgebaut, sollte man ihn aufrechterhalten und pflegen. Oberste Maxime ist es, mit dem Journalisten auf Tuchfühlung zu bleiben und einen guten Draht zueinander zu etablieren. Vielfältige Möglichkeiten bieten sich hierzu (Rota 1994: 78 ff.):

- telefonische Kontakte in regelmäßigen Abständen; als Anlass können Neuigkeiten aus dem Unternehmen genutzt werden;
- Redaktionsbesuche, bei denen gemeinsame Ideen für Veröffentlichungen entstehen;
- kontinuierliche Versorgung auch mit Informationen, die nicht unmittelbar mit den eigenen Interessen in Verbindung stehen, aber für die tägliche Arbeit des Redakteurs relevant sein könnten;
- Gleichbehandlung aller Medienvertreter, da die Bevorzugung Einzelner zum Vertrauensverlust bei anderen führen kann;

- Einladung von Journalisten zu Besuchen im Unternehmen, bei denen sich Betriebs- oder Arbeitsalltag vermitteln und erklären lässt;
- Dank für gelungene, ausgewogene Artikel, eine Reportage oder einen Hörfunkbeitrag beim verantwortlichen Redakteur oder Mitarbeiter.

Wichtig ist jedoch immer eine gute Dosierung der Kontakte, nicht nur in Anbetracht der Geduld der Redakteure, sondern auch bezüglich der Informationsinteressen der Öffentlichkeit. Reißt der Kommunikationsprozess ab, so gilt der Grundsatz von Paul Watzlawick: „Man kann nicht nicht kommunizieren" (Watzlawick/Beavin/Jackson 1996: 53). Im Gespräch zu bleiben bedeutet, dem Wissen der Journalisten zusätzliche Aspekte hinzuzufügen. Der Austausch von Informationen und Mitteilungen (Im-Gespräch-Bleiben) schafft Nähe zwischen den Gesprächspartnern, bewirkt Gemeinsamkeiten und fördert die Teilhabe zwischen Unternehmen und Öffentlichkeit.

Pressearbeit als Serviceleistung für Journalisten zu verstehen, die auf der Basis einer intensiven Kontaktpflege beruht, ist die Grundlage der Öffentlichkeitsarbeit der Xella International GmbH. Den Porenbeton „Ytong" in die Medien zu bringen und im Gespräch zu halten, schafft Ernst Arelmann, Leiter Kommunikation, Duisburg, seit vielen Jahren. Das Spektrum der Zielgruppen ist breit: Neben Experten wie Architekten, Planer und Verarbeiter werden auch die Endkunden – private Bauherren und Heimwerker – über die Medienarbeit angesprochen. Wie ein Unternehmen diese Zielgruppen über die Medien anspricht und wie wichtig dabei die Kontaktpflege zu Journalisten ist, beschreibt der folgende Beitrag.

Ernst Arelmann, Xella International GmbH, Duisburg

PR für ein Dauerläufer-Produkt am Beispiel „Ytong"

Verona Feldbusch hat nach ihrer Baby-Pause etliche Pfunde abgespeckt und kehrt mit neuer Frisur zurück in die Öffentlichkeit. Solche und ähnliche Meldungen füllen täglich zuhauf die Spalten der einschlägigen Medien und der Tageszeitungen. Geschickt von entsprechend spezialisierten Agenturen platziert, machen sie Stars und Sternchen zu Personen des öffentlichen Lebens. Mitunter auch bloß zu Sternschnuppen, die nur kurz am Himmelszelt zu sehen sind.

Völlig anders verlief die Entwicklung des Baustoffs Porenbeton vom No-Name- zum Dauerläufer-Produkt. In schwedischen Laboren entwickelt, wurde der unbekannte neue Baustoff zu einem Markenprodukt aufgebaut. Eine schon früh einsetzende und über Jahrzehnte hinweg kontinuierlich verfolgte Kommunikations- und Markenstrategie sorgte dafür, dass das Produkt alles andere als eine vorübergehende und schnell verglühende Erscheinung wurde, sondern von Schweden aus einen weltweiten Siegeszug antreten konnte. Weil die Kommunikation von Anfang an neue Wege ging und stets aktuellen Erfordernissen angepasst wurde, hielt sie das Interesse am Baustoff wach und betonte seine Vorteile. Sie bewirkte nicht nur, dass sich Porenbeton als erster industriell gefertigter Baustoff in Konkurrenz zu traditionellen Materialien durchsetzen konnte, sondern verhalf ihm unter dem Namen Ytong auch zu einem ungewöhnlich hohen Bekanntheitsgrad. Der Markenname entwickelte sich zum Gattungsbegriff für Porenbeton schlechthin und fand als solcher schließlich Eingang in den Duden. Einer repräsentativen Studie des Nachrichtenmagazins Stern (Trendprofil 2/03) zufolge ist die Marke Ytong heute 40 Prozent der Bevölkerung ein Begriff. Wer auf einer Baustelle Steine in gelber Verpackung mit schwarzem Schriftzug sieht, weiß: Hier baut jemand mit Ytong Porenbeton.

Erste Baustoff-Marke

Entscheidend für den Erfolg dieses neuen und unbekannten Produktes war von Anfang an die gezielte Positionierung bei den Abnehmern. Zeitgleich mit dem Produktionsbeginn 1929 wurden die Baustoffeigenschaften und ihre Überlegenheit gegenüber den bis dahin traditionell in Schweden eingesetzten Materialien systematisch kommuniziert. Die Profilierung gelang so überzeugend, dass bereits zu Beginn der 30er Jahre weitere Werke gebaut werden mussten. Andere Hersteller wollten am Erfolg teilhaben und brachten Konkurrenzprodukte auf den Markt.

Es galt, das Original als solches zu kennzeichnen. Bereits 1940 wurde daher der Name „Ytong" – ein Kunstwort, das sich aus der ursprünglichen Bezeichnung „Yxhults Anghärdade Gasbetong" ableitet – als Bezeichnung für Porenbetonprodukte dieser Firma ins Warenzeichenregister eingetragen und somit zum weltweit ersten und ältesten Markennamen von Baustoffen. So war das Original von Produkten anderer Anbieter zu unterscheiden, die den Markt für dampfgehärtete Baustoffe mit zunehmendem Erfolg überschwemmten.

Nach dem zweiten Weltkrieg setzte sich die Erfolgsgeschichte fort. Die Situation im Nachkriegsdeutschland war vergleichbar mit der Situation in Schweden zu Beginn des 20. Jahrhunderts. Auch diesmal galt es, einen weitgehend unbekannten Baustoff im Markt zu positionieren. Dabei war es wichtig, Vorbehalte gegenüber dem modernen Industrieprodukt im Vergleich zu traditionellen Baustoffen abzubauen. Vor allem die funktionalen und wirtschaftlichen Vorteile des neuen Materials wurden herausgestellt. Ein früher strategischer Erfolg stellte sich ein, als der damalige Wirtschaftsminister Ludwig Erhard sich im Deutschen Bundestag für das Produkt einsetzte und erhebliche Mittel zur Förderung der Ytong-Industrie zur Verfügung stellte. Er sei, so ist es im Protokoll zur 200. Sitzung am 20. März 1952 nachzulesen, der Ansicht, „dass anerkannt gute und moderne Baustoffe in ihrer Produktion gefördert und gesteigert werden müssen. Zu ihnen gehört auch der dampfgehärtete Porenbeton, der bisher nur in geringem Umfang in Deutschland hergestellt wurde." Erhard hob in seiner Rede nicht nur die wärmedämmenden Eigenschaften hervor, die den Verbrauch von Kohle reduzieren würden, sondern auch das im Vergleich mit anderen Baustoffen kostengünstige Bauen mit Ytong. Die Positionierung war gelungen. Bis heute ist die Idee von der Entwicklung innovativer Konzepte für kostengünstiges und energiesparendes Bauen im Wohn- und Wirtschaftsbau entscheidend für die Ytong-Markenstrategie.

Zur Bekanntheit beigetragen hat aber auch die leichte Be- und Verarbeitbarkeit des Baustoffs, der es auch Laien ermöglicht, ein Haus Stein für Stein selbst zu bauen. Viele junge Familien, die ein Eigenheim planen, setzen daher auf Ytong, um sich den Traum vom eigenen Heim in Eigenleistung zu erfüllen.

Vor allem zwei Komponenten waren es, die in der Nachkriegszeit zur erfolgreichen Positionierung dieses modernen Baustoffs in einem zutiefst konservativen Markt führten: ein Produkt, das aufgrund seiner industriellen Herstellung stets zuverlässig über die gleichen Produkteigenschaften verfügte und das wegen seiner exakten Abmessungen die Mauerwerkstechnik nachhaltig und grundlegend beeinflussen sollte, sowie eine für die damalige Zeit neue Kommunikationsstrategie.

Parallel zum Aufbau eines bundesweiten Netzes von Vertragshändlern – damals ein neues und revolutionäres Vertriebskonzept – hat das Unternehmen nach dem Krieg den Namen Ytong durch gezielte Marketingmaßnahmen systematisch und erfolgreich zur internationalen Marke aufgebaut. Vorbild war die Konsumgüterindustrie, wo Markennamen längst zum Synonym für Erfolg und Qualität avanciert waren. Gut zwei Prozent des Jahresumsatzes investierte man in Werbung. Als erster und einziger Baustoffhersteller war Ytong damals schon mit ganzseitigen Anzeigen nicht nur in den Medien für Fachzielgruppen vertreten, sondern auch in Illustrierten und Nachrichtenmagazinen. Den Partnerfirmen gewährte man Zuschüsse zu ihrer eigenen Werbung.

Markenaufbau und Imagepflege

Schon in den späten 50er Jahren setzte sich folgende Erkenntnis durch: Es ist auf Dauer nicht ausreichend, technisch gute Leistungen zu offerieren; es ist vielmehr unumgänglich zur erfolgreichen Positionierung und Profilierung einer Industriegütermarke die Überlegenheit eigener Leistungen den Abnehmern gegenüber wahrnehmbar zu kommunizieren, um Entscheidungen für das Produkt nachhaltig zu prägen. Mit einem umfassenden Beratungsservice, Prospekten, Produktübersichten und Preislisten sowie einer Fülle von verkaufsfördernden Aktivitäten wurden Leistungen angeboten, mit deren Hilfe sich der Fachhändler als leistungsfähiger und kompetenter Gesprächs- und Handelspartner von Architekten, Bauunternehmern und Bauherren profilieren konnte. Die Bezeichnung Ytong Fachhändler, die die vertraglich gebundenen Partner offiziell führen durften, wurde ebenso zum Qualitätsmerkmal wie die auffällig gelben Baustoff-Paletten mit dem typischen Schriftzug. Beides signalisierte fachmännischen Beratungs- und Lieferservice.

Gezielt wurde so über Jahrzehnte hinweg Vertrauen in den Baustoff aufgebaut. Die Marktsituation jedoch änderte sich: Andere Hersteller waren erfolgreich mit vergleichbar guten Produkten im Markt. Bedingt durch die zu erfüllenden DIN-Normen waren die Erzeugnisse der einzelnen Baustoffhersteller einander immer ähnlicher geworden. Innovationen werden schnell Allgemeingut. In dieser Situation konnte sich kein Unternehmen dauerhaft nur durch die Produkte von der Konkurrenz absetzen. Es war notwendig, ihre Eigenschaften zu kommunizieren. Dabei gewannen emotionale Momente wie das Image eines Unternehmens neben der Darstellung von sachbezogenen Fakten an Bedeutung. Entsprechend flossen imagefördernde Elemente zunehmend in die PR-Aktivitäten ein. Die Präsentation von objektiven Sachinformationen wurde kombiniert mit einem zusätzlichen subjektiv-emotionalen Angebot.

Gezielte Ansprache von Zielgruppen

In Seminaren, Bauforen und Schulungen wurden gezielt Architekten, Unternehmer und Verarbeiter angesprochen und informiert. Ytong präsentierte sich dabei als modernes, leistungsstarkes, innovatives und ökologisch vorbildliches Unternehmen. Die Palette der gebotenen Informationen reichte von bauphysikalischen Materialeigenschaften über die Vorstellung von Marketing- und Vertriebsstrategien bis hin zur Erarbeitung von Handbüchern zur Pressearbeit.

Die Leistungen beschränkten sich nicht auf aktuelle Ansprechpartner: Künftige Zielgruppen erreichte man in Fachhochschulen und Universitäten, denen man großzügig Unterrichtsmaterialien zur Verfügung stellte.

Die Expansion ins Ausland und die internationale Präsenz der Marke Ytong vermittelten Weltläufigkeit. Auch den eigenen Mitarbeitern gegenüber förderte man den Stolz auf das Unternehmen und die Marke. Man verglich sich lieber mit Coca Cola als mit einem anderen Steine-Lieferanten. Der Glanz der Marke spiegelte sich in einem besonderen Zugehörigkeitsgefühl wider und verstärkte das Engagement der Mitarbeiter.

Mit ständigen Neuentwicklungen und marktgerechten Produkten bot Ytong außerdem ein Sortiment, das durch innovative Ideen einen Vorsprung im Markt gewährleistete und dem Unternehmen das von je her gepflegte Image eines Innovationsführers sicherte.

Je nach Markterfordernis hat Ytong aktuelle neue Angebote für relevante Zielgruppen entwickelt. Im Rahmen des so genannten Bauträgerkonzeptes beispielsweise hat Xella, so heißt das Unternehmen, zu dem die Marke Ytong seit 2002 gehört, mit Bau-Partnern eine Allianz für kostensparendes Bauen von Wohn- und Infrastrukturbauten gebildet, die Bauträgern, Wohnungsbaugesellschaften und Investoren ein Rund-um-Angebot von der Baulandentwicklung über die Unterstützung bei der Planung bis zur Realisierung von Bauprojekten bietet. Ytong verfügt über das entsprechende Know-how und lässt seine Partner daran teilhaben. Dies gilt auch für den PR-Bereich, wo über in der Unternehmenskommunikation erarbeitete Handbücher Hilfe zur Selbsthilfe geboten wird. Damit führt das Unternehmen eine Strategie fort, die es bereits in den 50er-Jahren erfolgreich entwickelt hat.

Zielgruppenspezifische Pressearbeit

Ergänzt werden diese Maßnahmen durch intensive und zielgruppenspezifische Pressearbeit. Ansprechpartner sind Fachzielgruppen mit Architekten und Planern auf der einen Seite, Unternehmern und Verarbeitern auf der anderen Seite, ebenso die privaten Endverbraucher, die ihren Baustoffbedarf im Baumarkt decken, außerdem private Bauherren. Ytong transportiert bei der Pressearbeit sowohl objektiv-rationale „hard facts“ als auch subjektiv-emotionale „soft facts“.

Durch PR-Arbeit besetzt das Unternehmen gezielt bestimmte Bereiche und Kompetenzfelder mit Themen wie Wärmedämmung oder kostengünstiges Bauen. Passend dazu entwickelte Service-Dienstleistungen, beispielsweise EDV-Programme zur Berechnung des Heizwärme- und Primärenergiebedarfs oder zur Planungsunterstützung im Wirtschaftsbau, werden durch Pressemitteilungen vorgestellt, was wiederum den Anspruch auf die Meinungsführerschaft festigt.

Individuelle Pressetexte als Service-Angebote

Pressetexte zu speziellen Fragestellungen oder Berichte über Aufsehen erregende Bauvorhaben werden individuell nach Rücksprachen mit interessierten Redaktionen exklusiv erstellt. Basis ist vielfach die für Anzeigenkunden zusammengestellte redaktionelle Jahresthemen-Planung sowie sich aus dem Unternehmensgeschehen ergebende aktuelle Aspekte. Zusätzlich werden Nachfragen aus Redaktionen bedient. Dazu steht ein Fundus von Basis-Texten bereit, auf den die Pressestelle bei Bedarf schnell und ohne großen zusätzlichen Aufwand zurückgreifen kann.

Um das Ziel einer hohen Abdruckfrequenz zu erreichen, wird die Pressearbeit als Service-Angebot an die Presse verstanden. Das Unternehmen bietet den Journalisten – gewissermaßen als Dienstleistung – kontinuierlich das ganze Jahr hindurch Themen an, die die Leistungen von Ytong interessant und objektiv darstellen. Ausschlaggebend für die Wahl der Themen wie für deren Gestaltung ist die Erwartung der jeweiligen Zielgruppe. Die Texte werden so aufbereitet, dass die Redaktionen sie in Abhängigkeit vom Seitenlayout unverändert übernehmen können, und sind mit reproduzierbarem Abbildungsmaterial versehen. Dabei ist das Material inhaltlich und sprachlich-stilistisch auf die jeweilige Zielgruppe abgestimmt. Die Daten und Fakten, die die Pressestelle abliefert, sind neutral, korrekt und überprüfbar und grenzen sich so strikt vom Bereich Marketing/Werbung ab – auch wenn die aktuelle Marketing-Strategie Basis der Pressearbeit ist. Bedient wird das gesamte Spektrum journalistischer Textsorten von der Meldung über den Bericht bis hin zur Reportage.

Die Verbreitung der Informationen erfolgt über einen zielgruppenspezifisch zusammengestellten, je nach Thematik individuell erweiterten Presseverteiler. Sofern es um Themen geht, die auch für andere Gewerke im Bau von Interesse sind, werden die entsprechenden Medien in den Verteiler einbezogen.

Kontaktpflege und Themenkontinuität

Systematische Pressearbeit hält das Unternehmen und sein Produkt im Gespräch. Der Versand eines Pressetextes jedoch ist noch lange keine Garantie dafür, dass der Inhalt auch tatsächlich abgedruckt wird. Weil man der Überzeugung ist, die richtige Beziehungspflege könne den Erfolg der PR-Arbeit mehr als verdoppeln, hat man bei Ytong schon von jeher der langfristigen, kontinuierlichen Pflege guter persönlicher Kontakte zu den Ansprechpartnern in der Presse viel Wert beigemessen. So wurde beispielsweise bei der Eröffnung eines neuen Zentrums für Technologie und Forschung zu einem Fachpressetag eingeladen, bei dem sich Kontaktpflege und Informationstransfer gut miteinander kombinieren ließen.

Durch kontinuierliche PR-Arbeit, die immer wieder neue Wege beschreitet, sich in ihrer Argumentation aber an den stets gleichen Grundthemen orientiert, ist es gelungen, den Baustoff Porenbeton als feste Größe im Markt zu verankern. Ytong wurde zu einer der bekanntesten Baustoffmarken. Wer Porenbeton meint, sagt in der Regel Ytong.

Seit 2002 gehört Ytong zusammen mit dem früheren Konkurrenten Hebel zur Xella International GmbH in Duisburg. Mit einer Jahresproduktion von 6,8 Millionen Kubikmetern Porenbeton, 29 Produktionsstandorten in 11 Ländern und einem Vertrieb in 20 Ländern ist Xella der weltweit führende Hersteller von Porenbeton. Als Vergleich: Die Jahresproduktion reicht aus, um über 125.000 Einfamilienhäuser zu bauen. Das Produktportfolio der Xella Baustoffe umfasst außer Ytong Silka Kalksandstein, Fermacell Gipsfaserplatten, Multipor Mineraldämmplatten sowie Aestuver Brandschutzplatten.

3. Instrumente einer kundenorientierten Pressearbeit

Die Instrumente der Pressearbeit sind zahlreich. Neben Pressemitteilung und Pressekonferenz, die zu den bekanntesten Instrumenten gehören, gibt es Presseeinladungen, -berichte, Hintergrundgespräche, Pressereisen und viele andere mehr. Sie lassen sich nach ihrer Form in schriftliche und mündliche Instrumente unterteilen.

3.1. Schriftliche Instrumente

Für schriftliche Instrumente, die in diesem Abschnitt im Mittelpunkt stehen, gelten folgende Grundsätze (Rota 1994: 86):

- Aktualitätsprinzip: Informationen müssen auf dem neuesten Stand eines Sachverhaltes sein.
- Verständlichkeitsprinzip: Der Text soll klar und verständlich verfasst sein.
- Wahrheitsprinzip: Der Inhalt soll wahrheitsgetreu und nicht verfälscht sein.

- Zuverlässigkeitsprinzip: Der Text soll neutral und sachlich im Umgang mit Zahlenmaterial sein.

Darüber hinaus gilt es formale, sprachliche, optische und inhaltliche Gestaltungsgrundsätze zu beachten (Ulsamer 1999; Cornelsen 1997: 137 ff.; Bobinger 1995; Förster 1994). Besonderes Gewicht hat bei schriftlichen Informationen die Sprache, die sich auch in der Pressearbeit am journalistischen Stil orientierten sollte (Häusermann 2001).

Schaubild 55 zeigt das breite Spektrum der Media Relations. Bei den genannten Instrumenten handelt es sich lediglich um die am häufigsten eingesetzten; es gibt aber eine Fülle weiterer Formen. Eine Klassifikation erscheint auch hier sinnvoll. Man kann vom Unternehmen selbst kontrollierte Instrumente, z. B. Pressemitteilung, -konferenzen, Interviews oder die Bereitstellung von Bildmaterial, unterscheiden von unkontrollierbaren, die den Journalisten mit Hintergrundinformationen versorgen und ihm die Verwendung freistellen. Dabei kann es sich um Hintergrundgespräche handeln, bei denen nicht klar ist, ob und wann Journalisten das Material nutzen (Hendrix 1995: 53). Nachfolgend werden ausgewählte schriftliche Instrumente in Kurzportraits vorgestellt.

Schaubild 55
Instrumente schriftlicher Medienarbeit

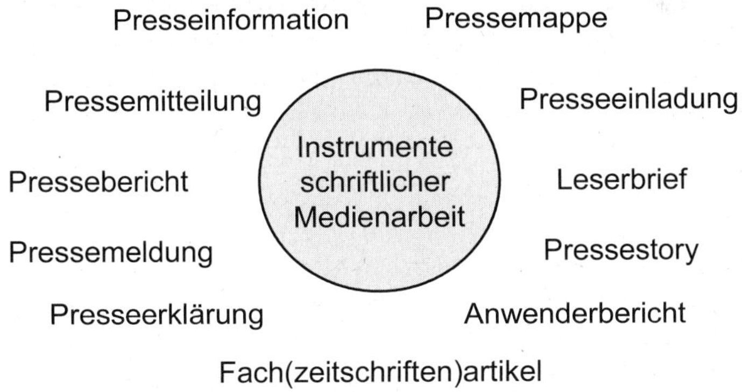

Quelle: eigene Darstellung

Presseinformation

Als Presseinformation werden alle umfangreicheren Äußerungen, Erklärungen, Stellungnahmen und Mitteilungen bezeichnet. Neben den Hauptkriterien einer Meldung (Aktualität, Verständlichkeit, Wahrheit, Zuverlässigkeit) ist die Beantwortung der journalistischen W-Fragen wichtig (Buschardt/Kidd/Krath 2000: 43). Eine Presseinformation muss immer einen konkreten Hintergrund und Anlass haben, den sie erklärt, beantwortet oder beschreibt (Meyer 2004: 17 ff.). Informationen können sich z. B. auf die Geschäftspolitik des Unternehmens, besondere Produktionsverfahren oder neue Führungskräfte beziehen. In Zusammenhang mit der Kundenkommunikation können Kernthemen beispielsweise neue Dienstleistungsangebote, neue Anwendungszusammenhänge eines bestehenden Produktes oder ein positives Testurteil sein. Es ist angebracht, Presseinformationen so kurz wie möglich zu halten, die Inhalte nach abnehmender Wichtigkeit sortiert (Rota 1994: 94). Als Standardform der schriftlichen Pressearbeit schließt Presseinformation Sonderformen ein wie Pressemeldung, Pressemitteilung oder auch Presseerklärung. Texte sollten wann immer möglich durch Fotografien, Zeichnungen, Graphiken oder Diagramme graphisch veranschaulicht werden. Durch die Visualisierung lassen sich Informationen intuitiv begreifen und haften besser im Gedächtnis als Textinformationen (Oberman 1995: 18; Dölker 1997: 38 ff.).

„Ein Bild sagt mehr als tausend Worte." Ein *Pressefoto* sollte aussagekräftig sein, realistische Situationen zeigen und die Botschaft eines schriftlichen Berichtes unterstreichen (Bürger 1998: 92). Bei der Produktkommunikation kommt es darauf an, statt Werbefotos aussagekräftige, realitätsnahe und deshalb glaubwürdige Pressefotos an die Medien zu geben. Handelt es sich bei dem im Text beschriebenen Produkt z. B. um eine Motorsäge, so ist die Abbildung der Säge als reines Produktfoto sowohl für die Medien als auch die Öffentlichkeit in der Regel uninteressant. Größer sind die Veröffentlichungschancen und zugleich die Chancen, die Aufmerksamkeit des Publikums zu gewinnen, wenn die Säge im Einsatz gezeigt wird: ein Waldarbeiter, der mit ihr einen Baum fällt. Die Abbildung von Menschen macht ein Foto lebendiger, anschaulicher und für den Betrachter interessanter. Zugleich wird das Produkt in seinem Kontext gezeigt, es lassen sich Informationen zu Größenverhältnissen, Leistung oder Gewicht vermitteln. Wichtig ist die Formulierung einer aussagekräftigen Bildunterschrift, die nicht nur umschreibt, was auf einem Foto zu sehen ist, sondern weitere Informationen oder Erläuterungen zum Bild enthält.

Zeichnungen kann man ebenfalls für die kundenorientierte Medienarbeit nutzen. Für Fachmedien etwa bieten sich schematische Baupläne einer Maschine,

Zeichnungen technischer Details oder das Flussdiagramm eines neuartigen Produktionsablaufs an. In General-Interest-Medien können Zeichnungen analog verwendet werden, etwa um die neue Saugtechnologie eines Staubsaugers ohne Beutel zu erklären oder die Funktionsweise eines atmungsaktiven Gewebes für Sportkleidung. *Graphiken* und *Diagramme* lassen sich besonders dann einsetzen, wenn es um Produktvergleiche, Leistungsmerkmale oder die prägnante Darstellung der Verbesserungen geht, die eine Neuentwicklung für eine konkrete Anwendung bringt.

Pressestory

Die Pressestory ist die ausführlichste Form der schriftlichen Presseinformation. Sie wird auch als Pressereportage bezeichnet. Wie alle informationsorientierten Pressetexte folgt auch sie den W-Fragen, ist jedoch weniger starr in der Darstellung als Pressemitteilungen, -informationen, -erklärungen usw. Ihre Besonderheit: die persönliche Erfahrung des Verfassers, die individuellen Interessen und die subjektive Interpretation eines Themas stehen im Vordergrund. Die Pressestory ist eine Art Firmenreportage über den Alltag des Betriebes, bestimmte Geschehnisse oder Teilaspekte. Sie vermittelt Bilder und Atmosphäre, hält sich an Menschen und ihre Tätigkeit, ihre Probleme, Nöte, Angst aber auch Erfolge (Rota 1994: 102 f.).

Die W-Fragen sind:

- Wer oder Was?
- Wann?
- Wo?
- Wie?
- Warum?

Wichtig für die Pressestory: Das Thema sollte interessant und ansprechend sein, vermittelt im journalistischen Stil und ergänzt durch aussagekräftige Fotos. Man kann sie im Rahmen der Kundenkommunikation vorproduzieren, damit sie bei Bedarf verfügbar ist – z. B. im Sommerloch, wenn es den Medien an Informationen und Material mangelt.

Presseeinladung

Die Presseinladung ist eine Art Ankündigung eines unternehmerischen oder organisatorischen Ereignisses, an dem Medienvertreter teilnehmen. Sie sollte eine Seite nicht überschreiten und Informationen zu Veranstalter, Anlass bzw. Grund der Veranstaltung, Art der Veranstaltung, Ort, Zeit und Referenten enthalten. Manchmal kann es sinnvoll sein, einen knappen Hinweis auf den wirtschaftlichen, politischen, gesellschaftlichen oder sozialen Zusammenhang aufzunehmen, in dem die Veranstaltung steht. Neben der sachlichen Information sollten Presseinladungen auch einen Hinweis enthalten, weshalb es für Journalisten vorteilhaft ist, diese Veranstaltung zu besuchen. Dieser Anreiz kann z. B. der Hinweis auf einen besonderen Referenten, die zu erwartenden Gäste oder eine besonders anregende Diskussion sein (Rota 1994: 92 f.). Eine solche Einladung kann sich z. B. auf eine Pressekonferenz, eine Pressereise oder ein Presseseminar beziehen.

Pressebericht

Im Nachgang einer Veranstaltung wird häufig ein Pressebericht an jene Medien versandt, die an der Veranstaltung selbst nicht teilgenommen haben, für die das Thema jedoch von Bedeutung sein könnte. Presseberichte informieren über die Veranstaltung, damit eine Berichterstattung im betreffenden Medium auch ohne die Teilnahme eines Redakteurs erfolgt. Sie sind der Nachricht verwandt, jedoch umfangreicher, und können Zusammenhänge, Vorgeschichte und andere Aspekte eines Ereignisses mit einschließen (Rota 1994: 95).

Pressemappe

Die Pressemappe ist eine (meist themenorientierte) Gesamtinformation über das Unternehmen. Sie ist keine eigenständige Textgattung, sondern eine Sammlung verschiedener Pressetexte, -fotos und Begleitmaterial. Sie stellt sozusagen den Mantel, innerhalb dessen Informationsmaterial an Journalisten übergeben wird. Eine Pressemappe enthält neben einer aktuellen Information (z. B. in Form einer Pressemitteilung zu einem neuen Produkt) Basisinformationen zum Unternehmen (so genannte „fact sheets“ z. B. zu Umsatz, Mitarbeiterzahl, Produktpalette) und ausführliche Hintergrundinformationen rund um den angesprochenen Sachverhalt (so genannte „backgrounder“, z. B. Einsatzgebiete des Produktes, Größe, Gewicht, Farbvarianten, Preis usw.; Cornelsen 1997: 141; Bogner 1999: 214 f.). Das Wesentliche an einer Pressemappe ist die Aufbereitung der Informationen: Eine Pressemappe sollte medienunspezifisch erstellt sein, d. h. sie sollte nützliche Informationen für alle Medien enthalten (Lokalpresse, Fachpresse, andere gedruckte Medien, TV, Hörfunk usw.).

Fachartikel

Den engsten Bezug zum Feld der Kundenkommunikation haben Fachartikel. Sie sind eine Art Gastbeitrag eines Unternehmensvertreters für ein Medium, der in der Regel in Absprache und enger Abstimmung mit einem Redakteur verfasst wird und als namentlicher Wortbeitrag erscheint. Die Vorteile einer solchen Zusammenarbeit sind zahlreich: Zugang zum redaktionellen Teil mit einer hohen Veröffentlichungswahrscheinlichkeit, Möglichkeit zur ausführlichen und inhaltlich präzisen Selbstpräsentation des Unternehmens in einer Expertenrolle, Demonstration von Unternehmensleistungen unter besonderen Gesichtspunkten (z. B. Detaillösungen, Wissenschaftlichkeit). Fachartikel zu verfassen ist jedoch eine der anspruchsvollsten Aufgaben schriftlicher Pressearbeit. Der personelle und zeitliche Aufwand ist sehr hoch, da ein Fachartikel von Mitarbeitern der Fachabteilung vorformuliert und anschließend von PR-Fachleuten überarbeitet und redigiert werden muss. Zugleich sollte jeder Fachartikel klar auf das Thema und das Medium zugeschnitten sein, was eine Zweitverwertung vorhandener Texte nahezu unmöglich macht (Rota 1994: 98). Für die kundenorientierte Medienarbeit öffnet sich in Fachartikeln der größte Spielraum. Sie können als Sonderthema von Seiten des Unternehmens angeregt oder gezielt an Redaktionen herangetragen werden und leisten einen wesentlichen Beitrag zu einer aktiven Medienarbeit.

Anwenderbericht

Eine spezifische Form der kundenorientierten Medienarbeit ist der Anwenderbericht, meist in der Form des Fachartikels, er kann jedoch auch zur Veranschaulichung in Presseinformationen eingearbeitet sein oder zu deren Ergänzung dienen. Anwenderberichte zeigen die konkreten Einsatzmöglichkeiten eines Produktes anhand eines Anwendungsgebietes und -falles. Möchte z. B. eine Fachzeitschrift über einen neuartigen Industrie-Bodenbelag berichten, so kann ein Anwenderbericht ein bereits realisiertes Projekt zeigen. Wurde der betreffende Bodenbelag z. B. vor einem halben Jahr in einer bestimmten Sporthalle aufgebracht und seither intensiv genutzt, so kann ein Anwenderbericht folgende Fragen beantworten: Wie sind die Betreiber der Sporthalle mit dem Bodenbelag zufrieden? Wie hält der Boden der intensiven Beanspruchung durch unterschiedliche Sportarten stand? Warum fiel die Entscheidung gerade für diesen Bodenbelag? Wie lange dauerte es, ihn auszulegen und wie schnell konnte die Halle danach wieder genutzt werden? Für welche anderen Einsatzgebiete ist der Boden geeignet? Anwenderberichte, so lässt sich zusammenfassen, zeigen exemplarisch Nutzer und Einsatzbereiche eines Produktes oder einer Dienstleistung. Ihr Ziel ist es, die Vorteile und Stärken des Produktes oder der Dienstleistung möglichst realitätsnah und anschaulich zu vermitteln, um neue Kunden zu gewinnen und zu überzeugen.

3.2. Persönliche Instrumente

Neben die schriftliche Medienarbeit treten zahlreiche Formen persönlicher Pressekontakte. Dabei handelt es sich um einen mehr oder weniger stark formalisierten Dialog zwischen Unternehmen und Medienvertretern, dessen Ziel Herstellung und Pflege eines persönlichen Kontaktes ist. Schaubild 56 zeigt die am häufigsten genutzten Instrumente persönlicher Medienarbeit im Überblick.

Pressekonferenz

„Klassische Pressekonferenzen sind ein Aushängeschild von Unternehmen oder Organisationen und müssen gut vorbereitet und geplant sein", so Rota (1994: 113). Sie sollten nur dann stattfinden, wenn man die Information nicht schriftlich vermitteln kann und wenn der Anlass sowohl den organisatorischen

Schaubild 56
Instrumente persönlicher Medienarbeit

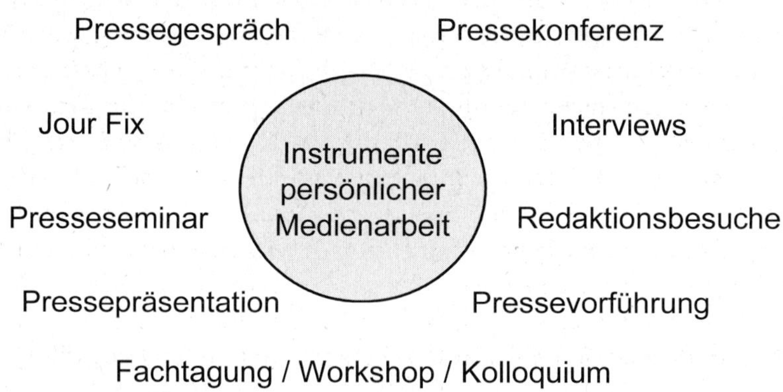

Quelle: eigene Darstellung

Aufwand auf Seiten des Unternehmens als auch die Anreise der Journalisten rechtfertigt (Brauner et al. 2001: 312; Ulsamer 1999: 38). Ein geeignetes Thema muss es geben, daran ändert sich auch im Internet-Zeitalter, in dem Live-Streamings eine Pressekonferenz bis in die Redaktion übertragen, nichts. Anlässe können z. B. eine Bilanzpressekonferenz sein, Übernahmen und Fusionen oder – mit einer klaren Orientierung auf den Kunden hin – „wirkliche Neuigkeiten über Produkte" (Schulz-Bruhdoel 2001: 1999). Eine Pressekonferenz unterliegt einem vergleichsweise starren Ablaufschema: Nach einer Begrüßung durch den Pressesprecher oder Moderator geben z. B. die Geschäftsleitung, ein oder mehrere Vertreter der Fachabteilung oder der Unternehmenssprecher Statements zum Thema ab. Im Anschluss folgt eine Diskussion oder Fragerunden mit den Journalisten. Nach Ende der Pressekonferenz ist es meist möglich, Einzelinterviews mit den anwesenden Unternehmensvertretern zu führen (Bogner 1999: 197). Als Mischung aus Pressekontakt-Veranstaltung und Dialog mit den Medien erlaubt es die Pressekonferenz, viele Journalisten zeitgleich über einen Sachverhalt zu informieren und ihnen Gelegenheit zu geben, ein Statement oder einen O-Ton für das Medium, das sie vertreten, zu erhalten.

Pressegespräch

Das Pressegespräch ist die einfachste Form der mündlichen Presseinformation. Pressegespräche finden meist im Unternehmen statt und dienen der persönlichen Information der Redakteure über ein bestimmtes Thema, der Kontaktpflege und der Stärkung des Vertrauensverhältnisses. Neben dem Pressesprecher können Mitglieder der Geschäftsleitung anwesend sein, damit sich so genannte „Tours d'horizon" ergeben, d. h. inhaltlich weiter reichende Gespräche mit einem wechselseitigen Informationsaustausch. Als Ergänzung oder Vertiefung können schriftliche Materialien verwendet werden (Rota 1994: 111 f.). In der Regel dauert ein solches Gespräch eine bis anderthalb Stunden und wird mit ausgesuchten Journalisten geführt. Als Anlässe eignen sich alle Themen oder Informationen, die den großen Aufwand einer Pressekonferenz nicht rechtfertigen oder ihren Rahmen sprengen würden. Die Teilnehmerzahl ist auf fünf bis acht Journalisten begrenzt, um die Atmosphäre persönlich zu halten und der Veranstaltung einen eher informellen Charakter zu geben. Dadurch können individuelle Interessen der Medien besser bedient werden als im Rahmen einer stark formalisiert ablaufenden Pressekonferenz (Bogner 1999: 197).

Presseseminar

Eine weitere Form des Pressekontaktes sind hauseigene Informationsveranstaltungen, die Journalisten auf den aktuellen Wissensstand über ein Unternehmen, eine Branche, den Markt oder bestimmte Verfahren und Techniken bringen. Presseseminare sind „intensivierte Dialog-Instrumente der Schulung und Fortbildung von Journalisten" (Brauner et al. 2001: 317), die der Herstellung und Pflege von Kontakten in die Medien dienen. Sie stellen eine gute Möglichkeit dar, Informationen zu vertiefen, die bereits über Pressegespräche oder -konferenzen verbreitet wurden. Ziel ist es, den Kenntnisstand vor allem von Wirtschafts- und Fachjournalisten aufzufrischen und zu erweitern und ihnen Zusammenhänge und Aufgabenstellungen des Unternehmens sowie dessen Umfeld deutlich zu machen. Damit kann man Wissenslücken füllen und aus ihnen resultierenden Missverständnissen vorbeugen. Im ersten Teil eines solchen, meist halbtägigen Seminars vermitteln externe Spezialisten und Experten Grundwissen über das angekündigte Thema. Im zweiten Teil folgt häufig eine Betriebsführung oder eine Vorführung von Maschinen, Technologien und Anwendungen im Unternehmen. Danach besteht Gelegenheit zur Diskussion und zum fachlichen Gespräch mit den Experten. Je objektiver solche Seminare ablaufen, desto größer ist ihre Wirkung bei den Journalisten. Presseseminare eignen sich besonders, um komplizierte technische Abläufe, spezialisierte Anwendungen und innovative Entwicklungen vorzustellen (Rota, 1994: 119). Neben der Informationsvermittlung dienen Presseseminare auch der Imagepflege und der Intensivierung des Dialogs mit den Journalisten. Eingeladen werden meist ähnlich dem Pressegespräch acht bis zehn ausgewählte Journalisten.

Fachtagung/Workshop/Kolloquium

Fachtagungen, Workshops oder Kolloquien sollten noch stärker abgelöst von Unternehmensinteressen sein als Presseseminare. Sie dienen in erster Linie der Diskussion und dem Dialog innerhalb einer Branche und stellen deshalb die vortragenden unabhängigen Experten in den Mittelpunkt. Durch kontroverse Positionen, Stellungnahmen und Diskussionsstandpunkte entsteht eine größere inhaltliche Distanz zum Veranstalter und damit Neutralität (Rota 1994: 120). Diese Veranstaltungen gehen meist über einen oder mehrere Tage, haben viele Teilnehmer und dienen der öffentlichen Diskussion und Auseinandersetzung mit branchen- und technikspezifischen Entwicklungen. Die Medien sind als Beobachter eingeladen, sie berichten der Öffentlichkeit über das Ereignis und schildern den Erkenntnisgewinn.

Interview

Im Gegensatz zu den oben genannten Instrumenten wird das Interview in erster Linie vom Journalisten initiiert und gesteuert. Ähnlich dem Statement, bei dem ein Unternehmensvertreter gegenüber Hörfunk- oder Fernsehjournalisten eine kurze Stellungnahme abgibt oder eine Aussage zu einem klar definierten Sachverhalt macht, ist das Interview dialogisch orientiert und wird meist auch so veröffentlicht. Man unterscheidet zwei grundlegende Formen des Interviews: Wortlautinterviews werden weitgehend wörtlich und in Dialogform veröffentlicht. Recherche-Interviews hingegen dienen der Gewinnung von (Hintergrund) Informationen, zitiert werden in der Regel lediglich ausgewählte Äußerungen (Bobinger 1995: 93 f.). Interviews kann eine Pressestelle In-House z. B. mit einem Mitglied der Geschäftsleitung zu einem aktuellen Thema produzieren und den Medien anbieten. Meist ziehen es Redaktionen jedoch vor, Interviews selbst zu führen und eigene Fragen zu stellen. Deshalb entstehen Interviews üblicherweise auf Anfrage der Journalisten.

Pressepräsentation

Eine besondere Form der Pressekonferenz ist die Pressepräsentation. Sie wendet sich an eine breiter gefasste Zielgruppe als die Pressekonferenz. Neben Tagespresse, Fachpresse oder anderen Nachrichtenmedien spricht das Unternehmen auch Illustrierte, Klatschblätter, Hörfunk und Fernsehen sowie weitere Multiplikatoren (Prominente, Persönlichkeiten oder Honoratioren) an. Eine Pressepräsentation ist eine (teilweise werbliche) Showpräsentation vielfach in Form einer Produktpräsentation, die den Charakter eines gesellschaftlichen Ereignisses hat (Rota 1994: 118). Sie enthält Elemente der Information und der Unterhaltung. Von einer Pressepräsentation spricht man immer dann, wenn mündliche oder schriftliche Presseinformationen durch werbliche Inhalte ergänzt und – meist multimedial aufbereitet – übermittelt werden.

Eine Sonderform der Pressepräsentation stellt die Journalistenreise dar. Sie eignet sich insbesondere dann, wenn ein Veranstalter ein bestimmtes Thema über einen längeren Zeitraum gemeinsam mit Medienvertretern ausführlich behandeln möchte. Dazu wird im Rahmen der Reise meist eine Kombination aus Pressekonferenz, Besichtigungen, Produkttests, Hintergrund- und Off-the-Records-Gesprächen (Pressegespräche, über die aber nicht berichtet wird) eingesetzt. Sie dienen neben der Informationsvermittlung in erster Linie dem gegenseitigen Kennenlernen (Konken 1998: 154).

Bernd Schwetlick, Leiter Corporate Events bei der DaimlerChrysler AG, Stuttgart, stellt in seinem Beitrag über Fahrvorstellungen die Pressepräsentation als Instrument der Medienarbeit vor. Produktbotschaften, so eine seiner Kernthesen, lassen sich über die Presse vergleichsweise preiswert und glaubwürdig an die Öffentlichkeit kommunizieren.

Bernd Schwetlick, DaimlerChrysler AG, Stuttgart

Produkt-Pressevorführungen im Automobilbereich

Für jedes neue Produkt einer Automobilfirma ist die Vorstellung vor der internationalen Presse ein entscheidender und aufregender Moment, da hier über die Medien der erste Kontakt mit der Öffentlichkeit stattfindet. Die Presse bekommt die Fahrzeuge stets vor dem allgemeinen Publikum und damit vor der Markteinführung zu sehen.

Pressevorstellung als Kommunikationsinstrument

Bei der Präsentation für die Medien geht man meist in drei Schritten vor: Die erste Begegnung mit dem neuen Fahrzeug erfolgt sehr oft schon mehrere Monate vor der Markteinführung. In kleinem Rahmen lädt das Unternehmen die wichtigsten Journalisten zu einem „Sneak preview" d. h. einer ersten Meinungssammlung ein analog den „Car clinics", wie sie für potentielle Kunden stattfinden. Hier werden die Fahrzeuge oft noch im Vorserienstand gezeigt und für die Medien vorpositioniert. Eine Berichterstattung oder fotografische Dokumentation ist zu diesem Zeitpunkt nicht gestattet. Dennoch erleichtert es die redaktionelle Planung der Medien und gibt dem Unternehmen gleichzeitig die Gelegenheit, Kritik und Anregungen der Journalisten noch vor Anlauf der Serie aufzunehmen.

Die nächste Begegnung der Medien mit dem neuen Fahrzeug erfolgt in der Regel anlässlich einer statischen Präsentation bei einem separaten Event oder anlässlich der Pressetage auf einer Automobilmesse. Auch hier stehen die Medien in der Informationskette vor der Öffentlichkeit. Gezeigt wird das dann fertige und marktreife Produkt mit der entsprechenden Markt- und Kundenpositionierung.

Einige Wochen nach der statischen Präsentation ist dann die praktische Erprobung des Produktes in Form einer Fahrvorstellung an der Reihe. Auch sie findet normalerweise vor der Markteinführung statt. In einer geeigneten Location wird eine größere Anzahl von Fahrzeugen in unterschiedlichen Varianten zur praktischen Erprobung bereitgestellt. Die technischen Details werden durch eine Pressekonferenz und Ausgabe von Pressematerial weitergegeben. Dann folgt die Ausgabe von Testfahrzeugen für intensive Praxis- oder Vergleichtests.

Rolle der Pressekommunikation im Kommunikationsmix

Die Vermittlung von Produktbotschaften über die Presse an die Öffentlichkeit ist die kostengünstigste Form der Kommunikation. Verglichen mit den Gesamtkosten der Entwicklung eines Fahrzeugs sind die Kosten, die an der „Schnittstelle“ zwischen Unternehmen und Verbraucher entstehen, geradezu minimal. Außerdem ist die Kommunikation von Produktvorteilen über „neutrale Institutionen“ nicht nur preiswerter, sondern auch glaubwürdiger als eigene Werbung oder sonstige Promotionsmaßnahmen.

Den Medien verhilft eine frühzeitige Berichterstattung zu erhöhter Aufmerksamkeit, höheren Auflagen und dazu, ihre Kompetenz als Fachleute in der Bewertung technischer Neuheiten zu beweisen. Bei der Versorgung der unterschiedlichen Medien wie Presse, Hörfunk und TV ist es wichtig, auf deren Arbeitsweisen, insbesondere die Vorlaufzeiten in der Produktion und auf die Erscheinungszyklen zu achten. So beginnt man beispielsweise bei Fahrvorstellungen grundsätzlich mit den sog. „long lead“-Medien, die aufgrund ihrer monatlichen oder 14tägigen Erscheinungsweise dieselbe Chancengleichheit brauchen wie etwa Tageszeitungen, um ebenso aktuell berichten zu können.

Die bei einer Veranstaltung ausgegebenen Informationen sollten modernen Anforderungen entsprechen, indem man beispielsweise Bilder und Texte auf Datenträgern zur digitalen Weiterverarbeitung anbietet. Gleichzeitig muss die Pressestelle aber auch den konservativen Journalisten bedienen, der über diese modernen Möglichkeiten nicht verfügt oder diese gar ablehnt.

Chancen und Risiken von Presseveranstaltungen

Ein Motorjournalist erhält durchschnittlich pro Jahr 50 bis 60 Einladungen zu Fahrzeugpräsentationen oder Fahrvorstellungen. Davon ist ein Teil Pflichtprogramm, insbesondere bei den großen und bekannten Marken und deren wichtigsten Produkten. Der Rest ist abhängig von seinen eigenen Entscheidungen und Präferenzen. Wollte er alle Veranstaltungen besuchen, bliebe keine Zeit für redaktionelle Arbeit, d. h. um diese „Wahlveranstaltungen“ tobt ein Wettbewerb in der Automobilindustrie.

Mit der Zunahme der Events angesichts der Produktoffensiven vieler Autofirmen wurde dieser Wettbewerb nach dem Motto „größer, höher, weiter“ ausgetragen; beispielsweise haben Firmen zu Veranstaltungen nach Kuwait oder Oman eingeladen. Auch mit Pressegeschenken wurde versucht, den jeweiligen Wettbewerber zu übertrumpfen. Zwischenzeitlich ist wieder etwas Normalität eingekehrt. Es ist sinnvoll, Reisezeiten auf maximal zwei bis drei Flugstunden zu begrenzen. Veranstaltungen sollten einen Zeitraum von eineinhalb Tagen nicht überschreiten mit einer möglichst angenehmen An- und Abreise. Es ist notwendig, die Inhalte der Veranstaltung professionell aufzubereiten und interessant darzubieten, um die Arbeit des Journalisten so angenehm wie möglich zu gestalten.

Wenn der Event dann noch in angenehmer Atmosphäre und an angenehmen Orten stattfindet, ist dies sicher nicht störend. Auch ein gutes Essen und gepflegte Unterhaltung können zum guten Gesamteindruck beitragen.

Wie findet man das richtige Maß?

Veranstaltungen sind ein wichtiger Bestandteil der Zusammenarbeit mit den Medien. Sie erleichtern die Kommunikation und sind eine sehr rationelle Form der Informationsweitergabe. Dennoch sind sie nur ein Teil des Dialoges. Erfolgreiche Pressearbeit kann nicht darin bestehen, dass eine Firma dem Journalisten gegenüber nur als Eventorganisator auftritt. Wichtiger ist ein permanenter Informationsaustausch zu beiderseitigem Nutzen. Für den Journalisten ist die Berichterstattung über die Produkte der Industrie die Grundlage seiner täglichen Arbeit. Er erwartet eine partnerschaftliche Zusammenarbeit mit den Pressestellen der Industrie, um frühzeitig seine Informationen in professioneller Weise zu erhalten. Für die Industrie stellt die Presse ein wichtiges Instrument dar, um möglichst objektiv und glaubwürdig für den Zeitungsleser oder Fernsehzuschauer bzw. Radiohörer ihre Produkte zu präsentieren.

Bei der Auswahl von Locations und bei der Festlegung der Veranstaltungsdetails ist es daher wichtig, den Event als Teil des permanenten Dialoges zu sehen und nicht etwa den Eindruck zu erwecken, mit den Annehmlichkeiten des Events den Journalisten kaufen zu wollen.

In einer Zeit der Reizüberflutung durch die Medien wird nicht nur Professionalität bei Medien, Logistik usw. erwartet, es muss gleichzeitig in Betracht gezogen werden, dass die Nachhaltigkeit aufgrund der vielen Wettbewerbsveranstaltungen deutlich schwindet.

Deshalb sind Presse-Events dann effektiv, wenn Informationen und Veranstaltungen rationell und gleichzeitig sympathisch vorbereitet und durchgeführt werden. Der Besucher muss den Eindruck haben, von guten Partnern eingeladen zu sein, um gemeinsam mit diesen zu diskutieren, sich gegenseitig zu informieren und sich die tägliche Arbeit beiderseitig zu erleichtern.

3.3. Erfolgsfaktoren kundenbezogener Medienarbeit

Schriftliche und persönliche Medienarbeit gehen im Alltag von Pressestellen und Journalisten Hand in Hand. Sie besteht aus einem integrierten Einsatz unterschiedlicher Instrumente, die sich in die Kundenkommunikation als Oberfunktion und in die Unternehmenskommunikation als Ganzes einpassen sollte. Eine kundenorientierte Pressearbeit kann im engen Kreis der Instrumente vor allem über Fachzeitschriftenartikel, Anwenderberichte, Pressepräsentationen, -seminare und Fachtagungen bestehende und potenzielle Kunden ansprechen. Daneben eignen sich aber auch alle anderen, etwas offener gehaltenen Instrumente, um Kunden über relevante Themen zu informieren.

Gibt es über den angemessenen Einsatz der Instrumente hinaus bestimmte Erfolgsfaktoren für eine auf den Kunden ausgerichtete Medienarbeit? Neben der passgenauen Ansprache des jeweiligen Mediums ist die Aufbereitung der Informationen für die kundenbezogene Medienarbeit besonders wichtig:

Passgenaue Information für jedes Medium: Wie für jede Presse- und Öffentlichkeitsarbeit gilt auch für die kundenorientierte Medienarbeit: Die Ansprache der Zielgruppe soll möglichst treffsicher und individuell erfolgen. Informationen sollten so genau wie möglich auf das jeweilige Medium zugeschnitten sein, für das sie vorgesehen sind. Dazu gehört es, einen Presseverteiler zu erstellen und kontinuierlich zu pflegen, der die Selektion der Medien nach Publikum und Themen möglich macht (Buschardt/Kidd/Krath 2000: 72 f.).

Anwendungsbezug und Nutzwert zeigen: Im Rahmen der Kundenkommunikation kommt es für die PR darauf an, vertriebsunterstützend zu wirken. Um die Leistungsfähigkeit eines Unternehmens und seiner Angebote darzustellen, reicht die bloße Beschreibung eines Produktes und seiner Vorteile in einer Pressemitteilung nicht aus. Es geht darum, seinen Nutzen in den Vordergrund zu stellen. Wann und wie kann das Produkt eingesetzt werden? Warum ist dieses Produkt besser als das der Konkurrenz? An wen richtet sich das Produkt? Ein Redakteur erhält täglich Hunderte von Pressemitteilungen über neue, noch innovativere und noch bessere Produkte. Presseinformationen enthielten nur noch Superlative, so beklagte sich der Chefredakteur einer Fachzeitschrift unlängst auf einer Fachveranstaltung. Superlative allein sind jedoch wenig aussagekräftig, betrachtet man sie vor dem Hintergrund der Frage nach Anwendungsbezug und Nutzwert eines Produktes. Vielmehr kommt es darauf an, die konkrete Verbesserung deutlich zu machen, die ein neues Produkt gegenüber anderen am Markt verfügbaren Produkten mit sich bringt (Mast/Zerfaß 2005).

Faktenorientiert kommunizieren: Der Erfolg von Medienarbeit steht und fällt mit der Glaubwürdigkeit, die ein Unternehmen bzw. seine Pressestelle in den Augen der Journalisten hat. Entsprechend wichtig ist eine sachorientierte, wahrheitsgemäße Information anstelle von Werbung. Ein Staubsauger etwa, den die Werbung als „leistungsstärkster Staubsauger aller Zeiten" tituliert, wird es mit dieser Botschaft wohl kaum in den redaktionellen Teil eines Mediums schaffen. Erfolgversprechender ist da schon die Information, das Modell habe 50 Prozent mehr Saugkraft als das Vorgängermodell und könne z. B. nach einem unabhängigen Testgutachten 30 Prozent mehr Staub aus einem Teppich saugen. Bei der kundenorientierten Medienarbeit kommt es also auch darauf an, Werbeversprechen mit konkreten Informationen zu untermauern und zu belegen.

Ein Bild sagt mehr als tausend Worte: In Zusammenhang mit Pressefotos wurde bereits deutlich, wie wichtig Bildkommunikation in der heutigen Gesellschaft ist. Die kundenorientierte Medienarbeit kann dies bewusst zu ihrem Vorteil nutzen, indem sie die Vorteile eines Produktes in einer realistischen oder erinnerungswirksamen Situation im Bild festhält. Man wird etwa einen neuen Dübel, der weit mehr Gewicht tragen kann als sein Vorgängermodell, einer eindrucksvollen Belastungsprobe unterziehen. Am Dübel werden Platten befestigt, die man nach und nach mit Gewichten – oder öffentlichkeitswirksam mit Sumo-Ringern – belastet. Hält das Fabrikat z. B. fünf dicke Sumo-Ringer ohne Probleme, so ist seine Leistungsfähigkeit eindrücklich bewiesen und auf einem Foto mit großem Aufmerksamkeits- und Erinnerungswert dokumentiert.

!

Unter Medienarbeit werden alle Formen der Public Relations verstanden, die auf die Ansprache von Journalisten der Massenmedien ausgerichtet sind mit dem Ziel, über diese Medien an der öffentlichen Diskussion teilzuhaben und die anzusprechenden Zielgruppen der Unternehmenskommunikation zu erreichen.

Durch den Journalisten als neutralen Vermittler oder Berater erhält eine (PR)Information für den Rezipienten ein anderes Gewicht: Sie wird als objektiver, glaubwürdiger und zuverlässiger eingeschätzt.

Medienarbeit sollte aktiv betrieben werden, d. h. systematisch geplant, implementiert und evaluiert sein.

Die PR-Abteilung prüft Informationen, die im Unternehmen an sie herangetragen werden, auf ihren Informationsgehalt, ihren Nachrichtenwert und ihre Medientauglichkeit. Sie übernimmt also eine Filterfunktion, um interne Themen auf ihrem Weg zu den Redaktionen zu selektieren (interne Prüffunktion).

Gegenüber den Journalisten kommt der PR eine Dienstleistungsfunktion zu.

Zu den wichtigsten schriftlichen Instrumenten der Pressearbeit im Rahmen der Kundenkommunikation gehören Presseinformation, Pressebericht, Fachzeitschriftenartikel und Anwenderbericht. Persönliche Instrumente der Medienarbeit z. B. Pressekonferenz, Interview, Fachtagung oder Pressevorführung dienen dazu, einen mehr oder weniger stark formalisierten Dialog zwischen Unternehmen und Medienvertretern zu initiieren.

Die passgenaue Information für jedes Medium, der vermittelte Anwendungsbezug und Nutzwert, die Faktenorientierung und die Ergänzung der Botschaft durch adäquates Bildmaterial haben maßgeblichen Einfluss auf den Erfolg von Medienarbeit.

Lesetipps

Cornelsen, Claudia (1997): Das 1 x 1 der PR: Öffentlichkeitsarbeit leicht gemacht. Freiburg i. Br.: Haufe. *Als schneller Einstieg in die Presse- und Öffentlichkeitsarbeit konzipiert, beschreibt das Buch die wichtigsten Arbeitsfelder der Public Relations. Mit seiner speziellen Ausrichtung auf kleine und mittlere Unternehmen, Non-Profit-Organisationen und Vereine behandelt der Leitfaden die Pressearbeit unter einem spezifischen Blickwinkel und vermittelt Basisregeln der Gestaltung von Schriftstücken und inhaltliche und formale Richtlinien. Schriftliche Instrumente werden ebenso behandelt wie Pressekonferenz und Live-Interview. Zahlreiche Beispiele und anwendungsorientierte Faustregeln für die Pressearbeit betonen den Charakter eines Praktikerleitfadens.*

Howard, Carole A./Mathews, Wilma K. (2000): On Deadline. 3rd Edn. Prospect Heights: Waveland Press. *Ein Klassiker als englischsprachiger Leitfaden zu Media Relations, der einen Schwerpunkt auf die Pressearbeit für Neue Medien und die Möglichkeiten der Kontaktpflege zu Journalisten legt. Im Vordergrund stehen persönliche Instrumente und damit Beziehungsmanagement und Vertrauensaufbau. Neben ethischen Fragen der Media Relations werden auch spezielle Aufgabenstellungen, z. B. internationale Medienarbeit und Pressearbeit in Krisenzeiten beleuchtet.*

Mast, Claudia (2004): ABC des Journalismus. Ein Handbuch. 10., völlig neue Auflage. Konstanz: UVK Verlagsgesellschaft. *Das Recherchehandbuch beschreibt die Arbeitsweise in Redaktionen ebenso wie journalistische Darstellungsformen und redaktionelle Formate, auf die die Angebote der PR zugeschnitten werden müssen. Mit den Instrumenten der Pressearbeit beschäftigt sich ein eigener Abschnitt, der durch zahlreiche Beiträge von Kommunikationsmanagern konkrete Hinweise gibt, wie man sie in der PR-Praxis umsetzen und anwenden kann.*

Schulz-Bruhdoel, Norbert (2001): Die PR- und Pressefibel. Zielgerichtete Medienarbeit. Ein Praxislehrbuch für Ein- und Aufsteiger. Frankfurt am Main: F.A.Z.-Institut für Management-, Markt- und Medieninformationen. *Eine praxisnahe Einführung, die einen guten Überblick über Rahmenbedingungen, Spannungsfelder und Erfolgsfaktoren der Medienarbeit gibt. Ausgehend von der Beschreibung journalistischer Arbeitsweisen werden grundlegende Theorien der Nachrichtenauswahl verständlich erklärt und in ihren Konsequenzen für die PR dargestellt. Nach einem Überblick über die wichtigsten Instrumente, Maßnahmen und die für eine gute Pressearbeit erforderlichen Fähigkeiten geht Schulz-Bruhdoel auf die besondere Herausforderungen in Krisenzeiten und auf die Erfolgsmessung von Pressearbeit ein.*

Kapitel 8

Kampagnen zur Kundengewinnung und -bindung

Kundenbindung und Neukundengewinnung stellen Kommunikationsfachleute immer wieder vor neue Herausforderungen. Wie kann man vorhandene Kunden ansprechen, ohne durch den regelmäßigen Kontakt Ermüdungserscheinungen oder Redundanzen auszulösen? Wie gewinnt man am besten die Aufmerksamkeit derjenigen, die als potenzielle Kunden in Frage kommen? Ein Mittel, die Aufmerksamkeit beider Zielgruppen zu erlangen, sind Kampagnen. Sie ermöglichen es, den Kontakt zu bereits gewonnenen Kunden ohne unmittelbare persönliche Ansprache zu halten. Zugleich eignen sie sich wie kaum ein anderes Kommunikationsinstrument dazu, potenzielle Kunden auf das Unternehmen und seine Produkte aufmerksam zu machen.

In Zeiten der Informationsflut bedarf es von Seiten der Unternehmen immer größerer Anstrengungen, um das „Rauschen" in den vielen Kanälen zu übertönen und die Öffentlichkeit mit ihren Botschaften zu erreichen. Notwendig sind neue Wege, um Aufmerksamkeit in den unterschiedlichen Arenen von Öffentlichkeit zu erregen. Die in den letzten Jahren gestiegene Bedeutung von Kampagnen trägt dieser Entwicklung Rechnung: Kampagnen als dramaturgisch angelegte Kommunikationsstrategien verfolgen das Ziel, ein spezifisches Thema in einem klar eingegrenzten Zeitraum in den Fokus der öffentlichen Aufmerksamkeit zu rücken. Dazu setzen die Unternehmen verschiedene Instrumente, Kanäle und Techniken ein.

Kampagnen als Form der Werbung sind durch die politische Kommunikation und besonders durch Wahlkämpfe bekannt geworden. Aber auch in der Wirtschaftswerbung erreichen sie eine breite öffentliche Aufmerksamkeit, so dass in erster Linie der Begriff der Werbekampagne seinen Eingang in den Sprachschatz der Bevölkerung gefunden hat. Kampagnen finden sich heute jedoch nicht mehr ausschließlich in der Werbung oder in der Politik. Sie können als Sozial-, Informations- oder Aufklärungskampagnen auftreten, als PR-, Online- oder integrierte Kommunikationskampagnen. Die Grenzen sind insbesondere mit Blick auf die eingesetzten Instrumente fließend. Reine Online-Kampagnen etwa sind selten. Vielmehr werden Kampagnen, um möglichst viel Aufmerksamkeit bei den Adressaten zu erreichen, als gemeinsame Aktion mehrerer Kommunikationsdisziplinen und -instrumente angelegt. Je mehr Kanäle und Kommunikationswege für eine Kampagne integriert werden können, umso häufiger kommt der Einzelne mit der Botschaft in Kontakt. Gerade im Zuge der Kundenkommunikation ist die konsistente Vermittlung einer Kampagnenbotschaft ein wesentlicher Erfolgsfaktor.

Kampagnenkommunikation ist eine der Königsdisziplinen integrierter Unternehmenskommunikation. Sie muss in Form des Campaignings systematisch geplant, implementiert und koordiniert werden, um die zentrale Botschaft über alle Instrumente und Medien hinweg konsistent zu halten. Da sie größtmögliche öffentliche Aufmerksamkeit für ihr Thema (z. B. ihr Produkt) erlangen will, begibt sich das Unternehmen in eine exponierte und damit angreifbare Position. Kundenkampagnen stellen höchste Ansprüche an das Kommunikationsmanagement: Gelingen sie, tragen sie wesentlich zur Kundenbindung und Neukundengewinnung bei – scheitern sie, können sie die bestehenden Kundenbindungen schwächen und die Gewinnung neuer Kunden erschweren.

Kapitel 8 zeigt, wie Unternehmen Kampagnen zur Kundenbindung und -gewinnung einsetzen. Beginnend mit einer Definition des Begriffes Kampagne werden verschiedene Typen, Zielsetzungen und Erfolgsfaktoren von Kundenkampagnen näher untersucht. Im Anschluss wird der Prozess des Kampagnenmanagements (Campaigning) beschrieben und dargestellt, wie man Campaigning für die Neukundengewinnung und Kundenbindung fruchtbar macht. Abgerundet wird dieser Teil durch Praktikerbeiträge, die ausgewählte Kampagnen darstellen. Den Abschluss des Kapitels bildet die Diskussion von crossmedialen Kampagnenstrategien.

1. Kampagne als Feldzug um die öffentliche Meinung

Der Begriff der Kampagne stammt vom spätlateinischen „campania". Er bezeichnete ursprünglich flaches Land, später eine „zeitlich befristete Arbeitsaktion auf dem Land, jede Art von ‚Feldzug' und Kriegsdienst, wie auch die exponierte Stelle des hinteren Teils eines Schiffes, an der die kollektive Identifikation bietende Flagge und der den Einsatz der Besatzung mobilisierende Trompeter positioniert waren" (Baringhorst 1998: 67). Was hilft eine Begriffsdefinition aus längst vergangenen Zeiten für das Verständnis heutiger Kommunikation? Aus ihr lassen sich fünf Aspekte ableiten, die auch für heutige Kommunikationskampagnen charakteristisch geblieben sind (Metzinger 1998; Bujok 2002):

- zeitliche Befristung der Aktion,
- Feldzug (im Fall einer Kommunikationskampagne um die Aufmerksamkeit ausgewählter Zielgruppen oder um die öffentliche Meinung),
- Exponierung (des Unternehmens, das die Kampagne fährt),

- Identifikation und Zusammenhalt der Beteiligten,
- Notwendigkeit eines Einsatzleiters bzw. Koordinators.

Moderne Kommunikationskampagnen lassen sich mit all diesen Aspekten in Verbindung bringen. Noch heute werden sie häufig als „Feldzug um die öffentliche Meinung“ oder „konzertierte Kommunikationsaktion“ bezeichnet. Ob im politischen, sozialen oder kommerziellen Bereich, sie bezeichnen dramaturgisch angelegte, thematisch und zeitlich klar begrenzte Strategien, die darauf ausgelegt sind, öffentliche Aufmerksamkeit zu erlangen.

Dieser Prozess lässt sich mit drei zentralen Begriffen veranschaulichen (Behrent/Mentner 2001: 21 ff.): Der Begriff der *Arena* bezeichnet die Rahmenbedingungen, die zahlreichen unterschiedlichen Dimensionen und die Dynamik öffentlicher Kommunikation. Innerhalb dieser Arena wird das Kundenkommunikation betreibende Unternehmen als *Akteur* verstanden, der eine aktive Rolle bei der Gestaltung der öffentlichen Diskussion übernimmt und in der Arena mit anderen Akteuren interagiert. Das *Publikum* als dritte relevante Größe entsteht situativ; es handelt sich – konzeptionell gesehen – um Teilöffentlichkeiten (Grunig/Hunt, 1984: 143 ff.). Die Aufmerksamkeit dieses aktiven Publikums muss nach Behrent und Mentner (2001: 23) nicht erst geweckt, sondern lediglich gebündelt werden. Im Prozess des Kampagnenmanagements (Campaigning) kommt es darauf an, vom Publikum her zu denken: Es stehen nicht mehr länger Instrumente, Maßnahmen oder Kommunikationskanäle bei der Kommunikationsplanung im Vordergrund, sondern mittels eines dramaturgisch angelegten Themen- und Kommunikationsmanagements wird die öffentliche Aufmerksamkeit gebündelt und im Idealfall zu Gunsten des Unternehmens gelenkt (Metzinger 2004; Behrent/Mentner 2001).

Abhängig davon, ob es sich um PR- oder Werbekampagnen handelt, können die jeweiligen Zielgrößen variieren. Röttger (2001: 15 f.) etwa versteht unter PR-Kampagnen „dramaturgisch angelegte, thematisch begrenzte, zeitlich befristete kommunikative Strategien zur Erzeugung öffentlicher Aufmerksamkeit (...), die auf ein Set unterschiedlicher kommunikativer Instrumente und Techniken – werbliche Mittel, marketingspezifische Instrumente und klassische PR-Maßnahmen – zurückgreifen“. Kendall (1996: 3) definiert PR-Kampagnen als systematisch geplante und gesteuerte Anstrengung eines Unternehmens mit dem Ziel, sozial verantwortliche Beziehungen zu ausgewählten Zielgruppen durch zu Grunde liegende Strategien aufzubauen. Seine Definition verdeutlicht die enge Vernetzung zwischen Kommunikationsmanagement und Kampagne. PR-Kampagnen sind demnach geplant, strategisch, prozessual und zielen darauf ab, Beziehungen im Sinne von Aufmerksamkeit, Verstehen und Vertrauen herzustellen. PR-Kampagnen erfordern darüber hinaus eine zyklisch wiederkehrende Evaluation, deshalb kann man von einem Managementprozess sprechen (Kendall 1996: 11).

Im Gegensatz zur PR-Kampagne, mit der ein Unternehmen in erster Linie vertrauensvolle Beziehungen herstellen möchte, hat eine Werbekampagne ganz klar den Verkauf eines Produktes oder einer Dienstleistung zum Ziel. Gronover, Reichold und Riempp (2002a: 27; 2002b: 52) etwa definieren Kampagnen als „mediengestützte Marketingaktionen mit bekanntem Empfänger, die zielgruppen- und zeitpunktgerecht über verschiedene Kanäle ablaufen und einen offenen Rückkanal für mögliche Interaktionen anbieten". Diese Definition richtet sich in erster Linie auf Direkt-Marketing-Aktionen, z. B. Werbemailings per Post, E-Mail, SMS oder Telefon- und Online-Kampagnen.

Mit Blick auf die Kundenkommunikation lassen sich diese Definitionen zuspitzen:

Kundenkampagnen sind dramaturgisch angelegte, zeitlich und thematisch klar umrissene Kommunikationsstrategien, die mittels unterschiedlicher Kommunikationsinstrumente, -maßnahmen und -techniken die Aufmerksamkeit, das Verständnis und das Vertrauen von bestehenden oder potenziellen Kunden erlangen, sie zum Kauf eines Produktes oder einer Dienstleistung veranlassen und an die Marke binden wollen.

1.1. Klassifikation von Kampagnen

Die in der Praxis vorhandenen Ausprägungen von Kampagnen sind vielfältig: Als *Sozialkampagnen* haben Kampagnen die Veränderung oder auch Bestätigung von Verhaltensweisen bestimmter Teile der Bevölkerung zum Ziel (Röttger 2001: 16). Sozialkampagnen werden in der Regel von nicht-kommerziellen Organisationen, z. B. Vereinen, Verbänden oder staatlichen Institutionen genutzt, um ein gemeinwohlorientiertes Ziel durch integrierte Kommunikation zu erreichen. *Politische Kampagnen* als zweiter Kampagnentyp sind überwiegend in Form von Wahlkampagnen bekannt geworden. Sie sind ein Instrument, um Interessen zu artikulieren und Aufmerksamkeit für bestimmte Ideen zu gewinnen (Donges 2001: 168; Meadow 1989: 255). Die wahrscheinlich größte Zahl von Kampagnen wird jedoch im Bereich *kommerzieller Kampagnen* „gefahren", zu denen auch Kampagnen zur Ansprache von Kunden gehören. So unterscheidet man in diesem Bereich z. B. zwischen produktorientierten Kampagnen, bei denen die Vermarktung eines Produktes im Vordergrund steht, und kundenorientierten Kampagnen, die sich stärker an bestimmten Kundenbedürfnissen ausrichten und sie ansprechen (in Anlehnung an Gronover/Reichold/Riempp 2002a: 27).

So vorteilhaft Kampagnen für die Kundengewinnung und -bindung auch erscheinen mögen, sie bergen Risikopotenzial. Als riskant bei kommerziellen Kampagnen ist die verstärkte Aufmerksamkeit anzusehen, die Unternehmen in der Öffentlichkeit zuteil wird. Reden und Handeln müssen dann noch stärker als im Normalfall übereinstimmen, will das Unternehmen einen Imagegewinn aus der Kampagne ziehen (Glück 2002: 43).

Die Grenzen zwischen kommerziellen und sozialen Kampagnen verschwimmen zunehmend. Auch kommerzielle Kampagnen können einen Bezug zu sozialen Themen haben (Röttger 2001: 18). Grund hierfür ist das gewandelte gesellschaftliche Umfeld, in dem sich Unternehmen heutzutage bewegen. Die Forderung der Öffentlichkeit nach einer stärkeren gesellschaftlichen Teilhabe und Übernahme von Verantwortung durch Unternehmen z. B. im sozialen oder ökologischen Bereich ertönt immer lauter. Gepaart mit einem wachsenden Wettbewerb, der Angleichung von Produkten und der veränderten Rolle des Kunden sehen sich Unternehmen einem starken Druck ausgesetzt, dem sie mit einer neuen gesellschaftlichen Rolle und neuen Kommunikationskonzepten zu begegnen versuchen. Ihren Niederschlag auf Seiten der Unternehmen findet diese neue Anspruchshaltung der Öffentlichkeit u. a. im Aspekt der Nachhaltigkeit (Schönborn/Steinert 2001; Michelsen/Godemann 2005). Ein weiterer, speziell im Bereich der Kampagnenkommunikation relevanter Ansatzpunkt ist der „moralische Mehrwert" (Röttger 2001: 19), wenn mittels PR soziales Engagement kommuniziert wird. Gemeint ist damit Kommunikation, die den Bezug des Unternehmenshandelns zum Gemeinwohl nach innen und außen verdeutlicht. Röttger (2001: 21) spricht auch von „moralischer Aufladung der kommunikativen Strategien". Meist werden Unternehmen in solchen Problembereichen tätig, mit denen sie nicht in unmittelbarem Zusammenhang stehen. „Nicht von ungefähr thematisieren Unternehmen bevorzugt Lösungen für Probleme, für deren Existenz sie nicht direkt zur Verantwortung gezogen werden können. Soziales Engagement in firmenfremden Bereichen [...] kann zu einer positiven Imagegestaltung beitragen und minimiert zugleich das Risiko, am eigenen Anspruch gemessen zu werden" (Röttger 2001: 19).

Neben sozialen, politischen und kommerziellen Kampagnen besteht eine Vielzahl weiterer Klassifikationsmöglichkeiten, unterschieden nach Kommunikator, Zielgruppe oder Zielsetzung. So differenziert man z. B. zwischen Kampagnen ohne Gegner und Kampagnen mit Gegner (Cecere 2003; Cecere 2001), Informations-, Partizipations-, Ethisierungs- und Moralisierungskampagnen. Informationskampagnen etwa haben das Ziel, Teile der Bevölkerung über einen Sachverhalt oder ein Thema zu informieren. Es dreht sich weniger um eine Emotionalisierung als vielmehr um die Erhöhung des Wissensstandes und damit kognitive Zielsetzungen (Dorer 2001: 58 f.). Schaubild 57 zeigt die wichtigsten Kampagnenarten noch einmal im Überblick.

Sonderform Entschuldigungskampagne: Entschuldigungskampagnen als Sonderform kommerzieller Kampagnen scheinen immer dann angebracht, wenn das Unternehmen einen Vertrauensverlust befürchtet, ausgelöst durch eigene Fehler (Röttger 2001: 21). Eine Entschuldigung soll verdeutlichen, dass sich das Unternehmen seiner Verantwortung gegenüber der Öffentlichkeit im Allgemeinen und dem Kunden im Besonderen bewusst ist. So entschuldigte sich z. B. Aral im Sommer 2003, weil das Unternehmen die Nachfrage bei seiner Sonderaktion „Punkte gegen Bälle" falsch eingeschätzt hatte. Eine gewisse Anzahl gesammelter Bonuspunkte konnten Aral-Kunden gegen einen Fuß-, Volley- oder Basketball eintauschen. Der Ansturm auf die Bälle war groß, bereits nach wenigen Wochen waren alle Bälle ausverkauft und der entstandene Engpass führte zu teils wochenlangen Wartezeiten für die Punkte-Inhaber. Für die Fehleinschätzung des Interesses und die Wartezeiten entschuldigte sich Aral mit ganzseitigen Anzeigen in Tageszeitungen.

Schaubild 57
Klassifikation der Kampagnen

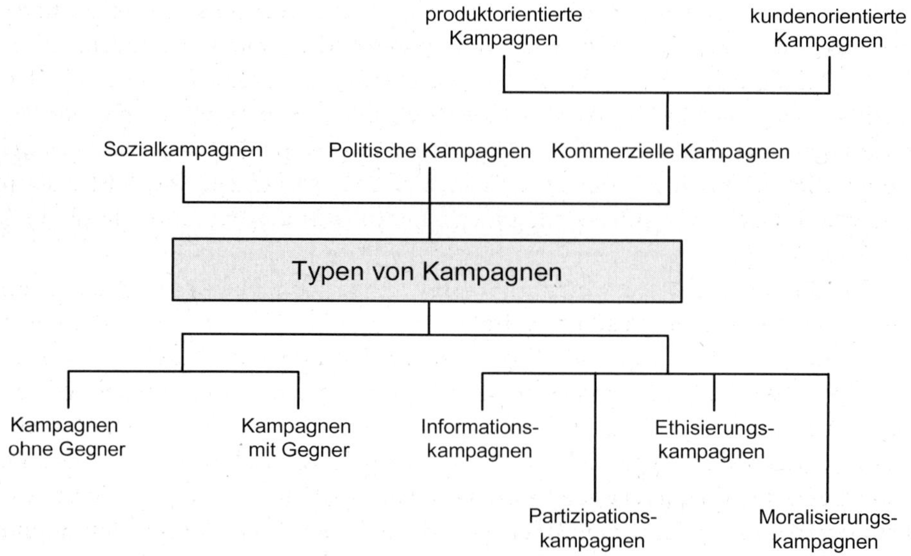

Quelle: eigene Darstellung

Ein weiteres Beispiel: Im Jahr 2004 trat bei Siemens-Mobiltelefonen der 65er-Baureihe ein Softwarefehler auf. Unter bestimmten, aber seltenen Bedingungen konnte die Abschaltmelodie zu Hörschäden führen. Siemens reagierte mit ganzseitigen Anzeigen in mehreren überregionalen Tageszeitungen und entschuldigte sich für den Fehler mit Humor und einer gehörigen Portion Selbstironie. Der Slogan: „Uuups, das war unser Elchtest".

1.2. Zielsetzungen und Erfolgsfaktoren

Alle Kommunikationskampagnen haben drei zentrale Zielsetzungen gemeinsam: Erstens wollen sie öffentliche Aufmerksamkeit gezielt wecken. Zweitens sollen die relevanten Personen nicht nur auf das Thema der Kampagne (z. B. eine Zielsetzung oder ein Produkt) aufmerksam gemacht werden, sondern ihm auch zustimmen und Vertrauen in die Glaubwürdigkeit des Kommunikators (etwa des Unternehmens) haben. Die dritte und höchste Stufe eines Kampagnenziels ist schließlich, Verhalten zu ändern, in der Fachsprache Anschlusshandeln genannt (Klaus 2001: 111; Saxer 1994). Bei diesem Verhalten kann es sich z. B. um verändertes Kaufverhalten handeln, wenn es sich um eine Aufklärungskampagne etwa zu BSE handelt, oder um den Kauf an sich, wenn es sich um eine Produktkampagne zur Markteinführung handelt. Aufmerksamkeit ist die Grundvoraussetzung für die folgenden Zielsetzungen. Wenn kein Vertrauen in die Glaubwürdigkeit besteht, dann hat die von der Kampagne transportierte Botschaft auch keine Chance auf Verbreitung und Zustimmung (Klaus 2001: 11 f.). Denn nur wenn eine durch Kommunikation vermittelte Position oder ein Interesse konsensfähig ist, d. h. von der Mehrheit der Zielgruppe oder der Bevölkerung akzeptiert wird, hat sie Aussicht auf Erfolg. Der im ersten Kapitel dargestellte gesellschaftsorientierte Ansatz von Unternehmenskommunikation basiert auf diesem Grundverständnis von Diskussion und Konsens (Ronneberger/Rühl 1992).

Wie aber sind diese Ziele zu erreichen? Wann weiß ein Kampagnenplaner, ob ein Thema die notwendige Aufmerksamkeit erringen kann, wie Vertrauen erzielt und am Ende das notwendige Anschlusshandeln beim Kunden ausgelöst werden kann? Eine Kampagne besteht immer aus einer Vielzahl von Wegen zum Kunden. Klaus (2001: 113) schlägt vor, die aus dem Journalismus stammenden Aufmerksamkeits-, Vertrauens- und Konsensfaktoren als Entscheidungshilfen für die Kampagnenplanung heranzuziehen. Hinzu treten ihrer Ansicht nach Kontext- und Zufallsfaktoren, die sich nicht aktiv steuern lassen und die deshalb in der folgenden Auflistung nicht näher betrachtet werden.

Unter *Aufmerksamkeitsfaktoren* versteht man diejenigen Faktoren, die darüber bestimmen, ob ein Thema es in die Medienberichterstattung schafft oder nicht. Genauer: Aufmerksamkeitsfaktoren bestehen aus den klassischen Nachrichtenfaktoren sowie der „Passgenauigkeit" des Themas für einzelne Mediengattungen oder Redaktionen (Klaus 2001: 113). Gerade für die Kundenkommunikation sind die Medien ein wichtiger Informationsmittler. Kapitel 7 hat deutlich gemacht, wie wesentlich Pressearbeit beitragen kann, Kunden anzusprechen und zu überzeugen. Demnach kommt es bei einer Kundenkampagne in der ersten Stufe darauf an, den Journalisten für eine Veröffentlichung zu gewinnen. Aufmerksamkeitsfaktoren erlangen vor allem für die Ansprache und Überzeugung potenzieller Kunden an Bedeutung, um das Produkt oder Thema in deren Wahrnehmung zu verankern. In der Regel sind es die Medien, die die größte Aufmerksamkeit für ein Thema, ein Produkt oder einen anderen Aspekt der Kundenkommunikation generieren können.

Vertrauensfaktoren bilden eine zweite große Gruppe. Sie bestimmen, ob öffentliche Glaubwürdigkeit entsteht. Die Glaubwürdigkeit von Botschaft, Produkt oder Unternehmen kann als Schlüsselgröße für Vertrauen gelten. Sie steht in engem Zusammenhang mit Vertrauen und bildet die Basis für das Anschlusshandeln. Vertraut ein Kunde der Werbebotschaft über die Zuverlässigkeit eines Automobils, so wird er u. U. eine Probefahrt unternehmen und das Fahrzeug am Ende sogar kaufen. Anders verhält es sich, wenn die Werbebotschaft für ihn offensichtlich unglaubwürdig oder gar falsch ist. Vertrauensfaktoren spielen sowohl bei der Ansprache von bestehenden Kunden als auch bei der Gewinnung von Neukunden eine große Rolle. Dabei hat das Vertrauen bei den beiden Gruppen unterschiedliche Qualität: Im Kontakt mit bestehenden Kunden muss eine Kampagne versuchen, das Vertrauen zu halten, zu festigen und zu erhöhen. Die Ansprache potenzieller Kunden hingegen dient dem grundlegenden Neuaufbau von Vertrauen. Sicherlich kann ein Unternehmen Vertrauen nicht allein über Kommunikation schaffen – das Image eines Unternehmens, seine Außenwirkung und seine Vertrauenswürdigkeit entstehen jedoch zu einem Gutteil durch Kommunikation, wie sie z. B. in Kampagnen umgesetzt wird.

Konsensfaktoren als dritter Teilbereich beziehen sich auf die Zustimmung zu Zielen oder Handlungen von Organisationen bzw. Personen. Als Beispiele für Faktoren werden die normative Bedeutung des Themas, der Zusammenhang mit grundlegenden (gesellschaftlichen oder humanitären) Werten oder auch das Konfliktpotenzial des Themas genannt (Klaus 2001: 114). Für eine Kundenkampagne bedeutet das: Je eher die Meinung oder Überzeugung eines Kunden mit der Kampagnenbotschaft des Unternehmens übereinstimmt, desto eher wird er zu dessen Gunsten handeln. Im Bereich dieser Konsensfaktoren kommt es bei der Ansprache bestehender Kunden in erster Linie darauf an, bereits bestehende Meinungen oder Überzeugungen zum Vorteil des Unternehmens, seiner Produkte bzw. Dienstleistungen zu festigen. Ist der Käufer einer bestimmten Schuhmarke von der Langlebigkeit der Schuhe überzeugt, so ist bei ihm ein entsprechendes Schema angelegt. Die Marke wird gedanklich mit dem Attribut der langen Lebensdauer verbunden. Wählt nun der Schuhhersteller für seine Werbekampagne die Kernbotschaft der Lebensdauer, so trägt er zur weiteren Festigung des Schemas bei.

An den drei Faktoren wird deutlich, dass Kundenkampagnen sowohl den Journalisten als Gatekeeper und Übermittler als auch den Kunden als letztendlichen Adressaten gewinnen möchten. Wie Röttger (2001:16) schreibt, verfolgen Kampagnen eine „kommunikative Doppelstrategie", indem sie einerseits eine starke Medienorientierung und andererseits eine direkte Publikumsorientierung aufweisen. Sowohl inhaltlich als auch zeitlich sind Kampagnen an der Arbeitsweise des Mediensystems orientiert. Schließlich ist es ihr Ziel, eine möglichst hohe und qualitativ gute Medienresonanz zu erlangen. Somit orientieren sich auch Kampagnen an den Grundsätzen klassischer Pressearbeit (Beachtung von Nachrichtenwerten, kontinuierliche Kontaktpflege zu Journalisten usw.).

Die Publikumsorientierung zeigt sich in der Zielgröße, einzelne Bevölkerungsgruppen oder die Allgemeinheit für die Sache zu mobilisieren (Baringhorst 1998: 68). Mit Blick auf die Publikumsorientierung ist es notwendig, die Botschaft kontinuierlich zu wiederholen, bis sie sich in den Köpfen festgesetzt hat (Hinrichs 2001: 59 f.). Studien zeigen, dass Kontinuität und Langfristigkeit einer Kampagne wesentlich zum Erfolg beitragen. Am Beispiel Werbekampagne konnte festgestellt werden: Die Dauer einer Kampagne steht in unmittelbarem Zusammenhang mit dem relativen Marktanteil und der Umsatzentwicklung (Krum/Culley 1984: 57 ff.). Mit Langfristigkeit ist die hinter einer Kampagne stehende langfristige Strategie gemeint, nicht die Ausweitung der zeitlichen Befristung oder die Beibehaltung eines Kampagnenmotivs über mehrere Jahrzehnte hinweg. Um Aufmerksamkeit zu wecken, müssen Motive einer Werbekampagne in vergleichsweise kurzen Abständen gewechselt werden. Wie Bruhn (1997: 356) feststellt, müssen sich Wiederholung und Abwechslung dabei die Waage halten, um „positive Lerneffekte zu nutzen und negative Redundanzeffekte zu vermeiden". Es kommt darauf an, den Kulminationspunkt eines Motivs oder einer Botschaft zu erkennen; verwendet man sie weiter, führt dies zu Abstumpfung und Ermüdung beim Rezipienten.

2. Strategisches Management von Kampagnen

Der Begriff des Campaigning stammt aus den USA und wird bis heute meistens in Zusammenhang mit politischer Kommunikation verwendet. In den letzten Jahren bezeichnet man Kampagnenmanagement aber auch in Deutschland verstärkt als Campaigning. Es umfasst den Prozess der Planung, Steuerung und des Controllings einer Kampagne, der auf eine systematische Analyse gestützt ist (Engels/Smolarz 1999: 27).

2.1. Campaigning als Information, Interaktion und Intervention

So versteht Metzinger (2002: 17) Kampagnenmanagement im Rahmen seines Business Campaigning als die strategiebasierte Verbindung von Information, Interaktion und Intervention. Seine Campaigning-Formel „Campaigning = (Information x Interaktionsfrequenz x Intention) x Intervention" beschreibt das Zusammenspiel von vier zentralen Dimensionen. Sie besagt: Neben dem Inhalt sind die wiederholte Interaktion mit anderen Akteuren und dem Publikum sowie Interventionen, d. h. direkte oder indirekte Handlungen und Aktionen, von besonderer Bedeutung (Metzinger 2004: 30 ff.). Erst wenn all diese Dimensionen in einer Kampagne vorhanden sind, kann von Business Campaigning die Rede sein (Metzinger 2004: 36). Dieser Ansatz verbindet alle Kommunikationsdisziplinen, -maßnahmen, -instrumente und -kanäle, ergänzt um den Aspekt des strategischen Managements. Schaubild 58 zeigt die Fülle von Kommunikations- und Managementdisziplinen, die beim Campaigning wichtig sein können.

Eine stärker vor dem Hintergrund der Werbung formulierte Definition prägen Behrent und Mentner (2001: 104), die Campaigning als „Verbindung einer Positionierungsstrategie mit einer sich im Prozess herausbildenden und verändernden Kommunikationsstrategie" verstehen. Um ein professionelles Campaigning umsetzen zu können ist es erforderlich, alle Kommunikationsbereiche, -instrumente und -kanäle in Zusammenarbeit mit der Marktforschung innerhalb der Organisation zu bündeln. Sie arbeiten nach einer gemeinsamen Idee, die als Positionierungsstrategie zu verstehen ist. Diese übergreifende Idee setzen sie in ihrem Zuständigkeitsbereich mit den ihnen zur Verfügung stehenden Instrumenten und Kanälen um, so dass von einer jeweils mehr oder weniger unabhängigen Kommunikationsstrategie gesprochen werden kann. Um eine langfristige Kommunikation zu erreichen, plädieren die Autoren für den konzertierten Einsatz von Werbung und PR (ebd.: 64) und für eine aktive Definition der eigenen Arenen (ebd.: 82).

Unabhängig vom Verständnis des Campaigning-Begriffs im Einzelnen wird Kampagnenmanagement als strategisch orientiertes Kommunikationsmanagement verstanden. Notwendig sind eine längerfristige Perspektive, eine klare Zielsetzung und Strategie sowie ein systematisches Zusammenspiel aller Kommunikationsdisziplinen, -instrumente, -maßnahmen und -kanäle.

2.2. Themenmanagement und dramaturgische Aufbereitung

Die dargestellten Aufmerksamkeits-, Vertrauens- und Konsensfaktoren beziehen sich sowohl auf den Akteur selbst, d. h. das hinter einer Kampagne stehende Unternehmen, als auch auf die kommunizierten Inhalte (z. B. das Produkt). Wichtig für ihr Zustandekommen ist jedoch auch die Aufbereitung der zu vermittelnden Botschaft, schließlich geht es darum möglichst viel Resonanz zu erlangen. Für Kampagnen gilt noch weit mehr als für allgemeine Kommunikationsprogramme: Die Verpackung ist entscheidend.

Schaubild 58
Kern- und Rahmendisziplinen von Campaigning

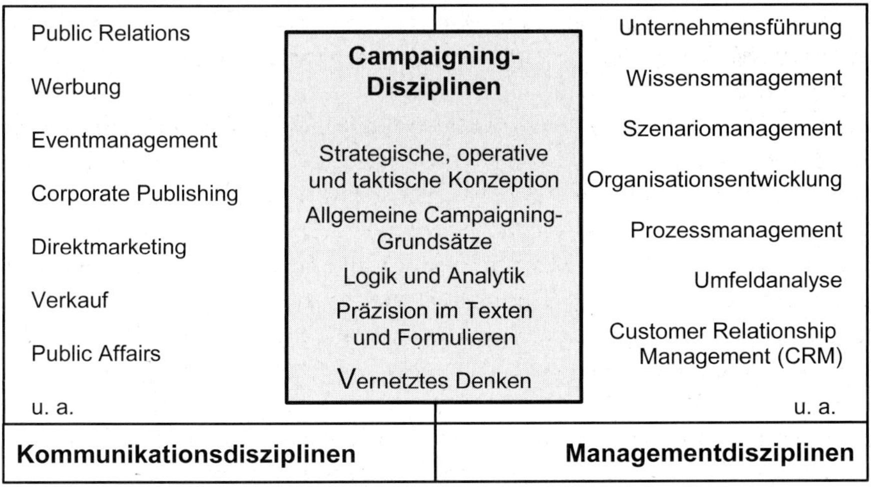

Quelle in Anlehnung an: Metzinger 2004: 277 (stark gekürzt)

Kampagnen, so wurde bereits zu Beginn dieses Kapitels festgehalten, sind dramaturgisch angelegte Kommunikationsstrategien mit dem Ziel, möglichst viel öffentliche Aufmerksamkeit zu erzeugen. Der Begriff der Dramaturgie, der in enger Verbindung mit der Inszenierung steht, bezieht sich sowohl auf den einer Kampagne vorangehenden Planungsprozess als auch auf dessen konkrete Umsetzung. Kernpunkt des Campaigning ist ein systematisches Themenmanagement, das sich durch alle Phasen des Prozesses hindurch zieht. Zweck des Themenmanagements ist es, die „Definitionshoheit über das Thema" zu erlangen (Hinrichs 2001: 46). Die eigene Benennung und Sichtweise des Themas sollen andere, vor allem die Medien übernehmen. Kampagnenmanagement bedeutet also zugleich Agenda Building und Agenda Setting (McCombs 2004; McCombs/Shaw 1972; McCombs 1976; Rössler 1997). Für das Unternehmen sollen chancenreiche Themen erkannt oder aktiv geschaffen, vermittelt und für die eigene Profilierung besetzt werden (Metzinger 2004: 67).

Um die Agenda zu setzen, arbeitet das Campaigning mit einer Kombination von Emotionalisierung, Inszenierung, Visualisierung und Reduktion, häufig ergänzt durch Personalisierung (Hinrichs 2001: 58 ff.; Althaus 2001: 13). *Emotionalisierung* bezeichnet die Ansprache von Gefühlen. Kampagnenbotschaften sind nicht nur kognitiv, d. h. auf Informationsvermittlung, und konativ, d. h. auf Auslösung von Verhalten ausgerichtet. Sie sprechen im Sinne eines ganzheitlichen Erlebnisses auch die Gefühle und Empfindungen des Kunden an und entwickeln in ihrer Konsequenz ganzheitliche, positiv aufgeladene Erlebniswelten. *Visualisierung* lässt sich auch als Symbolsprache bezeichnen. Sie ist mit der Emotionalisierung eng verbunden, da Bilder und Symbole intuitiv erfasst werden und weit besser Gefühle ausdrücken oder entstehen lassen können als Worte. Auch hier gilt der alte Leitspruch, wonach ein Bild mehr sagt als tausend Worte. Zudem werden Bilder besser erinnert als Texte; deshalb erscheint im Hinblick auf die angestrebte Wiedererkennbarkeit und Erinnerungsnotwendigkeit eine starke Visualisierung ratsam.

Auch *Reduktion* ist ein wesentliches Merkmal für Kampagneninhalte. Um möglichst große Aufmerksamkeit zu erzielen, ist es erforderlich die Botschaft einer Kampagne einfach zu halten bzw. sie in leicht verständlicher Form zu transportieren. In Kampagnen, so schreibt Röttger (2001: 17), sind gut und böse, richtig und falsch auf den ersten Blick unterscheidbar. In Kundenkampagnen etwa, in denen ein Produkt im Vordergrund steht, wird meist ein einziger Aspekt des Produktes betont. Im Zuge von Werbekampagnen der Automobilhersteller handelt es sich um Kernwerte wie Sicherheit (Mercedes) oder Zuverlässigkeit (Mazda). Für die Kommunikation bedeutet das, komplexe Sachverhalte auf eine zentrale Aussage zu reduzieren (Hinrichs 2001: 57 f.). Neben diese vier Elemente tritt in manchen Kampagnen die *Personalisierung*. Sie verbindet die Botschaft einer Kampagne mit einer Person. Im Rahmen einer Produktkampagne etwa kann ein Unternehmen Erfinder, Entwickler oder auch Kunden zeigen, die ihre persönliche Verbindung zum Produkt vermitteln.

Gemeinsam mit dem Themenmanagement gewinnt im Campaigning auch das Issues Management an Bedeutung. Mögliche (chancen- und konflikthaltige) Themen sollen so früh wie möglich identifiziert und adressiert werden. Sind sie identifiziert, so wird im Rahmen des Themenmanagements eine Prioritätenliste gebildet (Hinrichs 2001: 50 f.). Wichtig für die Bildung einer solchen Rangfolge ist einerseits die Bedeutung, die dem Thema für die Organisation selbst zukommt. Fragen sind hier: Wie stark betrifft das Thema die Organisation? Ist es ein Risiko bzw. eine Chance? Andererseits spielen auch Umfeldfaktoren eine Rolle, die das Thema weiter beeinflussen könnten. Dies können z. B. die öffentliche Meinung, die Reaktion der Medien oder die Reaktionen der Konkurrenten sein. Nur durch eine klare Analyse des jeweiligen Potenzials eines Themas ist es möglich, die oben bereits angesprochene Rangliste für dessen Bearbeitung zu bilden. Denn ein Unternehmen kann sich nicht auf alle Themen gleichzeitig konzentrieren, sondern muss die Themen auswählen, die entweder die größten Vorteile oder das größte Risiko in sich bergen. Ist ein Thema identifiziert, so erfolgt als erster Schritt die Entwicklung der eigenen Position. Wichtig ist, möglichst viele Positionen auch anderer Akteure mit einfließen zu lassen, um einen breiten Konsens als Basis zu haben.

Mit einer Kampagne sollten nur solche Themen bearbeitet werden, bei denen die prognostizierten Kosten in einem realistischen Verhältnis zum erwarteten Nutzen stehen. Aufgrund beschränkter Ressourcen ist es fast immer notwendig, sich auch bei der Auswahl der Adressaten weiter zu beschränken (Althaus 2001: 18). Die Kommunikation, so lautet eine allgemeine Empfehlung, sollte auf aktive Unterstützer und mögliche Wechsler ausgerichtet werden – also auf solche Gruppen, deren Meinung, Einstellung oder Verhalten bereits zu Gunsten des Unternehmens bestehen oder vergleichsweise leicht zu gewinnen sind. Die Überzeugung anderer Adressaten (Gegner, Zweifler, Uninteressierte) ist zu teuer, zu zeitaufwändig und damit zu ineffektiv (Althaus 2001: 19).

2.3. Multidimensionales und crossmediales Campaigning

Um das gewählte Thema möglichst zielgenau an die relevanten Teile der öffentlichen Arena zu kommunizieren, sind Kundenkampagnen systematisch zu planen, implementieren und zu evaluieren. An Bedeutung gewinnt in diesem Zusammenhang die Integration aller Maßnahmen, Instrumente und Kommunikationskanäle in Verbindung mit einem prozessualen Verständnis des Kampagnenmanagements. Was ist mit prozessualem Verständnis gemeint?

Kampagnen unterliegen keinem linearen Kommunikationsprozess, sondern sind non-linear und damit multidimensional konzipiert. Während des Kommunikationsprozesses findet in regelmäßigen Abständen ein Abgleich von Zielsetzung und bereits erreichten Erfolgen statt (Analyse). Besteht eine Diskrepanz, ist es notwendig, die Planung (Konzeption) anzupassen, ebenso bei der Implementierung die Kommunikationskanäle, -instrumente und/oder -maßnahmen. Campaigning ist damit gekennzeichnet durch eine Flexibilität, die es von klassischen Kommunikationsprogrammen unterscheidet: Campaigning folgt keiner linearen Logik. Es erfordert in regelmäßigen Abständen neue Entscheidungen, neue Stoßrichtungen und neue Umsetzungen. Fischöder (2003) entwarf für das Spezialfeld des E-Campaigning das Bild der „Kommunikations-DNS".

Die Kommunikations-DNS des E-Campaigning lässt sich für das Kampagnenmanagement als Ganzes adaptieren und entsprechend der oben angesprochenen Besonderheiten ausdifferenzieren. Schaubild 59 verdeutlicht, wie eng die beiden Prozessphasen Konzeption und Implementierung im Campaigning miteinander verzahnt sind. Sie werden durch eine kontinuierliche Arenen-Analyse begleitet, die den Input für die Anpassung und Neuausrichtung von Konzeption und Umsetzung liefert. Maßnahmen werden nicht zu Beginn der Kampagne festgelegt, sondern während des Ablaufs immer wieder überprüft und bei Bedarf neu justiert. Aus den Daten, die man während des Campaigning-Prozesses zu Akzeptanz und Erreichbarkeit der Inhalte sammelt, werden neue Strategien entwickelt und entsprechende Maßnahmen und Instrumente festgelegt.

Zugleich zeigt die Campaigning-DNS, wie viele Aspekte im Prozess es zu bedenken gilt: Public Relations und Werbung stehen stellvertretend für die Vielzahl der Disziplinen und Instrumente, die im Campaigning integriert eingesetzt werden. Hinzu kommt der Übermittlungskanal (persönlich, print, online), die Zielrichtung der Kommunikation (kognitiv, affektiv, konativ) und die Art der Aufbereitung und Vermittlung (Dramaturgie, Emotionalisierung, Visualisierung).

Durch die Anpassungsfähigkeit und Prozesshaftigkeit von Kampagnen ist es besonders wichtig, zu Beginn das zu erreichende Ziel klar zu definieren. Zugleich sollte jedoch die Strategie, d. h. der Weg zum Ziel, Spielraum für Anpassungen lassen. Metzinger (1998) betont, dass man Strategie in diesem Kontext im Sinne einer „strategischen Landkarte" verstehen sollte, die mögliche Szenarien enthält. Sie dient während der Anpassung an eingetretene Veränderungen als Orientierungsrahmen, ohne als Korsett zu wirken. Auf geänderte

Bedingungen muss man schnell und flexibel reagieren können. Die einzelnen Schritte lassen sich in Analyse (Lagebewertung), Strategie (Zielfestlegung), Konzeption (Kampagnenverlauf planen) und Produktion (Umsetzung) einteilen (Metzinger 1998; Metzinger 2004: 152 ff.).

Schaubild 59
Campaigning-DNS

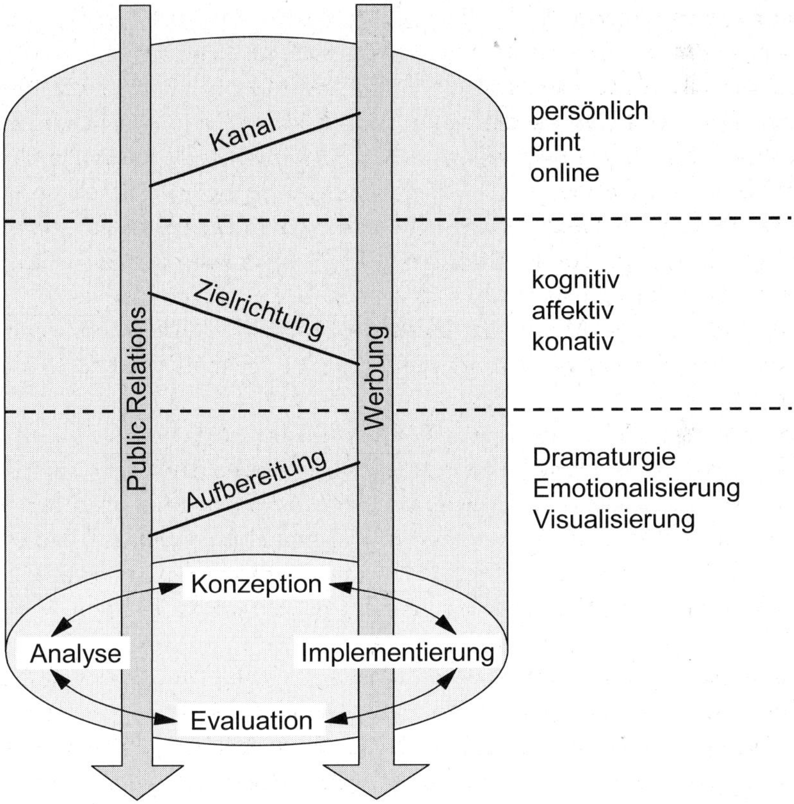

Quelle: eigene Darstellung

Kampagnen können nur gelingen, wenn sie integriert und crossmedial geplant und umgesetzt werden. Ein zentraler Vorteil, der dem Campaigning zugeschrieben wird, ist gerade die Möglichkeit der Synergiegewinnung (Metzinger 2004: 110 ff.). Campaigning ist demnach zu verstehen als ein aktives strategisches Kommunikationsmanagement, das Kommunikationsprozesse interdisziplinär, interaktiv und integrativ durchführt. Die Campaigning-DNS verdeutlicht diese Komplexität der Zusammenhänge.

Die Komplexität des integrierten Kampagnenmanagements bei crossmedialen Kampagnen wird am Beispiel der Grippepille „TamiFlu" von Hoffmann-La Roche deutlich. H.-U. Jelitto, Head of Communications and Public Affairs, Grenzach-Wyhlen, beschreibt die besonderen Herausforderungen für Campaigning in der Pharmabranche, bei dem neben Journalisten Ärzte und Apotheker die zentralen Meinungsführer und Informationsmittler sind. Im Feld der Gesundheitskommunikation kommt zudem der emotionalen Ansprache eine ganz besondere Bedeutung zu.

H.-U. Jelitto, Hoffmann-La Roche AG, Grenzach-Wyhlen

Crossmedial und emotional
Die Kampagne zur Grippepille TamiFlu

Der Pharmamarkt und die Kommunikation in diesem Markt haben eigene Gesetze. So hat der Gesetzgeber die Abgabe von Arzneimitteln klar geregelt. Sie dürfen grundsätzlich nur in einer Apotheke, respektive durch einen Apotheker verkauft bzw. ausgehändigt werden – selbst wenn es sich dabei um eine Internet-Apotheke handelt. Dabei wird grundsätzlich unterschieden zwischen freiverkäuflichen und rezeptpflichtigen Arzneimitteln. Freiverkäufliche Arzneimittel kann der Apotheker ohne Rezept über den Verkaufstresen abgeben; man nennt sie OTC-Medikamente (= over the counter). Alle anderen Medikamente nennt man Rx-Medikamente. Es gibt sie nur gegen ein Rezept vom Arzt. Entsprechend sind Ärzte die Kernzielgruppe der Pharmahersteller. Die Kommunikation richtet sich deshalb an sie und zwar in den Fachmedien. Doch Patienten wollen immer mehr über Krankheiten und deren Therapien wissen. Sie bedienen sich des Internets und wenn sie Englisch können, bleibt ihnen nichts verborgen.

Für verschreibungspflichtige Arzneimittel sind Ärzte die Kommunikationskunden

Für die Kommunikation über Arzneimittel gibt es das Heilmittelwerbegesetz. Es regelt den Grad an Informationen, die an Ärzte, Apotheker (Fachkreise), an Patienten weitergegeben werden dürfen, im Gegensatz zur allgemeinen Bevölkerung. Hintergrund des Gesetzes ist, dass den Fachkreisen aufgrund ihrer Ausbildung zugestanden wird, sie könnten die nicht einfach zu verstehenden Fachinformationen zu Arzneimitteln wie Dosierung, Nebenwirkungen, Arzneimittelwechselwirkungen, usw. richtig werten und einordnen. Bei erkrankten Patienten, die mit einem entsprechenden Arzneimittel schon behandelt werden oder gar eine chronische oder ererbte Krankheit haben, geht man ebenfalls von Vorkenntnissen aus und gesteht ihnen für diese Krankheit die gleichen Informationsquellen zu.

Wie kommuniziert man mit Endverbrauchern bzw. Patienten im Pharmageschäft?

Der Bevölkerung soll diese Information nicht zugänglich sein. Ferner ist es aus diesem Grund untersagt rezeptpflichtige Arzneimittel in Publikumsmedien zu bewerben, was die Kommunikationsmöglichkeiten über neue Medikamente stark einschränkt. So dürfen in so genannten Laienmedien Produktnamen lediglich zum Zeitpunkt ihrer Markteinführung genannt werden; sonst nur der „generische" Name. Bei einem Medikament, das jeder kennt, z. B. Valium, muss man den generischen Namen „Diazepham" benutzen, was die Kommunikation beim Publikum nahezu wertlos macht, denn solche Namen sind häufig sehr kompliziert, wissenschaftlich und absolut medienuntauglich. Wer will Kundenkommunikation betreiben für Produktennamen wie „Pegyliertes Interferon alfa 2a (40 KD)", wenn das Produkt eigentlich den Namen „Pegasys" hat? Oder über „Oseltamivir", wenn es sich um „TamiFlu", ein Medikament gegen die gefährliche Virusgrippe handelt?

Erster Konzeptschritt: Crossmedial-taugliche Begrifflichkeit

Zunächst geht es darum, für die Kommunikation Begriffe zu definieren, die möglichst sowohl in den Fachkreisen und beim Publikum gleichermaßen verstanden und absolut eindeutig assoziiert werden. Beim Grippemedikament TamiFlu legte man sich bei der Hoffmann-La Roche AG auf den Begriff „Grippepille" fest – obwohl das Medikament nur als Kapseln oder für Kinder als Saft in den Apotheken erhältlich ist. Der Begriff „Grippepille“ war somit eine gelungene Positionierung für eine crossmediale Kommunikationskampagne.

Wie funktioniert „crossmediale PR“?

Der Sinn jeder PR-Kampagne besteht darin, für eine bestimmte Sache eine gesteigerte Aufmerksamkeit zu erreichen. Werden dabei möglichst viele Medien gleichzeitig genutzt oder gestartet, dann ist es einfacher zu einem bestimmten Zeitpunkt die Awareness auf das gewünschte Niveau zu bringen. Doch anders als bei Werbekampagnen, bei welchen mit einem großen Werbeetat mittels TV-Spots und Anzeigen eine Awareness über die Medien erreicht wird, stehen der PR nur verhältnismäßig geringe Mittel zur Verfügung. Entsprechend wichtig ist es, bei crossmedialen Kampagnen im Vorfeld für die unterschiedlichen Medien so genannte Info-Tools zu fertigen, damit man Journalisten in dem Moment, in welchem sie auf eine bestimmte Thematik aufmerksam werden, sofort bedienen kann. So müssen für die Printmedien möglichst alle Texte und themenbezogenen Bilder abrufbar vorliegen – am besten über das Internet. Vorbereitete Hörfunkbeiträge und TV-Footage-Material sollten produziert sein. Setzt ein Unternehmen solche Materialien ein, ist die Wahrscheinlichkeit am größten, dass die Botschaften auch übernommen werden. Für alle Informationen wird offen mit dem Absender Roche gezeichnet und damit die Richtigkeit der Angaben garantiert.

Information für jedermann zugänglich

Ein neues Grippe-Frühwarnsystem RealFlu informiert tagesaktuell und regionalisiert über die Verbreitung der „echten“ Grippe – der Influenza – in den Bundesländern. Etwa 300 Arztpraxen melden täglich Grippefälle aus ihrer Praxis online an das System. Dank einer computergestützten Datenauswertung, von einem Expertengremium überwacht, kann sich die Öffentlichkeit tagesaktuell über die regionale Grippe-Situation informieren. Für Ärzte steht der RealFlu-Report auch per Fax oder E-Mail-Service, direkt aus dem Internet unter www.grippe-online.de zur Verfügung (Schaubild 60). Im vergangenen Winter ließen sich mehr als 8.000 Ärzte regelmäßig über einen Fax-Service informieren. Der Bevölkerung steht neben dem Internet auch ein Fax-Abruf (1 Seite, 0,41 Euro/min) zur Verfügung.

Schaubild 60

RealFlu-Report – ein Online-Informationssystem für Ärzte und Bürger

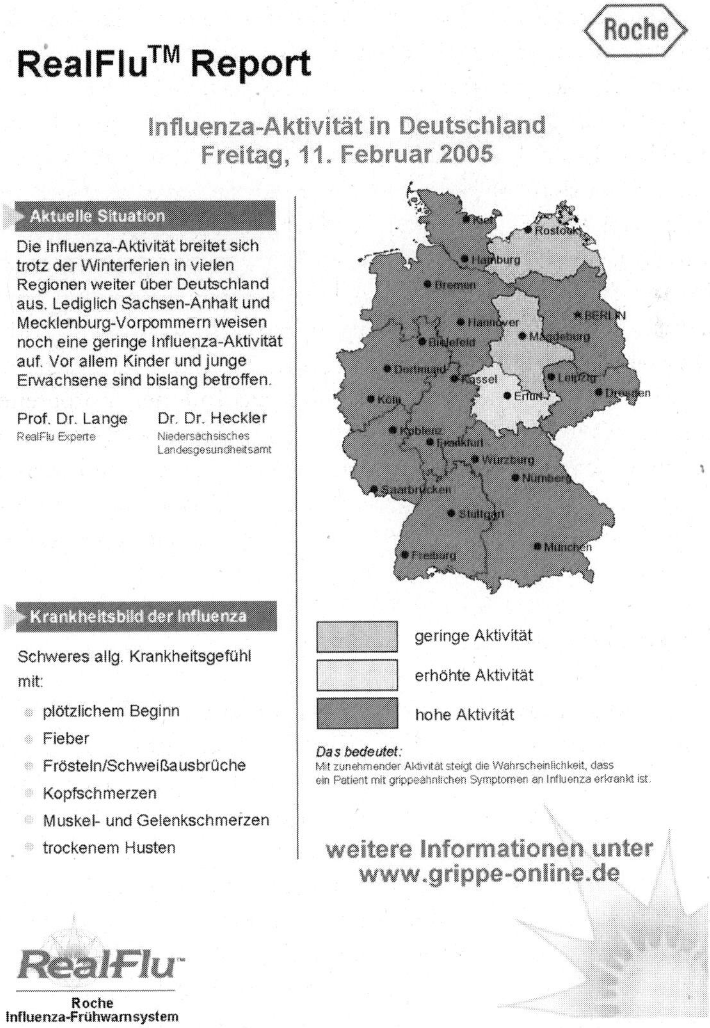

Quelle: Hoffmann-La Roche AG, Grenzach-Wyhlen

RealFlu-Report auch für Homepages angeboten

Das Internet lebt von seiner Aktualität. Wer täglich neue interessante Informationen anbieten kann, wird schnell gefragt, ob man bereit sei, diese Informationen auch abzugeben. Dies war abzusehen und so hat Roche den Report aktiv angeboten. Das Ergebnis war überwältigend: Hunderte von Ärzten haben ihn in ihre Praxis-Homepage eingebunden – genauso wie Krankenkassen, medizinische Fachzeitungen sowie Tages- und Wochenzeitungen und andere Internetportale.

Hintergrundinformationen für Journalisten

Journalisten werden häufig aus anderen Themen herausgerissen und müssen sich mit einem medizinischen Sachverhalt beschäftigen. Ein Bundespräsident wird an der Galle operiert, Popstars haben Brustkrebs oder Lymphome etc. Als Service für Journalisten hat Roche somit eine Grippefibel gefertigt, die Journalisten den „Schnelleinstieg" in diese Thematik bietet. Es gibt wenige Krankheitsbilder, bei denen in der Bevölkerung die Begrifflichkeit so verschwommen verwendet wird, wie im Fall der Grippe. Man unterscheidet: im Sprachgebrauch nicht zwischen Erkältung, grippalem Infekt oder der Influenza. Dabei ist die Influenza, eine der bedrohlichsten, jedoch am meisten unterschätzten Infektionskrankheiten.

Jährlich sterben allein in Deutschland 16.000 bis 20.000 Menschen an dieser Virusinfektion oder an ihren Folgen. Doch eine besondere Gefahr besteht in ihrer Unberechenbarkeit. Die Influenza-Viren treten plötzlich auf, verbreiten sich schnell, nehmen Tausenden von Menschen das Leben und sind meistens nach sechs bis acht Wochen wieder verschwunden.

Emotionale Ansprache fördert Medieninteresse

„Die Patienten berichten über ein plötzliches Krankheitsgefühl, meist aus vollem Wohlbefinden heraus, körperliche Schwäche, Fieber, Kopfschmerzen, Myalgien und Atemwegssymptome. Typisch ist auch der verrotzt-verheulte Gesichtsausdruck. Die frühe Diagnose durch den Arzt und der frühzeitige Therapiebeginn sind entscheidend für den weiteren Krankheitsverlauf und auch das Überleben besonders des älteren Grippe-Patienten", betonte der Münchner Internist Prof. Dr. Georg Vogel. Während erfahrene Ärzte die Grippe schon am Gesicht erkennen können, lässt sich die Treffsicherheit der klinischen Diagnose deutlich verbessern, wenn der Arzt weiß, ob in seiner Region gerade die Virusgrippe grassiert.

RealFlu™ - Das Roche Influenza Frühwarnsystem

Vor diesem Hintergrund hat Hoffmann-La Roche RealFlu™ das Roche-Influenza-Frühwarnsystem aufgebaut. Von Oktober bis April informiert dieses System tagesaktuell und regionalisiert (Bundesländer) die Öffentlichkeit über die Influenza-Aktivität in Deutschland. Wenn Ärzte wie Bevölkerung realtime wissen, dass Influenza in ihrer Region gehäuft auftritt, können Patienten mit Influenza-ähnlichem Krankheitsbild rechtzeitig den Arzt kontaktieren und Ärzte eine treffsichere Diagnose in Abgrenzung zum grippalen Infekt stellen. Je früher die Therapie mit den Neuraminidase-Hemmern beginnt, desto größer der Nutzen für den Patienten.

Beispiele von Meldungen

Ärzte melden: Grippe-Welle hat Deutschland fest im Griff: Hohe Influenza-Aktivität fordert Konsequenzen: Erste Schulklassen in Baden-Württemberg wurden bereits geschlossen.

Grippewelle zeichnet sich ab: Mit der Grippepille Tamiflu steht erstmals eine effektive Waffe zu Bekämpfung des Influenza-Virus zur Verfügung. Je früher mit der Therapie begonnen wird, desto größer ist ihr Nutzen.

Der erste orale Neuraminidase-Hemmer Oseltamivir (Tamiflu) hindert das lebensgefährliche Virus an seiner Vermehrung. Dadurch leiden die Patienten weniger unter der Virus-Grippe, Folgeerkrankungen bleiben ihnen erspart und sie können schneller wieder ihren Alltagsaktivitäten nachgehen. Das neue Grippe-Medikament ist für Erwachsene und Kinder (als Saft) ab einem Jahr zugelassen.

Pressekonferenzen anlässlich von Kongressen: „Das Wirkprinzip ist genial einfach", erklärte Prof. Dr. Peter Wutzler, Direktor des Instituts für antivirale Chemotherapie in Jena. Tamiflu hemmt spezifisch die Neuraminidase aller klinisch relevanten Influenza-A- und B-Viren und somit die Vermehrung des Virus. Je früher eingenommen, desto effektiver! Am besten innerhalb der ersten zwei Tagen nach den ersten Symptomen.

3. Funktionen von Kampagnen im Kommunikationsmanagement

Kundenkampagnen lassen sich entlang verschiedener Kriterien näher unterteilen. Oben wurde bereits die Unterscheidung in produkt- und kundenorientierte Kampagnen angesprochen. Produktorientierte Kampagnen zielen auf den Verkauf von Produkten (auch Dienstleistungen). Kundenorientierte Kampagnen stellen hingegen den Kunden in den Mittelpunkt, indem sie an einem bestimmten Kundenbedürfnis orientiert sind oder sich am Kundenprozess orientieren. „Ziel ist es dabei, eine starke Visualisierung, generell ein Bedürfnis zu adressieren und den Kunden mit einem angepassten, individuellen Produkt(-bündel) zu überzeugen", beschreiben Gronover, Reichold und Riempp (2002a: 27) den Kern einer an den Bedürfnissen des Kunden orientierten Kampagne.

Eine weitere Unterscheidungsmöglichkeit ist die Ausdifferenzierung nach Kampagnen zur Neukundengewinnung und Kampagnen zur Kundenbindung. Abhängig von der Zielsetzung können diese beiden Arten kommerzieller Kundenkampagnen deutlich voneinander abweichen: Während man bei der Neu-

Schaubild 61
Arten kommerzieller Kundenkampagnen

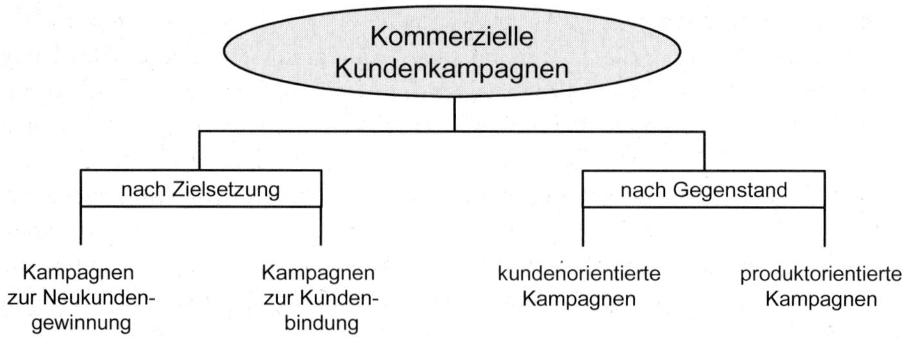

Quelle: eigene Darstellung

kundengewinnung möglichst viel Aufmerksamkeit für das Angebot bei den relevanten Bezugsgruppen erzeugen will, geht es bei der Kundenbindung ausschließlich um die Ansprache vorhandener Kunden. Insofern unterscheiden sich diese beiden Kampagnenarten in Bezug auf die anzusprechenden Teilöffentlichkeiten. Während Kampagnen zur Kundenbindung demnach einen klar abgegrenzten, häufig gar namentlich bekannten Adressatenkreis ansprechen, sind Kampagnen zur Neukundengewinnung möglichst breit angelegt und streuen an alle in Frage kommenden Gruppen innerhalb der Öffentlichkeit. Schaubild 61 zeigt die unterschiedlichen Klassifikationsansätze für Kundenkampagnen. Dabei verläuft die Unterscheidung in produkt- und kundenorientierte Kampagnen quer zur Trennung in Kampagnen zur Neukundengewinnung und denen zur Kundenbindung.

3.1. Gewinnung neuer Kunden

Kampagnen zur Neukundengewinnung verfolgen in erster Linie das Ziel, potenzielle Kunden auf ein Thema, ein Produkt oder eine Dienstleistung aufmerksam zu machen. Deshalb kommt eine möglichst breite Ansprache der allgemeinen Öffentlichkeit in Betracht, wenn man zugleich die Marke positionieren und festigen will. Alternativ kann es jedoch auch sinnvoll sein, mit Blick auf eine möglichst zielgruppengenaue Ansprache einen eng definierten Adressatenkreis z. B. über Special-Interest-Medien, spezifische Veranstaltungen oder konkrete Aktionen anzusprechen.

Im Feld der Kommunikations- und Werbekampagnen hat das Textilunternehmen Benetton früh von sich reden gemacht. Kontrovers, vielfach provokant waren seine Kampagnen in der Vergangenheit. Vor allem die Kampagnenmotive waren es, die für Aufmerksamkeit und vielfach für öffentliche Aufregung sowie heftige Kontroversen sorgten. Das Bild eines sterbenden Aids-Kranken etwa ist in der kollektiven Erinnerung verankert. Zugleich zeigen der Slogan „United Colors of Benetton“ als eingängige, universelle Botschaft und die Aussagekraft des Logos, wie wichtig diese Bausteine für eine langfristig angelegte, tragfähige Kampagne zur Gewinnung neuer Kunden sein können. Paolo Landi, Advertising Director der Benetton Group in Ponzano/Italien, beschreibt die Geschichte der Kampagne im Hause Benetton und ihre Entwicklung bis zum heutigen Tag.

Paolo Landi, Benetton, Ponzano/Italien

Die Kampagnen "United Colors of Benetton"

Den Grundstein der Werbephilosophie von „United Colors of Benetton" legte Luciano Benetton: Seine Überzeugung, dass „Kommunikation nie extern geplant werden, sondern aus dem Herzen des Unternehmens kommen sollte", prägt die Kommunikation des Unternehmens bis zum heutigen Tag. Orientiert an diesem Statement wurde eine Werbestrategie entwickelt, die über 20 Jahre lang darauf abzielte, durch die Betonung des Markenimages Werte zu schaffen. Der Werte-Begriff wird dabei im weitesten Sinn verstanden. Er bezieht wirtschaftliche Aspekte mit ein und umfasst zugleich die zeitliche Markenstabilität. Aus dieser Perspektive ist ein Wert ein wünschenswerter Zustand, ein erstrebenswertes Ziel, eine qualitativ hochwertige Kapitalanlage. Ein Unternehmen, das seine Werthaltungen betont und Werte schafft, kommuniziert nicht länger mit Konsumenten, sondern mit Individuen. Es richtet sich an das menschliche Wesen in seiner Gesamtheit, berücksichtigt seine Persönlichkeit und seine Bedürfnisse.

Eine kleine Geschichte der Benetton-Werbung

Gegenwärtig verändert sich die Stellung des Konsums im Gesamtzusammenhang des Lebens. Mit dem Vordringen in das Universum der Werte befreit die Marke das Produkt aus der Welt der Waren und der Produktion und macht es zu einem eigenständigen sozialen Gegenstand. Indem sich die Marke eher am Individuum als Ganzes denn an seiner Eigenschaft als Konsument orientiert, kann sie die Ausrichtung ihrer Botschaft nicht anhand der Faktoren Alter oder Einkommen vornehmen. Vielmehr geht es darum Menschen anzusprechen, die Visionen darüber teilen, welche Werte in einem bestimmten Bereich wichtig sind und welche nicht. Seit der Gründung von Benetton als Mode-Label für junge Leute war klar, dass der Einsatz von Instrumenten zum Markenaufbau eine eindeutig strategische Investition ist. Das „United Colors" der Pullover entwickelte sich schnell zu einer Metapher für die Jugendlichen aus einer Vielzahl verschiedener Länder, für die Benetton die Pullover entwarf. Als die Märkte expandierten, wurde Benetton in wenigen Jahren zu einer globalen Macht – das „United Colors"-Konzept erweiterte sich vom bloßen Einbeziehen von Menschen verschiedenster Herkunft zur Idee von Toleranz, Frieden und Respekt vor Unterschieden.

Die Marke des Unternehmens entfaltete sich mit der Entwicklung der technischen Fähigkeiten. Der größte technologische Fortschritt vollzog sich in den frühen 80er-Jahren, als Benetton ein Verfahren zur Färbung von fertigen Kleidungsstücken anstelle von Stoffen in seinen Produktionsprozess integrierte. Durch diese Technik konnte das Unternehmen in einem Markt, in dem schnelle Reaktionsfähigkeit der Schlüssel zum Erfolg ist, kurzfristiger auf Modetrends reagieren. Der Wechsel der Farben wurde zum Kennzeichen von Benettons Identität und Kultur. „All the colors of the world" war einer der ersten Werbesprüche, der in Benettons Anzeigen zu lesen waren; später zu „United Colors of Benetton" weiterentwickelt. Das Konzept der „United Colors" war so stark, dass das Unternehmen zum ersten Mal einen aktuellen Werbeslogan zu seinem Logo machte.

Das Emblem entwickelte sich zur treibenden Kraft der „United Colors"-Botschaft. Es wurde geschaffen, um das Entstehen eines wachsenden Netzwerks von „United People" zu fördern. Diese Bilder zeigten junge Männer und Frauen der verschiedensten Hautfarben und standen für Werte wie Integration, Energie und Freude am Leben. Sie gaben den Anstoß darüber nachzudenken, wie es wäre, in einer Welt zu leben, in der Gefühle und Beziehungen allein von Einfachheit und Direktheit geprägt sind. An diesem Punkt begann der Prozess der Wertbildung für das Benetton-Logo. Er durchlief drei aufeinander folgende Phasen: Die Phase der Unterschiede, die Phase der Realität, die Phase der freien Meinungsbildung und der freien Meinungsäußerung.

Die Phase der Unterschiede

Bis Benetton die für das Unternehmen vorgesehene Rolle zur Überwindung von Stereotypen und der Skandale in der Werbewelt ausfüllen konnte, war ein langer Weg zurückzulegen. Dieser begann mit einer Kampagne im Jahr 1986. Zeigte man zuerst Gruppen von glücklichen Kindern unterschiedlicher ethnischer Herkunft, wurden diese später durch „Paare" ersetzt, die eine ganz neue Interpretation von Unterschieden zuließen. Diese Visualisierungen brachten nicht länger Menschen zusammen, die unterschiedlich sein mochten, aber grundsätzlich austauschbar waren. In diesem Zusammenhang rückte das Wort „verschieden" ganz in die Nähe des Wortes „gegensätzlich". Verschieden bedeutete also nicht nur: Ein Mensch ist anders als der andere. Im Extremfall standen die beiden in Gegensatz zueinander – sie waren Feinde. Benetton machte die Erfahrung, dass es nicht einfach ist, sich bei der Werbung mit dem Thema Verschiedenheit auseinander zu setzen. Häufig kann der Versuch, unterschiedliche Individuen zusammenzubringen, zu Konflikten anstatt zu einer fröhlichen und positiven Stimmung führen.

Viele Anzeigenmotive während dieses Zeitraums waren Ausdruck der Erfahrungen, die Benetton bei der Auseinandersetzung mit Unterschieden gemacht hatte. Eines dieser Motive symbolisierte religiöse und politische Konflikte am Beispiel der Auseinandersetzung zwischen Israelis und Palästinensern, ein anderes thematisierte einen religiösen Konflikt und gleichzeitig die Auseinandersetzung der Geschlechter. Zu sehen war das Bild eines Priesters, der eine Nonne umarmt. Eine dritte Anzeigenserie porträtierte moralische Konflikte wie die Stereotype Gut und Böse in der Symbolik von Engel und Teufel.

All diese Konflikte basieren auf Tabus, auf der Unmöglichkeit des Zusammenlebens und auf Unterschieden, die mehr trennen als vereinigen. Indem sie diese Unterschiede erkannte und ansprach, vermittelte die Marke mehr Involvement, einen Bezug zum wahren Leben. Sie bezog Stellung, statt einfach nur ein objektives Abbild der Welt zu liefern und zeigte Engagement, indem sie die Auseinandersetzung mit Unterschieden (und Gegensätzen) förderte, Barrieren durchbrach und einen Dialog anregte.

Benetton fasste einen Plan: Gegensätzliches sollte integriert werden, Unterschiedliches sollte sich unter der Flagge des eigenen Logos vereinen. Während dieser Phase verschwand das Produkt selbst allmählich aus den Inseraten. Während andere Werbekampagnen üblicherweise die Produkte in den Mittelpunkt stellten, schlug Benetton einen anderen Weg ein und setzte von nun an auf folgendes Konzept: Sobald die Identität der Marke erst einmal etabliert ist, wird das Produkt zu einem ihrer Attribute. Das Unternehmen expandierte in dieser Phase auf allen Kontinenten. Paradoxerweise gingen steigende Beliebtheit und Verfügbarkeit der Benetton-Produkte – weltweit konnten die Kunden in dieser Phase in mehr als 5000 Benetton-Läden einkaufen – Hand in Hand mit dem Verschwinden eben dieser Produkte von den Anzeigenseiten.

Die Phase der Realität

Diese Phase begann mit einer Geburt: Benetton warb mit dem Bild eines Babys, das noch an der Nabelschnur hing. An dieser Stelle gab Benetton die Idee der Auseinandersetzung zu Gunsten des gelösten Konflikts auf. Das Foto des Neugeborenen war als Hymne an das Leben gedacht, wurde aber zu einem der meist zensierten Motive der Benetton-Motive. Auf dem Gebiet der Werbung, traditionell mit Heuchelei belegt, verursachte die Darstellung des wirklichen Lebens einen Skandal. Die neuen Kampagnen zeigten Serien von Objekten, z. B. Pinocchios, Kondome oder Reagenzgläser, bis eine dieser Serien – das Foto eines Kriegsgrabes – den nächsten Eklat verursachte. Dieses Foto, nur in einer einzigen Zeitung veröffentlicht (Il Sole 24 Ore), weil alle anderen sich weigerten, es abzudrucken, bedeutete einen Bruch mit den vorangegangenen Kampagnen. Der Stil war „realitätsnäher" und legte mehr Wert auf Tiefenschärfe. Ein Stückchen „wahres Leben" drang ein in das künstlich geschönte Universum der Werbung. Mit dieser Darstellung veränderte sich die von Benetton verwendete Bildsprache radikal.

Im Februar 1992 entstand mit der neuen Kampagne ein weltweiter Skandal. Die neuen Anzeigen bestanden aus Nachrichtenfotos äußerst dramatischer, realer Situationen: ein Mann, der an Aids stirbt, ein Soldat, der einen menschlichen Oberschenkelknochen in der Faust hält, ein anderer, der von der Mafia hingerichtet wurde, ein brennendes Auto, ein Schiff, das von Emigranten gestürmt wird.

Nach der Frage, was ist gleich und was verschieden, sowie der Annäherung von Gegensätzen wandte sich Benetton der Einzigartigkeit des menschlichen Seins zu. Der Dialog, den Benetton mit seinen Kunden führte, gewann an Intensität. Während sich die Geschäfts- und Vermarktungsaktivitäten über den Globus ausbreiteten, entwickelte Benetton seine Botschaft in eine universalistische Richtung. Sie zielte von nun an auf das menschliche Wesen und den allen Menschen gemeinsamen Nenner ab. Man suchte die menschliche Natur nicht mehr nur im Annähern von Gegensätzen oder der Lösung von Konflikten, sondern in der Wertschätzung dessen, was alle Menschen vereint. Die provozierende Distanzierung von den stereotypen Inhalten traditioneller Werbekampagnen wurde zu einem kritischen „Manifest" gegen die Banalität und den Konformismus der meisten Werbekampagnen. Die Fotos des Aids-Patienten, des Soldaten und der albanischen Flüchtlinge wurden nicht für die Anzeigenreihe aufgenommen. Es handelte sich um aktuelle Fotos der Nachrichtenagenturen. Es waren also Bilder, die die „echte" Welt portraitierten, die die Konventionen der Berichterstattung erfüllten und neue Fragen nach dem Schicksal der Werbung aufwarfen: Ist es also möglich, das Marketing und die enorme Macht von Werbebudgets dazu zu nutzen, um einen Dialog mit dem Kunden aufzubauen, der sich auf etwas anderes als die Produkte des Unternehmens konzentriert? Wo steht geschrieben, dass Werbung nicht auch Konflikt und Schmerz zum Gegenstand haben kann?

Die Phase der freien Meinungsbildung und der freien Meinungsäußerung

Die Reaktionen auf diese Fotos aus dem wahren Leben waren heftig. Publikationen in vielen Ländern weigerten sich, die Anzeigen der Kampagne abzudrucken. Indem Benetton Produkte nicht mehr als Werbemotive verwendete, das Tabu verletzte, kontroverse Themen zu vermeiden, seinen Namen mit der Darstellung von Konflikt und Schmerz verband und sich dazu von der „falschen", behaglichen Welt der Werbestereotype abwandte, durchbrach das Unternehmen die Grundlage, die Kultur, die Sprache und die Eigenheiten klassischer Werbebotschaften. Viele Beschwerden bezogen sich auf den Schockeffekt der Anzeigen.

Doch dieser Einwand konnte nicht Stand halten. Die Medien haben uns längst gegenüber jeglicher Art von bildlicher Darstellung abgehärtet: Morde, Selbstmordanschläge, Naturkatastrophen, Völkermord. Die Liste von Leid und Schrecken, die durch den medialen Filter zu uns dringen, ist endlos. In der Benetton-Werbung konnte deshalb das, was die Menschen störte, nicht die Visualisierung selbst sein, sondern die Tatsache, dass ein Unternehmen diese Bilder zu Werbezwecken einsetzte. Andere Kritiker äußerten sich tolerant oder begrüßten Benettons Bemühungen, die öffentliche Aufmerksamkeit auf Aids, Krieg, Rassismus und ähnlich schwerwiegende Themen zu lenken. Aber auch sie fanden es vollkommen untragbar, dass diese Bemühungen auch eine Quelle des Ertrags, eine Komponente einer nach Gewinn strebenden Unternehmung waren. Die Gewinne, sagten sie, verbinden den Protest mit spekulativen Elementen, eine öffentliche Nachricht wird Zynismus. Doch auch dieses Argument konnte nicht bestehen. In den westlichen Gesellschaften gibt es Institutionen und Berufszweige, die sich um die öffentliche Wohlfahrt kümmern (Krankenhäuser, Ärzte, Feuerwehren, Nicht-Regierungsorganisationen, aber auch staatliche Stellen), dennoch verdienen sie Geld und machen Profite.

Aus gewissen Gründen wurde ein solches Vorgehen plötzlich als schmählich angesehen, wenn ein Mode-Label versuchte, einen für die Öffentlichkeit nützlichen Dialog anzustoßen, z. B. über das Thema der Aids-Prävention. Darin lag der Kernpunkt des Skandals begründet. Man hat Benetton nicht beschuldigt, weil das Unternehmen das Recht der freien Meinungsäußerung ausgeübt hatte, sondern weil sich das Unternehmen, wie es hieß, nicht in einer Position befunden habe, dies legitimerweise zu tun. Was die Menschen in Aufregung versetzte: Benetton vermischte die dem Unternehmen zugeschriebene Welt mit der realen Welt, und das unter der Annahme, es hätte das Recht, über eine Welt zu sprechen, die es nicht erst künstlich geschaffen hatte.

Rechtfertigung einer Marke

Von da an begann der lange Prozess der „Rechtfertigung" der Marke. Durch seine Allianz mit Non-Profit-Organisationen, Vereinigungen und großen internationalen Netzwerken bewies Benetton, dass ein anderer Gebrauch der Werbung möglich war. Bilder, die dieses Engagement belegen, entsprangen der Zusammenarbeit mit dem Flüchtlingsreferat der UN, es sind die Gesichter zum 50. Jubiläum der Erklärung der Menschenrechte, die Kinder mit Down-Syndrom und die freiwilligen UN-Helfer. Die Unterstützung dieser prestigeträchtigen und nicht umstrittenen Gruppen markierten den Beginn der von Benetton bis heute verfolgten Werbephase, die uns durch ihr Potenzial immer noch hilft, Mittel zu akquirieren, Kommunikation mit Information zu verbinden und Aufmerksamkeit für soziale Themen unter Einbezug einer großen Zahl von Medien hervorzurufen. Die Vereinten Nationen, SOS Racisme, Vereinigungen zur Bekämpfung von Aids und der Todesstrafe, pazifistische Gruppen, das UN-Flüchtlingswerk (UNHCR) und viele Freiwilligenorganisationen ziehen Vorteile aus der Kraft und dem Ansehen des Benetton-Logos, um die Anliegen, die ihnen am Herzen liegen, in die Öffentlichkeit zu bringen, für die sie aber kein angemessenes Budget haben.

Das alte Urteil „Benetton missbraucht Schmerz, um Sweatshirts zu verkaufen“, wurde korrigiert. Die UN und humanitäre Gruppen ziehen Vorteile aus den Sweatshirts und dem Logo darauf, wenn sie dem „Rest der Welt“ eine Stimme geben. Dieser Umstand bringt das Logo in eine Position an der Schwelle zu einer neuen, fortgeschrittenen Phase der Generierung von Werten. Benetton spricht immer noch von Konsum und Kommunikation. Das Unternehmen hat nicht den Wunsch und natürlich auch nicht die Mittel, die Probleme der Welt zu lösen. Das Label stellt nicht auf ein spezifisches, sondern auf ein kollektives Ziel ab. Benetton wendet sich an kaufkräftige Konsumenten, denen es gewisse intellektuelle Fähigkeiten zutraut, und die nicht mehr mit „buy now“-Werbebotschaften bestürmt werden müssen.

Konsum als sozial verantwortliches Handeln

Benetton präsentiert die Vision von einer auf Konsum ausgerichteten Welt – das grüne Logo ist natürlich bei jeder Botschaft sichtbar –, in der Konsum kein sträflicher, befremdlicher Akt ist oder einer persönlichen Laune entspringt, sondern vielmehr sozial verantwortliches Handeln bedeutet. Diese kommunikative Aufgabe liegt heute in den Händen eines Entwicklungszentrums für Kommunikation, das Benetton im Jahr 2000 gegründet hat. Es steht dem Nachwuchs unter 25 Jahren aus aller Welt offen, um die Botschaft der „United Colors of Benetton“ – von der Einzigartigkeit der menschlichen Existenz – weiter zu verbreiten.

3.2. Crossmediales Campaigning zur Kundenbindung

Ein wesentliches Element der Kundenbindung ist die Marke (vgl. Kapitel 3). Aufgabe einer Marke ist es, die Entscheidung des Kunden auf einfache Schemata zu reduzieren und zu erleichtern. Marken bilden eine zentrale Möglichkeit, neue Kunden zu werben und bestehende Kunden zu binden (Behrent/Mentner 2001: 59). Für die Kundenbindung erfolgt die Markenkommunikation häufig in Form crossmedialer Kampagnen.

Oliver Hoffmann, Leiter Marketing Kommunikation der smart GmbH, Böblingen, beschreibt im folgenden Beitrag, wie umfassend und integrativ Markenkommunikation zu verstehen ist, wenn man sie zur Kundenbindung einsetzt. Er betont das Zusammenspiel von Marke, einem kontinuierlichen Kundendialog und dem Ziel der Kundenzufriedenheit. Kunden sollen zu Markenbotschaftern und damit besonders glaubwürdigen Multiplikatoren werden. Entsprechend wichtig ist es bei smart, im Kundencampaigning Kommunikationsanlässe als Gelegenheiten zum Dialog und für das Community-Building zu schaffen – als wesentlicher Bestandteil einer crossmedialen Kundenbindungskampagne.

Jürgen Claassen, Executive Vice President und Leiter des Zentralbereichs Corporate Communications, Strategy, and Executive Affairs der ThyssenKrupp AG, Düsseldorf, verdeutlicht die Bedeutung der Markenkommunikation für Industriegüter. Während die Kommunikation früher auf Großkunden der weiterverarbeitenden Industrie, Aktionäre, Fach- und Wirtschaftsjournalisten beschränkt war, ist es heute notwendig, viele verschiedene Bezugsgruppen des Unternehmens jeweils individuell anzusprechen. Kundenorientierung und Innovationskraft stellen dabei die Leitgrößen dar. Am Beispiel der Kampagne „Zukunft Technik entdecken“ beschreibt Jürgen Claassen die Möglichkeiten der Kampagnenkommunikation für den gewandelten Markt der Industriegüter.

Oliver Hoffmann, smart GmbH, Böblingen

Die smart Community
Kundenbindung beginnt mit dem ersten Dialog

Eine Marke wie keine andere. Autos, die nicht aussehen wie alle anderen. Und eine Kommunikation, die nicht so funktioniert, wie die meisten anderen. Denn sie setzt auf Wir-Gefühl statt Markenmonolog. Auf den Dialog mit Kunden und Interessenten – konsequent und von Anfang an. Dialog gehört seit der Einführung des smart fortwo 1998 zur „DNA" der Marke. Die Fahrer sehen ihre Marke als etwas Besonderes, sie kommunizieren gern mit ihr und auch untereinander. Ein Gradmesser dafür ist die große Anzahl entsprechender Online-Foren und Websites.

Vom Dialog zum CRM – vom Gespräch zur Partnerschaft

Dialog heißt bei smart ganzheitliches Customer Relationship Management (CRM), folglich mehr als nur Kunden zu identifizieren, ihren Bestand zu sichern und den Kundenwert festzulegen. CRM definiert für smart die Anbieter-Kunden-Beziehung als Partnerbeziehung. In dieser Partnerschaft versucht die Marke, das Verhältnis zum gegenseitigen Nutzen zu optimieren. Dabei integriert und optimiert CRM bei smart alle kundenbezogenen Prozesse in Marketing und Vertrieb. Dazu gehört auch alle Kundenkontakte wie Telefonanrufe, Faxe, E-Mail und Internet zu integrieren und mit Hilfe der smart Marketing Datenbank die relevanten Kontaktdaten und die Historie der Kommunikation bereitzustellen. CRM wird so zur Grundlage einer individuellen, effizienten und kompetenten Betreuung – mit den Zielen Kundenbindung und Loyalität.

Wie aber wird der Begriff „Kundenbindung" definiert? Bei smart setzt man voraus, dass dabei der Kunde die Initiative ergreift. Er kann zwar jederzeit den Anbieter wechseln, bleibt der Marke aber freiwillig treu. Diese Art von Kundenbindung basiert auf einer attraktiven Beziehung, die dem Kunden Nutzen stiftet und dieser deshalb aufrechterhält.

„Loyalität" schließlich hat zwei Aspekte: zum einen die Zufriedenheit mit den Leistungen der Marke, zum anderen das Vertrauen, das die Kunden in sie setzen. Beides führt zu einer positiven Einstellung der Marke gegenüber. Wenn auch noch die Absicht besteht, erneut ein Auto dieser Marke zu kaufen, bezeichnet smart diesen Zustand als Kundenloyalität. Damit ist Loyalität das logische Ziel aller Maßnahmen zur Kundenbindung.

Treffpunkt Zielgruppe: Touchpoints für Kunden und Interessenten

Es gibt mehrere Möglichkeiten, Kommunikation ansprechend und damit besonders wirksam zu machen. Eine besteht darin, als Marke dort präsent zu sein, wo sich die Zielgruppe aufhält, eine andere darin, Anlässe zu schaffen, damit sich die Zielgruppe trifft – idealerweise unter dem Dach der Marke.

Bei smart sind Events für Kunden und Interessenten ein grundlegender Baustein der Kommunikation. Sie zahlen auf Marke und Produkt gleichermaßen ein und sind eine entscheidende Quelle für die Interessentengewinnung. Und vor allem: Hier begegnen sich Fahrer und Interessenten, Markenbotschafter treffen Markeninteressierte. Und damit repräsentieren diese Events auch eine der Schnittmengen aus Kundengewinnung und Kundenbindung.

Ein Beispiel: Anlässlich eines spektakulären Stunt-Events treffen sich 2004 am Stuttgarter Fernsehturm über 10.000 Besucher und sind Zeugen der Weltrekordfahrt eines smart roadster auf dem Hochseil. Kunden und Interessenten erleben die Marke live, begleitet von werbewirksamen Aktivitäten wie einem smart roadster Konvoi mit Schönheitswettbewerb. Das ist die Gelegenheit für Kunden, ihr Bekenntnis zur Marke authentisch weiterzugeben und gleichzeitig die Gelegenheit für Interessenten, sich mit ihrer Adresse als solche zu erkennen zu geben.

Ein weiteres Beispiel: In Österreich am Wörther See treffen sich bereits im vierten Jahr ca. 2.000 Kunden aus Österreich und vielen europäischen Ländern zu einem der größten Kunden-Events von smart. Gestartet im Jahr 2001 mit knapp 400 Teilnehmern und rund 250 smart Fahrzeugen ist der smart-times-Event bereits ein Fixpunkt für Fans und Interessenten.

Auf diesen Events sind Markenerlebnis und Bekenntnis zur Marke anfassbar und authentisch – und hier wird auch für Interessenten der erste Schritt zum Dialog vorbereitet. Etwa über Handraising-Appelle, die zu qualifizierten Interessentenadressen führen.

„Ich empfehle eine Marke, wenn ich mich bei ihr zu Hause fühle."

Die besonders treuen Markenbotschafter sind glaubwürdige Multiplikatoren für die Marke, doch wie lassen sie sich identifizieren? Beim Thema Kundenbindung spricht smart mit allen Fahrern, mit den Käufern aller smart Modelle aus allen europäischen Märkten. Aber nicht jeder Teilnehmer am Kundenbindungsprogramm kann und soll gleich behandelt werden. Das hat zum einen den Vorteil der Kostenkontrolle. Zum anderen wird die Kommunikation wichtiger und Segmentierung sorgt für effizientere und damit profitablere Kundenbeziehungen.

Das Kundenbindungsprogramm in all seinen Formen ist deshalb so konzipiert, dass es über weit gestreute Responsemöglichkeiten messbares Verhalten und Einstellungen generiert und bewertet. Die Qualifizierung über Fragebogen, das Nutzen von Services, der Response über das Kundenmagazin – der Grad an Involvement und Interaktion steuert den weiteren Kommunikationsfluss.

Markenbotschafter sind somit smart-Kunden, die von smart mehr und andere Dialoganstöße bekommen: besondere Event-Einladungen, exklusive Informationen beispielsweise. Auch wenn der Status als Markenbotschafter allein noch keine Kundenloyalität im Sinne von Wiederkauf garantiert: Die exklusive Betreuung ist eine gute Investition. Denn die Bedeutung des Markenbotschafters liegt darin, dass er kommunikativ ist. Er ist jemand, der die Marke in eigener Motivation empfiehlt, der das eigene Commitment an die Marke ausleben bzw. erleben möchte und der auch bereit ist, Zeit und Geld in die Marke zu investieren. Im Übrigen zeigt die vielfältige Club-Szene von smart-Fahrern in allen europäischen Märkten: Es gibt sogar ohne aktive Anstöße eine starke Motivation, sich phantasievoll und mit großem persönlichen Engagement zur Marke zu bekennen und auch untereinander einen intensiven Dialog zu beginnen. Auf zahllosen Club-Websites und in Online-Foren werden Diskussionen geführt, Erfahrungen und Tipps ausgetauscht. Die smart-Clubs sind eine Art „selbstorganisierte" Kundenbindung, und damit ein Beleg für die Stärke und Anziehungskraft der Marke.

Qualifizierter Response: Dialog-Bausteine für die Kundenbindung

Die Strategie von smart zur Kundenbindung basiert auf der bestehenden Begeisterung der Kunden für die Marke. Das Ziel Markenloyalität wird letztlich konkret im Wiederkauf, aber auch Cross-Selling-Potenziale sollen ausgeschöpft werden. Die emotionale Bindung an die Marke ist deshalb die glaubwürdige kommunikative Bühne für eine Vielzahl von Anstößen.

So startet der Dialog bei smart im Programm der Kundenbindung mit dem Welcome-Package an alle europäischen Neukunden, die beim Händler gekauft haben. Hier geht es um die Einführung in die Marke, um Kaufbestätigung, um zusätzliche Service-Leistungen, etwa den exklusiven Online-Bereich my-smart. Kurz gesagt: Man bemüht sich, den Kunden in der Marken-Community willkommen zu heißen.

Ein weiterer Baustein: das „Happy-Birthday-Mailing". Damit wird ein Jahr nach Fahrzeugkauf der Kunde gefragt, ob er zufrieden ist. Eine freiwillige –

also nicht-incentivierte – Responsequote von über 30 Prozent zeigt, welchen Stellenwert Marke und Produkt für die smart-Kunden haben und wie qualifiziert der Dialog auf dieser Basis geführt werden kann.

Ein zentrales Element des Programms zur Kundenbindung ist das Kunden-Magazin. Es erscheint zweimal jährlich und enthält Beiträge zur smart-Markenwelt, zu Produkt-Neuigkeiten, Aftersales-Themen und exklusive Angebote. Eine Reihe von Interaktionsmöglichkeiten macht dieses Medium zum wichtigsten Dialog-Tool der Kundenbindung. Auch hier erfragt man die Kundenzufriedenheit und nutzt konsequent die Chance, Markenbotschafter zu identifizieren.

Aktionsbezogene Kundengeschenke für Markenbotschafter gibt es ebenfalls. Zudem werden Produktmailings zur Einführung neuer Modelle und Probefahrt-Einladungen versandt. Unter Einbindung der smart-Center gibt es außerdem Mailings zu saisonalen Anlässen und zu aktuellen Themen, beispielsweise Zubehör. Alle Inhalte werden sowohl offline als auch online kommuniziert und bieten eine Reihe unterschiedlicher Response-Optionen.

Erfolgsfaktoren der Kundenbindung bei smart

Auf einen Nenner gebracht heißen sie: glaubwürdiger Dialog, Markenerlebnis und individuelle Betreuung. Wer als Fahrer eines smart das Gefühl hat, Teil einer Community zu sein, persönlich angesprochen zu werden, zum „Moment of Truth" mit wichtigen Informationen versorgt zu werden, der hat auch das Potenzial zum Wiederkäufer – oder zum Botschafter der Marke oder zu beidem.

Voraussetzung dafür sind exklusive Inhalte des Dialoges und genügend Optionen, um qualifiziertes Feedback zu geben. Konsistente Kommunikation über alle Medien und Kanäle tut ein Übriges, um das Gefühl der Zugehörigkeit zur Marke zu stärken. Und nicht zuletzt ist auch die konsequente Integration von Systemen und Prozessen eine wesentliche Voraussetzung. Zentrales Tool ist bei smart die internationale smart-Kundendatenbank, die für die Verfügbarkeit von Kunden- und Interessentendaten sorgt – und die auch automatisierte Bereitstellung von zentral gewonnenen Interessentendaten an Vertriebspartner und Landesgesellschaften garantiert.

Die Basis für CRM bei smart: Eine integrierte Datenbank verknüpft die relevanten Informationen der smart-Center, aller zentralen und marktspezifischen Tools sowie externer Dienstleister. Wichtigstes Instrument der Kundenbindung: das Kundenmagazin mit exklusiven Informationen und vielfältigen Interaktionsmöglichkeiten.

Jürgen Claassen, ThyssenKrupp AG, Düsseldorf

Kampagnen in der Kundenkommunikation am Beispiel ThyssenKrupp

Die Kommunikation von Industriegüterunternehmen war bis vor wenigen Jahren überwiegend auf die Produkte bzw. die wirtschaftlichen Kennzahlen konzentriert. Das entsprach den Erwartungen der wichtigsten Anspruchsgruppen, nämlich Kunden aus der weiterverarbeitenden Industrie (deren Einkäufer in der Regel Ingenieure sind) und Wirtschaftsmedien bzw. Aktionären. Solange der Wettbewerb und die Absatzmärkte überschaubar waren, bestand an einer Markenkommunikation im heutigen Sinn schlicht und einfach kein Bedarf.

Klassische Industriegüterhersteller wie Thyssen, Krupp, Hoesch, Bosch und viele andere errangen allein durch ihre konstante Innovation und Produktion im öffentlichen Bewusstsein den Status einer Marke. Doch die sukzessive, aber nachhaltige Wandlung der wirtschaftlichen und gesellschaftlichen Rahmenbedingungen führte in den letzten Jahren zu einer Kulturrevolution – auch in Fragen der Kommunikation. Im Absatzmarkt tritt an die Stelle der früheren Orientierung auf Produktion und Vertrieb nun die Marktorientierung, die den Kunden als Partner betrachtet, dessen Input bereits am Beginn der Produktentwicklung unerlässlich ist – Stichwort Customer Relationship Management. Der Kapitalmarkt erfordert Transparenz und Wertorientierung; in der Kommunikation führt das zur Ausprägung des „Share Branding". Auch im Personalmarkt haben sich Regeln geändert: Angesichts eines zunehmenden Mangels an qualifiziertem Ingenieurnachwuchs muss man sich um Hochschulabsolventen ebenso engagiert bemühen wie um die Käufer der Produkte. Der Begriff „Employer Branding" steht für ein gewandeltes Selbstverständnis der Arbeitgeber auf dem Personalmarkt.

Auch die Medien und diverse gesellschaftliche Gruppen kann man als einen Markt sehen – den Meinungs- oder Akzeptanzmarkt, der von Unternehmen verstärkt „Corporate Social Responsibility" erwartet. Die Medien haben als Multiplikatoren und Meinungsbildner eine besondere Bedeutung, weil die hier veröffentlichten Informationen und Meinungen von allen anderen Gruppen wahrgenommen werden. Wie zahlreiche Untersuchungen zeigen, erhöht die Distanz zu den Medien vor allem in Krisenzeiten die Gefahr von Imageverlusten drastisch. Umgekehrt wirkt sich eine gute Positionierung im Medienbereich positiv auf alle anderen Märkte aus.

Standen also früher technische und wirtschaftliche Fakten im Fokus der Unternehmenskommunikation, erfordern die geänderten Bedürfnisse der Kunden und die vielschichtigen Erwartungen der Stakeholder heute andere Inhalte und Formen. Das sehr komplexe System von Beziehungen der modernen Informationsgesellschaft ist nur mit einer weitreichenden Vernetzung der Kommunikationsformen zu beherrschen. Die Klammer ist eine Konzernmarke, die es im Idealfall schafft, in den Köpfen aller Stakeholder ein konsistentes Bild zu verankern. Dies setzt den Willen zum Dialog voraus und die Fähigkeit, dauerhafte und intensive Beziehungen zu schaffen.

Wie viele andere Industriegüterhersteller hat auch ThyssenKrupp in den vergangenen Jahren sein Verhältnis zur Kommunikation völlig verändert. Haben wir früher am liebsten über die technischen Details unserer Maschinen gesprochen und sie auf den großen Industriemessen der Fachwelt präsentiert, so sehen wir heute die aktive Markenkommunikation in den Medien und der Öffentlichkeit als essentiellen Erfolgsfaktor und überraschen unsere Stakeholder mit innovativen Konzepten und Kampagnen.

Positionierung der Marke ThyssenKrupp

Nach der Fusion beider Unternehmen und der Gründung von ThyssenKrupp im Jahr 1999 war die Positionierung der Konzernmarke eine der wichtigsten Aufgaben der Unternehmenskommunikation. Beim Aufbau unserer Markenkommunikation spielten drei Faktoren eine Rolle.

Erstens: ihre Wirkung nach innen. Eine Marke kann nur dann integrativ wirken, wenn die Mitarbeiter hinter ihr stehen und die Marke als authentisch und glaubwürdig erleben.

Zweitens: die völlig heterogene Struktur unserer Märkte. Schließlich steht die Marke ThyssenKrupp für mehr als 700 Unternehmen in 70 Ländern. Das Kundenspektrum reicht vom Installateur um die Ecke bis hin zu einem Weltkonzern wie Boeing, vom Bauherrn eines Einfamilienhauses bis zu den größten Automobilherstellern. Entscheidend ist, dass den Kunden auf allen Ebenen ein konsistentes Bild vermittelt wird. Es galt also, einen Markenauftritt zu entwickeln, der weltweit verstanden wird und der außer für viele unterschiedliche Kunden auch für die anderen Stakeholder relevant ist.

Der dritte Treiber für unsere Markenkommunikation sind Kundenorientierung und Innovationskraft als Kernkompetenzen von ThyssenKrupp, denn wir haben uns längst zum Systempartner unserer Kunden entwickelt. Besonders deutlich zeigt sich das in einem unserer wichtigsten Absatzmärkte, der Automobilbranche. ThyssenKrupp-Unternehmen entwickeln im Verbund mit ihren

Kunden neue Werkstoffe, Systemkomponenten und die dazu nötige Produktionstechnik, zum Beispiel beim völlig neuen Karosseriekonzept des NewSteelBody, der eine Gewichtsersparnis von 24 Prozent ermöglicht. Für wesentlich besseren Korrosionsschutz sorgt die Oberflächenbehandlung von Autoblechen mit Nanopartikeln, eine Innovation, die in Zusammenarbeit mit Forschungsinstituten der Fraunhofer Gesellschaft zur Produktionsreife geführt wird. ThyssenKrupp ist ein Entwicklungspartner, der viele Innovationen der Automobilhersteller erst möglich macht. Die Kompetenz unserer Ingenieure kann unter dem Dach der Unternehmensmarke besonders wirkungsvoll kommuniziert werden, weil sie ein wesentliches Differenzierungsmerkmal im Absatzmarkt ist und alle Stakeholder in gleicher Weise fasziniert.

Leitbild für die Markenkommunikation

Eine Marke, die Menschen auch emotional erreichen will, braucht mehr als ein Corporate Design und eine Markenstrategie – das funktioniert nur mit einem tragfähigen Leitbild. Das Leitbild unserer Kommunikation ist klar umrissen: Ausschließlich authentische Mitarbeiter und ihre Familien präsentieren die Innovationen des Konzerns. Zugpferd unserer Markenkommunikation ist eine Imagekampagne, die Hochtechnologie spielerisch, authentisch und sympathisch vermittelt. Das schätzt der Kunde nicht weniger als der Analyst oder der Maschinenbaustudent. „Mein Papa macht sichere Autos ganz leicht“: Dieses Motiv unserer Imagekampagne zeigt den neunjährigen Jonas Flöth vor dem eben genannten NewSteelBody (Schaubild 62). Voller Stolz erzählt er von der Arbeit seines Vaters Thomas Flöth, der den Rahmen gemeinsam mit Kollegen entwickelt hat. Auch das Thema Oberflächenschutz gewinnt sofort an Faszination, wenn es durch die Augen der Kinder unserer Mitarbeiter gesehen wird: „Unsere Mamas machen, dass Autos superlange schön aussehen.“ Über 100 Kinder und ihre Eltern haben in den vergangenen vier Jahren an der Imagekampagne mitgewirkt. Seit dem Start im Frühjahr 2001 wurden insgesamt 20 Anzeigenmotive und 13 TV-Spots produziert.

Grenzen überwinden

Unsere Art der Markenkommunikation überzeugt auch international, das beweist das Geschäft mit Aufzügen und Fahrtreppen. ThyssenKrupp Elevator erzielt rund 90 Prozent seines Umsatzes im Ausland. Vor allem auf dem asiatischen Markt ist es nur mit einer starken Marke möglich, als deutsches Unternehmen im Preiswettbewerb zu bestehen und Qualität „Made in Germany“ zu verkaufen. Im Herbst 2003 hat ThyssenKrupp den zweitgrößten koreanischen Aufzughersteller Dongyang übernommen, zu ThyssenKrupp Dongyang Elevator umfirmiert und den gesamten Marktauftritt innerhalb von vier Monaten an den der Konzernmarke ThyssenKrupp angepasst. Das Re-Branding umfasste rund 45.000 bereits installierte Aufzüge, die gesamte Geschäftsausstattung, den Fuhrpark, die Dienstkleidung und die Beschilderung aller Werke und Standorte. Wir haben den neuen Auftritt durch die Ausstrahlung unserer Imagespots auf riesigen elektronischen Screens im Zentrum von Seoul begleitet – eine in Korea äußerst populäre Werbeplattform. Die enorm positive Resonanz auf diese Aktion zeigte, dass die Leitidee unserer Markenkampagne „Kinder + Technik = Zukunft" die Kunden in Asien genauso begeistert wie die in Deutschland. Zu

Schaubild 62
Motiv der Imagekampagne von ThyssenKrupp

Quelle: ThyssenKrupp AG, Düsseldorf

dem baut der stark emotionale, aber gleichzeitig authentische Auftritt eine Brücke zwischen den Kulturen, die Kunden und Mitarbeiter gleichermaßen verbindet.

Verantwortung zeigen

Innovationen und Emotionen stehen auch im Mittelpunkt unserer Initiative „Zukunft Technik entdecken“, die wir im Mai 2004 ins Leben gerufen haben. Ihr Ziel ist es, mehr Technikbegeisterung zu schaffen, den Nachwuchs für eine technische Ausbildung oder ein technisches Studium zu motivieren und damit die Innovationsfähigkeit Deutschlands zu stärken. Einerseits umfasste unsere Initiative eine Reihe von über 30 redaktionellen Beilagen mit insgesamt mehr als 150 Seiten Umfang in den wichtigsten deutschen Tages- und Wochenzeitungen. In Zusammenarbeit mit den Redaktionen wurde die Frage, welche Bedeutung die Innovationsfähigkeit für unser Land hat, unter verschiedenen Blickwinkeln betrachtet – eine bis dahin einmalige Aktion in der deutschen Medienbranche, die auch bei unseren Kunden große Zustimmung gefunden hat. Höhepunkt der Initiative war ein „Ideenpark“ vor der Arena AufSchalke in Gelsenkirchen. In dieser innovativen Ausstellung von der Größe dreier Fußballfelder, die Technik als Erlebnis zeigte, konnten innerhalb von drei Tagen mehr als 60.000 Besucher im Gespräch mit Wissenschaftlern, Ingenieuren und Kunden an vielen spannenden Exponaten erleben, wie Innovationen zustande kommen. Eigens dafür konzipierte Technik-Shows mit bekannten Moderatoren wie Günther Jauch und Ranga Yogeshwar begeisterten Jung und Alt gleichermaßen. Zusätzlich luden wir mehr als 65.000 Kunden, Mitarbeiter und Partner des Konzerns zum exklusiven Konzert PUR klassisch in die Arena AufSchalke ein und verknüpften so die Emotionen unserer Imagekampagne mit dem gesellschaftspolitischen Anspruch des Unternehmens.

Zukunft gestalten, zur Vergangenheit stehen

So wie eine erfolgreiche Automarke immer wieder neue, moderne Variationen hervorbringt und doch stets unverwechselbar bleibt, muss auch eine Unternehmensmarke es schaffen, Kunden und Mitarbeitern im Wandel eine Orientierung zu geben. Sie hat die spezifische Kultur eines Unternehmens zum Ausdruck zu bringen und zu helfen, sie in die Zukunft zu transportieren. ThyssenKrupp lebt von seinen in Jahrzehnten gewachsenen Stärken ebenso wie von der Fähigkeit, diese immer wieder neu zu interpretieren. Das trifft auch auf unsere Kommunikation zu. Mit der produktorientierten Kommunikation früherer Tage waren wir im damaligen Umfeld ebenso erfolgreich wie heute mit unserer frischen, ungewöhnlichen Imagekampagne. Der klassische Industrieauftritt à la Hannover-Messe wurde zwar von dem völlig neuen Präsentationsansatz des IdeenParks abgelöst, wir haben diesen aber nicht weniger aufwendig geplant und mit Liebe zum Detail realisiert. Auch das gesellschaftliche Engagement für die „Zukunft Technik“ knüpft an eine gute Tradition des ThyssenKrupp-Konzerns an und eröffnet gleichzeitig ein neues Kapitel der Unternehmenskommunikation, das wir in Zukunft weiter ausbauen werden.

!

Kampagnen sind dramaturgisch angelegte Kommunikationsstrategien.

Sie verfolgen das Ziel, ein spezifisches Thema in einem klar eingegrenzten Zeitraum in den Fokus der öffentlichen Aufmerksamkeit zu rücken.

Die öffentliche Aufmerksamkeit wird durch ein dramaturgisch angelegtes, nicht lineares Themen- und Kommunikationsmanagement gebündelt und zu Gunsten des Unternehmens gelenkt.

Erfolgreiche Kampagnen sind eine gemeinsame Aktion verschiedener Kommunikationsformen und -instrumente.

Sie können als Sozial-, Informations- oder Aufklärungskampagnen auftreten, als PR-, Online- oder allgemeine Kommunikationskampagnen.

Kampagnenmanagement bedeutet zugleich Agenda Building und Agenda Setting als eine Kombination von Emotionalisierung, Inszenierung, Visualisierung und Reduktion, häufig ergänzt durch Personalisierung.

Kampagnen haben hauptsächlich drei Ziele: Erstens wollen sie öffentliche Aufmerksamkeit wecken. Zweitens soll der Gegenstand der Kampagne Zustimmung erfahren, es soll Vertrauen in die Glaubwürdigkeit des Kommunikators (z. B. des Unternehmens) entstehen. Drittes Ziel ist das Auslösen von Verhalten.

Lesetipps

Behrent, Michael / Mentner, Peter (2001): Campaigning. Werbung in den Arenen der Öffentlichkeit. Münster: LIT. *Campaigning verstehen die Autoren als Verschmelzung der Sichtweisen von Werbung und PR. Sie beschreiben, wie man mittels Campaigning die Aufmerksamkeit der öffentlichen Arenen für Marken, Unternehmen und politische Ziele gewinnen und halten kann. Dazu entwickeln sie einen Campaigning-Ansatz, der durch die Betonung der besonderen Rolle und Bedeutung des Publikums neue Wege der Kommunikation beschreibt. Beispiele für die Anwendung des Ansatzes auf Unternehmenskommunikation, Produkt-Marketing und Politische Kommunikation runden das Buch ab.*

Metzinger, Peter (2004): Business Campaigning. Was Unternehmen von Greenpeace und amerikanischen Wahlkämpfern lernen können. Berlin u. a.: Springer. *Peter Metzinger gibt einen praxisnahen Einblick in das Feld des Business Campaigning. Er zeigt, wie Business Campaigning klassische Konzepte der Kommunikation ergänzt und erweitert. Er versteht es als Methode durch strategische Konzeption und Kommunikation möglichst große Aufmerksamkeit in der Öffentlichkeit zu erzielen. Der Autor analysiert den Bereich der strategischen Planung und Abwicklung von Kommunikationsaktivitäten und entwickelt die dabei erzielten Ergebnisse zu 14 strategischen „Spielregeln" für das Kampagnenmanagement weiter.*

Röttger, Ulrike (Hrsg.) (2001): PR-Kampagnen. Über die Inszenierung von Öffentlichkeit. 2., überarbeitete und ergänzte Auflage Wiesbaden: VS Verlag für Sozialwissenschaften. *Der Sammelband beleuchtet PR-Kampagnen als Mittel zur Inszenierung von Öffentlichkeit aus kommunikationswissenschaftlicher Perspektive und zieht Verbindungslinien zu Soziologie und Politikwissenschaft. Neben der theoretischen Fundierung erlauben die zahlreichen Fallstudien von Praktikern aus Unternehmen, Organisationen und PR-Agenturen einen fundierten Einblick in das Themenfeld. Im Vordergrund stehen Voraussetzungen, Erfolgsfaktoren und praktische Umsetzung von Kampagnen.*

Kapitel 9

Spezielle Wege der Kundenansprache

Kunden werden tagtäglich mit Werbe- und PR-Botschaften geradezu überschwemmt. Ob zu Hause oder im Büro, beim Autofahren oder beim Einkaufsbummel – in Massenmedien, von den Litfasssäulen und Plakatwänden werden sie angesprochen, über Sonderangebote im Supermarkt-Radio informiert. Produktinformationen und Kaufanreize sind zahlreich. Sie erreichen die Menschen nahezu allerorts und jederzeit. Sieht man einmal von der persönlichen Kommunikation in der Familie, im Freundes- oder Kollegenkreis ab, so sind es in erster Linie die Werbung und die PR, die Produktinformationen und Kaufanreize verbreiten. In den vorigen Kapiteln wurden mit der Kundenzeitschrift und der Pressearbeit sowohl ein direkter als auch ein indirekter Weg, Kunden anzusprechen, näher betrachtet.

Neben diesen als klassisch zu bezeichnenden gibt es einige weitere Instrumente, deren sich Unternehmen ausschließlich oder in erster Linie zur Ansprache von Kunden bedienen. Nachfolgend werden einige von ihnen beschrieben:

- Erlebniswelten als Sonderform von Events entwerfen Unternehmen vor allem, um neue Produkte zu präsentieren. Durch die Betonung der affektiven Komponente soll eine möglichst emotionale Ansprache erfolgen, die sich positiv auf die Wahrnehmung des jeweiligen Produktes auswirken soll.
- Virtual Communities im Internet sollen ebenso wie Kundenclubs die Kundenbindung durch Identifikation mit einer Käufergruppe stärken. Sie versuchen, eine Art Gemeinschaft zwischen Kunden und Unternehmen(svertretern) zu schaffen. Kundenclubs betonen zudem die Exklusivität der Community.
- Gewinnspiele sprechen die Spielleidenschaft der Menschen an; Unternehmen versuchen in diesem Kontext, Produkte zu positionieren und Aufmerksamkeit zu gewinnen. Bestehende Kunden will man durch exklusive Gewinnspiele mit besonderen Chancen auf einen Gewinn halten.
- Das Sponsoring schließlich ist ein etabliertes Kommunikationsinstrument mit vielen Anwendungen. Dabei ist es der Aspekt des Umfeldes, der hier eine besondere Bedeutung gewinnen kann. Sponsoring ermöglicht es, Kunden in einem nicht-kommerziellen Umfeld anzusprechen. Dies sorgt für eine andersartige Konnotation von Information und Emotion, so dass Botschaften ganz anders wirken und anders aufgenommen werden.

Diese Kommunikationsformen kann man als *spezielle Wege* der Kundenkommunikation bezeichnen, weil sie unterschiedliche Aspekte des Kundenbindungsprozesses in den Vordergrund stellen. Von speziellen Wegen kann einerseits die Rede sein, weil sie durch eine jeweils spezifische Ausrichtung in besonderer Weise zur Kundenbindung beitragen, dem laut Umfrage wichtigsten Ziel der Kundenkommunikation (vgl. Kapitel 4). Andererseits betonen sie unterschiedliche Aspekte der Kundenbindung, wenn sie z. B. die emotionale Komponente, das private Umfeld oder Fragen der Zugehörigkeit, Identifikation und Exklusivität ansprechen.

Kapitel 9 beschäftigt sich mit speziellen Wegen der Kundenansprache. Den Auftakt bildet eine Analyse der emotionalen Elemente, die in den letzten Jahren in nahezu allen Kommunikationswegen an Bedeutung gewonnen haben. Im Anschluss werden Kundenclubs und Online-Kommunikation vorgestellt und unter dem Aspekt der Kundenbindung näher analysiert. Im Mittelpunkt des vierten Abschnitts stehen Gewinnspiele als klassisches, wenn auch in der kommunikationswissenschaftlichen Literatur bislang unterrepräsentiertes Instrument. Den Abschluss bildet eine eingehende Beschreibung der Möglichkeiten, die das Sponsoring für die Kundenkommunikation bietet.

1. Emotionalisierung durch Events und Erlebniswelten

Die Märkte sind gesättigt, die Produkte werden immer austauschbarer, ihre Lebenszyklen immer kürzer. In den Medien nimmt die Flut an Werbebotschaften und Informationen überhand. Die Reizüberflutung der Rezipienten mit Kommunikations- und Marketingbotschaften in allen Kanälen führt unausweichlich zur Bildung von Selektionsmechanismen oder zur gänzlichen Verweigerung von Werbebotschaften. Bei den Zielgruppen der Unternehmenskommunikation ist ein verändertes Mediennutzungsverhalten auszumachen: Hörfunk und Fernsehen fungieren als „Nebenbei-Medien", Zeitungen und Zeitschriften werden nach Nutzwerten durchforstet (Träm 2002: 46). Traditionelle Medien sind schwer kalkulierbar und verlieren an Bedeutung.

Ähnliche Abnutzungserscheinungen lassen sich bei der Kundenkommunikation im Marketingbereich beobachten. Eine kognitive Ansprache der Zielgruppe hat längst nicht mehr den gewünschten Effekt. Kommunikationsbotschaften über herkömmliche Kanäle verbreitet, werden von den Rezipienten kaum mehr angenommen. Unternehmen müssen deshalb neue Wege bei der Kommunikation mit dem Kunden einschlagen.

In den vergangenen drei Dekaden hat sich die Emotionskultur in Deutschland nachhaltig verändert. Empirische Befunde lassen u. a. folgende Entwicklungen erkennen (Buß 1999: 14):

- Die Bedeutung von öffentlicher Emotionalität ist gestiegen. Die Akzeptanz der öffentlichen Darstellung persönlicher Gefühle nimmt deutlich zu.
- Negative Emotionen werden eher toleriert.
- Die Affektkontrolle in der Öffentlichkeit nimmt tendenziell ab. Der Stil des Informellen, Spontanen, Natürlichen überwiegt die Vorstellungen von Korrektheit und Selbstdisziplin.
- Es zeichnet sich ein wachsendes Bedürfnis nach Gemeinschaftserlebnissen ab.

Die Grenzen zwischen der Kontrolle von Emotionen und einem freien Ausdruck der Gefühle haben sich offenbar verschoben: „Generell scheint die Stimmungslage der Deutschen emotionaler gefärbt zu sein, ihr Lebensgefühl informeller, ihre Beziehungen zueinander stärker entpflichtet, ihr Freizeitverständnis erlebniserfüllter und emotionsbetonter" (Buß 1999: 14 ff.).

Auch das Verhalten der Kunden und Verbraucher wird immer mehr durch eine in der Bedeutung gestiegene Freizeit und durch das Streben nach einem genuss- und erlebnisorientierten Lebensstil geprägt (Buß 1999: 14; Herbst 2003: 22). Zu den allgemeinen kommunikativen (z. B. „Information Overload") und den marktspezifischen Rahmenbedingungen (Marktsättigung, substituierbare Produkte, hybrides Käuferverhalten) kommen die gesellschaftlichen Veränderungen hinzu: Wertewandel, neue Wertetrends wie zunehmende Freizeit-, Erlebnis- und Genussorientierung, Streben nach Individualität und Selbstverwirklichung (Schaubild 63) (Nufer 2002: 8). Zudem konstatieren Unternehmen bei ihren Kunden einen Verlust von Orientierung und Vertrauen in die Einzigartigkeit der Marktleistungen. Das Interesse lässt nach, insbesondere in wirtschaftlich schwierigen Zeiten.

Folge dieser veränderten Bedingungen ist, dass sich der Einsatz der Kommunikationsinstrumente weg von traditionellen und hin zu innovativen Formen verschiebt. Denn nur diejenigen Unternehmen, die im reizüberfluteten Markt Aufmerksamkeits-, Erinnerungs- und Erlebniswerte vermitteln können, werden sich von den Mitbewerbern in den Märkten absetzen und erfolgreich sein (Nufer 2002: 8).

Die Antwort auf diese neuen Anforderungen an die Kundenansprache ist die Emotionalisierung der Kommunikation in Form von Events und Erlebniswelten. Der Trend in der Unternehmenspraxis geht hin zu den so genannten *Below-the-Line-Instrumenten*, die sich durch die Nutzung von Medien der Dialogkommunikation, den Verwendung in spezifischen Kundensituationen, durch einen hohen Grad an Zielgruppengenauigkeit und eine eher zurückhaltende, subtile Ansprache auszeichnen.

Events sind besondere Veranstaltungen oder Ereignisse, die die Unternehmenskommunikation gezielt nutzt als Plattform für die Darstellung von Themen oder Botschaften. Meist haben sie einen hohen Nachrichtenwert und werden deshalb auch in der Medienberichterstattung berücksichtigt. Im Rahmen von Events ermittelte Botschaften erzielen eine größere Überzeugungskraft; sie werden mit Leben erfüllt. Erlebnisse emotionalisieren den Informationsfluss, Inszenierung von Erlebniswirklichkeiten bringt Themen in einen neuen Zusammenhang.

Der Begriff „Event" bedeutet übersetzt „Ereignis", auch mit den Bedeutungen Vorfall, Begebenheit, Veranstaltung. Nach Holzbaur et al. weist der Begriff Event zwei zentrale Merkmale auf: das *Ereignis* durch die Konstrukte Moment und Einmaligkeit, die dem Ereignis immanent sind, und die *Erlebnisorientierung*,

Schaubild 63
Rahmenbedingungen für die Kundenkommunikation

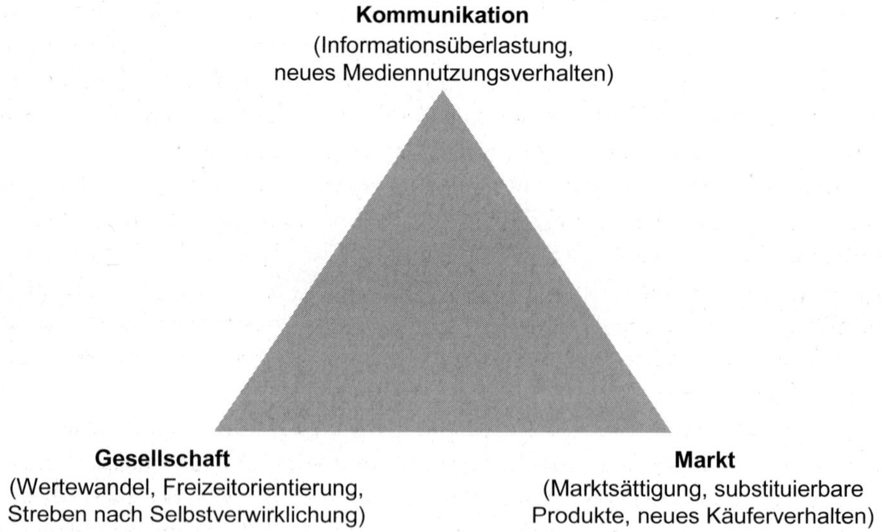

Quelle: eigene Darstellung in Anlehnung an: Nufer 2002: 8

charakterisiert durch die Merkmale Positivität und Aktivierung (2003: 6 ff.). Weitere Merkmale von Events sind (Holzbaur et al. 2003: 6; Nufer 2002: 16 ff.):

- Interaktivität (Dialog und Aktivierung der Teilnehmer)
- Inszenierung (Unterscheidung von der Alltagswirklichkeit)
- Eigeninitiierung (Bezug zum Unternehmen, zu Marken und Produkten)
- Erinnerungswerte (positive Erfahrung)

Für die Kommunikation mit dem Kunden werden Events in Form von Eröffnungen, Festakten oder Galas mit Prominenten, Kongressen und Symposien, Jubiläen oder Tagen der offenen Tür veranstaltet. Kundenevents verankern sich als Erlebnisse in der Gefühls- und Erfahrungswelt der Teilnehmer. Emotionen entstehen durch die Ansprache über alle Sinne (multisensual), d. h. durch visuelle, akustische, olfaktorische, haptische oder gustatorische Reize. Die verschiedenen Sinneseindrücke verstärken die Erinnerungsleistung.

Events sind für den Teilnehmer etwas Besonderes oder Einmaliges, da es sich um eine Ausnahmesituation handelt. Zudem bieten Events die Möglichkeit des Vor-Ort-Erlebnisses. Z. B. lädt die DaimlerChrysler AG regelmäßig zum Abschluss der Formel 1-Saison und der Deutschen Tourenwagen-Meisterschaft zu einer Veranstaltung auf der unternehmenseigenen Teststrecke ein, bei der das Unternehmen externen Rennsportinteressierten die aktuellen Rennwagen präsentiert und deren Fahrer vorstellt. Gleichzeitig wird bei diesem Event das aktuelle Angebot der PKW- und LKW-Sparte der DaimlerChrysler AG gezeigt. Auf diese Weise werden Unternehmensprodukte im emotionalisierenden Rahmen der Veranstaltung potenziellen Kunden zugänglich gemacht.

Menschen erleben Marken und Unternehmen authentischer und glaubwürdiger, wenn sie unvermittelt erfahrbar und damit Realität sind. Über das Erlebbarmachen und die authentische Wirkung wird beim Kunden oder Konsumenten Emotionalität und Glaubwürdigkeit der Marke transferiert und damit die Zugehörigkeit zur Marke gefestigt (Klaas 2002: 67). Events sind speziell auf die Bedürfnisse eines ausgewählten Publikums zugeschnitten, d. h. sie können sich sehr stark an der Bezugsgruppe Kunden orientieren.

So veranstaltet die Degussa AG beispielsweise „Automotive Innovation Days“, zu denen sie Kunden aus dem Business-to-Business-Bereich einlädt. Ziel dieser Events ist es, das Unternehmen der Automobil- und Automobilzuliefererindustrie als leistungsfähigen Forschungs- und Entwicklungspartner zu präsentieren. Im Mittelpunkt stehen u. a. Produkte, die sich teilweise noch in der Entwicklung befinden und in Kürze Abnehmer finden sollen. Im Rahmen dieses Kundenevents finden persönliche Gespräche zwischen Unternehmensvertretern und Kunden statt, es werden Ausstellungen mit Exponaten und Informationen zu den Produkten gezeigt, Vorträge gehalten und Diskussionsrunden gebildet. Diese emotionalisierte Kommunikation mit den Kunden verankert die Botschaften langfristig und trägt wesentlich zur Kundenbindung bei. Zudem werden die wenig greifbaren chemischen Produkte durch den Event realer und vorstellbarer.

Events befriedigen das Bedürfnis nach Kommunikation. Der Teilnehmer ist nicht nur Empfänger einer Botschaft, sondern hat die Möglichkeit zum persönlichen Dialog (Interaktivität) und kann am Geschehen aktiv mitwirken. Durch diese Aktivierung während des Events erhoffen sich Unternehmen ein späteres Handeln des Rezipienten bzw. Kunden. Außerdem ist eine direkte Kommunikation zwischen einem Unternehmen und seinen Kunden bzw. der Kunden untereinander möglich. Insofern fungiert Eventmanagement auch als Beziehungsmanagement (Herbst 2003: 453) und hat deshalb für viele Unternehmen zentrale Bedeutung in der Kundenkommunikation. Viele Unternehmen führen Kundendatenbanken, d. h. sie haben die Möglichkeit, mit Kunden persönlich in Kontakt zu treten und sie z. B. zu einer Veranstaltung einzuladen. Neue, erfolgreiche Strategien in der Kundenkommunikation stützen sich auf drei Pfeiler: Dialog, Emotionalität und Glaubwürdigkeit (Schaubild 64).

Schaubild 64
Eckpfeiler der Kundenkommunikation

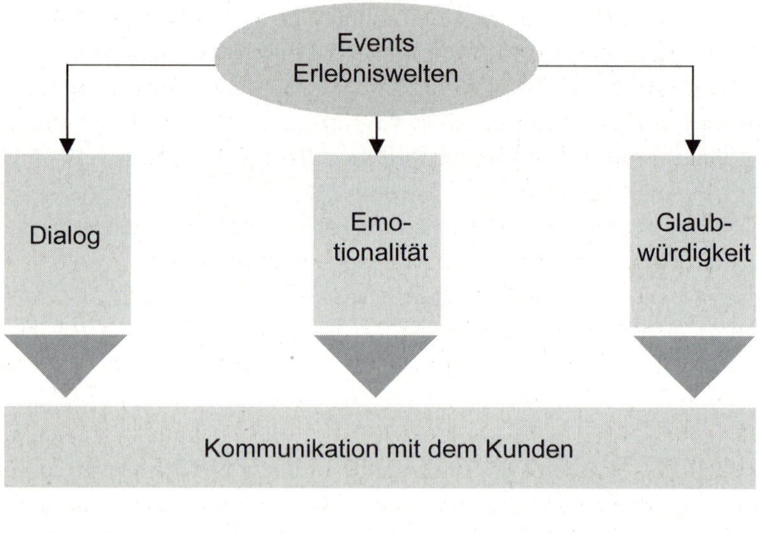

Quelle: eigene Darstellung

Events sind mittlerweile ein fester Bestandteil des Kommunikationsmix. Mehr als die Hälfte der größten deutschen Unternehmen setzen Events ein, um bestimmten Zielgruppen Informationen und Botschaften zu vermitteln und sie gleichzeitig emotional zu überzeugen. 40 Prozent wollen durch Events den persönlichen Austausch mit ihren Zielgruppen forcieren. Wichtigste Zielgruppe der Eventkommunikation sind mit großem Abstand die Kunden (81 Prozent) vor Presse bzw. Medienvertretern (57 Prozent) und Öffentlichkeit (44 Prozent) (Forsa 2001). Dieses Ergebnis zeigt, dass sich Events als Face-to-Face-Instrument insbesondere an Kunden richten. Als wichtigste Ziele von Events können Kundenbindung, Imageverbesserung, Neukundengewinnung, Erhöhung des Bekanntheitsgrades und Kontaktpflege zur Zielgruppe gelten (Zanger/Drengner 2001).

Bei der Vermittlung emotionaler Konsumerlebnisse spielt einerseits die Stärke der Emotionen eine Rolle. Dabei wird die bei emotionalen Erlebnissen auftretende innere Erregung des Teilnehmers als Aktivierung aufgefasst; sie führt zu einer Stimulation der Leistungsfähigkeit des Rezipienten. Konsumenten und Kunden, die gezielt durch emotionale Reize aktiviert werden, zeigen eher die gewünschte Reaktion: Sie nehmen mehr Informationen auf, verarbeiten sie schneller und speichern sie besser ab. Auf der anderen Seite steht der Aspekt der Qualität der Emotionen. Welche spezifischen emotionalen Erlebnisse sucht und findet der Kunde? Marlboro zu rauchen bedeutet, Gefühle des Abenteuers zu erleben. MM-Sekt zu trinken bedeutet, erotische Gefühle zu erleben. Mercedes zu fahren bedeutet, Prestige zu erleben. In unserer „Überflussgesellschaft“ werden dem Konsumenten zunehmend emotionale Zusatzerlebnisse vermittelt, die mit dem eigentlichen funktionellen Konsum des Produktes wenig oder gar nichts mehr zu tun haben. Teilweise sind die mitgelieferten emotionalen Zusatzreize sogar der Hauptgrund für das Konsumieren oder für die Auswahl einer bestimmten Marke (Kroeber-Riel/Weinberg 1999: 113 ff.).

Eine Sonderform von Events sind die zahlreichen Erlebniswelten, die sich in allen möglichen Bereichen des unternehmerischen und gesellschaftlichen Lebens entwickelt haben. Sie sprechen zwar oftmals nicht so klar abgegrenzte Zielgruppen an und sie erstrecken sich im Vergleich zu Events über einen größeren Zeitraum, können sich aber dennoch direkt an Endkunden richten. Beispielsweise stellt die VW-Autostadt in Wolfsburg eine Erlebniswelt dar, die generell für die Öffentlichkeit bestimmt ist, sich aber dennoch speziell an Kunden richtet, insbesondere an diejenigen, die ihr bestelltes Fahrzeug abholen. Die Autostadt fungiert als so genannter *Brand Park*, der den Markenaufbau des Unternehmens unterstützen soll. Brand Parks konzentrieren sich darauf, Unternehmen und ihre Leistungen darzustellen und bauen am jeweiligen Ort eine kulturelle Identität auf. Eine andere Art von Erlebniswelten sind *Urban Entertainment Center*, d. h. integrierte Shopping-Freizeit-Einrichtungen mit Multiplex-Kinos, Gastronomie und Kulturangeboten. Sie sollen den Kunden durch das vielfältige Angebot an einem Ort zur regelmäßigen Wiederkehr bewegen. Die Center sind auf kurze und konsumintensive Besuche ausgerichtet. *Freizeitparks* sind z. B. Märchen- und Safariparks, Tropenbäder, Tiergärten oder Vergnügungsparks; auch sie lassen sich nutzen, um Kunden auf Produkte aufmerksam zu machen.

Je nach der Ausrichtung der Produkte oder Dienstleistungen eines Unternehmens kann die Erlebnisorientierung ganz unterschiedlich sein. Während die Maggi GmbH bei ihrer Kundenkommunikation auf einen Kochstudio-Club und einen Kochstudio-Treff mit Kochkursen, einer Suppenbar und einem Shop setzt, die Duales System Deutschland AG sich erfolgreich durch die Erlebniswelt des „cyclebowl“ auf der Expo 2000 präsentierte, macht Legoland sein Produkt selbst zur Attraktion: Der Park bietet seinen Besuchern eine einzigartige Mischung aus Unterhaltung und spielerischem Lernen.

Peter Kock, Direktor Marketing & Sales der Legoland Deutschland GmbH (Günzburg), beschreibt in folgendem Beitrag, welches Konzept der Kundenbindung die Lego Gruppe verfolgt. Eine Erlebniswelt, speziell auf die Hauptzielgruppe Familien mit Kindern zugeschnitten, leistet hier einen wichtigen Beitrag zur Kundenbindung. Der Beitrag stellt die Erfolgsfaktoren Emotionalisierung und positive Aktivierung in der Kundenkommunikation dar.

Peter Kock, Legoland Deutschland GmbH, Günzburg

Erleben – Erfahren – Erinnern
Emotionalisierung der Kommunikation am Beispiel Legoland

„Lego fördert die Kreativität – es stimuliert die Fähigkeit, Bilder in die Realität umzusetzen. Damit bildet Lego eine Brücke zwischen Phantasie und Wirklichkeit“, so Kjeld Kirk Kristiansen, Enkel des Lego Firmengründers und Inhaber der Lego Gruppe, über die Philosophie des Unternehmens. Die Werte der Lego Gruppe greif- und erlebbar zu machen, ist die zentrale Aufgabe der Legoland Parks weltweit.

Die Legoland Parks sind die aktive Erlebniswelt der Lego Gruppe. Hier können die Gäste nicht nur mit staunenden Augen die faszinierenden Lego Nachbauten bekannter Städte und Landschaften im Miniland bestaunen, sondern sie werden der Unternehmensphilosophie entsprechend aktiv in das Parkgeschehen einbezogen. Sie können im Miniland per Knopfdruck den Lego Kran in Berlin betätigen, das Boot des Gondoliere zum Fahren bringen oder auch Sissi mit König Ludwig zum Walzer tanzen aktivieren. Auch die Fahrattraktionen der weiteren sechs Themenbereiche sind interaktiv gestaltet. Beim Kids-Power-Tower kann sich der Gast aus eigener Muskelkraft in die Höhe ziehen, beim Bionicle Power Builder programmiert er selbst die Dynamik seiner Fahrt oder er baut und experimentiert in den verschiedenen Lego Centern.

Welche Rolle spielen Erlebniswelten bei Kundenansprache und Kundenbindung?

Im Legoland werden die Steine „zum Leben erweckt". Durch die Inszenierung der Lego Produktwelten im Park werden diese für den Kunden greifbar und emotional erfahrbar. Die Erlebniswelt Legoland ist der Schlüsselfaktor für die emotionale Ansprache des Kunden. Nur hier ist es möglich, den Kunden so direkt anzusprechen, ihn für das Produkt zu begeistern und langfristig daran zu binden. Die Erlebniswelt Legoland Deutschland geht weit über den rationalen Nutzen des Steins hinaus. Taucht der Besucher in diese Welt ein, die fernab liegt von den alltäglichen Problemen, in der er in erster Linie Spaß haben und sich wohl fühlen kann, verbinden sich mit seinem Besuch positive Gefühle. Verlässt er am Abend den Park, nimmt er diesen positiven Eindruck von Lego und Legoland mit nach Hause und bewahrt ihn in seiner Erinnerung. Im Durchschnitt halten sich die Gäste sechs Stunden im Legoland Park auf. Es gibt keine andere Aktivität, bei der sich ein Kunde so lange und so intensiv mit dem Produkt auseinandersetzt wie in der Erlebniswelt. Durch die Erfahrung in der Erlebniswelt verbindet der Kunde neben dem rationalen Kaufnutzen auch noch einen emotionalen Zusatznutzen mit den Lego Produkten, was zu einer verstärkten Bindung an die Marke führt. Grundsätzlich stärken die Parks nicht nur die Dachmarke Lego, sondern generieren auch ein Zusatzgeschäft.

Welche Möglichkeiten bietet Legoland für die Kundenkommunikation?

Lego Produkte gibt es schon seit den 50er Jahren auf dem deutschen Markt und die Wertschätzung der Marke ist aufgrund ihrer qualitativ hochwertigen Produkte enorm. Für die Kommunikation des Legoland Parks ergibt sich daraus ein wesentlicher Vorteil, da bereits die dritte Generation in Deutschland mit

Lego Steinen spielt und die Kunden mit dem Markennamen Lego zahlreiche positive Erinnerungen verbinden.

Unterschiedliche Zielgruppenansprache: Erwachsene und Kinder

Die nach außen gerichtete Kommunikation des Parks konzentriert sich auf zwei Zielgruppen: die Erwachsenen, die bereits positive Assoziationen mit Lego verbinden, und die Kinder, denen die Lego Produkte meist auch wohl vertraut sind.

Bei den Erwachsenen weckt das Legoland positive Erinnerungen an ihre Kindheit, als sie selbst mit Lego Steinen gebaut haben. Sobald sie das Miniland mit seinen realitätsgetreuen Nachbauten bekannter Städte und Landschaften aus Lego Steinen im Legoland Deutschland sehen, sind sie voller Begeisterung und erinnern sich an ihre eigenen Lego Bauwerke. Diese Erinnerung gilt es bereits über die Kommunikation wach zu rufen. Emotional aufgeladenes Bildmaterial und eine entsprechend aufbereitete Präsentation der Attraktionen des Parks werden bei dem Kunden den Wunsch wecken, das Legoland zu besuchen. Sobald der Kunde etwas in den Medien sieht, mit dem er selbst schon positive Erfahrungen gemacht hat, ist es leichter, ihn für den Park und das weitere Angebot zu begeistern. Im Park selbst präsentieren sich ihm dann auch die verschiedensten neuen Produktwelten, mit denen seine Kinder bereits in Kontakt sind oder in Kontakt kommen möchten.

Da Erwachsene jedoch rationaler denken als Kinder, ist es wichtig bei ihnen neben den emotionalen Aspekten des Parks auch Daten wie Besucherzahl, Größe, Art der Fahrattraktionen und des Programms zu kommunizieren. Aufgrund dieser Information fällen sie die „Kaufentscheidung". Diese ist gerade bei Familien abhängig von der Qualität des angebotenen Programms.

Für die Kinder wird im Legoland der Lego Stein „lebendig", ihre Fantasie wird angeregt und zu Hause möchten sie testen, was sie selbst aus ihren eigenen Lego Steinen bauen können. Gerade im Bereich der Kommunikation in den Kindermedien ist es daher wichtig über emotionales Bildmaterial und ansprechende Geschichten Legoland zu kommunizieren und so den Wunsch wachzurufen, den Park zu besuchen. Vielfach kennen Kinder Produktneuheiten von Lego auch schon aus den Katalogen. Sobald sie in den Medien sehen, dass diese „Welten" im Legoland erforsch- und erlebbar sind, ist der Wunsch geweckt, den Park zu besuchen, um mehr darüber zu erfahren. Sie sind noch emotionaler als die Erwachsenen. Aus diesem Grund ist eine emotionalisierte Kommunikation bei Kindern wesentlich wirksamer.

Wechselspiel Lego und Legoland

Lego und Legoland stehen, was die Kommunikation und den Kundenwunsch angeht, in einem sehr ausgeglichenen Wechselverhältnis zueinander. Es ist wichtig zu bemerken, dass das Parkgeschäft in einem anderen zeitlichen Rhythmus bzw. unabhängig vom Spielwarengeschäft abläuft. Während Spielwarenkommunikation und -konjunktur ihre Hochzeit im Herbst und Winter haben, findet die Parkkommunikation hauptsächlich im Frühjahr und Sommer statt. Damit ist Lego das ganze Jahr über ein Gesprächsthema. Die Wechselseitigkeit trifft auch für den Kundenwunsch zu. Das Spielen mit dem Produkt weckt ebenso den Wunsch, den Park zu besuchen, wie der Besuch des Parks den Wunsch weckt, den eigenen Bestand an Lego Produkten zu erweitern.

Ein Beispiel: Zum Start der Saison 2004 hat das Legoland Deutschland eine neue Fahrattraktion eröffnet – den Bionicle Power Builder. Schon das Fahrgeschäft an sich ist spannend, da es sich um die erste Fahrattraktion in Deutschland handelt, die der Gast selbst programmieren kann. Für das Legoland war jedoch die Thematisierung dieses Passagierroboters von entscheidender Bedeutung. Seit Jahren ist Bionicle ein Verkaufsschlager im Lego Sortiment. Mit ihrer coolen Science-Fiction-Welt ist diese Legende mit ihren Helden zwar eher etwas für Kinder, durch die greifbare Inszenierung der Bionicle Geschichte im Legoland ist diese Welt jedoch nun auch für Eltern „nachvollziehbar". Der Bionicle Power Builder wurde zur Heimat der Bionicle im Park.

Mit einer dramaturgisch inszenierten Pressekonferenz wurde die neue Fahrattraktion den Medien und der Öffentlichkeit vorgestellt. Kinder präsentierten den Journalisten die Neuheit, die ihnen dann selbst für Testfahrten zur Verfügung stand. Das Echo war enorm – Bionicle war nun mittels einer erlebbaren Attraktion der Öffentlichkeit vermittelt. Besonders wichtig für die Medienarbeit waren gutes Bildmaterial von Familien, die gespannt ihre ersten Fahrten absolvierten, und die einprägsame Darstellung der Bionicle Legende, die sich um die Attraktion rankt; ebenso die O-Töne von Kindern und Erwachsenen im Radio, die von ihren ersten Erlebnissen berichteten. Die Lego Welt Bionicle ist greifbar, und emotional im Park erlebbar.

Nicht nur die vom Legoland selbst initiierte Kommunikation über Werbung, PR und Events ist durch Geschichten und Bildmaterial stark emotionalisiert, auch die Berichte der Journalisten sind vielfach sehr gefühlsbetont. Viele besuchen mit ihren Kindern oder einer Testfamilie den Park und berichten dann aus ihrer Perspektive über das Erlebnis. Sätze wie „Venedig sieht dermaßen nach Venedig aus, dass einem der Mund offen bleibt: ‚Unglaublich'!"

(„Süddeutsche Zeitung", 06.07.2004) oder „Ja, es gibt Busensteine" („Die Zeit", 16.05.2002) emotionalisieren die Berichterstattung.

Chancen und Risiken der Emotionalisierung von Kundenkommunikation

Die Emotionalisierung der Kundenkommunikation birgt auch Risiken in sich. Durch die positive Assoziation der Kunden mit Lego und die emotionalisierte Kommunikation baut sich beim Kunden eine sehr hohe Erwartungshaltung auf. Durch unbeeinflussbare Faktoren wie das Wetter oder eine zu hohe Besucherzahl im Park kann die Erwartung und damit die Zufriedenheit des Kunden getrübt werden und sich eventuell auf die Marke Lego übertragen. Tritt dies beim Besuch des Journalisten ein, färbt es die Berichterstattung und hat damit starken Einfluss auf die Meinung der Rezipienten.

Die Chancen der Emotionalisierung der Kundenansprache überwiegen jedoch deutlich, besonders bei Legoland Deutschland. Das positive gemeinsame Erlebnis, die Erinnerung der Erwachsenen an ihre Kindheit und der Spaß der Kinder an einem Tag im Park erzeugen beim Kunden eine sehr hohe Affinität für das Produkt und binden ihn somit. Emotionalisierung der Kommunikation fördert den Fan-Charakter der Kunden, und das ist bei Lego erwünscht.

2. Clubs als Instrument der Kundenbindung

Buchclubs, Automobilclubs, Mitgliederclubs, Backclubs – der altbewährte Kundenclub erlebt derzeit eine Renaissance. Seit Anfang der 90er-Jahre ist eine Vielzahl unterschiedlicher Kundenclubs entstanden. In allen möglichen Sparten und Branchen werden erfolgreich entsprechende Konzepte umgesetzt. Unternehmen erkennen, dass Kundenclubs wie kaum ein anderes Instrument dazu beitragen können, Kunden für ein Produkt oder für einen damit zusammenhängenden Themenbereich zu begeistern und sie zu binden. Kundenclubs findet man derzeit vor allem in der Medienbranche (z. B. SWR3-Club, ProSieben Club, RTL Club), außerdem im Spielwarensegment (Tigerenten Club, Steiff Club), im Automobilbereich (smart-Club, Volkswagen Club), in der Nahrungsmittelbranche (Maggi-Kochclub, Dr. Oetker-Backclub), bei Banken und im Segment Inneneinrichtung (Solon Management Consulting 2003).

Clubs können als Erfolgsfaktoren für die Kundenbindung gelten (Hartmann/Kreutzer/Kuhfuß 2004; Schweitzer 2003). In Zeiten mit zunehmendem Verdrängungswettbewerb, steigendem Kostendruck und Wertewandel in der

Gesellschaft sind Kundenclubs ein geeignetes Instrument, um Kunden langfristig an Unternehmen zu binden. Zudem setzen Unternehmen auf Clubkonzepte, um ein möglichst persönliches Verhältnis zu ihren Kunden aufzubauen: Mitglieder werden gewonnen mit Exklusivrechten, Vergünstigungen und Sonderkonditionen, die Außenstehende nicht nutzen dürfen. Ein wichtiges Ziel ist außerdem das Feedback von Kunden, das durch Rückkopplungskanäle ermöglicht wird (Solon Management Consulting 2003)..

In Deutschland haben Kundenclubs ihren Ursprung in der 80er-Jahren, als sie zur Umgehung des damaligen Rabattgesetzes erfolgreich betrieben wurden. Somit sind Kundenclubs zwar keine neue, aber dennoch eine aktuelle Form des Managements von Kundenbeziehungen. Was macht Kundenclubs zu einer erfolgreichen Kommunikationsmaßnahme? Welche Erfolgsfaktoren müssen sie aufweisen, um ihre Ziele zu erreichen? Viele Kundenclubs bezeichnen sich zwar als solche, operieren aber lediglich mit Rabattversprechen, z. B. Payback-, Bonus- oder Frequency-Programme. Bei jedem Kauf von Produkten wird zwar ein direkter oder indirekter Rabatt gewährt, jedoch wird dem Kunden darüber hinaus kein zusätzlicher Nutzen geboten.

Ein an den oben genannten Nutzenaspekten orientiertes Konzept sollte aber sehr viel mehr enthalten als nur Vergünstigungen. Es ist nur dann erfolgreich, wenn es dem Kunden einen zusätzlichen Nutzen bietet: „Erst der individuelle und clubeigene ‚Benefit' ist dafür verantwortlich, dass sich der Kunde individuell behandelt und wichtig fühlt" (Denzler 2004: 8). Der Nutzen muss sich dem Kunden klar und abgrenzbar darstellen. Dabei ist es notwendig, dass der Kunde, der Clubmitglied ist, gegenüber Nichtmitgliedern bestimmte Vorteile hat, die über rein materielle Leistungen hinausgehen.

Die Leistungen, die ein Kundenclub erbringt, sind situativ festzulegen. Trotzdem lassen sich nach Holz und Tomczak (1996: 34 ff.) einige generelle Erfolgsfaktoren nennen, die für jeden Kundenclub gültig sind:

- Nutzenstiftung durch Zusatzleistungen. Der unternehmensbezogene Erfolg eines Kundenclubs hängt von der Attraktivität des Leistungsangebotes ab. Durch das Clubkonzept können Zusatzleistungen vom Basisprodukt entkoppelt und ausschließlich einer bestimmten Kundengruppe angeboten werden. Dieser Nutzwert trägt im Idealfall zu einer langfristigen Mitgliedschaft im Club und damit zur Kundenbindung bei.
- Inhaltliche und emotionale Zusatzleistungen. Der Zusatznutzen kann mehrere Dimensionen umfassen und besitzt immer eine inhaltliche und eine emotionale Komponente. Insbesondere durch die emotionale Komponente setzt sich der Kundenclub ab von anderen Instrumenten der Kundenbindung (z. B. vom

Kundenkartensystem). Im emotionalen Zusatz besteht ein wesentliches Kriterium für die Kundenbindung.

- Ansprache der Eintrittsmotive. Kundenbedürfnisse und -erwartungen lassen sich auch als Eintritts- und Mitgliedschaftsmotive bezeichnen; sie können z. B. im Aufbau von Kontakten oder in sozialer Akzeptanz bestehen.
- Exklusivität, Individualität und Zugehörigkeit. Durch die individuelle Ansprache, den Aufbau einer persönlichen Beziehung und bestimmte Privilegien bekommt das Mitglied des Kundenclubs das Gefühl der Exklusivität vermittelt. Dies entspricht dem Bedürfnis nach Individualität und Zugehörigkeit.
- Nähe zur Grundleistung. Ergänzende Clubleistungen lassen sich in produktbezogene und produktunabhängige Leistungen unterteilen. Das Leistungsangebot sollte grundsätzlich mit der Zielsetzung, dem Charakter und dem Image des Clubs sowie des Unternehmens bzw. der Marke übereinstimmen. Im Sinne einer Ergänzung des Produkt- oder Dienstleistungsangebotes können sich Zusatzleistungen eng am Basisprodukt positionieren. Unternehmensferne Zusatzleistungen sind ein weiteres Mittel, um Kunden an einen Club und damit an ein Unternehmen zu binden.

Kundenclubs richten sich meist an Endkunden. Typische Kundenclubbranchen sind, wie auch bereits oben genannt, Fernsehen/Hörfunk, Handel sowie die Markenartikel- und Genussmittelindustrie, die Spielwarenbranche, der Bereich Telekommunikation, Finanzdienstleister und Zeitschriften (Holz/Tom czak 1996: 17).

Zunächst sind einige Clubkonzepte zu nennen, die weniger auf Kundenbindung und Imagepflege abzielen (Holz/Tomczak 1996: 9 f.):

- Buchclubs, die vor allem eine Distributionsfunktion haben und deshalb primär verkaufs- und gewinnorientiert arbeiten (z. B. Bertelsmann Buchclub),
- Fanclubs, die nicht von Unternehmen initiiert und organisiert, höchstens unterstützt werden,
- Verbraucher- und Automobilclubs, die nicht als eigentliches PR-Instrument dienen, sondern vielmehr Zweck an sich sind (z. B. ADAC Club). Hier ist der Kundenclub Teil des Geschäftsmodells. Die Mitgliederbeiträge stellen die Finanzierung des Unternehmens sicher.

Neben diesen absatz- oder zweckorientierten Clubs sind kommunikationsorientierte Kundenclubs anzuführen, die im Mittelpunkt dieser Analyse stehen. Es handelt sich um nutzwertorientierte Kundenclubs, die dem Mitglied Zusatzleistungen bieten, mit unterschiedlichen Komponenten bieten. In vielen Fällen machen Clubs ihren Mitgliedern ein freizeitorientiertes Angebot, das Außenstehenden versagt bleibt, in Form von vergünstigten Reisen und Events (etwa Volkswagen Club), Küchenrezepten (z. B. Dr. Oetker-Backclub) oder auch in der Vermittlung des Gefühls, zu einer ausgewählten Gruppe von Kunden zu gehören. Ein Beispiel für solche elitenbildende Clubs, die die Exklusivität bestimmter Kunden betonen, ist z. B. das Programm Frequent Traveller von Lufthansa. Der Mehrwert für den Kunden besteht u. a. in der Berechtigung, die Business Lounges an Flughäfen nutzen zu dürfen.

Der Grund für den Erfolg von Kundenclubs liegt darin, dass es immer schwieriger wird, Kunden als eine Gesamtzielgruppe anzusprechen. Sie haben heute individuelle Bedürfnisse und Wünsche und erwarten individuelle Lösungen für ihre spezifische Situation. Den unterschiedlichen Interessen von Kunden kann in einem Clubkonzept entsprochen werden. Das Mitglied ist keinesfalls ein passiver Rezipient, sondern ein Nutzer, der sich selbst Informationen und Leistungen aktiv beschafft. Diese Aktivierung kann man durch bestimmte Mechanismen (z. B. Treuepunkte) unterstützen. Die Wahrscheinlichkeit, dass ein Kunde seiner Marke treu bleibt, steigt mit seiner Aktivierung und einer Emotionalisierung durch die vielfältige Welt eines Kundenclubs. Emotionalisierung erfolgt oftmals auch durch Angebote, die ganz auf das Privat- und Freizeitleben der Kunden ausgerichtet sind.

Der typische Kundenclub in Deutschland verursacht nach einer Studie jährlich ungedeckte Kosten von rund 17 Euro pro Mitglied. Indirekte positive Effekte beim Umsatz sollen diese Investition rechtfertigen. Die „Unique Communication Proposition“ (UCP) eines Kundenclubs, d. h. das Alleinstellungsmerkmal, durch das sich Unternehmen durch bestimmte Kommunikationsmaßnahmen positionieren, besteht im Aufbau und in der Aufrechterhaltung einer intensiven Kundenbeziehung, die sich vor allem durch Emotionalisierung und ein ausgeprägtes Zugehörigkeitsgefühl auszeichnet. Nach der Studie von Solon Management Consulting (2003) bringen Kundenclubs u. a. folgenden Nutzen:

- *Emotionalisierung.* Durch die vielseitige Welt eines Kundenclubs, der u. a. für freizeit- und unterhaltungsorientierte Angebote sorgt, wird der Kunde emotional angesprochen und damit an den Anbieter gebunden. Viele Unternehmen geben ihren Produkten und Marken und deren Umfeld, in dem sich Kunden aufhalten, eine emotionale Note (z. B. wirbt der Dr. Oetker-Backclub mit dem Satz „Ein Paradies für alle, die gern backen“). Somit kann ein Kundenclub erheblich zur Emotionalisierung von Produkten und Marken beitragen.
- *Persönlicher Kontakt.* Durch E-Commerce und Massenprodukte werden die Märkte immer anonymer. Eine individuelle Beratung beim Kaufvorgang ist nicht mehr selbstverständlich. Viele Kunden suchen deshalb eine persönliche Ansprache, die ihnen im Rahmen einer Clubmitgliedschaft gewährt wird.

- *Zugehörigkeitsgefühl.* Eine Community kann in einer Fan-Gemeinde eines Produktes oder eines Unternehmens bestehen, die vor allem durch elektronische Medien kommuniziert. Communities im Rahmen von Clubkonzepten finden sich im Internet zum gegenseitigen Austausch. Hier treffen sich Kunden, die ein bestimmtes gemeinsames Anliegen haben.
- *Individualität.* Kunden wünschen eine individuelle Lösung für ihr persönliches Problem und keine Standardleistung. Über Mitglieder eines Kundenclubs liegen Unternehmen oft genaue Informationen und Daten vor (z. B. über die persönlichen Verhältnisse, Produktpräferenzen oder das Kaufverhalten); damit können sie besser auf die Kundenbedürfnisse eingehen.
- *Information.* Das Clubmitglied erhält regelmäßig über verschiedene Kommunikationskanäle Informationen jeglicher Art über den Anbieter und seine Marktleistungen. Zudem besteht ein Mehrwert in Zusatzinformationen, die dem Kunden im Privatleben einen Nutzen verschaffen. So bietet beispielsweise der Dr. Oetker-Backclub seinen Mitgliedern neben einem Club-Magazin voller Backrezepte und -tipps auch Backseminare an.
- *Imageeffekt.* Aufmachung und Gestaltung des Kundenclubs, in dem der Kunde sich bewegt, unterstreichen das Fremdbild des Anbieters. Insofern ist es besonders wichtig, dass sich das Image von Club und Unternehmen entsprechen.

Die Kommunikation innerhalb eines Clubs verfolgt die Ziele „Feedback" und „Individualisierung". Ob sie erreicht werden, hängt letztlich von der Art und vom Umfang der Kontakte ab. Die Kommunikation im Kundenclub bezogen auf die Clubleistung sollte bestimmten Ansprüchen genügen. Sie muss z. B. den Kunden bzw. das Clubmitglied über die Grund- und Zusatzleistungen des Unternehmens und des Clubs, über aktuelle Angebote und Club-Events, über die Abwicklung der einzelnen Angebote informieren und außerdem Hintergrundinformationen zum Unternehmen und zu dessen Leistungen geben. Außerdem ist es die Aufgabe der Kommunikation im Kundenclub, zielgruppenorientierte Medien und dialoggeeignete Kanäle für den Kunden bereitzustellen (z. B. Hotlines, Internetkonferenzen, E-Mail, Fax auf Abruf). Ein Ansprechpartner sorgt für die persönliche Betreuung des Kunden. Zudem ist eine inhaltliche Ausrichtung, d. h. die Themenauswahl im Club, an den Interessenten der Nutzer von Vorteil. Weniger produkt- oder unternehmensbezogene Themen sind gefragt, sondern zielgruppenrelevante Informationen und Themen sollten im Club aufgegriffen werden. Das ist insofern gut möglich, da der Anbieter über seine Clubmitglieder und deren Bedürfnisse relativ gut Bescheid weiß (Tomczak/Reinecke/Dittrich 2003: 280).

Kundenclubs sind nicht zuletzt Kommunikationsplattformen. Viele Clubs nutzen alle verfügbaren Kanäle von der Zeitschrift über Internet-Seiten bis zu Telefon und Fax. Nach der Umfrage „Kundenclubs 2003“ sind Clubzeitschriften, entsprechende Internetauftritte sowie E-Mail-Kontakte die häufigsten Kommunikationskanäle, deren man sich bei Clubkonzepten bedient. Hotlines, Foren bzw. Chats und Newsletter sind hingegen seltener vertreten, wenn es um Clubkommunikation geht (Solon Management Consulting 2003).

Ein Beispiel: Der vor zehn Jahren gegründete Volkswagen Club präsentiert sich im Internet (Schaubild 65) emotional als ein „starker Partner“, der in vielerlei Hinsicht einen Mehrwert bietet und dies auch so kommuniziert: „Der Volkswagen Club bietet Ihnen umfangreichen Service, tolle Club Leistungen und eine Gemeinschaft, in der Sie gut aufgehoben sind“ (Kunden Club GmbH des Volkswagen Konzerns 2005). Der Internetnutzer wird ohne Umwege auf

Schaubild 65
Der Online-Auftritt des Volkswagen Clubs

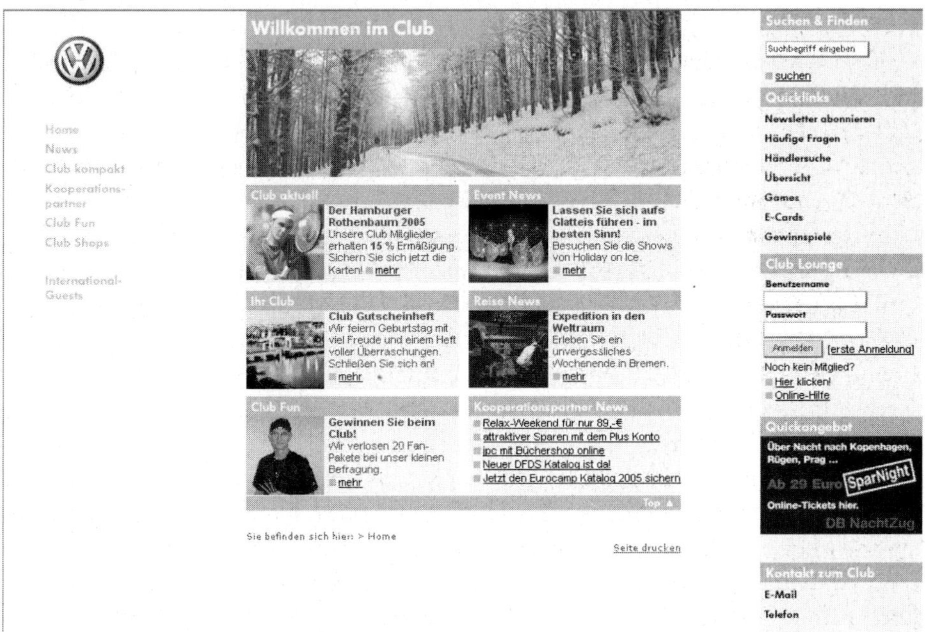

Quelle: Kunden Club GmbH des Volkswagen Konzerns 2005

das große Spektrum an Leistungen hingewiesen: Neben Informationen zu bevorstehenden produkt- und unternehmensbezogenen Events und Veranstaltungen erhält das Volkswagen Club-Mitglied eine ganze Reihe produktunabhängiger Angebote, wie z. B. Vergünstigungen bei der Buchung von Kreuzfahrten, Musicals oder Erlebniswochenenden. Das umfangreiche Angebot bezieht sich auf einen Ticketservice, Events im Sport- und Kulturbereich und Reisen sowie Fahrsicherheitstrainings, ein Stautelefon oder Unterstützung bei Händlersuche und Routenplanung. Bei Buchungen von Angeboten der Kooperationspartner sammelt der Kunde mit seiner Clubkarte zusätzlich Treuepunkte, die er auch erhält für alle Service-, Originalteil- und Zubehörumsätze bei den Volkswagen Club Partnern vor Ort, die außerdem für die Kosten der Mitgliedschaft aufkommen. Der Volkswagen Club schafft unmittelbare Kundenvorteile, die er auch über das Clubmagazin kommuniziert. Diese Kommunikationsmaßnahme trägt einerseits zur Bindung zwischen Volkswagen-Händler und Kunde bei und sorgt gleichzeitig für eine intensivere Bindung des Händlers an den Konzern. Interessant bleibt die Frage, ob der Club tatsächlich die Interessen aller Volkswagen-Kunden berücksichtigen kann – die Interessen des Polo-Fahrers, des Touareg-Fahrers und des Phaeton-Fahrers.

Aus Sicht des Unternehmens bieten Clubs nicht nur die Möglichkeit, Kunden zu binden oder in einen kontinuierlichen Dialog mit ihnen zu treten. Weil die Mitgliedschaft Registrierung voraussetzt, kann ein Unternehmen zahlreiche Informationen über seine Käufergruppe, beispielsweise über ihre soziodemographische Zusammensetzung, ihre Interessen oder auch ihr Kaufverhalten, in einer Datenbank sammeln. Kundenclubs bieten somit zahlreiche Möglichkeiten, spezielle Marktforschungsdaten zu gewinnen. Das Unternehmen kann auf diese Weise wichtige Erkenntnisse für andere Bereiche (z. B. für die Produktentwicklung) erhalten. Setzt man Clubmitglieder als eine Art Testgruppe bei der Markteinführung neuer Produkte ein, so lassen sich aussagekräftige Ergebnisse für den gesamten Käufermarkt erzielen. Auf der anderen Seite lässt sich in das Clubkonzept das Beschwerdemanagement integrieren. Wird das Problem behoben, so verstärken sich meist Vertrauen und Loyalität des Kunden. Die Zahl der Weiterempfehlungen steigt; der Kunde bleibt und wandert nicht zur Konkurrenz ab.

Kundenclubs ermöglichen es, isolierte Aktivitäten in ein stimmiges Konzept zu integrieren mit dem Vorteil, nur Kunden anzusprechen, die sich für das Angebot interessieren, d. h. die es auch Wert sind, sie zu binden. Somit sind nur minimale Streuverluste zu verwarten. Vor allem gewinnen Clubkonzepte in zunehmend anonymen Märkten an Bedeutung, in denen der persönliche Kontakt zum Kunden kaum mehr gegeben ist. Kundenclubs ermöglichen eine individuelle, emotionale Ansprache und gleichzeitig einen ökonomischen Zusatznutzen. Diese verschiedenen Erfolgsfaktoren sind ein wesentlicher Schritt zur Kundenbindung. Dennoch garantieren sie nicht den Erfolg. Grundlegende Voraussetzung für die Bindung von Kunden ist eine qualitativ hochwertige und zufrieden stellende Kernleistung des Unternehmens (Tomczak/Reinecke/Dittrich 2003: 288).

Der Beitrag von Kundenclubs zur Kundenbindung scheint unbestritten. So ergab eine Studie des Strategy & Marketing Institute, Bielefeld: Erfolgreiche Unternehmen räumen der Herausgabe von Kundenzeitschriften und dem Angebot von Kundenclubs einen wesentlich höheren Stellenwert ein als weniger erfolgreiche Unternehmen (Wiedmann/Buxel 2004: 55). Die Pflege von Kundenbeziehungen und Kundenkontakten über derartige Kommunikationswege scheint Früchte zu tragen.

Kundenclubs müssen vielfältige Anforderungen erfüllen, um langfristig erfolgreich zu sein und Kunden zu binden. Der seit 1989 existierende Dr. Oetker-Backclub bietet seinen Mitgliedern, einer klar abgegrenzten Zielgruppe von Kunden, viele Leistungen und viel Mehrwert, von dem sie profitieren. Julia Bolwien, Produktmanager bei der Dr. August Oetker Nahrungsmittel KG (Bielefeld), berichtet über das äußerst erfolgreiche Clubkonzept des Unternehmens.

Julia Bolwien, Dr. August Oetker Nahrungsmittel KG, Bielefeld

Das Clubkonzept – der Erfolg zur Kundenbindung?
Beispiel Dr. Oetker Back-Club

In Zeiten einer zunehmend angespannten Wirtschaftslage bekommt die Bindung einer bestehenden Kundenbasis auch für starke Marken wie Dr. Oetker zunehmende Bedeutung. Die Marke Dr. Oetker ist gekennzeichnet durch eine langjährige Tradition und einen hohen Bekanntheits- und Sympathiegrad. Diese Attribute gilt es zu pflegen und weiter auszubauen, um langfristig erfolgreich zu sein. Neben klassischer Werbung verfolgt Dr. Oetker das Ziel der Kundenbindung in einer eigenen Hauptabteilung, die eine Reihe erfolgreicher Dialogmaßnahmen koordiniert. Hier werden bestehende Kontakte intensiv gepflegt und neue Verwender akquiriert.

Der Dr. Oetker Back-Club, ein Teil der Hauptabteilung Marketing Kundenbindung, ist ein geschlossener Club mit einem Jahresmitgliedsbeitrag in Höhe von 12,50 Euro. Das Gründungsjahr war bereits 1989, weshalb dieser Club zu den ersten Konsumentenclubs in Deutschland zählt. Heute hat der Dr. Oetker Back-Club etwa 120.000 Mitglieder, mit einem Durchschnittsalter von 35 Jahren ein junges Publikum, das sich lebhaft für das Thema Backen interessiert. Zielgruppe sind haushaltsführende Frauen zwischen 20 und 49 Jahren.

Was sind die Ziele des Dr. Oetker Back-Clubs?

Generell müssen Kundenclubs dem Unternehmensziel Wachstum von Umsatz und Ertrag sowie der Sicherung der Wettbewerbsposition dienen, um die Investitionen in diese Form der Kundenbindung zu rechtfertigen. Dies gilt auch für den Dr. Oetker Back-Club. Für den Sortimentsbereich „Backen" sollen mit Hilfe des Back-Clubs neue Backanlässe geschaffen und damit eine Erhöhung der Backhäufigkeit und Steigerung der Kauffrequenz von Backzutaten der Marke Dr. Oetker erreicht werden. Darüber hinaus soll der Back-Club zu einer Reduzierung der Wechselbereitschaft zu Wettbewerbsprodukten beitragen.

Neben diesen Zielen leiten sich die Ziele des Back-Clubs aus den Zielen der Hauptabteilung Marketing Kundenbindung ab. Dazu gehören

- individuelle Ansprache der Mitglieder, um ein Gefühl der Zugehörigkeit zu schaffen,
- Emotionalisierung der Marke Dr. Oetker,
- direkter Kundendialog („Dr. Oetker als Helfer bei allen Fragen rund um das Thema Backen"),
- Hinweise auf neue, kreative Verwendungsmöglichkeiten der Dr. Oetker Produkte,
- Schaffung von zusätzlichen Umsatzpotenzialen (Cross-Selling) sowie die Steigerung der Mitgliederzahl.

Leistungen des Dr. Oetker Back-Clubs

Die Leistungen des Dr. Oetker Back-Clubs gruppieren sich um die Clubzeitschrift „Gugelhupf". Der „Gugelhupf" erscheint sechsmal im Jahr mit vielen neuen Rezepten passend zur Jahreszeit. Eine hervorzuhebende Club-Leistung ist die Exklusivität der Rezepte. Die Rezepte jeder Ausgabe werden eigens für die Club-Mitglieder in der Dr. Oetker Versuchsküche entwickelt und professionell fotografiert. Bei Fragen zu diesen und anderen Rezepten oder rund um das Thema Backen haben die Back-Club Mitglieder den direkten Draht in die

Dr. Oetker Versuchsküche. Unter einer kostenlosen 0800-Nummer stehen die Damen der Versuchsküche mit Rat und Tat zur Seite.

Mit jedem Versand des „Gugelhupf" erhalten die Mitglieder ein Gratisprodukt aus dem Hause Dr. Oetker. Im Magazin befindet sich ein passendes Rezept, um das Produkt auszuprobieren. Wer noch weitere Back-Kenntnisse erlangen möchte, kann sich zu Back-Seminaren der Dr. Oetker Versuchsküche anmelden. Für die reiselustigen Mitglieder wird zweimal im Jahr eine Back-Club Reise mit einer speziellen Back-Veranstaltung angeboten.

Eine besondere Club-Leistung erhalten die Mitglieder beim Einkaufen in der Dr. Oetker Collection. Hier genießen sie Preisvorteile und bekommen kreative Artikel zum Backen, die nicht überall erhältlich sind. Mit Eintritt in den Dr. Oetker Back-Club erhalten die Neumitglieder ein Back-Starterset zur Begrüßung. Weiterhin bietet der Club mit dem Kindergeburtstagsservice eine spezielle Leistung für die Kinder der Mitglieder. Jedes angemeldete Kind erhält einen Geburtstagsgruß vom Dr. Oetker Back-Club mit einem Rezept für den Kindergeburtstag sowie einem Gewinnspiel.

Erfolge und Zielerreichung des Dr. Oetker Back-Clubs

Eine kontinuierliche Steigerung der Mitgliederzahl reflektiert den Erfolg des Dr. Oetker Back-Clubs. Die Steigerungsrate variiert mit der Anzahl und Tiefe der Werbe- und Akquisemaßnahmen. Der Club ist regelmäßig in bekannten Zeitschriften der Zielgruppen vertreten sowie schwerpunktmäßig in der hauseigenen Kommunikation zum Beispiel der Dr. Oetker Collection oder des Sortimentsbereichs Backen.

Mitgliederbefragungen bestätigen eine hohe Zufriedenheit mit den Leistungen. Vor allem die Clubzeitschrift „Gugelhupf" und die individuelle Betreuung der Mitglieder an der Hotline werden positiv angenommen. Die hohen Kontaktzahlen an der Back-Hotline bestätigen, dass die Marke Dr. Oetker als Experte rund um das Thema Backen im Bewusstsein der Mitglieder verankert ist. Die Mitglieder fühlen sich der Marke Dr. Oetker zugehörig und beschreiben sich selber als „Heavy User" der Dr. Oetker Produkte.

„Hürden" des Clubgeschäftes

Das Clubgeschäft im Allgemeinen ist höchst sensibel und setzt „Feingefühl" für die Wünsche der Mitglieder und potenziellen Mitglieder voraus. Die Mitglieder zahlen einen Mitgliedsbeitrag und erwarten deshalb eine meist individuelle Betreuung durch die Dr. Oetker Mitarbeiter. Bei einer Mitgliederzahl von über 100.000 Personen bedeutet dies einen hohen organisatorischen Aufwand. Hier gilt es, mit dem nötigen Fingerspitzengefühl den Mittelweg zwischen standardisierten Dialogverfahren und individueller Betreuung zu finden.

Die qualitativen wie die quantitativen Erfolge des Back-Clubs sind schwer messbar. Mitgliederbefragungen sowie die Entwicklung der Mitglieder- und Kontaktzahlen geben einen Überblick über die Zufriedenheit der Mitglieder, lassen aber keine Aussagen zu über ihr tatsächliches Kaufverhalten und somit über den Beitrag der Mitglieder zur Umsatzentwicklung. Eine Zielerreichung hinsichtlich Umsatzentwicklung und Sicherung der Wettbewerbsposition ist schwer zu messen.

Ausblick

Der Dr. Oetker Back-Club ist einer der wenigen Clubs im Konsumgüterbereich. Die zunehmende Bedeutung der personalisierten Ansprache der Konsumenten wird aber künftig auch weitere Unternehmen dazu bewegen, sich mit diesem Instrument des Direktmarketings zu beschäftigen. Vor allem im Vergleich zu Kundenkarten und Bonussystemen liegt der USP eines Kundenclubs im Aufbau einer qualitativ wertvolleren Beziehung zum Kunden. Hier entstehen ein Zugehörigkeitsgefühl und der persönliche Kontakt zur Marke.

Für Dr. Oetker ist der Back-Club ein sehr erfolgreiches Konzept, das auch in Zukunft Bestand haben wird. Natürlich gilt es immer, bestehende Leistungen auszubauen und neue, zeitgemäße Angebote für die Mitglieder zu schaffen. Als Teil der Hauptabteilung Marketing Kundenbindung ist der Club in ein professionell geführtes System von Instrumenten der Kundenbindung integriert, das Synergien und Cross-Selling Aktivitäten ermöglicht. Die Verbesserung der bestehenden Instrumente und die Einführung neuer Direktmarketing-Instrumente werden auch zukünftig neue Potenziale für den Dr. Oetker Back-Club bieten.

3. Kundenkommunikation im Netz

Das Internet hat sich im Laufe der letzten Jahre neben Presse, Hörfunk und Fernsehen als weiteres wichtiges Massenmedium der Kundenkommunikation etabliert. Über die Hälfte der Deutschen war im Jahr 2004 regelmäßig im Internet (55,2 Prozent). In der werberelevanten Zielgruppe der 14- bis 49-Jährigen sind es gar rund drei Viertel (Zentralverband der deutschen Werbewirtschaft 2004: 305).

Durchgesetzt haben sich Websites von Unternehmen spätestens mit der Etablierung des Internets als ernstzunehmendem Vertriebskanal sowohl im Business-to-Business- als auch im Endkundenbereich. Eine Website ist für große ebenso wie für mittlere und kleine Unternehmen heute in der Regel ein fester Bestandteil ihres Kommunikationsauftritts. Gerade für die Kundenkommunikation eignet sich Online-Kommunikation in besonderer Weise; man kann bestehende und potenzielle Kunden schnell und kostengünstig über Neuigkeiten informieren, neue Kunden ansprechen und gewinnen, den Austausch zwischen Kunden im unternehmenseigenen Diskussionsforum beobachten, Kunden-Communities begründen, per E-Mail in direktem Kontakt mit wichtigen Kundengruppen stehen – Kundenkommunikation im Netz ist eine Spielwiese für die Unternehmenskommunikation und zugleich eine neue Form öffentlicher Kommunikation, die sowohl positive als auch negative Auswirkungen auf ein Unternehmen haben kann.

Online-Kundenkommunikation ist die interaktiv angelegte Kommunikation zwischen einem Unternehmen und (bestehenden sowie potenziellen) Kunden via Internet. Die Interaktion zwischen zwei oder mehreren Menschen kann mit Hilfe des Internets als Übermittlungskanal erfolgen oder in Form der Interaktion mit dem Medium selbst (in Anlehnung an Zerfaß 1998: 35).

Unterscheidet man zwischen Transportweg und Informationsplattform, so benennt man gleichzeitig die zwei wichtigsten Komponenten des Internets: Durch die E-Mail-Kommunikation ermöglicht das Internet einen schnellen, orts- und zeitunabhängigen Austausch zwischen Unternehmen und Kunde, wie er durch Kontakte über Call-Center oder Briefkommunikation nicht möglich ist. Die Interaktion mit dem Medium selbst spielt beim Informationsabruf z. B. aus Datenbanken eine wichtige Rolle. Im Netz können Kunden und Interessierte jederzeit und von überall auf der Welt aktuelle Informationen zu Unternehmen, Produkten, Kontaktmöglichkeiten usw. abrufen. Zugleich bieten viele Kunden-Websites heute die Möglichkeit der individuellen Produktzusammenstellung, -ansicht und Preisberechnung. So können sich Interessierte z. B. eine Küche in unterschiedlichen Holz- oder Lackvarianten anzeigen oder ihr neues Auto in der gewünschten Farbe mit den notwendigen Extras zusammenstellen und den Preis berechnen lassen. Der Abruf von Informationen ist nicht mehr länger nur auf schriftliche Informationen mit begleitenden Fotografien beschränkt, sondern längst multimedial und individualisiert möglich.

Formen und Wege der Online-Kommunikation sind dabei vielfältig. Sie lassen sich über die so genannten Internet-Dienste beschreiben, die der internen und externen Kommunikation, der Bereitstellung und Präsentation von Informationen und der Informationsbeschaffung dienen können (Zerfaß/Fietkau 1997: 25 f.). Schaubild 66 gibt einen Überblick über die wichtigsten Internet-Dienste.

Grundlage einer jeden Online-PR ist die Website. Sie sollte, so wurde bereits mehrfach deutlich, sowohl ein umfassendes, individuell abrufbares Informationsangebot zum Unternehmen und seinen Produkten bereitstellen, zugleich jedoch Kontaktmöglichkeiten über Formulare oder E-Mail-Buttons anbieten. Gemeinsam mit der schnellen Beantwortung von Kundenanfragen und einem systematischen Beschwerdemanagement sind diese Elemente die Basis einer professionellen Online-Kommunikation. Nur dann kann eine Unternehmens- oder Produktwebsite auch zur Marken- und Imagebildung beitragen.

Schaubild 66
Internet-Dienste im Überblick

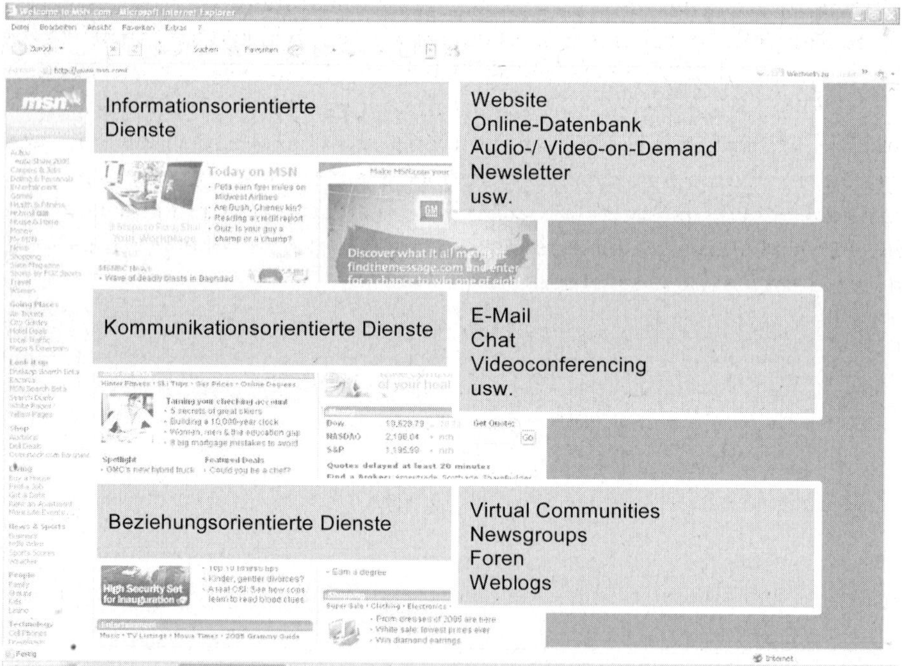

Quelle: eigene Darstellung

Interessant sind dafür vor allem interaktive, auf die Beziehungspflege ausgerichtete Internet-Dienste. Will man die Kommunikation zwischen Kunden anregen oder fördern, so eignen sich Chaträume, Foren, Newsgroups oder Weblogs zur Entwicklung einer Virtual Community. Die Beobachtung dieser Kommunikation zwischen Interessenten, potenziellen Kunden und/oder bestehenden Kunden erlaubt es einem Unternehmen, die Zielgruppen und ihre Erwartungen näher kennenzulernen. So können systematische Online-Monitorings z. B. Aufschluss über die Bewertung und Einschätzung von Produkten oder die generelle Einstellung gegenüber dem Unternehmen geben. Zudem ist es möglich, potenzielle Konflikte frühzeitig zu erkennen und einen Beitrag zum Issues Management zu leisten.

Virtual Communities sind virtuelle Gemeinschaften in Form von Netzwerken. Sie bestehen aus Gruppen registrierter Nutzer, die sich zu einem bestimmten Thema zusammenfinden und austauschen, durch ihre Kommunikation und virtuelle Interaktion Gemeinsamkeiten herausbilden und ein Zusammengehörigkeitsgefühl entwickeln (in Anlehnung an Guenther 2001).

Ziel einer Community ist es, einen Stamm loyaler und aktiver Teilnehmer zu gewinnen und durch den Aufbau persönlicher Beziehungen zwischen den Teilnehmern zu festigen. Im Rahmen der Kundenkommunikation können sich solche Virtuellen Communities rund um ein Produkt bilden oder von Seiten des Unternehmens aktiv gebildet werden. Dabei zeigen sich enge Verbindungen zu Kundenclubs. Viele produktbezogene Communities lassen sich mit virtuellen Fanclubs vergleichen, häufig von Privatpersonen betrieben. Schaubild 67 zeigt am Beispiel einer Fansite zum Mini Cooper, wie eine privat betriebene Fan-Community aussehen kann. Besonders solche (scheinbar oder tatsächlich) unternehmensunabhängigen Seiten sind es, die das Image eines Produktes im Internet deutlich stärken können.

Schaubild 67

Beispiel Diskussionsforum: Mini Cooper-Fansite

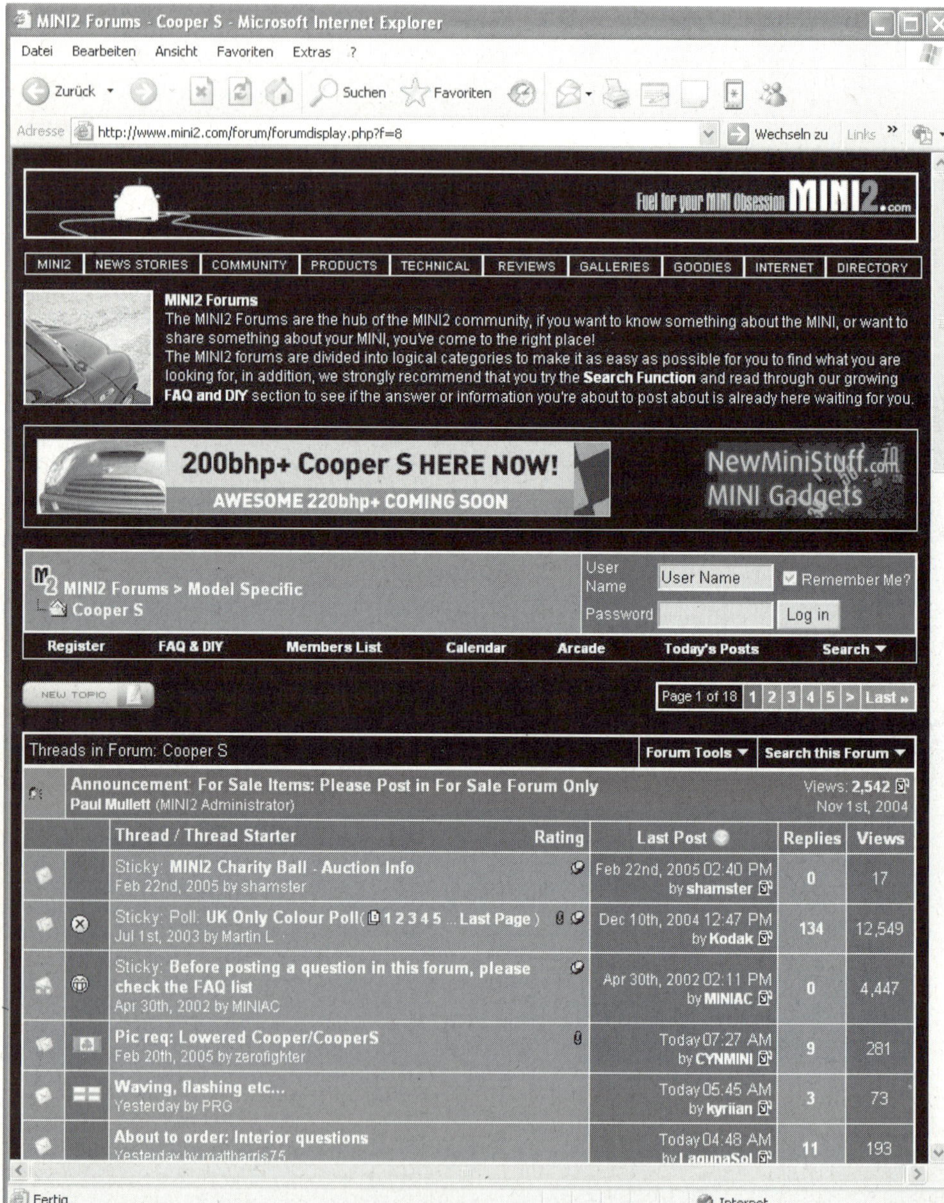

Quelle: http://www.mini2.com/forum/forumdisplay.php?f=8

Das Feld der Virtual Communities ist in der Kommunikationswissenschaft noch wenig erforscht, soweit es um ihren Einsatz und ihre Eignung für die Unternehmenskommunikation geht. Man kann unterscheiden zwischen unternehmenseigenen Communities, die sich an Endkunden richten, und unternehmensunabhängigen Communities (Schubert/Selz/Haertsch 2001: 157 f.). Konzentriert man sich auf kommerzielle Communities, so erscheint die Klassifikation entlang der Zielsetzungen und Inhalte sinnvoll (Guenther 2001):

- Bei Service-Communities liegt der Schwerpunkt auf Serviceleistungen rund um die Produkte und Dienstleistungen des Unternehmens. Mitarbeiter des Unternehmens beantworten Fragen, geben Hilfestellungen und Tipps. Unabhängig davon können jedoch auch die Kunden einander Hinweise geben und sich mit Ratschlägen unterstützen. Eine solche Service-Community besteht z. B. für das Office-Programm Word: Bei der so genannten Microsoft Support Community handelt es sich um eine Newsgroup-Diskussion, in der Software-Nutzer einander Tipps geben und bei Problemen helfen.
- Bazar-Communities unterstützen die Transaktionen kommerzieller Angebote wie Shops, Malls oder Marktplätze. Kunden helfen einander bei Kaufentscheidungen, indem sie Produkte bewerten. Ein bekanntes Beispiel für eine solche Bazar-Community ist Amazon.com, wo Kunden von ihnen gekaufte Bücher rezensieren und bewerten, und Verlage bzw. Buchhändler diese Bewertungen aktiv für die Vermarktung und zur Auswertung von Nutzerprofilen nutzen. Eine speziell auf private Testberichte und Produktbewertungen ausgerichtete Seite ist z. B. evendi.de; zu nennen als Beispiel für eine reine Bazar-Community (www.evendi.de).
- Von einer Club-Community ist dann die Rede, wenn sie durch Mitgliedergebühren finanziert wird. Meist stehen dabei Lifestyle-Themen im Vordergrund. Aus Sicht des Unternehmens bieten sich solche Club-Communities nur in seltenen Fällen an, soll der Zugang zu derartigen Angeboten doch in der Regel offen für alle potenziellen Kunden gehalten werden. Denkbar ist die Gründung einer Club-Community z. B. bei Premium-Kunden, für die der Zugang zu einem Club bewusst kontrolliert und zur Betonung der Exklusivität mit einem Mitgliedsbeitrag gekoppelt wird. Möglich ist dann eine Verbindung mit speziellen Zusatzangeboten, etwa Rabatte bei ausgewählten Partnerunternehmen oder Zugang zu exklusiven Events.
- Eine Patronage-Communitiy finanziert sich durch Sponsoren, die sich durch ihr Engagement Imageverbesserung oder Umsatzsteigerung erhoffen. Wie bei Sponsorships üblich sollte dazu eine thematische Verbindung zwischen den in der Community diskutierten Inhalten und dem Tätigkeitsfeld des Sponsors bestehen.

Für das Community-Building kann ein Unternehmen Mailinglisten, Newsgroups, Foren oder Chatrooms, aber auch die vergleichsweise neue Kommunikationsform des Weblogs als Instrumente einsetzen. Virtual Communities sind nicht die Ausweitung von Kundennetzwerken in die digitalen Medien, sondern etablieren eine neue Bezugsgruppe für die Kundenkommunikation. Sie unterliegen eigenen Mechanismen und einer eigenen Dynamik, die es im Sinne des Unternehmens zu nutzen gilt.

Tomas O. Jensen, Leiter Produktkommunikation und Unternehmenssprecher Microsoft Plattform der Microsoft Deutschland GmbH (München), beschreibt in seinem Beitrag die Chancen und Risiken der Kundenkommunikation im Netz. Dabei geht er u. a. auf die Möglichkeiten ein, die Online-Monitorings für die Kundenkommunikation bieten und zeigt, wie sich die Kommunikationslandschaft durch die neuen Medien verändert hat.

Tomas O. Jensen, Microsoft Deutschland GmbH, München

Kunden über das Internet ansprechen
Chancen, Risiken und Einsatzfelder der Online-Kundenkommunikation

Die Kundenkommunikation und deren Kontrolle wickeln Unternehmen immer häufiger über das Internet ab. Im Vergleich zu den klassischen Mechanismen bieten die Online-Varianten viele Vorteile, aber auch deutliche Risiken. Dieser Beitrag soll die verschiedenen Aspekte beleuchten.

Online-Monitoring

Gemäß Duden Fremdwörterbuch versteht man unter Monitoring die „Dauerbeobachtung eines bestimmten Systems". Für die Kundenkommunikation hat dieser Vorgang eine zentrale Bedeutung, schließlich sollen die getätigten Maßnahmen auch einen messbaren, zielgerichteten Erfolg erkennen lassen. Und genau diese Überprüfung wird unter dem Begriff Monitoring zusammengefasst. Im Deutschen unterscheidet man relativ deutlich drei verschiedene Varianten:

- „Beobachtung" erfasst einen bestimmten Zustand (observation monitoring),

- „Überwachung" verfolgt unter schärferen Bedingungen und mit detaillierteren Maßnahmen ein potenziell oder tatsächlich für das Unternehmen gefährliches Objekt oder einen entsprechenden Sachverhalt (detection monitoring),
- „Kontrolle" vergleicht den Ist-Zustand einer Angelegenheit mit deren Soll-Zustand (control monitoring).

In der Kundenkommunikation wird Monitoring am häufigsten in der dritten Variante angewendet. Schließlich verfolgen die Aussendungen an die Kunden in der Regel bestimmte Ziele, die das Unternehmen mit Hilfe der Monitoring-Instrumente kontrollieren will. Doch „observation monitoring" ist für Unternehmen genauso wichtig, um eine valide Datenbasis zu erhalten. In allen Fällen leistet das Internet eine wertvolle Hilfe und unterstützt klassische Kontrollmechanismen. Das so genannte Online-Monitoring bietet viele Chancen und Vorteile gegenüber den klassischen Instrumenten, birgt aber auch einige Risiken und Nachteile. Deswegen wird das Internet die herkömmlichen Verfahren wohl nicht vollständig ablösen. Die Unternehmen sollten aber einen auf ihre Bedürfnisse zugeschnittenen Mix aus beiden Varianten verwenden, um damit das Beste aus beiden Welten zu erhalten. Für die Entscheidung, wie man im Einzelfall vorgehen soll, ist eine Kenntnis der verschiedenen Möglichkeiten des Online-Monitoring nötig.

Möglichkeiten des Online-Monitoring bei der Kundenkommunikation

Eine Variante des Online-Monitoring besteht darin, die Kunden per E-Mail oder Internet-Seite zum aktiven Dialog aufzufordern. Dies kann zum Beispiel in Form von Rückrufservices für bestimmte Kundensegmente oder Themen geschehen sowie durch die Einbindung spezieller Feedback-Formulare. Hierfür müssen Call-Agents gebrieft und qualifiziert werden, um Probleme oder Anfragen der Kunden zu lösen bzw. die richtigen Ansprechpartner zu vermitteln. Die Reaktionen entsprechen dann dem Anruf beim Unternehmen oder dem klassischen Leserbrief. Das Unternehmen erhält durch diese Methoden ungefilterte Meinungen. Allerdings lassen sich diese nur schwer auswerten, da sie so unterschiedlich sind wie die Leser bzw. Kunden selbst. Aus diesem Grund wird ein Bewertungsschema für die Einordnung der Reaktionen nötig, das aber durch die notwendige Vereinheitlichung der individuellen Angaben der Kunden-Meinung nicht immer gerecht wird.

Um ein effizienter und zuverlässiger auszuwertendes Feedback zu bekommen, lässt sich zum Beispiel gezielt die Beurteilung der Qualität einzelner Beiträge oder Artikel abfragen. Ein vorgegebenes Bewertungs- oder Notenschema (gestützte Eingabe) kann durch frei zu beschreibende Kommentarfelder (ungestützte Eingabe) ergänzt werden, damit das Unternehmen direktes ungefiltertes Feedback erhält. Die Benotung ist einfach auszuwerten und durch die Kommentare erfährt das Unternehmen ergänzende, wichtige Hinweise auf spezielle Themen. Nachteilig ist aber gerade die subjektive Notenvergabe oder Einschätzung der Artikel. So hält zum Beispiel ein anspruchsloser Kunde die Inhalte für „gut", während ein wählerischer mehr erwartet und ein „ungenügend" gibt. Außerdem erhält man durch die Benotung einzelner Artikel kein Feedback auf die Gesamtstruktur, die Gliederung oder das Layout der Veröffentlichung.

Diese Schwächen lassen sich durch regelmäßige Nutzer-Befragungen ausgleichen, die das gesamte Online-Angebot des Unternehmens betreffen. Das Unternehmen kann dann sämtliche Kriterien gezielt abfragen und über die Bewertungskriterien oder Noten einfach auswerten. Weil man den Leser aber nicht mit Fragen überschütten soll, da er sonst vor der Beantwortung zurückschreckt, ist eine sorgfältige Auswahl und Clusterung der jeweils im Fokus stehenden Schwerpunktthemen nötig. Dazu sind neben den Interessen des Unternehmens auch die wohl verstandenen Wünsche des Kunden gebührend zu berücksichtigen. Ein nur aus Unternehmenssicht erstellter Fragebogen regt den Kunden nicht zur Beantwortung an. Konzentrieren sich die Fragen zu sehr auf Kundenwünsche, erfährt das Unternehmen wenig wichtige Informationen für sich. Um eine möglichst umfassende Bewertung zu erhalten, sind diese Umfragen daher regelmäßig und mit jeweils anderen Schwerpunkten vorzunehmen. Dies kann einerseits übergreifend und andererseits nach Zielgruppen oder Themen unterteilt erfolgen sowie lokal und international ausgerichtet oder gesteuert werden.

Es ist angebracht, diese direkten Kundenbefragungen durch indirekte Messungen der Kundenzufriedenheit zu ergänzen. Dazu zählen quantitative Monitorings wie die Ermittlung der Anzahl der Page-Impressions, die Verfolgung von Klick-Pfaden oder die Aufzeichnung von Interessensgebieten zur Profilbildung des Kunden. Mit diesen Methoden legen vor allem Online-Dienstleister wie Amazon, AOL oder GMX individuelle Kundenprofile an.

Chancen und Risiken der Kundenkommunikation durch das Internet

Vor allem die Online-Dienstleister zeigen, dass nicht nur das Monitoring, sondern auch die gesamte Kundenkommunikation über das Internet ablaufen kann. So lassen sich Kundenzeitschriften, Broschüren und Newsletter per E-Mail versenden oder auf die Internet-Seite stellen. Besucht ein Kunde die Website, kann er auch über Pop-Up-Fenster aktuelle und auf ihn zugeschnittene

Informationen oder Sonderangebote erhalten. In der Regel erscheinen die Pop-Up-Fenster gleich auf der Homepage.

Diese Online-Kundenkommunikation bietet viele Chancen und Vorteile. So ist eine weitgehend individualisierte Kommunikation möglich, die nahe an den Bedürfnissen der unterschiedlichen Kunden(-segmenten) ist. Ein klassisches Mailing oder ein gedruckter Newsletter wird meist einheitlich oder in nur wenigen Varianten erstellt, die sich nur in einzelnen Punkten voneinander unterscheiden. Online dagegen kann theoretisch über die Anbindung an eine Datenbank, in der die individuellen Vorlieben gespeichert sind, jeder Kunde einen auf seine Wünsche genau zugeschnittenen Newsletter erhalten. Dieser idealtypische persönliche Newsletter wird selten erstellt, da die Datenlage zu jedem einzelnen Kunden zu lückenhaft ist. Aber die Auswahl der Sonderangebote oder Nachrichten geschieht über die Online-Methoden trotzdem sehr viel gezielter und individueller als mit klassischen Methoden.

Die Reaktionszeiten der Kunden auf Anfragen, Angebote oder Neuigkeiten sind per Mail oder Online-Formular sehr viel kürzer als in Schriftform. So muss nicht erst die Post Papier von einem Ort zum anderen und wieder zurück transportieren oder der Kunde einen Brief aufsetzen, schreiben und verschicken. Stattdessen drückt der Kunde auf „Antworten“, tippt sein Feedback über die PC-Tastatur ein und klickt auf „Senden“.

Da die Antwortzeiten sehr viel kürzer sind, kann über die Online-Kundenkommunikation ein echter Dialog entstehen. Dieser wird intensiviert durch die größere Nähe zu anderen Kunden, die mit ähnlichen Bedürfnissen nach Informationen suchen. Dazu zählen zum Beispiel Kundengruppen in Chats, Instant-Messaging-Systemen oder Web-Casts. So kann der Dialog sogar zu einer Diskussion zwischen Kunden und dem Unternehmen erweitert werden. Schließlich sprechen neben der kurzen Reaktionszeit auch die geringeren Kosten, sowohl beim Kunden als auch beim Unternehmen, für die Online-Kundenkommunikation.

Sie birgt aber auch einige Risiken. Zum Beispiel spricht die mangelnde Nachhaltigkeit und Flüchtigkeit des Mediums gegen die Online-Kommunikation. Da die Antworten direkter und schneller möglich sind, überlegen die Kunden und Leser oft weniger als beim Verfassen eines Briefes. So kommt es häufiger vor, dass sie sich für eine in der ersten Aufregung gesendete Mail entschuldigen oder ein anfangs positiver Eindruck später relativiert wird. Es geschieht auch durchaus, dass sich Kunden später gar nicht mehr an den Inhalt erinnern oder sogar vergessen haben, überhaupt eine Mail geschickt oder einen Fragebogen beantwortet zu haben.

Viele Kunden fühlen sich durch die direkte und individuell abgestimmte Online-Ansprache „transparent" und als „gläserner Bürger". So lehnen viele es ab, persönliche Daten anzugeben, wodurch eine individualisierte Kommunikation nicht mehr möglich ist. Dieses Misstrauen ist eine der größten Herausforderungen der Online-Kommunikation. Unternehmen müssen daher viel tun, um das Vertrauen des Kunden zu gewinnen oder zu erhalten. Neben dem Datenschutz ist dabei vor allem die Sicherheitsproblematik zu berücksichtigen. Hier sollte das Unternehmen die jeweils aktuellen Techniken einsetzen und diese klar den Kunden vermitteln.

Zur Vertrauensbildung trägt auch die Aktualität und Qualität des Contents auf den Internetseiten, in den Newslettern und Pop-Up-Fenstern bei. Unternehmen unterschätzen oft die Schnelligkeit des Mediums und die hohen Ansprüche der Kunden, denen nicht alle Anbieter wirklich gerecht werden können oder wollen.

Trends in der Kundenkommunikation

Neben den Chancen und Risiken, die sozusagen die Basis für den Umgang eines Unternehmens mit der Online-Kundenkommunikation darstellen, zeichnen sich auch einige Trends ab. So erhalten zum Beispiel bei Microsoft Kommunikationsaktivitäten, die unter dem Aspekt „Kundenzufriedenheit" stattfinden, immer größeres Gewicht. Das bedeutet für die Zielsetzung in der Kommunikation aber auch: Die Bedürfnisse und Profile der Kunden müssen möglichst weitgehend bekannt sein, um sie entsprechend bedienen zu können.

Die Online-Kommunikation wird zunehmend in Abstimmung mit der restlichen Kommunikation, zum Beispiel mit dem Marketing, ablaufen. Außerdem gilt es, die lokale über weite Strecken konsistent mit der globalen Kommunikation aufzusetzen und zu führen. Das heißt, auch den Kunden eines internationalen Konzerns mit vielen Länderpräsenzen erreicht eine schlüssige und abgestimmte Kommunikation über alle Medien, die in ihren Botschaften einheitlich ist. Dabei sind die Kommunikation über das Internet und das damit verbundene hohe Interaktivitätspotenzial des Mediums für Microsoft ein Schwerpunkt in der Kundenkommunikation.

Die Kommunikations- und Marketing-Angebote sollen den Kunden zunehmend „aktivieren". Er soll also nicht nur rezipieren, sondern sich aktiv in die Kommunikation einbringen, indem er einerseits das Vertrauen aufbaut, sein Profil zu konkretisieren und dafür andererseits schneller konkrete Antworten auf seine Probleme und Bedürfnisse erhalten kann. Dies lässt sich nur mit Hilfe der Online-Kommunikation erreichen, da nur sie die dafür notwendigen schnellen Reaktionszeiten und einfachen Mechanismen bietet.

4. Gewinnspiele zur Gewinnung von Aufmerksamkeit

Ob das Preisausschreiben im Supermarkt, Gewinncoupons im Werbeprospekt oder Preisrätsel auf der Müslipackung – nahezu täglich begegnen Verbraucher und Kunden Gewinnspielen aller Art, die Bargewinne oder Sachpreise versprechen. Gewinnspiele gehören zu jenen Kommunikationsmitteln der Kundenkommunikation, die in der Praxis häufig eingesetzt, von Seiten der Forschung bislang jedoch unzulänglich untersucht sind.

Gewinnspiele können als ungewisse Geld- oder Sachzuwendungen mit Gewinnmöglichkeit verstanden werden, die zu Werbezwecken durchgeführt werden (Stottmeister 1988: 9 f.).

Beim Gewinnspiel handelt es sich um ein Kommunikationsinstrument, das sich über alle Kommunikationswege einsetzen lässt. Ob im Rahmen der Werbung, der Sales Promotion oder der PR – Preisausschreiben, Verlosungen und Wettbewerbe können Aufmerksamkeit für ein Produkt wecken, neue Kunden gewinnen und vorhandene Kunden binden helfen oder auch der Adressgewinnung dienen (Fischer 2001: 40). In jedem Fall jedoch verfolgen sie im Rahmen der Kundenkommunikation das grundlegende Ziel, dass sich der Kunde mit dem Produkt auseinandersetzt (Diller 2001: 539). Um diese zu fördern, sollte ein Gewinnspiel einen so großen Bezug zu Unternehmen oder Produkt haben wie möglich (Pepels 1999: 330).

Gewinnspiele können vielfältige Formen annehmen. Man unterscheidet drei Arten von Gewinnspielen:

- *Glücksspiele* sind Gewinnspiele, die auf dem Zufallsprinzip beruhen (Koschnick 2004: 1). Hierzu gehören Produktverlosungen, Lotto-Spiele und Glücksrad-Drehen beim Tag der offenen Tür.
- Von *Leistungsspielen*, z. B. so genannten Lösungspreisausschreiben mit Preisfrage spricht man dann, wenn der Teilnehmer eine eigene Leistung erbringen, also etwa eine Preisfrage richtig beantworten muss. Pepels (2000: 885) schreibt, es solle sich „diese Leistung intellektuell am untersten Rand des Zumutbaren“ bewegen. Dies ist sicherlich sinnvoll um eine möglichst große Zahl an Personen einzubinden und um die Teilnahmebarriere niedrig zu setzen. Möglich sind aber auch so genannte „kreative Preisausschreiben“, die eine höhere Eigenleistung

des Teilnehmers voraussetzen, indem man ihn auffordert, etwa einen Slogan zu verfassen oder ein Objekt zu erstellen (z. B. Fotowettbewerb).

- *Marktforschungsspiele* dienen im Rahmen der Kundenkommunikation (in Form von Glücks- oder Leistungsspielen) der Informationsgewinnung über Kunden. Sie geben z. B. Aufschluss darüber, wie die Konsumenten eines Lifestyle-Getränks oder eines Auto-Modells soziodemographisch zusammengesetzt sind (Koschnick 2004: 1)

Gewinnspielen sind rechtlich sowie ethisch-moralisch enge Grenzen gesetzt. So darf der Teilnehmer über das Porto seiner Einsendung hinaus keinen Geldeinsatz leisten, um am Gewinnspiel teilnehmen zu dürfen. Zugleich darf die Teilnahme am Gewinnspiel nicht mit einem psychologischen oder realen Kaufzwang verbunden sein (Pepels 2000: 885; Fuchs/Unger 2003: 30; Diller 2001: 539).

Schaubild 68
Gewinnspiel im Radio: „Das geheimnisvolle Antenne 1-Geräusch“

Quelle: www.antenne1.de

Trotz der zahlreichen rechtlichen Auflagen dienen Gewinnspiele seit vielen Jahrzehnten vor allem als Instrument zur Aufmerksamkeitsgewinnung. Bestes Beispiel für ihre Wirksamkeit in diesem Kontext geben Hörfunkanbieter, die mit hoch dotierten und damit aufmerksamkeitsstarken Gewinnspielen gerade in Zeiten der Reichweitenmessung an die Öffentlichkeit treten. Ein Beispiel dafür ist der 50.000-Euro-Anruf, bei dem derjenige Hörer, der sich beim (scheinbaren) Zufallsanruf des Senders mit dessen Sendernamen meldet, die besagte Summe erhält. Oder es gibt die Möglichkeit, als x-ter Anrufer eines Tages eine Rätselfrage zu beantworten und somit eine Gewinnsumme zu erhalten (Schaubild 68), bei der richtigen Beantwortung einer Preisfrage auf Kosten des Senders in den Urlaub fliegen zu dürfen oder Freikarten für Konzerte zu erhalten.

Schaubild 69

„Jeden Monat 100.000 Euro" bei Beantragung einer REWE-Haushaltskarte und Präsentation einer Gewinnerin

Quelle: Auszug aus einem Postwurf-Werbeprospekt von miniMAL und HLMarkt (Stuttgart, 1. Kalenderwoche 2005)

Ein Beispiel einer solch Aufsehen erregenden Gewinnaktion ist „Das geheimnisvolle Geräusch“ des Radiosenders Hit-Radio Antenne 1 (Stuttgart). Einmal pro Stunde wird ein Geräusch eingespielt, dessen Ursprung die Hörer erraten sollen. Wer mitteilt, um welches Geräusch es sich handelt, erhält Bargeld. Mit jeder Stunde, in der niemand das Geräusch erkennt, steigt die Gewinnsumme im Jackpot.

Deutlich als Unternehmens- oder Produktwerbung zu erkennen sind Gewinnspiele dann, wenn sie direkt im Rahmen der Kundenkommunikation eingesetzt werden. Man verwendet sie häufig sowohl als Instrument zur Neukundengewinnung als auch zur Bindung bestehender Kunden. Schaubild 69 zeigt ein exemplarisches Gewinnspiel, an dem Neukunden teilnehmen können und man ihnen gleichzeitig eine Clubkarte ausstellt.

Gelingt es einem Unternehmen, seine Produkte oder Dienstleistungen in einem solchen möglichst öffentlichkeitswirksamen Gewinnspiel zu platzieren, so lässt sich zusätzliche Aufmerksamkeit gewinnen. Die Grenzlinie zwischen kostenlosem Sponsoring von Gewinnen und teuer bezahltem Placement ist freilich dünn.

In Form von Preisausschreiben werden Gewinnspiele häufig beim Tag der offenen Tür, am Point of Sale oder auch in Unternehmenspublikationen wie Kundenzeitschriften eingesetzt. Gängige Praxis sind zudem Gewinnspiele, für deren Teilnahme sich Kunden durch die Rücksendung eines dem Produktkatalog oder dem Prospekt-Mailing beigelegten Gewinnloses qualifizieren können (Schaubild 70). Besonders häufig wird dann mit fingierten Glücksspielelementen z. B. Rubbelfeldern oder aufzuklebenden Losnummern gearbeitet.

Eher als PR-Instrument sind Gewinnspiele zu verstehen, die weniger das Produkt als vielmehr das Unternehmen selbst in den Vordergrund der Kommunikation stellen, wobei manchmal mehrere Unternehmen kooperieren. Im Dezember 2004 etwa hatten Kunden von „Der Club“ Bertelsmann die Möglichkeit, GermanWings-Flüge zu vergünstigten Konditionen exklusiv zu kaufen – vorausgesetzt, sie erhielten im Rahmen einer Verlosung den Zuschlag. Eine weitere, wenn auch völlig anders geartete Kooperation fand im Herbst 2004 zwischen dem Lebensmitteldiscounter Plus und dem Lottosystem-Dienstleister PlayBest unter dem Motto „Ihre Millionenchance: Einkaufen, Punkte sammeln, gratis Lotto spielen“ statt: Plus-Kunden erhielten je fünf Euro Einkaufswert Bonuspunkte. Hatten sie 20 Bonuspunkte gesammelt, so konnten sie diese auf vorgedruckte Felder eines Lotto-Tippscheins kleben und zu dessen Finanzierung für eine Samstagsziehung verwenden. Jeder Teilnehmer nahm zusätzlich an einer Sonderverlosung teil, bei der 560 Smart-Autos verlost wurden.

Gewinnspiele eignen sich im Rahmen der Kundenkommunikation nicht nur zur unmittelbaren oder vermittelten Aufmerksamkeitsgewinnung und zur Kundenakquisition oder -bindung, sondern auch als Feedback-Instrument. Bei Kundenzeitschriften etwa gibt die Zahl der Rücksendungen eines Preisausschreibens Auskunft darüber, wie viele Leser eine Ausgabe vermutlich hatte.

Schaubild 70
Lotto-Schein „Ihre Millionenchance: Einkaufen, Punkte sammeln, gratis Lotto spielen“

Quelle: Coupon der Plus Warenhandelsgesellschaft mbH und PlayBest GmbH; von September bis November 2004 in den Plus-Filialen erhältlich

Koppelt man dann die Rücksendekarten mit einer kurzen Bewertung des Magazins, so kann man zusätzliche Informationen gewinnen. Nicht zuletzt werden Gewinnspiele jedoch auch eingesetzt, um etwa Adressen am Produkt Interessierter oder potenzieller Käufer zu erhalten.

Damit sich Gewinnspiele in den Reigen der anderen Instrumente und Maßnahmen einfügen, gelten auch für sie die Grundsätze integrierter Kommunikation. „Grundsätzlich sollte die übergeordnete Idee des Preisausschreibens [...] Firmen- oder Produktbezug besitzen", schreibt Pepels (1999: 330). Werden Gewinnspiele innerhalb der Gesamtkommunikation strategisch eingesetzt, können sie die Bekanntheit des Produktes oder des Unternehmens erhöhen und das Image verbessern (Diller 2001: 539). Alles in allem sind Gewinnspiele ein aufmerksamkeitsstarkes Instrument der Kundenkommunikation, das vergleichsweise kostengünstig ist.

5. Sponsoring zur Kundenansprache in der Freizeit

Besonders in wirtschaftlich schwierigen Zeiten und in Phasen sich schnell verändernder Märkte gilt es, Kunden langfristig an das Unternehmen zu binden, denn neue Kunden zu gewinnen ist in gesättigten Märkten mit geringen Wachstumsraten äußerst schwierig (Helmke 2002; Raab/Lorbacher 2002; Bruhn 2001; Köhler-Frost 2001).

Kunden anzusprechen wird erschwert, weil sie durch zahlreiche Werbebotschaften, welche täglich auf sie niederprasseln, überlastet sind. Der Kunde wird zunehmend kritischer, prüft und durchschaut Werbeaktivitäten jeglicher Art und ist immer weniger bereit, Werbebotschaften anzunehmen. Angesichts der Dauerberieselung durch Werbung und Produktinformationen zeigen die herkömmlichen Kanäle in der Kundenkommunikation nicht mehr die gewünschte Effektivität. Die dadurch hervorgerufene Reizüberflutung bei den Kunden führt teilweise zum „Abschalten" und zu einer geringeren Aufnahmebereitschaft (Klaas 2002: 65; Rolke 2003: 10). Die Unternehmenskommunikation ist gezwungen die herkömmlichen Strategien der Kundenansprache zu überdenken und neue Wege in der Kommunikation mit dem Kunden einzuschlagen. Sponsoring ist hier ein gangbarer Weg (Bruhn 2003a).

Sponsoring ist die Zuwendung von Finanz-, Sach- und/oder Dienstleistungen durch ein Unternehmen, den Sponsor, an eine Einzelperson, eine Gruppe von Personen oder eine Organisation bzw. Institution aus dem gesellschaftlichen Umfeld des Unternehmens, dem Gesponserten, gegen die Gewährung von Rechten zur kommunikativen Nutzung von Personen bzw. Organisationen und/oder Aktivitäten des Gesponserten auf der Basis einer vertraglichen Vereinbarung (Hermanns 1997: 37).

Das Kommunikationsinstrument Sponsoring zielt darauf ab, durch die Bereitstellung von Geld, Sachmitteln, Dienstleistungen oder Personal eines Unternehmens eine bestimmte Art von Gegenleistung zu erhalten. Der Gesponserte bietet dem Unternehmen die werbewirksame Verwendung des Firmennamens bzw. der Produktmarke und die kommunikative Nutzung des Sponsorships im Nachgang des Ereignisses an (Mast 2002: 287). Sponsoring basiert immer auf einer Leistung (z. B. durch finanzielle Unterstützung oder Sachmittel) und einer klar definierten Gegenleistung.

Sponsoring bietet viele Vorteile für eine zielgerichtete Ansprache von Kunden. Es bedeutet längst nicht mehr nur Bandenwerbung auf dem Sportplatz oder mit Markennamen bedruckte T-Shirts. Innovative und integrative Konzepte haben in den vergangenen Jahren Einzug gehalten in die Kommunikationsabteilungen von Unternehmen. Rund drei Viertel aller Unternehmen setzen Sponsoring heute als Instrument in ihrem Kommunikationsmix ein. Dies ist das Ergebnis einer Umfrage, die die Bob Bomliz Group unter 683 der umsatzstärksten deutschen Unternehmen im Jahr 2004 vorgenommen hat. Die Unternehmen investieren dabei rund 15,4 Prozent ihres Kommunikationsbudgets in Sponsoring (Bob Bomlitz Group 2004).

Schaubild 71
Ökonomische Zielsetzungen des Sponsorings

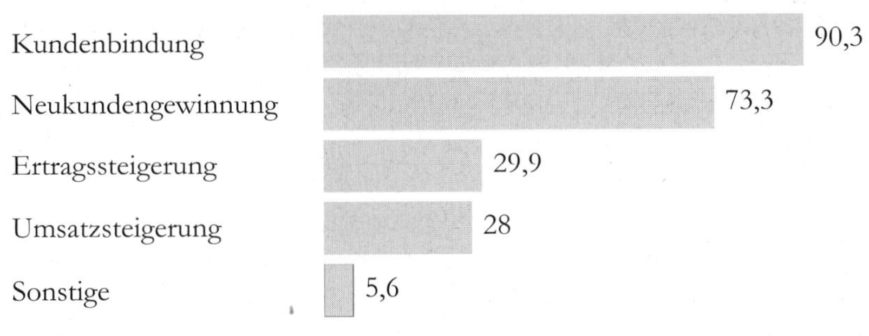

Quelle: Bob Bomliz Group 2004. Antworten auf die Frage: „Welche ökonomischen Ziele verfolgen Sie mit dem Einsatz des Sponsorings?" Basis: die 2500 umsatzstärksten Unternehmen Deutschlands (n=320, Sponsoren mit ökonomischen Zielen), Angaben in Prozent.

Diese Studie bestätigt die zentrale Rolle von Sponsoring in der Kundenkommunikation: Das Hauptziel bei einem Sponsoring-Engagement ist in den meisten deutschen Unternehmen die Bindung von Kunden (Schaubild 71): Neun von zehn Unternehmen gaben bei der Umfrage „Sponsoring Trends" von 2004 Kundenbindung als wichtiges Ziel derartiger Aktivitäten an. Der zunehmenden Bedeutung des Kommunikationsziels Kundenbindung entspricht damit eine Wertsteigerung bzw. ein vermehrter Einsatz des Instrumentes Sponsoring. Drei Viertel der Unternehmen wollen durch Sponsoring neue Kunden gewinnen. Damit fungiert Sponsoring klar als ein zentrales Instrument der Kundenansprache. In bare Münze zahlt es sich jedoch nicht aus: Nur gut ein Viertel der Befragten erwartet Ertrags- oder Umsatzsteigerungen (Bob Bomliz Group 2004).

Grundsätzlich können alle Bereiche des wirtschaftlichen, politischen und gesellschaftlichen Lebens gesponsert werden; die wichtigsten sind: Sport, Kultur, Umwelt, Sozialwesen, Wissenschaft und Medien bzw. Programm (Bruhn 2003a; Glogger 1999; Hermanns 1997). Während sich Sportsponsoring, das am häufigsten eingesetzt wird, vor allem an ein breites Massenpublikum richtet, eignet sich Kultursponsoring im Allgemeinen besser für eine gezielte Kundenansprache, weil ein Unternehmen dadurch im Idealfall eine kleine, klar abgrenzbare Gruppe ins Visier nehmen kann, die sich für das jeweilige Kulturereignis interessiert. Bei Umwelt-, Soziosponsoring und Wissenschaftssponsoring sind eine hohe Identifikation des Unternehmens und eine Berücksichtigung im Leitbild erforderlich, um glaubwürdig zu wirken; man kann eine breite Öffentlichkeit oder begrenzte Gruppen von Endkunden oder Geschäftskunden erreichen. Je nach dem Gegenstand der Förderung kann gezielt das Interesse bestimmter Kunden(gruppen) geweckt und damit ein Aufmerksamkeitseffekt erzielt werden. Durch Mediensponsoring lässt sich wegen der hohen Reichweite in kurzer Zeit ein hoher Bekanntheitsgrad erreichen; es richtet sich aber meist an die breite Öffentlichkeit und nicht speziell an Kunden.

Schaubild 72 zeigt die Ausrichtung der Bezugsgruppen bei den einzelnen Sponsoringarten. Generelle Aussagen sind nicht möglich, da die Ansprache von Bezugsgruppen in jedem Einzelfall vom konkreten Gegenstand anhängig ist. Ein Unternehmen, das hauptsächlich Geschäftskunden oder eine klar abgegrenzte, kleinere Endkundengruppe und weniger eine große Masse von Endkunden ansprechen will, sollte jedoch eher ein Sponsoringengagement im Kultur- oder Sozialbereich eingehen, wo potenzielle Interessen der Bezugsgruppen besser berücksichtigt werden können. Beispielweise sind aus diesem Grund Banken und Versicherungen vornehmlich engagiert im Kultursponsoring (Bob Bomliz Group 2004: 37), zumal sie dadurch z. B. bei einer Gruppe sozial höher gestellter Kunden durch ein bestimmtes Objekt des Sponsorings Interesse wecken können. Der immense Zuwachs von Kunst- und Kultursponsoring in den 2.500 umsatzstärksten Unternehmen von 72,2 Prozent (2002) auf 81,9 Prozent (2004) wird klar auf die intensive Nutzung durch Finanzdienstleister zurückgeführt. Andererseits ist neben Sport auch das Thema Umwelt für breite Teile der Bevölkerung von Interesse, weshalb sich auch in diesem Bereich Unternehmen als Sponsoren betätigen.

Zwischen den Zielgruppen des Sponsors und den Publika des Gesponserten sollte im Interesse des Sponsors größtmögliche Identität bestehen. Der Gesponserte weist bereits selbst ein gewisses Potenzial an eigenem Publikum auf. Diese Publika können durch die Kommunikationsmaßnahmen des Sponsors „unmittelbar erreicht werden" (Hermanns 1997: 50). Red Bull beispielsweise sponsert eine Reihe von Snowboard- und Ski-Freestyle-Wettbewerben, weil das Unternehmen annimmt, dass die Publika dieser Sportveranstaltungen mit seinen Zielgruppen des Unternehmens identisch sind. Red Bull schafft sich dadurch seinen Kundenkreis und überträgt das positive Image der Fun-Events auf sein Produkt.

Schaubild 72
Einsatzfelder des Sponsorings

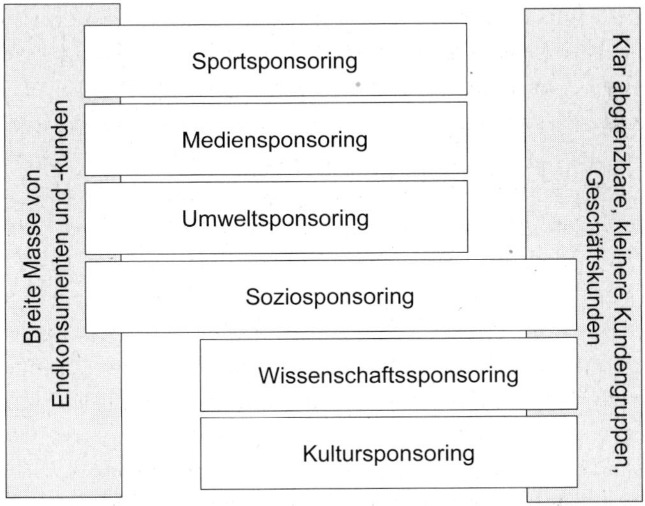

Quelle: eigene Darstellung

Ziele des Unternehmens als Sponsor sind bei einem derartigen Engagement meist folgende (Bortoluzzi 2000):

- Schaffung, Stabilisierung und Steigerung des Bekanntheitsgrades in der Öffentlichkeit bzw. bei bestimmten Bezugsgruppen, etwa Kunden,
- Positionierung von Marken und Produkten,
- Profilierung, Verbesserung und Schaffung eines Images (durch den Transfer des Images des Gesponserten auf den Sponsor),
- Dokumentation von gesellschaftspolitischer Verantwortung des Unternehmens, was insbesondere die Bereiche Kultur, Soziales und Umwelt betrifft,
- gezielte Ansprache von Kundengruppen und Kontaktpflege zu bestehenden Kunden (z. B. im Rahmen von Events und Veranstaltungen),
- Intensivierung der Medienpräsenz durch Berichterstattung über Sponsoringaktivitäten.

Wie unterscheiden sich die Ziele, die mit Sponsoring anvisiert werden, von denen anderer Kommunikationsaktivitäten? Welche Ziele lassen sich durch Sponsoring besser erreichen als durch andere Instrumente? Nach den Ergebnissen einer Umfrage eignet sich Sponsoring nach Meinung von knapp 80 Prozent der Unternehmen vor allem für die Ansprache spezifischer Zielgruppen (Schaubild 73). Fast die Hälfte der Unternehmen setzt voraus, man könne Marken und Produkte durch Sponsoring besser als durch andere Kommunikationsinstrumente für den Kunden erlebbar machen. Weitere Ziele, die ein Unter-

Schaubild 73

Stärken des Sponsorings im Vergleich zu anderen Instrumenten

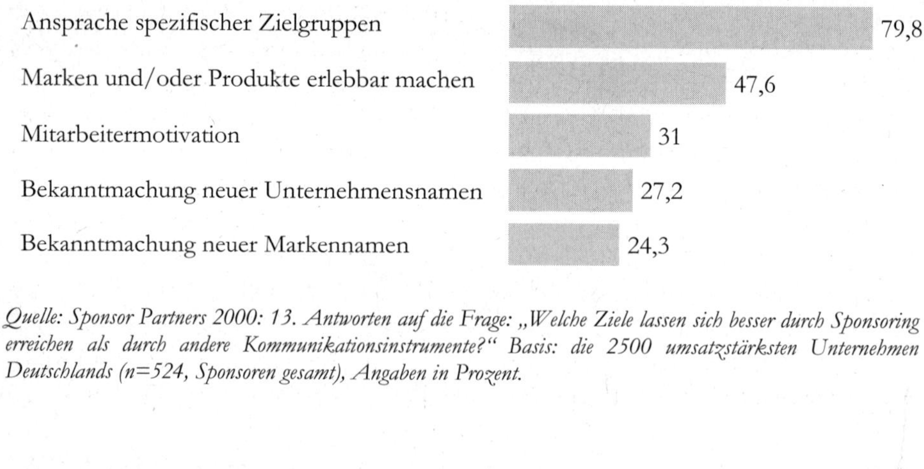

Quelle: Sponsor Partners 2000: 13. Antworten auf die Frage: „Welche Ziele lassen sich besser durch Sponsoring erreichen als durch andere Kommunikationsinstrumente?" Basis: die 2500 umsatzstärksten Unternehmen Deutschlands (n=524, Sponsoren gesamt), Angaben in Prozent.

nehmen durch Sponsoring besonders gut erreichen kann, sind laut der Studie Mitarbeitermotivation und die Bekanntmachung neuer Unternehmens- und Markennamen.

Sponsoring eignet sich insbesondere dazu, potenzielle Kunden auf ein Unternehmen aufmerksam zu machen, weil es meist in einem angenehmen, positiven Umfeld wahrgenommen wird. Es hat gegenüber anderen Instrumenten einen entscheidenden Vorteil: Es bietet die Möglichkeit des ungezwungenen Kontaktes und der ungezwungenen Ansprache. Dadurch kann sich der Kunde der Information, die vom Sponsoring ausgeht, kaum entziehen, obwohl Sponsoring meist lediglich eine Restinformation, z. B. den Markennamen oder einen Unternehmensslogan, vermittelt. Dies ist besonders dann von Vorteil, wenn die Bezugsgruppe der Kunden bereits einer Überversorgung von Werbebotschaften und Informationen ausgesetzt ist und deshalb eine zurückhaltende Kommunikation eher positiv aufnimmt.

Sponsoring hat außerdem eine Reihe charakteristischer Vorteile im Vergleich zu anderen Kommunikationsinstrumenten. Es

- hat häufig eine höhere Kontaktqualität als klassische Werbung,
- kann Zielgruppen ansprechen, die mit klassischen Kommunikationsmaßnahmen kaum erreichbar sind,
- kann bestehende Kommunikationsbarrieren umgehen (z. B. Werbeverbot bei öffentlich-rechtlichen Sendern nach 20 Uhr),
- nutzt die Multiplikatorfunktion der Massenmedien und
- hat eine hohe allgemeine Akzeptanz in der Öffentlichkeit.

Ein entscheidender Vorteil von Sponsoring zur Ansprache von Kunden ist, dass es seine Zielgruppen in nicht-kommerziellen Situationen anspricht, z. B. bei Sportveranstaltungen oder kulturellen Veranstaltungen. Während beispielsweise in der TV-Werbung Spots in ein ersichtliches Werbeumfeld eingebettet sind, bei dem der einzelne Spot in direkter Konkurrenz zu anderen steht, konzentriert sich die Wirkung von Sponsoring oft auf den privaten Freizeitbereich. Denn gefragt ist wie nie zuvor eine zurückhaltende, nicht offensichtliche Art von Kommunikation, die den neuen Bedürfnissen von Bezugsgruppen entspricht. So genannte *Below-the-Line-Instrumente*, deren man sich gezielt in spezifischen Situationen bedient und die auf eine eher zurückhaltende, subtile Art Bezugsgruppen ansprechen, können besser auf diese Bedürfnisse eingehen als herkömmliche Werbeaktivitäten, die als solche klar erkennbar sind und teilweise sogar gebündelt auftreten. Diese so genannten *Above-the-Line-Instrumente* wie TV-Spots, Direktmailings oder Anzeigen erschöpfen sich immer mehr.

Ein wesentlicher Effekt des Sponsorings ist der Imagetransfer. Man kann ihn beschreiben als eine „Reaktion in der Psyche von Personen, die durch das

Sponsoring-Engagement eines Unternehmens hervorgerufen wird" (Glogger 1999: 82). Die psychische Reaktion besteht in der Übertragung der Sponsoringbotschaft vom Gesponserten auf den Sponsor, in der Übertragung oder Verstärkung von denotativen oder konnotativen Assoziationen von einem externen Meinungsgegenstand, dem Transfersubjekt, auf ein Unternehmen oder eine Marke (Transferobjekt) (Glogger 1999: 69). Unter optimalen Transferbedingungen nutzt Sponsoring Aufmerksamkeit und Image des Gesponserten für die eigenen kommunikativen Ziele. Die Absicht von Unternehmen ist es, durch einen Imagetransfer innerhalb der Bezugsgruppe Kunden positive Imagekomponenten des Gesponserten auf das sponsernde Unternehmen zu übertragen und für die eigenen Zwecke, z. B. für die Markenkommunikation im Bereich der Kundenansprache, zu verwenden.

Welche Voraussetzungen müssen die Sponsoringpartner erfüllen, damit ein erfolgreicher Transfer von Botschaft und Image stattfinden kann? Für welche Unternehmen eignet sich welche Form des Sponsorings? Lange Zeit ging man davon aus, dass die Voraussetzungen für einen funktionierenden Imagetransfer eher für Unternehmen gegeben sind, die eine größere Deckungsgleichheit mit dem Betätigungsfeld des Gesponserten aufweisen. Aus diesem Grund engagieren sich viele Hersteller von Sportartikeln im Sportsponsoring. Dies würde wiederum bedeuten: Nur jenes Unternehmen, das bereits über ein sportliches Image verfügt, kann es durch Sponsoring im Sportbereich noch verstärken.

Dieser Aussage widersprechen z. B. die Aktivitäten der Deutschen Telekom AG. Das Telekommunikationsunternehmen engagiert sich mit eigenen Teams in verschiedenen Sportarten. Dabei treten die Sportler in den Farben des Unternehmens auf. Dieses Sponsoring-Engagement hat einen erheblichen Teil dazu beigetragen, der früheren Verwaltungsbehörde in der Öffentlichkeit zu einem veränderten Image mit Attributen wie innovativ, modern, sportlich, jung und dynamisch zu verhelfen. Durch das gemeinsame Auftreten der Sponsoringpartner, im beschriebenen Fall also Sportler und Unternehmen, werden offensichtlich in der Vorstellung des Rezipienten charakteristische Komponenten auf den Sponsor übertragen; hier beispielsweise die Botschaft von Fairness, Leistung, Ausdauer und Kontinuität.

Grundsätzlich können die Assoziationen auch in entgegen gesetzter Richtung erfolgen. Dabei übertragen sich Imagekomponenten vom Sponsor auf den Gesponserten (Glogger 1999: 71). Ein Transfermechanismus dieser Art hätte jedoch kaum Auswirkungen auf die Kundenkommunikation.

Der Effekt eines Imagetransfers, der sich nicht nur an spezifische Gruppen richtet, sondern auch in der Gesamtöffentlichkeit wahrgenommen wird, kann sich bei der Kundenkommunikation noch verstärken. Kunden stehen in einer

Beziehung zu einem Unternehmen und kennen dessen Leistungen und Produkte. Aus diesem Grund werden sie als Stakeholder ein Sponsoringengagement bewusster und aktiver verfolgen als nicht betroffene Gruppen. Zudem können Unternehmen Sponsoring als ein integratives Instrument auch quer zu anderen Kanälen der Kundenkommunikation einsetzen (Bruhn 2003a; Hermanns 1997).

Insbesondere eignet sich die Verknüpfung einer Sponsoringmaßnahme mit den PR-Aktivitäten eines Unternehmens. Ein Engagement des Sponsorings sollte dementsprechend von der Pressearbeit aufgegriffen werden, um über die Multiplikatoren der Medien Präsenz in der Öffentlichkeit zu schaffen und das Thema Sponsoring auf diesem Weg bei den Kunden zu verankern. Dabei spielen auch Pressekonferenzen bei Sponsoring-Veranstaltungen eine wichtige Rolle. Effizienter erfolgt die Ansprache der Kunden durch eine entsprechende Berichterstattung in einer journalistisch professionell aufbereiteten Kundenzeitschrift. Dadurch kann sichergestellt werden, dass die Botschaft ohne Streuverluste an die richtigen Adressaten gelangt.

In der Unternehmenspraxis wird Sponsoring zur Kundenkommunikation jedoch sehr häufig mit einem Kanal der Face-to-Face-Kommunikation verknüpft: Events sind wichtig bei der Kommunikation von Sponsoringengagements. Durch das Vor-Ort-Erlebnis einer Veranstaltung und die Emotionalisierung der Kommunikationssituation können sich Unternehmen und ihre Leistungen ideal durch Sponsoring präsentieren (Hermanns 2003). Auch Internetauftritte werden in der Unternehmenspraxis mit Sponsoringaktivitäten vernetzt, zumal die Ansprache über Online-Medien eine zentrale Funktion in der Kundenkommunikation einnimmt. Außerdem ist die Abstimmung der Sponsoringaktivitäten mit Instrumenten wie Verkaufsförderung und Beteiligung an Messen bzw. Ausstellungen wichtig.

Sponsoring eignet sich besonders als Form in der Kunden-PR, weil ein sponserndes Unternehmen im Idealfall eine Aktivität oder eine Person unterstützt, die nicht vom Unternehmen gesteuert wird und somit unabhängig agiert. Auch wenn ein Unternehmen Sponsoringaktivitäten nicht vollständig kontrollieren kann, dokumentiert es dadurch in der Kommunikation mit den Kunden gesellschaftspolitische Verantwortung.

Wie sich ein Unternehmen durch Sponsoringmaßnahmen bei seinen Bezugsgruppen zielgerichtet positioniert, stellt Stephan Heigl, Direktor Kommunikation und Marketing des DEKRA e. V. in Stuttgart, in folgendem Beitrag über das Sponsoring von Schiedsrichtern von DEKRA dar.

Stephan Heigl, DEKRA e. V., Stuttgart

Imagetransfer durch Sponsoring

Jahr für Jahr nehmen die verschiedensten Kunden die vielfältigen Dienstleistungen von DEKRA in Anspruch. Rund 21 Millionen Haupt- und Abgasuntersuchungen pro Jahr machen die Sachverständigen-Organisation europaweit zum Marktführer bei Fahrzeugprüfungen. Entsprechend ist die Marke DEKRA dem breiten Publikum vor allem durch diese Prüfdienstleistungen bekannt. Das Spektrum reicht jedoch erheblich weiter – von A wie Ausbildung und Anlagensicherheit bis Z wie Zertifizierung und Zeitarbeit.

Unter dem Dach des DEKRA e. V. arbeiten 96 Tochtergesellschaften und Beteiligungen für mehr Sicherheit und Qualität im Umgang der Menschen mit Technik, Umwelt und Mobilität. Diese Unternehmen sind nach Kundengruppen in vier Business Units zusammengeschlossen: Automotive, Industrial, Qualification & Consulting und International Operations.

Alle DEKRA Gesellschaften verbindet ein gemeinsames Leitbild, das in einem klaren Anspruch gebündelt wurde: Mit Sicherheit innovativ – jederzeit und überall. Dahinter steht das Ziel, DEKRA zu einer international führenden Dienstleistungsgruppe für staatliche und privatwirtschaftliche Aufgaben zu entwickeln.

Marken als Qualitätsversprechen für den Kunden

Um eine Marke erfolgreich zu führen, bedarf es eines vernetzten Identitätsmanagements, das sich an den Unternehmenszielen ausrichtet. Angesichts der wachsenden Komplexität der angebotenen Produkte und Dienstleistungen gestaltet sich für viele Kunden eine fundierte und objektive Beurteilung immer schwieriger. Die Marke gewinnt dadurch bei den Kaufentscheidungen an Bedeutung. Sie gibt Orientierung und repräsentiert das Qualitätsversprechen des Unternehmens.

Entscheider und Verbraucher verbinden heute mit der Marke DEKRA ein vertrauenswürdiges und erfolgreiches Dienstleistungsunternehmen. Die hoch qualifizierten Mitarbeiter leisten zu dieser Einschätzung den wichtigsten Beitrag. Nach einer Kundenbefragung des Marktforschungsinstituts GFK bieten die DEKRA Experten hervorragenden Sachverstand, ausgezeichnete Qualität und einen zuverlässigen Service. Diese Einschätzung der Kunden entspricht dem Leitbild des Unternehmens. Expertenwissen und Objektivität sind demnach die Grundpfeiler der Geschäftstätigkeit. Kundenorientierung, Effizienz und Innovationskraft kennzeichnen die Dienstleistungen.

Diese Wertvorstellungen müssen in Kommunikationsbotschaften übersetzt und bei den Kernzielgruppen sowie der breiten Öffentlichkeit nachhaltig verankert werden.

Mit dem richtigen Kommunikationsmix zum Ziel

Die Kommunikationsstrategie von DEKRA wird geprägt durch glaubwürdige, kreative und effiziente Formen der Informationsvermittlung. Bei den eingesetzten Kommunikationsmaßnahmen haben dementsprechend die Direktkommunikation (z. B. Kundenveranstaltungen und Fachvorträge) sowie die Medienkommunikation (z. B. Sicherheitsworkshops oder Fachpublikationen) einen deutlichen Schwerpunkt. Ein weiterer Grund für diese Konzentration: Den Löwenanteil seines Umsatzes erwirtschaftet DEKRA im Geschäftskundenbereich.

Klassische Imagewerbung kommt aufgrund einer tendenziell geringeren Glaubwürdigkeit und eines ungünstigeren Kosten-Nutzen-Verhältnisses bei DEKRA nur sehr fokussiert zum Einsatz.

Dabei war die klassische Werbung mit 57 Prozent der Etats nach der Studie „Sponsor Visions 2004" das Paradepferd der Markenkommunikation. Jedoch floss bereits knapp jeder fünfte Euro der Etats ins Sponsoring. 2004 waren das etwa 3,4 Milliarden Euro. Tendenz steigend. 2006 sollen es bereits 4,4 Milliarden Euro sein, bedingt durch den Sondereffekt Fußballweltmeisterschaft.

Verständlich, zählt doch der Sport zum Sponsoring-Feld Nummer eins. 76 Prozent aller Unternehmen setzen innerhalb ihrer Markenkommunikation auf diesen Bereich. Images wie Ausdauer, Leistungswille und Dynamik werden auf den Sponsor übertragen.

Im Sportsponsoring fallen – im Vergleich zum Kultur-, Sozial- und Umweltsponsoring – verhältnismäßig hohe Kosten an. Aber die Gegenleistungen sind dank hoher öffentlicher Wirkung nicht weniger groß. Vor allem die Teilnahme an international relevanten Sportereignissen führen bei den Zuschauern zu Rückschlüssen auf Kompetenz und Bedeutung eines Unternehmens. Sponsoring steigert also nicht nur die Bekanntheit des Unternehmens, sondern leistet durch Imagetransfer einen wichtigen Beitrag zur Markenbildung.

Geschichte des Sponsorings bei DEKRA

DEKRA nutzt Sponsoring bereits seit Ende der 80er-Jahre als einen integralen Bestandteil der Unternehmenskommunikation. Es bildet eine stabile Brücke zur breiten Öffentlichkeit, traditionell bislang mit dem Schwerpunkt im Motorsport. Das Formel-1-Sponsoring in den 90er-Jahren – auf der schon legendären Schumacher-Kappe – hat eindrucksvoll bewiesen, dass speziell Sportsponsoring als weitreichende und verhältnismäßig kostengünstige Maßnahme für die Markenbildung und -pflege eingesetzt werden kann. Mit Michael Schumacher als Testimonial erreichte DEKRA in Deutschland eine Markenbekanntheit von 83 Prozent.

Heute präsentiert sich DEKRA einer breiten Öffentlichkeit – neben seinen Motorsport-Engagements bei der Deutschen Tourenwagen Masters-Serie (DTM) und der Nachwuchs-Formel 3 – als „Offizieller Partner der DFB-Schiedsrichter". Diese Partnerschaft mit dem Deutschen Fußballbund erschließt für das Unternehmen eine neue Kommunikationsplattform. Das Engagement vermittelt auf besonders glaubwürdige Weise die Kernwerte des Unternehmens „Neutralität" und „Sachverstand". Und es schafft durch eine Vielzahl regionaler Ereignisse (Bundesligaspiele, Pokalspiele und Länderspiele) eine dezentrale Plattform für die Kundenkommunikation.

Glaubwürdigkeit als Garant für den Kommunikationserfolg

Die Verbindung zwischen DEKRA und den Schiedsrichtern erklärt sich weitgehend von selbst. Dies ist ein wichtiger Aspekt vor dem Hintergrund einer klaren Konzentration der flankierenden Maßnahmen auf den Business-to-Business-Sektor (B-to-B) und dem Verzicht auf groß angelegte Anzeigenkampagnen.

Darüber hinaus liefert die Verbindung für DEKRA eine quantitativ starke Medienpräsenz und eine qualitativ hohe Glaubwürdigkeit. Die Integrität der Institution „Schiedsrichter" ist dabei für die Sachverständigen-Organisation DEKRA besonders wichtig. Gerade für einen Dienstleistungskonzern, der ganz wesentlich in vom Staat verliehene, hoheitliche Aufgaben eingebunden ist, geht „Fair Play" über alles.

Ein interessanter Aspekt verbirgt sich hinter der hohen Übereinstimmung der Wertvorstellungen von DEKRA Sachverständigen und Schiedsrichtern allgemein. Beide haben sehr ähnliche Aufgaben: Sie müssen in schwierigen Situationen schnell und fair entscheiden, die vorliegenden Fakten objektiv beurteilen und zwischen Interaktionspartnern vermitteln.

Innovative Sponsoringkonzepte überzeugen Kunden

Erst im Herbst 2001 hatten die Verantwortlichen der FIFA das ausdrückliche Werbeverbot für Unparteiische aufgehoben. In Spanien und Frankreich wurde das Schiedsrichter-Sponsoring umgehend vermarktet. Der Deutsche Fußball-Bund war – ob der Neutralität der Schiedsrichter – zu Beginn zurückhaltend und begab sich auf die Suche nach dem richtigen Partner.

DEKRA untermauerte in dieser frühen Phase seinen Entschluss zur Zusammenarbeit durch eine Befragung zum Thema „Sponsoring von Fußball-Schiedsrichtern“. Befragt wurden rund 400 Männer und 100 Frauen. Mehr als die Hälfte bescheinigte den Schiedsrichtern ein gutes bis sehr gutes Image und attestierte DEKRA eine hohe Eignung als Sponsor. Tenor der Befragung: „… die können das beurteilen. Die sind objektiv und unparteiisch.“

Schaubild 74
Schiedsrichter-Sponsoring (DEKRA e. V.)

Quelle: DEKRA e. V.

Hohe Passgenauigkeit der Bewertung besteht vor allem bei Eigenschaften wie Neutralität und Leistung, Zuverlässigkeit und Partnerschaftlichkeit. Bei Faktoren wie Wissen, Flexibilität und mehr noch bei der Internationalität wurde den Unparteiischen ein Imagevorsprung attestiert. Für die internationale Ausrichtung von DEKRA liefern die Schiedsrichter somit wichtige Impulse.

Seit Oktober 2003 tragen die DFB-Schiedsrichter „DEKRA Trikots" auf den Spielfeldern der deutschen Stadien. Hier leiten 110 Schiedsrichter und Schiedsrichter-Assistenten die Spiele der beiden höchsten Fußball-Ligen. Bei diesen Begegnungen sowie bei den Spielen um den DFB-Pokal, den Liga-Pokal und den DFB-Pokal der Frauen ziert das DEKRA Logo die Trikotärmel der Unparteiischen. Genauso wie den Rücken des „Vierten Offiziellen" an der Trainerbank und die Tafel zur Anzeige von Auswechslungen und Nachspielzeit. Bei offiziellen Terminen und bei Interviews präsentieren die Schiedsrichter das DEKRA Markenzeichen auf den Kragen ihrer Oberhemden.

Kundenkommunikation mit hoher Treffsicherheit

Die Zielgruppen von DEKRA werden mit diesem Sponsoring-Engagement im Fußball treffsicher erreicht und können wirkungsvoll durch direkte Maßnahmen angesprochen werden. Die meisten Fußballinteressierten sind Männer im Alter zwischen 18 und 49 Jahren. Unter ihnen finden sich sowohl Kunden aus dem B2B-Bereich mit leitenden Positionen in Werkstätten, Autohäusern oder bei Automobil-Herstellern, als auch Entscheider aus Industrie, Versicherungen und mittelständischen Unternehmen. Genauso sind unter ihnen auch Endverbraucher zu finden wie z. B. Fahrzeughalter, Immobilienkäufer oder kommunale Entscheider.

Für den Fußball als kommunikativen Träger spricht generell das große Interesse an dieser Sportart und die daraus folgende Medienwirksamkeit. 36,44 Millionen Männer (57 Prozent) und Frauen (43 Prozent) in Deutschland bezeichnen sich als fußballinteressiert. Jeden Spieltag strömen in der Bundesliga im Schnitt 330.000 Zuschauer in die Stadien, bei der 2. Bundesliga sind es 83.000.

Noch mehr Zuschauer sitzen vor den TV-Bildschirmen. Über 750.000 Zuschauer sehen auf Premiere samstags die Live-Spiele der Bundesliga; das Spiel der Woche sehen mehr als eine Million Menschen im Deutschen Sport Fernsehen (DSF); Sportschau (ARD) und Aktuelles Sportstudio (ZDF) werden von 5,5 bzw. 2 Millionen Zuschauern eingeschaltet. Die DFB-Schiedsrichter sind damit an über 120 Tagen im Jahr auf den Fernsehschirmen zu sehen. Und schließlich ist Fußball europaweit mit 49 Prozent die beliebteste TV-Sportart, in

Deutschland sogar mit 61 Prozent – noch vor der Formel 1 (34 Prozent) und Tennis (17 Prozent).

Ein wichtiger Pluspunkt des Schiedsrichter-Sponsorings liegt für DEKRA in der Kombination von bundesweiter Verbreitung und regionaler Wirkung. Die Unterstützung der Unparteiischen entfaltet sich allsamstaglich in jedem Bundesliga-Stadion, sozusagen vor der Haustür der einzelnen regionalen DEKRA Standorte. Aufgrund des Aufmerksamkeitswertes lässt sich das lokale Fußballereignis ausgezeichnet für die regionale Produktwerbung, Pressearbeit und Promotion-Veranstaltungen einsetzen. Beispiele dafür sind Autogrammstunden mit Bundesliga-Schiedsrichtern aus der Region, Kartenkontingente für DEKRA Kunden oder lokale Produktwerbung.

Wenig Streuverluste und hohe Medienwirksamkeit

Werbung mit Fußball-Schiedsrichtern war in Deutschland ein absolutes Novum. Deshalb existierten für eine Wirkungskontrolle bisher keine validen Daten. Gemeinsam mit dem Deutschen Fußball-Bund wertet DEKRA seit Beginn der Partnerschaft über die IFM-Medienanalysen die TV-Präsenz der Schiedsrichter aus. Überzeugendes Ergebnis: Die Zahlen bescheinigen DEKRA eine erfreulich hohe Markenpräsenz. Nach der Telekom und ihren Unternehmenssparten sowie Coca-Cola zählt das DEKRA Logo zu den am häufigsten eingeblendeten Marken-Logi in der Bundesliga-Saison 2003/2004.

Resümee

Nach gut einem Jahr Schiedsrichter-Sponsoring lässt sich insgesamt eine positive Bilanz ziehen.

Mit der Aufklärung der Manipulationsvorwürfe im Fall „Hoyzer“ bleibt die Erkenntnis, dass die deutschen Referees – bis auf einzelne Ausnahmen – absolut integer sind. Ein Sponsor kann gerade in solchen schwierigen Phasen beweisen, dass er als vertrauenswürdiger Partner handelt und sich dadurch nachhaltig profiliert.

Auf den Punkt gebracht: Die Partnerschaft mit den DFB-Schiedsrichtern erfreut sich sowohl bei den Kunden und Geschäftspartnern als auch bei den Mitarbeitern von DEKRA einer hohen Akzeptanz. Von den positiven qualitativen Wirkungen auf das Markenprofil profitieren alle Unternehmensbereiche der DEKRA Gruppe in Deutschland, aber auch auf den internationalen Märkten.

!

Spezielle Wege der Kundenkommunikation sind jene, die in erster Linie oder ausschließlich zur Ansprache von Kunden eingesetzt werden und diese in einem speziellen, meist vom Kaufappell klar abgelösten Kontext ansprechen.

Sponsoring richtet sich an Kunden in einem häufig privaten, vom Kauf völlig abgekoppelten Umfeld.

Erlebniswelten rücken Empfindungen und Gefühle in den Vordergrund und zielen auf Emotionalisierung der Kunden. Sie wirken sich in vielfältiger Art und Weise auf Marken, Image und Reputation eines Unternehmens aus.

In der Online-Kommunikation sind Virtual Communities lose oder feste Netzwerke, manchmal sogar Freundes- oder Fanclubs, die sich rund um Produkte oder Unternehmen bilden können und teilweise großen Einfluss – sowohl positiv als auch negativ – auf Unternehmen nehmen können.

Kundenclubs werden von Unternehmen eingerichtet und gepflegt, um Kunden zu binden und die Weiterempfehlung von Produkten oder Dienstleistungen im Familien-, Bekannten- oder Freundeskreis der Clubmitglieder zu fördern. Sie basieren meist auf zusätzlichem Nutzwert, Exklusivität oder Informationsvorsprung.

Gewinnspiele fordern die Spielleidenschaft der Menschen heraus. Sie sind vom unmittelbaren Kaufappell abgelöst, können jedoch hohe Aufmerksamkeitswerte für Produkt oder Unternehmen generieren.

Literaturtipps

Bruhn, Manfred (2003): Sponsoring. Systematische Planung und integrativer Einsatz. 4. Auflage. Wiesbaden: Gabler. *Dieses Standardwerk bietet fundierte Antworten auf unterschiedlichste Fragen: Welche Chancen und Risiken entstehen durch den Einsatz verschiedener Sponsoringarten? Wie lässt sich eine unternehmensspezifische Sponsoringstrategie entwickeln? Wie kann der Erfolg des Sponsorings beurteilt werden? Zahlreiche Beispiele, Schaubilder und aktuelles Zahlenmaterial unterstreichen den hohen Praxisbezug.*

Glogger, Anton (1999): Imagetransfer im Sponsoring. Entwicklung eines Erklärungsmodells. Frankfurt am Main u. a.: Lang. *Das Buch beschäftigt sich vor allem mit dem Phänomen des Imagetransfers und zeigt auf der Basis einer verhaltenswissenschaftlichen Analyse, wie er zustande kommt. Das Ergebnis der Untersuchung ist ein Modell für Imagetransfer. Der Autor stellt dar, welche Faktoren bei einer auf Imagetransfer orientierten Planung des Sponsorings zu berücksichtigen sind und bietet gleichzeitig Orientierungshilfen für das Sponsoringmanagement.*

Holz, Stefan (1998): Der Kundenclub. Ettlingen: IM Marketing Forum. *Der Autor zeigt, wie das Kommunikationsinstrument „Kundenclub" zur Kundenbindung eingesetzt werden kann. Konkrete Gestaltungshinweise, Handlungsempfehlungen und Fallbeispiele zu Konzeption und Umsetzung eines Kundenclubs machen das Buch zu einem hilfreichen Leitfaden für Praktiker.*

Holzbaur, Ulrich / Jettinger, Edwin / Knauss, Bernhard / Moser, Ralf / Zeller, Markus (2003): Eventmanagement. Veranstaltungen professionell zum Erfolg führen. 2., erweiterte Auflage. Berlin, Heidelberg: Springer. *Das Buch führt in die Grundlagen des Eventmanagements ein mit seinen Aufgabengebieten von der strategischen Planung bis zur operativen Durchführung und Steuerung. Der Textteil wird durch eine Vielzahl an Beispielen aus der Praxis ergänzt. Besonders für Praktiker ist das Buch ein hilfreicher Leitfaden.*

Sauvant, Nicola (2002): Professionelle Online-PR. Frankfurt am Main: Campus. *Das Praxishandbuch zeigt, wie Unternehmen das Internet im Rahmen der Unternehmenskommunikation strategisch und systematisch einsetzen können. Spielregeln der Online-PR werden ebenso vorgestellt wie ihre Möglichkeiten und ihre Instrumente, um unterschiedliche Zielgruppen anzusprechen. Zahlreiche Fallbeispiele zeigen, wie Unternehmen das Internet für ihre Kommunikation nutzen.*

Kapitel 10

Perspektiven der Kundenkommunikation

Das Feld der Kundenkommunikation war in den vergangenen Jahren von einem grundlegenden Wandel geprägt. Einseitig angelegte Verkaufs- und Verlautbarungskommunikation wurde zunehmend von einem dialogorientierten Austausch zwischen Unternehmen und ausgewählten Kundengruppen abgelöst. Viel stärker als in der Vergangenheit ist heute die Kommunikation mit dem Kunden neben der Aufforderung Produkte zu kaufen von emotionalen, auf Kundenbindung hin orientierten Aspekten geprägt. Damit einher ging eine Verlagerung der Budgets von der klassischen Anzeigenwerbung hin zu neuen Kommunikationswegen wie Sponsoring und Eventkommunikation, aber vor allem hin zur Öffentlichkeitsarbeit. Zugleich gewannen spezielle Wege der Kundenkommunikation an Bedeutung: Einerseits erleben traditionsreiche Instrumente wie Gewinnspiele und Kundenzeitschriften geradezu eine Renaissance; andererseits differenziert sich das Spektrum der Kommunikationswege durch vergleichsweise neue Instrumente wie emotionale Erlebniswelten, Kunden-TV oder Online-Communities weiter aus.

Kapitel 10 fasst die Kernaussagen des Buches zusammen und öffnet Perspektiven der Kundenkommunikation. Aufbauend auf den Fundamenten der Kundenkommunikation werden neue Formen und Wege vorgestellt und in einem ganzheitlichen Modell zusammengefasst. Im 21. Jahrhundert ist eine strategisch angelegte, integrierte Kundenkommunikation nicht nur ein Erfolgsfaktor, sondern auch eine Querschnittsaufgabe aller Kommunikationsbereiche.

1. Fundamente: Persönlicher Dialog und langfristige Kommunikationsbeziehungen

Die Rolle der Kunden hat sich in den letzten Jahrzehnten verändert: Bestimmte Kundengruppen innerhalb der breiten Masse der – meist anonymen – Kunden sind aktiver und fordernder geworden. Sie sind besser informiert, seit es einfach verfügbare neue Medien wie das Internet gibt. Und sie sind ungeduldiger geworden insofern, als sie immer weniger bereit sind, auf Produkte oder Dienstleistungen zu warten. Sie möchten möglichst individuelle Lösungen angeboten bekommen und diese in einem möglichst günstigen Preis-Leistungs-Verhältnis.

Zugleich hat sich das Umfeld der Kundenkommunikation dramatisch verändert: Zahllose, häufig nahezu identische Produkte überschwemmen manch einen Markt, deshalb sind Unternehmen in solchen Branchen gezwungen, gerade durch Kommunikation Orientierung zu bieten.

Diese Veränderungen haben dazu geführt, dass die klassische, auf Einwegkommunikation gerichtete Ansprache des Kunden deutlich an Gewicht verloren hat. Kunden sollten heute eher als Partner verstanden werden, die es in den Unternehmensprozess einzubeziehen gilt – und zwar noch lange, bevor die auf den Verkauf gerichtete Kundenkommunikation einsetzt. Bereits in den Prozessphasen der Marktanalyse und Produktplanung wird die Markt- und Meinungsforschung aktiviert, um bei (potenziellen) Kunden bestehende Erwartungen, Vorstellungen und Bewertungen zu erheben. Kein Unternehmen kann es sich heute noch leisten, am Markt vorbei zu entwickeln und zu produzieren. Entsprechend große Bedeutung kommt den Vorab-Tests von Absatzchancen und einem themen- und produktbezogenen Issues Management zu. Der Kontakt zum Kunden zieht sich durch den gesamten Entwicklungs- und Produktionsprozess hindurch bis zur letzten Stufe, dem Verkauf. In den vergangenen Jahren ist der Kunde in allen Stufen stärker in den Blickpunkt der Aufmerksamkeit gerückt. Eine einseitige Kommunikation ist dabei weitgehend überholt; heute herrscht ein auf Dialog gerichtetes Beziehungs- und Bindungsmanagement vor.

Kundenbindung ist nicht nur kostengünstiger als die Gewinnung neuer Kunden, sie ist vielmehr als Grundhaltung eines Unternehmens und Kernaufgabe der Kundenkommunikation zu verstehen. An verschiedenen Stellen wurde deutlich, wie wichtig die Kundenbindung ist – in der in Kapitel 4 vorgestellten Umfrage nennen drei Viertel der Befragten sie als mit Abstand wichtigstes Ziel ihrer Kommunikationsarbeit. Das Problem bei der Kundenbindung ist, dass sie nicht nur das wichtigste, sondern zugleich das anspruchsvollste Ziel der Kundenkommunikation ist. Betrachtet man die in Kapitel 1 dargelegten Veränderungen im Marktumfeld von Unternehmen, die gewandelten Erwartungen der Öffentlichkeit an Unternehmen und die veränderte Position und Rolle des Kunden, so war das Ziel der Kundenbindung in den letzten Jahren noch schwerer zu erreichen als in früheren Jahrzehnten. Wagt man eine Prognose, so werden Bindungen an Marken, Unternehmen und Produkte in den nächsten Jahren wohl eher weiter abnehmen als zunehmen.

Was heißt das für die Kundenkommunikation? Wie lässt sich trotz dieser Rahmenbedingungen eine dauerhafte Kundenbindung erreichen? Patentrezepte gibt es auch hier keine. Es lässt sich jedoch vermuten, dass Personalisierung und Beziehungsmanagement noch weiter ausgebaut werden. Die individuelle

Ansprache des Kunden wird künftig weiter an Bedeutung gewinnen. Betrachtet man die aktuellen Entwicklungen im Feld der Stakeholderanalyse und der Zielgruppendefinition, so kann man für die Zukunft eine sowohl quantitative als auch qualitative Veränderung prognostizieren. Einerseits ist zu beobachten, dass Bezugsgruppen der Unternehmenskommunikation weiter zersplittern und deshalb spezieller gefasst werden müssen. In der PR findet diese Entwicklung ihren Niederschlag in der stärkeren Ausdifferenzierung verschiedener Tätigkeitsfelder und in der zunehmenden Spezialisierung von PR-Fachleuten auf einzelne Zielgruppen (z. B. Mitarbeiter-, Führungskräfte-Kommunikation, Investor Relations, Pressearbeit, Krisen-PR-Fachleute). Im Marketing zeigen sie sich in neuen Formen der Zielgruppendifferenzierung, indem immer stärker Konzepte, z. B. das der Lebenswelt, in den Mittelpunkt der Kommunikationsarbeit rücken.

Andererseits erwarten die Bezugsgruppen, von Unternehmen als Kommunikations- und Verhandlungspartner ernst genommen zu werden. Damit ändert sich die Ansprache des Kunden zunehmend in Richtung einer Individualisierung der Kommunikationsprozesse bis hin zu dialogischen Kommunikationsabläufen; deshalb kann man von einer qualitativ neuwertigen Beziehung, in vielen Fällen von einer neuen Beziehungsqualität sprechen. Dass dieser „Dialog“ nicht immer im aktiven Sinn zu führen ist, ist offensichtlich. Der häufig verwendete Begriff Dialog bezeichnet die Zweiseitigkeit der Kommunikationsbeziehungen, wobei das Unternehmen die Position der relevanten Bezugsgruppen zu einer Unternehmensentscheidung zu antizipieren sucht. Soll z. B. ein neues Produkt entwickelt werden, veranlasst man in der Regel vorweg intensive Marktforschungsstudien z. B. in Form von Befragungen der potenziellen Zielgruppe. Das hieraus gewonnene Feedback ist als eine mögliche Form eines solchen Dialoges anzusehen. Wenn ein Unternehmen nicht aktiv Daten einholt, sondern stattdessen über die vermutete Position, Erwartungshaltung oder Zustimmung bzw. Ablehnung von Kundengruppen zu einem neuen Produkt oder einem geplanten Unternehmenshandeln nachdenkt, so kann dies als passiver Dialog im Sinne eines Beziehungsmanagements verstanden werden. Kundenkommunikation hat sich demnach – vor allem in den Aspekten der Dialogorientierung und im Ausmaß der Individualität und Passgenauigkeit der Ansprache von (potenziellen) Kunden sowohl quantitativ als auch qualitativ verändert. Und diese Entwicklung wird voraussichtlich auch in den nächsten Jahren anhalten.

Die Möglichkeiten einer individuellen Ansprache sind heutzutage vielfältig: Neben individuellen Informationsabfragen, wie sie im Internet bereits möglich sind, kann ein Unternehmen für die Kommunikation auf den jeweiligen Kunden zugeschnittene Angebote einsetzen, die durch Systeme des Customer Relationship Managements gestützt und über Mailing- oder Telefonaktionen angeboten werden.

Was das Beziehungsmanagement anbelangt, so ist die emotionale Bindung des Kunden an das Produkt oder den Hersteller wichtig. In der Vergangenheit hat man versucht, diese Bindung über die Stärkung einer Marke aufzubauen (vgl. Kapitel 3). Vor dem Hintergrund der erodierenden Marken scheint dies eher schwieriger als einfacher zu werden. Welche Ansatzpunkte bieten sich? Einerseits ist es der Versuch, eine dauerhafte Beziehung zum Kunden aufzubauen. Eine regelmäßige Ansprache der Kunden durch Mailings im Sinne des Customer Relationship Marketings kann hier nur ein Baustein sein. Auch die persönliche Kommunikation im Verkaufsgespräch, die Bindung an eine Bezugsperson sind ein weiteres Fundament dialogisch ausgebildeter Kundenkommunikation. Es muss künftig aber auch darum gehen, eine langfristige, vertrauensvolle und auf Glaubwürdigkeit orientierte Beziehung auf anderen Ebenen herzustellen. Der Eindruck vom Unternehmen und seinen Produkten entsteht als Summe aller Teile – und geht im Idealfall darüber hinaus: Wenn das Bild vom Unternehmen beim Kunden zu mehr wird als der Summe seiner Teile, wenn eine emotionale Bindung hinzu kommt, dann ist das Ziel einer mehr oder weniger stabilen Beziehung erreicht.

2. Kunden-PR im Aufwind

Der Wettlauf zwischen Werbung und PR hat ein vorläufiges Ende gefunden: PR hat sich von Marketing und Werbung weitgehend emanzipiert. Es war die PR, die als „kleiner Bruder“ lange Jahre neben der Werbung herhinkte, jedoch in Sachen Budget nie zu ihr aufschließen konnte. Als Teilbereich des Marketings verkannt, etablierte sie sich erst in den 90er-Jahren zu einem eigenständigen Teilbereich der Unternehmenskommunikation. In den letzten Jahren hat sich ein Gleichgewicht hergestellt: Der Wettlauf zwischen den beiden Disziplinen ist in der Kommunikationspraxis kaum noch ein Thema. Es geht immer stärker um ein Miteinander statt um das Gegeneinander (Huck/Güller 2005).

Und es scheint, als erhalte die Öffentlichkeitsarbeit gerade im Feld der Kundenkommunikation ein immer stärkeres Gewicht. Die in Kapitel 4 dargestellten Ergebnisse der Umfrage unter den Top-500-Unternehmen Deutschlands haben dies deutlich gezeigt. Fachkommunikation im Rahmen der Pressearbeit, etwa wenn es um die Ansprache von Fachzeitschriften ging, war ohnehin von jeher Zuständigkeitsbereich der PR, produktbezogene Pressearbeit für Breiten- oder Special-Interest-Medien ebenso. PR leistet aber nicht nur als Produkt-PR oder Produkt-Pressearbeit ihren Beitrag zur Kundenkommunikation, sondern auch als Kommunikationsmanagement mit einem breiteren Wirkungskreis; das ist vergleichsweise neu.

Das Motto zum neuen Verhältnis von Werbung und PR kann lauten: Es wächst zusammen, was zusammen gehört. Zusammenwachsen ist nicht als Verschmelzung anzusehen, in der die PR künftig stärker das persuasive Element betont und die Werbung dafür nicht nur Kunden anspricht, sondern z. B. auch für die Mitarbeiterkommunikation eingesetzt wird. Zusammenwachsen meint in diesem Kontext, dass die beiden Kommunikationsdisziplinen zusammenarbeiten, sich vernetzten, dass sich Nahtstellen und vielleicht auch Überschneidungsbereiche bilden, die die Integration vereinfachen.

Zwar bestehen alte Ressentiments zwischen Marketing, Werbung und PR in vielen Unternehmen fort. Insgesamt hat jedoch ein eher integratives Verständnis Einzug in die Kommunikationsabteilungen gehalten: Im Sinne der bestmöglichen Positionierung und Vermittlung von Unternehmen, Produkt und Marke ist im 21. Jahrhundert nur das Miteinander aller Kommunikationsdisziplinen und -kanäle Erfolg versprechend. Nicht von ungefähr nehmen daher die Bemühungen um integrierte Kommunikation, seit den 90er-Jahren gefordert, unter den derzeitigen Bedingungen wirklich Gestalt an. Die PR akzentuiert ihre vertriebsunterstützende Funktion und gliedert sich als souveränes selbstständiges Handlungsfeld in die Unternehmenskommunikation ein.

In diesem Kontext hat die Öffentlichkeitsarbeit in den letzten Jahren eine neue Bedeutung für die Produktkommunikation erhalten. Immer mehr Produkte werden vor allem mit PR-Maßnahmen auf den Markt gebracht (z. B. die Einführung der Marke „Starbucks" in Österreich oder die Wiedergeburt der Marke „Maybach" auf dem deutschen Automobilmarkt). Wie zahlreiche Umfragen belegen, hat sich die PR das Feld der Kommunikation mit dem Kunden erobert. So zeigt z. B. die im Jahr 2004 am Fachgebiet für Kommunikationswissenschaft und Journalistik der Universität Hohenheim (Stuttgart) durchgeführte Dax-Kom-Befragung von Kommunikationsverantwortlichen in Dax30-, MDax- und TecDax-Unternehmen[1], dass Produkt-PR immer stärker an Bedeutung gewinnt. 26 Prozent der befragten Unternehmen planen, ihre PR-Arbeit künftig stärker in Form der Produkt-PR einzusetzen (Mast 2004b). Durch die

[1] Von den gelisteten 110 Unternehmen beteiligten sich 47 Kommunikationsverantwortliche (rund 43 Prozent) an der Befragung, die offene und geschlossene Fragen enthielt.

Vernetzung mit dem Marketing scheint der PR damit erhebliches Gewicht bei der Vertriebsunterstützung zuzukommen.

Die Öffentlichkeitsarbeit ist also weit davon entfernt, zu ihrem Ursprung als Instrument im Kommunikationsmix des Marketings zurückzufallen. Im Zuge eines integrierten Kommunikationsmanagements eignet sie sich für die Koordinierung aller Kommunikationsdisziplinen, -instrumente und -maßnahmen, derer sich Unternehmen bedienen, um Kunden anzusprechen und zu binden. Kundenkommunikation sollte sowohl integriert als auch crossmedial erfolgen.

- Integriert erfolgt Kundenkommunikation dann, wenn sie alle Kommunikationsfunktionen des Unternehmens auf die Ziele der Kundenbindung und Neukundengewinnung einschwört und sie bei der Erreichung dieser Ziele koordiniert, vernetzt und aufeinander abstimmt. Die Idee der integrierten Kommunikation postuliert die formale und inhaltliche Abstimmung und Vernetzung aller Kommunikationsdisziplinen und -instrumente der Organisation. Auch wenn die meisten Unternehmen bislang am hehren Anspruch einer Koordination und Integration der Unternehmenskommunikation scheitern, so ist das Konzept als Zielvorgabe heute unverzichtbar. Deshalb ist es erforderlich, alle relevanten Kommunikationswege und -kanäle im Rahmen der Kundenansprache aufeinander abzustimmen, damit Kunden ein konsistentes Bild vom Unternehmen, vom Produkt und/oder von der Marke vermittelt wird.
- Crossmediales Vorgehen ist weit mehr als die integrierte Kommunikation im neuen Gewand: Crossmedia bezieht sich auf die Inhalte der Kundenkommunikation, verläuft somit quer zur organisatorischen und funktionalen Abstimmung und Koordination. Crossmedial ist Kommunikation immer dann, wenn sie Inhalte konsistent über mehrere Kanäle hinweg vermittelt, jedoch je nach Kanal und Publikum medien- und publikumsspezifisch aufbereitet.

Zugleich geht der Anspruch der integrierten und crossmedialen Kommunikation weit über die bloße Ansprache der Kunden hinaus. Menschen kommen schließlich mit einem Unternehmen nicht nur als Käufer oder Konsumenten in Kontakt, sondern auch in zahlreichen weiteren Rollen. Schon früh am Morgen, wenn am Frühstückstisch die Tageszeitung aufgeschlagen wird, liest der Einzelne z. B. etwas über das Sportunternehmen, bei dem er vor wenigen Wochen einen Laufschuh gekauft hat. Es dreht sich im Zeitungsbeitrag jedoch nicht um die Produkte des Unternehmens, sondern um dessen positive wirtschaftliche Entwicklung im letzten Quartal, um das soziale Engagement für die lokale Jugendarbeit oder das aktuelle Bauvorhaben für eine neue Produktionshalle. Der Leser wird sich weniger als Kunde angesprochen fühlen, sondern eher als potenzieller Aktionär, als Bürger oder als Anwohner. Der Anspruch, Ziele, Inhalte und Instrumente aufeinander abzustimmen und zu vernetzen, darf demnach nicht nur auf die Kundenkommunikation allein beschränkt bleiben, sondern muss sich auf die gesamte Unternehmenskommunikation beziehen.

Kundenkommunikation, so lässt sich zusammenfassen, ist als eine Querschnittsaufgabe zu verstehen: Sie umfasst alle kommunikativen Ebenen, Kanäle und Medien, alle Kommunikationsdisziplinen, -funktionen, -instrumente und -maßnahmen. Sie spricht Kunden in erster Linie als Käufer von Produkten oder Dienstleistungen an – in zweiter Linie jedoch auch als Staatsbürger, Anwohner, Investoren, Mitarbeiter, Journalisten usw.

3. Qualität vor Quantität: Herausforderungen der Zukunft

Welche Chancen tun sich der Kundenkommunikation derzeit auf und welchen Herausforderungen sieht sie sich gegenüber? Betrachtet man die Ergebnisse der Umfrage unter den Top-500-Unternehmen (vgl. Kapitel 4), so scheinen die aktuellen Trends klar: Bedeutungszuwachs der digitalen Kundenkommunikation, ein künftig verstärkter Einsatz von Kunden-TV und die Schaffung emotionaler Erlebniswelten.

Sind es also die technischen und digitalen Kommunikationskanäle, die dominieren? Betrachtet man die große Bedeutung emotionaler Erlebniswelten, so kann technisch vermittelte Kommunikation allein nicht die Zukunft der Kundenkommunikation sein. Gerade die persönliche Ansprache, die den Kunden mit seinen Erwartungen, Motiven und Bedürfnissen individuell abholt, ist auch künftig nicht zu ersetzen. Wenn die technisch vermittelte Kommunikation also noch an Bedeutung gewinnen wird, so kann das keinesfalls heißen, dass die persönliche Kommunikation zwischen Menschen an Gewicht verliert. Im Gegenteil: Je mehr die technischen Medien dominieren, desto größer wird der Bedarf an persönlicher Orientierung und an Face-to-Face-Kontakten mit Unternehmensvertretern werden. Die Dax-Kom-Umfrage 2004 zeigt dies sehr deutlich: Ein Großteil der befragten Kommunikationsverantwortlichen aus Dax-30-, MDax- und TecDax-Unternehmen will künftig im Rahmen der Unternehmenskommunikation verstärkt auf Face-to-Face-Kommunikation setzen (Mast 2004b/2005a). Die mündliche Kommunikation – ein aufwändiger, aber wirkungsvoller Weg – eignet sich wie kein anderer für eine glaubwürdige Kommunikation; und Glaubwürdigkeit ist eine zentrale Richt- und Erfolgsgröße von Unternehmens- und Kundenkommunikation.

Die Emotionalisierung der Kundenkommunikation, nach Meinung der befragten Kommunikationsmanager ein zweiter großer Trend, zeichnet sich bereits seit Jahren ab: Neue Formen der Kundenzeitschriften, dramaturgisch aufbereitete Kampagnen oder auch die verstärkte Nutzung von Gewinnspielen sind nur die Spitze des Eisbergs. Künftig, so die Prognosen, wird der emotionale Aspekt in vielen Feldern der Kommunikation an Bedeutung gewinnen. Schließlich prägen Emotionen in Form von Stimmungen und Gefühlen Marken und Images ebenso wie sie die Bindung des Kunden an ein Produkt oder ein Unternehmen stärken können.

Ähnlich der Integration und Vernetzung der unterschiedlichen Kommunikationskanäle und -mittel im Rahmen der integrierten Kommunikation kommt es bei der heutigen Kundenkommunikation verstärkt zu einer Zusammenführung von kognitiven, affektiven und konativen Elementen: Neben der Information gewinnt die affektiv-emotionale Färbung bei der Übermittlung an Bedeutung – immer vor dem Hintergrund, dass letztlich der Rezipient zum Kauf veranlasst werden soll. Diese multidimensionale Verbindung verschiedener Ebenen und Aspekte mit integrierter und crossmedialer Kommunikation sorgt für einen Komplexitätsanstieg in der Kundenkommunikation. Zentrale Herausforderung ist heute, die unterschiedlichen Inhalte und Botschaften über diese drei Ebenen und über die verschiedenen Kommunikationsinstrumente hinweg konsistent zu halten.

Dies ist in erster Linie eine Organisations- und Managementaufgabe, aber auch eine Frage der Strukturen. Wird der Content-Manager zur zentralen Schaltstelle, indem er darüber entscheidet, wie das Unternehmen Informationen für verschiedene Medien und Zielgruppen auswählt und aufbereitet? Hält das Newsroom-Konzept des Journalismus Einzug in die PR-Abteilungen, indem der Produktionsprozess von Botschaften und Inhalten innerhalb von PR-Abteilungen in unterschiedliche, stark spezialisierte Stationen aufgespalten wird? Sicher ist eines: Die Kundenkommunikation muss künftig zu einem integralen Bestandteil der gesamten Unternehmenskommunikation werden. Das Zusammenspiel aller Abteilungen – sowohl Kommunikationsbereiche als auch Forschung und Entwicklung, Personal, Vertrieb, usw. – ist zentrale Schlüsselgröße für den Erfolg oder Misserfolg von Unternehmen. So gab rund ein Viertel für die der Dax-Kom-Studie befragten Kommunikationsverantwortlichen an, in den nächsten Monaten und Jahren eine Reorganisation der Kommunikationsbereiche vornehmen zu wollen (Mast 2005a). Die interne und externe Unternehmenskommunikation wollen sie besser mit der Vertriebsabteilung abstimmen, um sie stärker in die Wertschöpfungskette integrieren zu können. Ziel ist es, kurze Kommunikationswege zu schaffen, effizientere Abstimmungsprozesse zu ermöglichen und Abläufe zu vereinfachen, um die vertriebsunterstützenden Aufgaben der Unternehmens- und vor allem der Kundenkommunikation künftig noch besser erfüllen zu können. Besonders die interne Kommunikation bildet hierfür ein zentrales Element: Zufriedene Mitarbeiter werden nicht nur zu Repräsentanten und Botschaftern des Unternehmens, sondern geben dem Unternehmen im direkten Kontakt mit (potenziellen) Kunden ein Gesicht. Kunden unterscheiden nicht zwischen Unternehmen und Mitarbeiter – ein freundlicher, guter Service kann für einen Kunden ausschlaggebend für den Kauf eines Produktes oder eine Dienstleistung sein, eine schlechte Beratung oder ein unfreundlicher Verkäufer können dem Unternehmensimage deutlichen Schaden zufügen (Nguyen 2002: 5).

Die Kundenkommunikation von Unternehmen wird in den nächsten Jahren einige Herausforderungen zu bewältigen haben. Neben einer stärkeren Integration, Vernetzung und Koordination der Bereiche und Kommunikationsdisziplinen innerhalb des Unternehmens sind dies in erster Linie die gewandelten Anforderungen der Kunden und deren Auswirkungen auf Unternehmen sowie sich verändernde oder neu entstehende Kommunikationswege. Neue Kommunikationswege werden besonders im Bereich der Online-Medien entstehen und stark auf die Elemente Dialog und Bindung ausgerichtet sein. Communities und Weblogs sind zwei aktuelle Beispiele dafür, wie Kommunikationsplattformen, die in der privaten Online-Kommunikation entstehen, ihren Weg in den Instrumentenkasten der Unternehmens- und Kundenkommunikation finden können. Zugleich ist die persönliche Kommunikation in den letzten Jahren eher wieder gewachsen. Gerade wegen des Gewichts der Emotionalisierung und der gefühlsorientierten Ansprache (potenzieller) Kunden ist es zudem denkbar, dass in den nächsten Jahren die Face-to-Face-Kommunikation über neue Kommunikationsanlässe und -räume sowohl in ihrem Umfang als auch in ihrer Qualität an Bedeutung gewinnen wird.

Die veränderten Anforderungen vieler Kunden an Unternehmen sind die Triebfedern dieses Wandels. Der Druck auf viele Unternehmen hat in den letzten Jahren deutlich zugenommen. Kunden wollen heute regelmäßig von einem Unternehmen angesprochen werden, ohne dass es sie mit unspezifischen Informationen, platten Werbeslogans oder Massenmailings überlädt. Die Qualität der kommunikativen Beziehungspflege ist es, die den schmalen Grat zwischen Erfolg und Misserfolg der Kundenkommunikation ausmacht. Zentraler Erfolgsfaktor wird in Zukunft noch weit stärker als bislang diese Beziehungsqualität sein: Transparenz und Offenheit, Vertrauen und Glaubwürdigkeit, gegenseitige Achtung und dauerhafte Bindung – so lauten die Kernformeln guter Kundenkommunikation, die trotz der Ausrichtung auf die Masse der Kunden jeden Kunden möglichst individuell anspricht und zu überzeugen vermag.

!

Das Verhalten der Kunden hat sich in den letzten Jahrzehnten verändert. Notwendig ist es deshalb, die bisher übliche einseitige Ansprache des Kunden zu einem beziehungsorientierten, möglichst individuellen Dialog zwischen Unternehmen und Kunde weiterzuentwickeln.

Ziel ist es, vorhandene Kunden fest in Kommunikationsbeziehungen einzubinden. Neue Kunden zu gewinnen und in Kommunikationsnetze zu integrieren, ist schwierig und kostenintensiv.

Aktuelle Herausforderungen der Kundenkommunikation sind die individuelle Ansprache von Kunden, die stärkere Emotionalisierung der Kommunikation und die Festigung von Unternehmen-Kunde-Beziehungen.

Kundenkommunikation ist eine Querschnittsaufgabe über alle Unternehmensbereiche, Kommunikationskanäle und -inhalte hinweg. Künftig wird es noch weit stärker als bislang darauf ankommen, dass Kunden- und Unternehmenskommunikation und mit ihr Marketing, Werbung, PR und alle weiteren Kommunikationsdisziplinen im Unternehmen integriert und vernetzt zusammenarbeiten.

Literaturtipps

Köhler, Tanja / Schaffranietz, Adrian (Hrsg.) (2004): Public Relations – Perspektiven und Potenziale im 21. Jahrhundert. Wiesbaden: VS Verlag für Sozialwissenschaften. *Der Band versammelt Beiträge aus Wissenschaft und Praxis, die aktuelle Entwicklungen und sich daraus ergebende Trends in verschiedenen PR-Feldern diskutieren. Die aktuelle Situation und ihre Herausforderungen werden aufgearbeitet; der besondere Nutzen des Buches liegt in der breiten Auseinandersetzung mit der PR-Disziplin: Neben Fragen der Professionalisierung wird die Zukunft der PR-Instrumente, der PR-Evaluation, der Krisen-, Online- und internationalen PR näher analysiert.*

Kotler, Philip (2002): Marketing der Zukunft. Mit Sense and Response zu mehr Wachstum und Gewinn. Frankfurt: Campus. *Das Handbuch fasst aktuelle Entwicklungen und neue Praxisansätze im Marketing knapp und übersichtlich zusammen. Um auf die veränderten Rahmenbedingungen im Feld der Kundenkommunikation reagieren zu können, so Kotler, müssen Unternehmen in ihr Beziehungskapital investieren und eine Wertkette aufbauen, die in Produktqualität, Service, Dialog usw. den Erwartungen der Kunden entspricht.*

Raupp, Juliana / Klewes, Joachim (Hrsg.) (2004): Quo vadis Public Relations? Wiesbaden: VS Verlag für Sozialwissenschaften. *Der Band enthält Beiträge zu den theoretischen Perspektiven der PR mit Blick auf ihre Beziehungen zum Mediensystem und auf die Möglichkeiten der Qualitätssicherung und Erfolgskontrolle von Kommunikationsprozessen. PR wird unter dem Aspekt eines professionellen Kommunikationsmanagements beschrieben.*

Anhang

Autorenverzeichnis

Zahlreiche Autoren haben an dieser Publikation mitgewirkt und aus ihren Erfahrungen zu speziellen Fragen Stellung genommen. Ihnen gilt besonderer Dank. Es sind dies:

Sebastian Ahrens, geb. 1968, Sprecher der Geschäftsführung Hapag-Lloyd Kreuzfahrten in Hamburg.
Studium an der Universität Lyon (Französisch, Geschichte) 1986 und an der Cambridge Universität Emmanuel in England (Naturwissenschaften). Abschluss „Master of Public Administration" an der Harvard Universität „Kennedy School of Government". 1990 Einstieg bei McKinsey & Company in München/Deutschland als Unternehmensberater (Bereiche Handel, Medien und Tourismus). Partner bei McKinsey 1998. Anschließend Sprecher der Geschäftsführung bei Hapag-Lloyd Kreuzfahrten.

Ernst Arelmann, geb. 1959, Leiter Kommunikation der Xella International GmbH in Duisburg.
Landwirtschaftliche Lehre, Auslandsjahr in Brasilien, anschließend Studium der Geschichte, anglo-amerikanischen Geschichte, Völkerkunde und Politikwissenschaften in Deutschland und in den USA. Nach Tätigkeiten als PR-Berater und Pressereferent Wechsel in die Unternehmenskommunikation des Haniel Konzerns. Seit 2002 Leiter Kommunikation von Haniel Bau-Industrie GmbH, die seit Januar 2005 Xella International GmbH heißt.

Julia Bolwien, geb. 1975, Produktmanager bei der Dr. August Oetker Nahrungsmittel KG in Bielefeld.
Studium der Betriebswirtschaftslehre. Seit 2001 bei Dr. Oetker, zunächst als Trainee im Bereich Absatz, dann Projektmanager in der Abteilung Marketing-Kundenbindung und jetzt Produktmanager des Dr. Oetker Back-Clubs.

Dr. Jürgen Claassen, geb. 1958, Executive Vice President und Leiter des Zentralbereichs Corporate Communications, Strategy, and Executive Affairs der ThyssenKrupp AG in Düsseldorf.
Studium der Wirtschaftswissenschaften, Promotion zum Dr. rer. oec. 1982 bis 1985 Projektmanagement bei der Messe Essen GmbH. 1985 Wechsel zum Krupp-Konzern – zunächst zur Krupp Stahl AG in Bochum als Assistent des Vorstandsvorsitzenden und später als Leiter des Hauptbereichs Organisation und Kommunikation. Ab 1989 Abteilungsdirektor und Leiter des Zentralbereichs Kommunikation und Vorstandsbüro der Fried. Krupp GmbH, ab 1992 Direktor der Fried. Krupp AG Hoesch-Krupp. Nach dem Zusammenschluss von Thyssen und Krupp 1999 Leitung des Zentralbereichs Corporate Communications, Strategy, and Executive Affairs der ThyssenKrupp AG. 2004 Ernennung zum Generalbevollmächtigten.

Theres Essmann, geb. 1967, Leiterin Unternehmenskommunikation bei der Observer Argus Media GmbH in Fellbach bei Stuttgart.
Studium der Germanistik und Pädagogik, seit 1995 bei der Observer Argus Media, zunächst als Senior Consultant im Bereich Medienresonanzanalyse, dann 2004 Wechsel in die Unternehmenskommunikation. 2004 Prüfung zur PR-Beraterin DPRG.

Negar Etminan, geb. 1973, Pressereferentin Hapag-Lloyd Kreuzfahrten in Hamburg.
Volontariat bei der Hamburger PR-Agentur „Ellyott Medien Service". Studium der Islamwissenschaft und Iranistik an der Universität Hamburg und an der Freien Universität Berlin. Tätigkeit im Bereich „Presse- und Öffentlichkeitsarbeit" bei der Unternehmensberatung Mummert + Partner, berufsbegleitende Weiterbildung zur Presseassistentin und Pressereferentin bis 2003. Freiberufliche Tätigkeit im Bereich Pressearbeit und Eventmanagement 2002-2003. Einstieg bei Hapag-Lloyd Kreuzfahrten im Bereich Presse und Öffentlichkeitsarbeit. Seit Ende 2003 als Pressereferentin im Unternehmen tätig.

Peter Gurr, geb. 1954, stellvertretender Chefredakteur von „test", dem Verbrauchermagazin der Stiftung Warentest in Berlin.
Nach Abitur und USA-Aufenthalt vier Semester Studium der Nachrichtentechnik an der Universität Stuttgart. Dann Volotariat bei „Audio", dem HiFi-Magazin der Motorpresse Stuttgart. Redakteur bei „Audio", später Wechsel zu „Video" im gleichen Verlag. Aufstieg zum Ressortleiter und stellvertretender Chefredakteur. Seit 1993 bei der Stiftung Warentest in Berlin.

Peter Caspar Hamel, geb. 1957, Vice President Corporate Branding der Degussa AG in Düsseldorf.
Studium der Politischen Wissenschaften und der Volkswirtschaftslehre. Journalistisches Volontariat, anschließend Wirtschaftsjournalist bei verschiedenen Fachpublikationen im Deutschen Fachverlag, Frankfurt am Main, sowie beim „Handelsblatt" in Düsseldorf. Danach Pressesprecher der Gruner + Jahr AG sowie Leiter Konzernkommunikation der Heidelberger Druckmaschinen AG. Seit 2002 Vice President Corporate Branding der Degussa AG.

Stephan Heigl, geb. 1962, Direktor Kommunikation und Marketing des DEKRA e. V. in Stuttgart.
Studium der Betriebswirtschaftslehre. Ab 1989 in verschiedenen Positionen im Bereich Presse- und Öffentlichkeitsarbeit der Mercedes-Benz AG und DaimlerChrysler AG tätig. Anschließend Leiter der Abteilung „Presse Nutzfahrzeuge International". Seit 2000 Direktor Kommunikation und Marketing des DEKRA e. V.

Oliver Hoffmann, geb. 1965, Leiter Marketing Kommunikation der smart GmbH in Böblingen.
Studium der Soziologie. Ab 1989 sieben Jahre in unterschiedlichen Positionen bei BMW in München tätig, die letzten drei Jahre als Werbeleiter im Vertrieb Mitteleuropa. Von 1997 bis Ende 1999 Direktor Marketing bei der Citroën Deutschland AG.

Dr. H.-U. Jelitto, geb. 1958, Head of Communications and Public Affairs, Hoffmann-La Roche AG in Grenzach-Wyhlen.
Medizinstudium in Florida, Kalifornien. Nach Promotion Stations- und Assistenzarzt in den Bereichen Innere Medizin und Allgemein Medizin. Weiterbildung in den Bereichen Arbeitsmedizin und Sportmedizin. PR-Studium an der Bayerischen Akademie der Werbung. Assistent des Generalsekretärs der „Medica", der größten jährlich weltweit stattfindenden Kongressgesellschaft. 1990 Gründung und Leitung der Agentur DialogMed. Seit 1993 Leiter der Unternehmenskommunikation der Hoffmann-La Roche AG.

Tomas O. Jensen, geb. 1968, Leiter Produktkommunikation und Unternehmenssprecher Microsoft Plattform der Microsoft Deutschland GmbH in Unterschleißheim bei München.
Studium der Politikwissenschaften in München und Berlin. Seit 1996 in der PR-Branche, seit 1998 bei Microsoft Deutschland, zunächst Pressereferent Office, dann Pressesprecher Microsoft-Plattform. Lehrbeauftragter an der Freien Universität Berlin und Bayerischen Akademie für Werbung und Marketing.

Peter Carlo Kanzler, geb. 1958, Chefredakteur „Apotheken Umschau" in Baierbrunn.
Studium der Kommunikationswissenschaft, Politikwissenschaft und Psychologie in München. Danach Ausbildung zum Redakteur an der Deutschen Journalistenschule (25. Lehrredaktion). Redakteur der „Süddeutschen Zeitung", „GEO Special", „Traveller's World", „Profitravel" und „Wirtschaftswoche". Ab 1996 Position des Chefredakteurs von „Schöne Ferien" (TUI-Kundenmagazin), „Globo" und „Apotheken Umschau".

Christine Knoepffler, geb. 1970, Pressesprecherin von O_2 Germany GmbH & Co. OHG in München.
Studium der Publizistik- und Kommunikationswissenschaften in Salzburg Volontariat beim ORF, danach Tätigkeit in der internationalen Full-Service-Agentur Ketchum. Diverse Positionen in Kommunikation und Marketing der KirchGruppe (Premiere, KirchMedia, zuletzt Pressesprecherin Sport/Sportrechte der KirchHolding und kommissarische Abteilungsleiterin Kommunikation & PR der KirchMedia). Unternehmenssprecherin und Marketingleiterin bei Universal Studios Networks Germany.

Peter Thomas Kock, geb. 1962, Direktor Marketing & Sales, Legoland Deutschland in Günzburg.
Studium Internationales Hotel- und Touristikmanagement. Danach verschiedene Stationen bei internationalen Hotelketten, z. B. bei Hilton International und bei der Hyatt Hotel Gruppe. Ab 1991 Abteilung PR & Events der Verlagsgruppe Handelsblatt. Ab 1994 Promotion Manager für Disneyland Paris bei der Walt Disney Company (Germany). Ab 1998 Leitung der Marketingabteilung der deutschen Disneyland Paris Division. Seit 2001 Direktor Marketing & Sales beim Legoland Deutschland Team in Günzburg.

Paolo Landi, geb. 1953, Advertising Director der Benetton Group in Ponzano/Italien.
Studium der Politikwissenschaften in Florenz. Ab 1984 Advertising Manager bei Enrico Coveri Inc. 1991 unter den Gründern der House Agency von Benetton Group, United Colors Communications, mit Sitz in Lugano (Schweiz). Seit 1995 Advertising Director der Benetton Group. Seit 2002 Dozent für „Kommunikation und Markt“ an der Universität Politecnico in Mailand. Referent auf internationalen Konferenzen im Bereich Marketing und Kommunikation. Zahlreiche Beiträge in der Fachpresse und weitere Veröffentlichungen.

Frank Neubert, geb. 1967, Marketing-Referent bei der Hansa Metallwerke AG in Stuttgart.
Ausbildung zum Verlagskaufmann und Studium der Betriebswirtschaftslehre an der Fachhochschule Nürtingen. Vier Jahre Kundenberater in einer großen Stuttgarter Werbeagentur. Seit 1999 im Marketing-Bereich der Hansa Metallwerke AG, u. a. als Projektleiter Markteinführung für Neuprodukte.

Petra Sammer, geb. 1968, Managing Director Strategy & Creativity bei Ketchum Deutschland.
Studium der Filmwissenschaften, Politologie und Volkswirtschaft. Freie Mitarbeit bei der Süddeutschen Zeitung und einer Münchner Werbeagentur. Gestartet bei Ketchum 1992 als Volontär, später Teamleitung des Food & Nutrition Teams, Creative Director und heute Geschäftsleitung.

Andreas Scharf, geb. 1956, Chefredakteur von Reader's Digest Deutschland in Stuttgart.
Studium der Germanistik und Soziologie. Volontariat bei dpa in Stuttgart, danach Tätigkeit bei dpa als Reporter, Redakteur und Fachkorrespondent in Bremen, Hamburg und Stuttgart. Später Stellvertreter des Chefredakteurs und Leiter des Ressorts Landespolitik der „Stuttgarter Nachrichten“.

Bernd Schwetlick, geb. 1945, Senior Manager Corporate Events and Product Events bei der DaimlerChrysler AG in Stuttgart.
Studium der Betriebswirtschaftslehre. Seit 1976 bei der Mercedes Benz AG, zunächst in der Verkaufsschulung, dann im Nutzfahrzeug-Vertrieb und schließlich im Bereich Presse und Public Relations.

Christoph Witte, geb. 1959, Herausgeber und Chefredakteur „Computerwoche" sowie Herausgeber des „CIO"-Magazins in München.
Studium der Kommunikationswissenschaften, Politikwissenschaft und Anglistik. Volontariat beim Franzis Verlag in München. Redakteur bei den Verlagen Franzis und Vogel in München, ab 1993 Stellvertretender Chefredakteur und seit 1995 Chefredakteur der „Computerwoche".

Prof. Dr. Claudia Mast, Inhaberin des Lehrstuhls für Kommunikationswissenschaft und Journalistik der Universität Hohenheim (Stuttgart) und Studienleiterin Public Relations der Deutschen Akademie für Werbung und Marketing (BAB) in München.
Studium der Kommunikationswissenschaft, Politikwissenschaft und Romanische Philologie an der Universität München. Mitarbeit bei Tageszeitungen und Hörfunk. Langjährige Tätigkeit an den Universitäten München und Zürich sowie als leitende Angestellte im Personalwesen bei der Siemens AG, München. Mitglied des Verwaltungsrates der Deutschen Welle.

Dr. Simone Huck, Wissenschaftliche Assistentin am Lehrstuhl für Kommunikationswissenschaft und Journalistik der Universität Hohenheim (Stuttgart).
Studium der Kommunikationswissenschaft an der Universität Hohenheim. Während des Studiums freie Mitarbeit bei einer Tageszeitung und freiberufliche Kommunikationsberaterin. 2003 Promotion zum Verhältnis von Kultur und Öffentlichkeitsarbeit im Rahmen internationaler PR. Forschungsschwerpunkte: Kommunikationsmanagement, Innovationskommunikation, Fragen der Internationalisierung von Unternehmenskommunikation.

Karoline Güller, Wissenschaftliche Mitarbeiterin und Doktorandin am Lehrstuhl für Kommunikationswissenschaft und Journalistik der Universität Hohenheim (Stuttgart).
Studium der Germanistik und Romanischen Philologie an den Universitäten Tübingen, Konstanz und Lyon/Frankreich. Während des Studiums Mitarbeit in einer PR-Agentur in München und in einem internationalen Zeitschriftenverlag in Hamburg. Langjährige Tätigkeit bei der führenden Trägerorganisation für Einrichtungen der angewandten Forschung. Forschungsschwerpunkte: Crossmediales Kommunikationsmanagement, Public Relations. Freiberufliche Tätigkeit als Kommunikationsberaterin.

Verzeichnis der Schaubilder

Schaubild 1 Rahmenfaktoren der Interaktion zwischen Kunde und Unternehmen ... 6
Schaubild 2 Veränderung der Machtverhältnisse im Markt ... 9
Schaubild 3 Kundentypologie nach Bindungsgrad an das Unternehmen ... 13
Schaubild 4 Gründe für das Versagen der Werbung bei der Kundenansprache ... 16
Schaubild 5 Ansatzpunkte für die Kommunikation mit dem Kunden ... 19
Schaubild 6 Wege der Kundenansprache ... 21
Schaubild 7 Komponenten eines Issues ... 31
Schaubild 8 Funktionsfelder der Kundenkommunikation ... 37
Schaubild 9 Schwerpunkte einer sozial- und wirtschaftswissenschaftlich orientierten PR ... 39
Schaubild 10 PR versus Marketing? ... 40
Schaubild 11 Modell der integrierten Kommunikation nach Gronstedt ... 44
Schaubild 12 Instrumente und Maßnahmen der Dialogkommunikation der integrierten Kommunikation ... 46
Schaubild 13 Integrierte Kommunikation als Angebot und Nachfrage von Information und Interaktion ... 48
Schaubild 14 Meilensteine erfolgreicher Kundenkommunikation ... 50
Schaubild 15 Kernfaktoren der Entstehung und Stabilisierung des Markenvertrauens ... 75
Schaubild 16 Erscheinungsformen von Marken ... 78
Schaubild 17 Bedeutung von Images aus Sicht der Unternehmen ... 84
Schaubild 18 „Reputation Quotient Model“ ... 89
Schaubild 19 Wichtige Zielgruppen der Top-500-Unternehmen ... 97
Schaubild 20 Wichtige Kommunikationsziele der Top-500-Unternehmen ... 100
Schaubild 21 Top-10-Kommunikationswege, um Interesse zu wecken ... 101
Schaubild 22 Top-10-Kommunikationswege zur Neukundengewinnung ... 103
Schaubild 23 Top-10-Kommunikationswege zur Kundenbindung ... 104

Schaubild 24 Bedeutung der Kommunikationswege bei den Top-500-Unternehmen 105
Schaubild 25 Ebenen der Verkaufsförderung 116
Schaubild 26 Media Richness 127
Schaubild 27 Kriterien zur Auswahl eines Kommunikationsweges 129
Schaubild 28 Kommunikative Profile von Messen, Ausstellungen und Events 131
Schaubild 29 Kommunikatives Profil der Verkaufsförderung 132
Schaubild 30 Kommunikatives Profil der persönlichen Kommunikation 133
Schaubild 31 Kommunikatives Profil der Mitarbeiterkommunikation 134
Schaubild 32 Kommunikatives Profil des Sponsorings 135
Schaubild 33 Kommunikative Profile von gedruckten Medien und Online-Kommunikation 136
Schaubild 34 Kommunikative Profile von Werbung und Public Relations 137
Schaubild 35 Bedeutung der Kommunikationsinstrumente heute und in zehn Jahren 139
Schaubild 36 Direkte und indirekte Kommunikation bei der Kundenansprache 148
Schaubild 37 Werbung mit Testimonials: Beispiel O_2 153
Schaubild 38 Leistungen der Kundenmedien 158
Schaubild 39 Komplexe Produkte begreifbar machen (Degussa AG) 171
Schaubild 40 Charakteristische Merkmale von Kundenzeitschriften 184
Schaubild 41 Strategien der Herausgabe von Kundenzeitschriften 186
Schaubild 42 Zielsetzung von Kundenzeitschriften 188
Schaubild 43 Imagegewinn durch Kundenzeitschriften. Umfrage unter Lesern und Nichtlesern 190
Schaubild 44 Orientierungswerte für die redaktionelle Aufbereitung von Kundenzeitschriften 194
Schaubild 45 Kundenzeitschrift „zu Tisch" (Miele & Cie. KG) 197
Schaubild 46 Kundenzeitschrift „DB mobil" (Deutsche Bahn AG) 198
Schaubild 47 Zielebenen der Kundenzeitschriften 199
Schaubild 48 Kundenzeitschrift „Route" (Mercedes Benz) 203
Schaubild 49 Kundenzeitung „Apotheken Umschau" 207
Schaubild 50 Kundenzeitschrift „Passagen" (Hapag-Lloyd Kreuzfahrten) 212
Schaubild 51 Arten der Pressearbeit 220

Schaubild 52 Hansamurano: ein innovatives Produkt 223
Schaubild 53 Zweigeteiltes Zielsystem der Medienarbeit 228
Schaubild 54 Aufgaben von Pressefachleuten 230
Schaubild 55 Instrumente schriftlicher Medienarbeit 251
Schaubild 56 Instrumente persönlicher Medienarbeit 256
Schaubild 57 Klassifikation der Kampagnen 272
Schaubild 58 Kern- und Rahmendisziplinen von Campaigning 277
Schaubild 59 Campaigning-DNS 281
Schaubild 60 RealFlu-Report – ein Online-Informationssystem für Ärzte und Bürger 285
Schaubild 61 Arten kommerzieller Kundenkampagnen 288
Schaubild 62 Motiv der Imagekampagne von ThyssenKrupp 304
Schaubild 63 Rahmenbedingungen für die Kundenkommunikation 312
Schaubild 64 Eckpfeiler der Kundenkommunikation 314
Schaubild 65 Der Online-Auftritt des Volkswagen Clubs 325
Schaubild 66 Internet-Dienste im Überblick 332
Schaubild 67 Beispiel Diskussionsforum: Mini Cooper-Fansite 334
Schaubild 68 Gewinnspiel im Radio: „Das geheimnisvolle Antenne 1-Geräusch“ 342
Schaubild 69 „Jeden Monat 100.000 Euro“ bei Beantragung einer REWE-Haushaltskarte und Präsentation einer Gewinnerin 343
Schaubild 70 Lotto-Schein „Ihre Millionenchance: Einkaufen, Punkte sammeln, gratis Lotto spielen“ 345
Schaubild 71 Ökonomische Zielsetzungen des Sponsorings 347
Schaubild 72 Einsatzfelder des Sponsorings 349
Schaubild 73 Stärken des Sponsorings im Vergleich zu anderen Instrumenten 350
Schaubild 74 Schiedsrichter-Sponsoring (DEKRA e. V.) 357

Literatur

Althaus, Marco (2001): Strategien für Kampagnen. Klassische Lektionen und modernes Targeting. In: ders. (Hrsg.): Kampagne! Neue Strategien für Wahlkampf, PR und Lobbying. Münster: Lit., S. 11-44.

Amberger, Sabine / Geiger, Thomas / Jancker, Bernd (1999): Business-TV. Strategie und Umsetzung im Medien-Mix. Frankfurt am Main: Frankfurter Allgemeine Buch.

Arendt, Gusti (1993): PR der Spitzenklasse: die Kunst, Vertrauen zu schaffen. Landsberg am Lech: Moderne Industrie.

Arnold, Dieter (2000): Messepraxis: die professionelle Unternehmenspräsentation bei Messen und Ausstellungen. Frankfurt am Main: Deutscher Fachverlag.

AUMA Ausstellungs- und Messe-Ausschuss der Deutschen Wirtschaft e.V. (2002): Die Messewirtschaft – Kennzahlen 2002. In: http://www.auma.de/download/Kennzahlen2002.ppt, zugegriffen am 21.8.2003.

Avenarius, Horst (2000): Public Relations. Die Grundform der gesellschaftlichen Kommunikation. 2., überarbeitete Auflage. Darmstadt: Wissenschaftliche Buchgesellschaft.

Baerns, Barbara (Hrsg.) (1997): PR-Erfolgskontrolle. Messen und Bewerten in der Öffentlichkeitsarbeit. Verfahren, Strategien, Beispiele. 2. Auflage. Frankfurt am Main: Frankfurter Allgemeine Buch.

Baerns, Barbara (Hrsg.) (2004): Leitbilder von gestern? Zur Trennung von Werbung und Programm. Eine Problemskizze und Einführung. Wiesbaden: VS Verlag für Sozialwissenschaften.

Baringhorst, Sigrid (1998): Politik als Kampagne. Zur medialen Erzeugung von Solidarität. Wiesbaden, Opladen: Westdeutscher Verlag.

Bauer, Hans H. / Görtz, Gunnar / Dünnhaupt, Lars (2002): Der Einzug von Coupons in Deutschland – Formen, Eigenschaften und Nutzungsabsicht von Konsumenten. Mannheim: Institut für Marktorientierte Unternehmensführung.

Bauhofer, Bernhard (2004): Reputation Management. Zürich: Orell Füssli.

Bazil, Vazrik (2001): Reputation Management – die Werte aufrecht erhalten. In: Bentele, Günter / Piwinger, Manfred / Schönborn, Gregor (Hrsg.): Kommunikationsmanagement. Strategien – Wissen – Lösungen. Band 2. Neuwied, Kriftel: Luchterhand, S. 1-22.

Beger, Rudolf / Gärtner, Hans-Dieter / Mathes, Rainer (1989): Unternehmenskommunikation. Grundlagen, Strategien, Instrumente. Wiesbaden: Gabler / Frankfurt am Main: Frankfurter Allgemeine Buch.

Behrent, Michael / Mentner, Peter (2001): Campaigning: Werbung in den Arenen der Öffentlichkeit. Münster: Lit.

Bentele, Günter / Hoepfner, Jörg (2004): Markenführung und Public Relations. In: Bruhn, Manfred (Hrsg.): Handbuch Markenführung. Wiesbaden: Gabler, S. 1535-1564.

Bentele, Günter / Buchele, Mark-Steffen / Hoepfner, Jörg / Liebert, Tobias (2003): Markenwert und Markenwertermittlung. Eine systematische Modelluntersuchung und -bewertung. Wiesbaden: Deutscher Universitäts-Verlag.

Berger, Roland (2003): Kundenbindungsprogramme in großen deutschen Unternehmen (Studienergebnisse). In: http://www.rolandberger.com/press/de/media/releases/Studie_Kundenbindung_2003_final.pdf., zugegriffen am 31.01.2005.

Berndt, Ralph (1993): Kommunikationspolitik im Rahmen des Marketing. In: Berndt, Ralph / Hermanns, Arnold (Hrsg.): Handbuch Marketing-Kommunikation. Strategien – Instrumente – Perspektiven. Wiesbaden: Gabler, S. 3-18.

Besson, Nanette A. (2003): Strategische PR-Evaluation. Erfassung, Bewertung und Kontrolle von Öffentlichkeitsarbeit. Wiesbaden: Westdeutscher Verlag.

Biel, Alexander L. (1993): Converting Image into Equity. In: Aaker, David A. / Biel, Alexander L. (Eds.): Brand Equity and Advertising: Advertising's Role in Building Strong Brands. Hillsdale: Lawrence Erlbaum Associates, S. 67-82.

Bob Bomliz Group (Hrsg.) (2004): Sponsoring Trends 2004. Bonn: Bob Bomliz Group.

Bobinger, Ulrich (1995): Erfolgreiche Pressearbeit. Ein Leitfaden für Pressestellen in Unternehmen, Behörden und Verbänden. 2. Auflage. Bornheim: Hanseatischer Fachverlag für Wirtschaft.

Bogner, Franz M. (1999): Das Neue PR-Denken. Strategien, Konzepte, Aktivitäten. 3., aktualisierte und erweiterte Auflage. Wien: Wirtschaftsverlag Ueberreuter.

Boochs, Wolfgang (2000): Sponsoring in der Praxis. Steuerrecht, Zivilrecht, Musterfälle. Neuwied, Kriftel: Luchterhand.

Bortoluzzi Dubach, Elisa / Frey, Hansrudolf (2000): Sponsoring. Der Leitfaden für die Praxis. 3., aktualisierte und erweiterte Auflage. Bern u. a.: Haupt.

Brauner, Detlef J. / Leitolf, Jörg / Raible-Besten, Robert / Weigert, Martin M. (Hrsg.) (2001): Lexikon der Presse- und Öffentlichkeitsarbeit. München, Wien: Oldenbourg.

Brockhoff, Klaus (1992): Positionierung (mapping). In: Diller, Hermann (Hrsg.): Vahlens großes Marketing Lexikon. München: Vahlen, S. 1275-1276.

Brosius, Hans-Bernd / Fahr, Andreas (1996): Werbewirkung im Fernsehen. Aktuelle Befunde der Medienforschung. München: R. Fischer.

Bruhn, Manfred (2003a): Sponsoring. Systematische Planung und integrativer Einsatz. 4. Auflage. Wiesbaden: Gabler.

Bruhn, Manfred (2003b): Integrierte Unternehmens- und Markenkommunikation. Strategische Planung und operative Umsetzung. 3., überarbeitete und erweiterte Auflage. Stuttgart: Schäffer-Poeschel.

Bruhn, Manfred (2002): Kommunikationspolitik. 2. Auflage. München: Vahlen.

Bruhn, Manfred (2001): Relationship Marketing. Das Management von Kundenbeziehungen. München: Vahlen.

Bruhn, Manfred (2000): Integrierte Kommunikation und Relationship Management. In: Bruhn, Manfred / Schmidt, Siegfried J. / Tropp J. (Hrsg.): Integrierte Kommunikation in Theorie und Praxis. Betriebswirtschaftliche und kommunikationswissenschaftliche Perspektiven. Wiesbaden: Gabler, S. 3-20.

Bruhn, Manfred (1997): Kommunikationspolitik. München: Vahlen.

Bruhn, Manfred (1994): Handbuch Markenartikel. Stuttgart: Schäffer-Poeschel.

Bruhn, Manfred (1991): Sponsoring: Unternehmen als Mäzene und Sponsoren. 2. Auflage. Wiesbaden: Gabler / Frankfurt am Main: Frankfurter Allgemeine Buch.

Bruhn, Manfred / Ahlers, Grit M. (2004): Der Streit um die Vormachtstellung von Marketing und Public Relations in der Unternehmenskommunikation – Eine unendliche Geschichte? In: Marketing ZFP, 26. Jg., Heft 1, S. 71-80.

Bruhn, Manfred / Schmidt, Siegfried J. / Tropp, Jörg (Hrsg.) (2000): Integrierte Kommunikation in Theorie und Praxis. Betriebswirtschaftliche und kommunikationswissenschaftliche Perspektiven. Wiesbaden: Gabler.

Bujok, Melanie (2002): Campaigning. In: http://www.tierrechtskongress.at/berichte/samstag/bujokcampaigning.html, zugegriffen am 21.08.2003.

Bürger, Joachim H. (1998): Arbeitshandbuch Presse und PR. Tips und Tricks eines PR-Profis. 3., wesentlich erweiterte Auflage. Essen: Stamm.

Burkart, Roland (2002): Kommunikationswissenschaft. Grundlagen und Problemfelder. 4., überarbeitete und aktualisierte Auflage. Wien u. a.: Böhlau.

Burkart, Roland (1996): Verständigungsorientierte Öffentlichkeitsarbeit: Der Dialog als PR-Konzeption. In: Bentele, Günter / Steinmann, Horst / Zerfaß, Ansgar (Hrsg.): Dialogorientierte Unternehmenskommunikation. Grundlagen – Praxiserfahrung – Perspektiven. Berlin: Vistas, S. 245-270.

Burkart, Roland / Probst, Sabine (1991): Verständigungsorientierte Öffentlichkeitsarbeit: Eine kommunikationswissenschaftlich begründete Perspektive. In: Publizistik, 35. Jg., Nr. 1, S. 56-76.

Buschardt, Tom / Kidd, Nicole / Krath, Stefany (2000): Die Pressemitteilung. Starnberg: R. S. Schulz.

BusinessWeek (2004): Cult Brands. The Business Week / Interbrand Annual Ranking of the World's Most Valuable Brands Shows the Power of Passionate Customers. In: Business Week, August 9-16 2004, http://www.ourfishbowl.com/images/surveys/BGBleaguetable_final_.pdf, zugegriffen am 26.01.2005.

Buß, Eugen (1999): Das emotionale Profil der Deutschen. Bestandsaufnahme und Konsequenzen für Unternehmer, Politiker und Öffentlichkeitsarbeiter. Frankfurt am Main: Frankfurter Allgemeine Buch.

Buß, Eugen (1988): Das Unternehmensimage – der neue Produktionsfaktor. In: manager magazin: Imageprofile ´88. Das deutsche Image-Jahrbuch. Corporate Identity, S. 8-13.

Buß, Eugen / Fink-Heuberger, Ulrike (2000): Image Management. Wie Sie Ihr Image-Kapital erhöhen. Frankfurt am Main: Frankfurter Allgemeine Buch.

Carroll, Archie B. / Buchholtz, Ann K. (2000): Business & Society: Ethics and Stakeholder Management. 4th ed. Cincinnati: South-Western College.

Cecere, Vito (2003): Über den eigenen Tellerrand schauen... Konkurrenzbeobachtung als Voraussetzung für Strategiefähigkeit. In: http://www.polic.de/campaigning/cecere.htm, zugegriffen am 21.08.2003.

Cecere, Vito (2001): Man nennt es Oppo. Opposition Research: Die systematische Beobachtung des Gegners. In: Althaus, Marco (Hrsg.): Kampagne! Neue Strategien für Wahlkampf, PR und Lobbying. Münster: Lit, S. 65-80.

Coenenberg, Adolf G. / Salfeld, Rainer (2003): Wertorientierte Unternehmensführung. Vom Studienbegriff zur Implementierung. Stuttgart: Schäffer-Poeschel.

Commerzbank AG (2005). In: https://www.commerzbank.de/journal/ index.html, zugegriffen am 13.12.2004.

Cornelsen, Claudia (1997): Das 1 x 1 der PR: Öffentlichkeitsarbeit leicht gemacht. Freiburg im Breisgau: Haufe.

Cutlip, Scott M. / Center, Allen H. / Broom, Glen M. (2000): Effective Public Relations. 8th ed. Upper Saddle River: Prentice Hall.

Daft, Richard L. / Lengel, Robert H. (1986): Organizational Information Requirements, Media Richness and Structural Design. In: Management Science, Jg. 32, Nr. 5, S. 554-571.

Dannenberg, Marius / Wildschütz, Frank / Merkel, Stefanie (2003): Handbuch Werbeplanung. Medienübergreifende Werbung effizient planen, umsetzen und messen. Stuttgart: Schäffer-Poeschel.

David, Prabu (2004): Extending Symmetry: Toward a Convergence of Professionalism, Practice, and Pragmatics in Public Relations. In: Journal of Public Relations Reserarch, Vol. 16, No. 2, S. 185-211.

Demuth, Alexander (1999): Kostbar wie ein Kronjuwel. In: Marketing & Kommunikation, Nr. 11, S. 34.

Denzel, Eberhard (1999): Abschied von der Massenwerbung: wie Sie mit Life-Service und Mikro-Marketing Kunden erfolgreich binden und gewinnen. Neuwied, Kriftel: Luchterhand.

Denzler, Roland (2004): Kundenclubs. Mehr als bloße Rabatt-Programme. In: Wirtschaft in Mittelfranken. Industrie- und Handelskammer Nürnberg, Nr. 10, S. 8.

Derieth, Anke (1995): Unternehmenskommunikation. Eine Analyse zur Kommunikationsqualität von Wirtschaftsorganisationen. Opladen: Westdeutscher Verlag.

Dichtl, Erwin (1992): Grundidee, Varianten und Funktionen der Markierung von Waren und Dienstleistungen. In: Dichtl, Erwin / Eggers, Walter (Hrsg.): Marken und Markenartikel. München: Beck, S. 1-23.

Diller, Hermann (1992): Kommunikationspolitik. In: Diller, Hermann (Hrsg.): Vahlens großes Marketing Lexikon. München: Vahlen, S. 546-547.

Diller, Hermann (Hrsg.) (2001): Vahlens großes Marketinglexikon. 2., völlig überarbeitete und erweiterte Auflage. München: Beck / Vahlen.

Dölker, Christian (1997): Ein Bild ist mehr als ein Bild. Visuelle Kompetenz in der Multimedia-Gesellschaft. Stuttgart: Klett.

Donges, Patrick (2001): Politische Kampagnen. In: Röttger, Ulrike (Hrsg.): PR-Kampagnen. Über die Inszenierung von Öffentlichkeit. 2., überarbeitete und ergänzte Auflage. Wiesbaden: Westdeutscher Verlag, S. 165-181.

Dorer, Johanna (2001): Die Bedeutung der PR-Kampagnen für den öffentlichen Diskurs. Ein theoretischer Ansatz. In: Röttger, Ulrike (Hrsg.): PR-Kampagnen. Über die Inszenierung von Öffentlichkeit. 2., überarbeitete und ergänzte Auflage. Wiesbaden: Westdeutscher Verlag, S. 53-69.

Dörrbecker, Klaus / Rommerskirchen, Thomas (Hrsg.) (1990): Kommunikations-Management. Perspektiven und Chancen der Public Relations. Remagen-Rolandseck: Rommerskirchen.

Dowling, Graham (2000): Corporate Super-Brands. The Roles of Corporate Image and Reputation. In: Twite, Garry / O'Keefe, Michael (Eds.): New Directions in Corporate Strategy. St. Leonhards: Allen & Unwin, S. 64-82.

Duncan, Tom R. / Caywood, Clarke (1996): The Concept, Process, and Evolution of Integrated Marketing Communication. In: Thorson, Esther / Moore, Jeri (Eds.): Integrated Communcation. Synergy of Persuasive Voices. Mahwah: Lawrence Erlbaum Associates, S. 13-34.

Duncan, Tom R. / Moriarty, Sandra E. (1997): Driving Brand Value. Using Integrated Marketing to Manage Profitable Stakeholder Relationships. New York: McGraw-Hill.

ECC Group (2002) (Hrsg.): Corporate Content Communications. Mit Erlebniswelten Unternehmenswerte transportieren. Bonn: ECC KohtesKlewes.

Engels, Petra / Smolarz, Astrid (1999): Professionelles Kampagnenmanagement. Geben Sie Ihrem Kunden ein Gesicht! In: Direkt Marketing, Nr. 9, S. 26-28.

Esch, Franz-Rudolf (1993): Markenwert und Markensteuerung. In: Thexis, Nr. 5-6, S. 56-64.

Essig, Carola / Soulas de Russel, Dominique / Semanakova, Marcela (2003): Das Image von Produkten, Marken und Unternehmen. Sternenfels: Wissenschaft & Praxis.

Eurich, Klaus (1977): Politische Meinungsführer. Theoretische Konzeption und empirische Analyse der Bedingungen persönlicher Einflussnahme im Kommunikationsprozeß. München: Verlag Dokumentation.

Fischer, Marc (2001): Und ewig lockt der Hauptgewinn. In: Media Trend Journal, Nr. 9, S. 40-43.

Fischöder, Christof (2003): E-Campaigning. In: http://magazin.ecc-online-relations.com/DE/e.campaigning/e-camp-instrumente.html, zugegriffen am 12.08.2003.

Fombrun, Charles J. (1996): Reputation. Realizing Value from the Corporate Image. Boston: Harvard Business School.

Fombrun, Charles J. / van Riel, Cees (2004): Fame and Fortune: How Successful Companies Build Winning Reputations. Upper Saddle River: Financial Times Prentice Hall.

Fombrun, Charles J. / Wiedmann, Klaus-Peter (2001): Reputation Quotient – Analyse und Gestaltung der Unternehmensreputation auf Basis fundierter Erkenntnisse. Schriftenreihe Marketing. Hannover: Universität, Lehrstuhl für ABWL und Marketing II.

Forsa (2001): Studie: Eventmarketing gewinnt an Bedeutung. In: http://www.agenturcafe.de/studien/index_12653.htm, zugegriffen am 10.01.2005.

Förster, Hans-Peter (1994): Zweitberuf: Presse-Sprecher. Schnellkurs für erfolgreiche Presse-Arbeit. Neuwied, Kriftel: Luchterhand.

Forum Corporate Publishing e. V. (2001): In: www.forum-corporate-publishing.de/Events_Actions/documents/FCP_Presse_21_06_01_b.pdf. zugegriffen am 22.01.2005.

Foscht, Thomas (1998): Interaktive Medien in der Kommunikation: verhaltenswissenschaftliche und systemtheoretische Analyse der Wirkung neuer Medien. Wiesbaden: Deutscher Universitäts-Verlag / Wiesbaden: Gabler.

Frederick, William C. (1994a): From CSR1 to CSR3: the maturing of business-and-society thought. In: Business and Socitey, Vol. 33, No. 2, S. 150-164.

Frederick, William C. (1994b): Coda: 1994. In: Business and Society, Vol. 33, No. 2, S. 165-166.

Freeman, Richard E. (1984): Strategic Management. A Stakeholder Approach. Marshfield: Pitman Publishing.

Fuchs, Wolfgang / Unger, Fritz (2003): Verkaufsförderung. Konzepte und Instrumente im Marketing-Mix. 2., vollständig überarbeitete und erweiterte Auflage. Wiesbaden: Gabler.

Gedenk, Karen (2002): Verkaufsförderung. München: Vahlen.

Glogger, Anton (1999): Imagetransfer im Sponsoring. Entwicklung eines Erklärungsmodells. Frankfurt am Main u. a.: Lang.

Glück, Alexander (2002): Kampagnen gegen die Krise? In: PR-Magazin, Nr. 9, S. 42-43.

Goldhaber, Gerald M. (1993): Organizational Communication. 6th ed. Madison: Brown & Benchmark.

Grefe, Rolf / Müller, Siegfried (1976): Die Entwicklung des „Opinion Leader"-Konzepts und der Hypothese vom zweistufigen Kommunikationsprozeß. In: Zeitschrift für Markt-, Meinungs- und Zukunftsforschung, 19. Jg., Nr. 1, S. 4011-4034.

Gronover, Sandra / Reichold, Annette, Riempp, Gerold (2002a): Trends im Kampagnenmanagement. Veränderte Herausforderungen und neue Konzepte. In: Direkt Marketing, Nr. 3, S. 26-29.

Gronover, Sandra / Reichold, Annette / Riempp, Gerold (2002b): Wie man treffsichere Kampagnen führen kann. In: new management, Nr. 6, S. 52-59.

Gronstedt, Anders (1996): Integrating Marketing Communication and Public Relations: A Stakeholder Relations Model. In: Thorson, Esther / Moore, Jeri (Eds.): Integrated Communication: Synergy of Persuasive Voices. Mahwah: Lawrence Erlbaum Associates, S. 287-304.

Grunig James E. / Repper, Fred C. (1992): Strategic Management, Publics and Issues. In: Grunig, James E. (Ed.): Excellence in Public Relations and Communication Management. Hillsdale: Lawrence Erlbaum Associates, S. 117-157.

Grunig James E. / Hunt, Todd (1984): Managing Public Relations. New York: Holt, Rinehart und Winston.

Guenther, Milan (2001): Konzepte digitaler Communities. In: http://www.contentmanager.de/magazin/artikel_32-print_konzepte_digitaler_communities.html, zugegriffen am 26.08.2003

Hart, Norman A. (Ed.) (1995): Strategie Public Relations. Houndmills: Macmillan Business Press, S. 25.

Hartmann, Wolfgang / Kreutzer, Ralf T. / Kuhfuß, Holger (2004): Kundenclubs & More. Innovative Konzepte zur Kundenbindung. Wiesbaden: Gabler.

Häusermann, Jürg (2001): Journalistisches Texten: sprachliche Grundlagen für professionelles Informieren. Konstanz: UVK.

Helmke, Stefan (Hrsg.) (2002): Effektives Customer Relationship Management. Instrumente – Einführungskonzepte – Organisation. Wiesbaden: Gabler.

Hendrix, Jerry A. (1995): Public Relations Cases. 3rd ed. Belmont: Wadsworth.

Herbst, Dieter (2003): Unternehmenskommunikation. Berlin: Cornelsen.

Herger, Nikodemus (2004): Organisationskommunikation. Beobachtung und Steuerung eines organisationalen Risikos. Wiesbaden: VS Verlag für Sozialwissenschaften.

Hermanns, Arnold (2004): Sponsoring Trends 2004. Bonn: Bob Bomliz Group.

Hermanns, Arnold (2003): Sponsoring und Events im Sport. Von der Instrumentalbetrachtung zur Kommunikationsplattform. München: Vahlen.

Hermanns, Arnold (1997): Sponsoring. Grundlagen. Wirkungen, Management, Perspektiven. 2. völlig überarbeitete und erweiterte Auflage. München: Vahlen.

Herrmann, Christoph (1999): Die Zukunft der Marke. Mit effizienten Führungsentscheidungen zum Markterfolg. Frankfurt am Main: Frankfurter Allgemeine Buch.

Hinrichs, Jan-Peter (2001): Wir bauen einen Themenpark. Wähler werden doch mit Inhalten gewonnen – durch Issues Management. In: Althaus, Marco (Hrsg.): Kampagne! Neue Strategien für Wahlkampf, PR und Lobbying. Münster: Lit, S. 45-64.

Hoffmann, Claus (2001): Das Intranet. Ein Medium der Mitarbeiterkommunikation. Konstanz: UVK Medien.

Höller, Johann / Pils, Manfred / Zlabinger, Robert (1997): Internet und Intranet. Betriebliche Anwendungen und Auswirkungen. Berlin: Springer.

Holz, Stefan / Tomczak, Torsten (1996): Kundenclubs als Kundenbindungsinstrument – Hinweise zur Entwicklung erfolgreicher Clubkonzepte. St. Gallen: Thexis.

Holzbaur, Ulrich / Jettinger, Edwin / Knauss, Bernhard / Moser, Ralf / Zeller, Markus (2003): Eventmanagement. Veranstaltungen professionell zum Erfolg führen. 2., erweiterte Auflage. Berlin, Heidelberg: Springer.

Hommelhoff, Peter / Hopt, Klaus J. / Werder, Axel v. (Hrsg.) (2003): Handbuch Corporate Governance. Leitung und Überwachung börsennotierter Unternehmen in der Rechts- und Wirtschaftspraxis. Stuttgart: Schäffer-Poeschel.

Howard, Carole A. / Mathews, Wilma K. (2000): On Deadline. Prospect Heights: Waveland Press.

Hubbard, Monika (2004): Markenführung von innen nach außen. Wiesbaden: VS Verlag für Sozialwissenschaft.

Huck, Simone (2004): Public Relations ohne Grenzen? Eine explorative Analyse der Beziehung zwischen Kultur und Öffentlichkeitsarbeit von Unternehmen. Wiesbaden: VS Verlag für Sozialwissenschaften.

Huck, Simone / Güller, Karoline (2004): Kommunikation mit dem Kunden. Eine theoretische und empirische Bestandsaufnahme. In: Medienwissenschaft Schweiz, Nr. 2, S. 61-71.

Huckemann, Matthias / TerWeiler, Dieter S. (1995): Messen messbar machen. Die 5 trojanischen Pferde des Messe-Marketing. Neuwied: Luchterhand.

Hundhausen, Carl (1951): Werbung um öffentliches Vertrauen. Public Relations. Essen: W. Girardet.

Institut für Demoskopie Allensbach (2000): Kundenzeitschriften sind beliebt und werden gelesen. Allensbacher Relation-Media-Analyse ARMAda, Media-Pilotstudie, Nr. 4. März 2000.

Jackson, Kevin T. (2004): Building Reputational Capital: Strategies for Integrity and Fair Play That Improve the Bottom Line. Oxford: Oxford University Press.

Jäger, Wolfgang (Hrsg.) (1999): Unternehmenskommunikation durch Business-TV: Strategien – Technikkonzepte – Praxisbeispiele. Wiesbaden: Gabler.

Johannsen, Uwe (1971): Das Marken- und Firmenimage. Theorie, Methodik, Praxis. Berlin: Duncker und Humblot.

Jungbeck, Karlheinz / Ritter, Sabine / Goedhart, Jan P. (1998): Business-TV in Deutschland. Marktpotentiale und Perspektiven. Starnberg: Schulz.

Kendall, Robert (1996): Public Relations Campaign Strategies. Planning for Implementation. 2nd ed. New York u. a.: Longman.

Kiene, Gerald (2003): Erfolgsmessung von Marketing, Verkauf und PR. Mit Beispielen aus der Medienbranche. Reinbek: Dialog.

Kirchner, Karin (2001): Integrierte Unternehmenskommunikation. Theoretische und empirische Bestandsaufnahme und eine Analyse amerikanischer Großunternehmen. Wiesbaden: Westdeutscher Verlag.

Kitchen, Philipp J. (1997): Public Relations. Principles and Practise. London: International Thomson Business Press.

Klaas, Sabine (2002): Closer to the customers: Der Kunde bestimmt die Kommuikation. In: Kirf, Bodo / Rolke, Lothar (Hrsg.): Der Stakeholder-Kompass. Navigationsinstrument für die Unternehmenskommunikation. Frankfurt am Main: Frankfurter Allgemeine Buch, S. 64-70.

Klaus, Elisabeth (2001): Die Brent-Spar-Kampagne oder: Wie funktioniert Öffentlichkeit? In: Röttger, Ulrike (Hrsg.): PR-Kampagnen. Über die Inszenierung von Öffentlichkeit. 2., überarbeitete und ergänzte Auflage. Wiesbaden: Westdeutscher Verlag, S.97-119.

Kloss, Ingomar (2003): Werbung. Lehr-, Studien- u. Nachschlagewerk. 3., völlig überarbeitete und stark erweiterte Auflage. München, Wien: Oldenbourg.

Kluckhohn, Clyde K. M. (1951): Values and Value-Orientation in the Theory of Action. In: Parson, Talcott / Shils, Edward A. (Eds.): Towards a general theory of action. Cambridge: Harvard University Press, S. 388-433.

Knapp, Mark L. / Miller, Gerald R. (Hrsg.) (1985): Handbook of Interpersonal Communication. Beverly Hills: Sage.

Köhler-Frost, Wilfried (2001): Customer Relationship Management: kosmetischer Kundenbetreuung oder echtes Beziehungsmanagement? Berlin: LK-Energy-Verlag.

Konken, Michael (1998): Pressearbeit. Mit den Medien in die Öffentlichkeit. Limburgerhof: FBV Medien.

Koschnick, Wolfgang J. (2004): Gewinnspiel. In: FOCUS-Lexikon Werbeplanung Mediaplanung Marktforschung Kommunikationsforschung Mediaforschung. In: http://medialine.focus.de/PM1D/pm1DBF/pm1dbf.htm?snr=22d19, zugegriffen am 06.12.2004

Koschnick, Wolfgang J. (1996): Standard-Lexikon Werbung, Verkaufsförderung, Öffentlichkeitsarbeit. Stuttgart: Schäffer-Poeschel.

Kotler, Philip (2004): Kotlers Marketing Guide. Die wichtigsten Ideen und Konzepte. Frankfurt am Main: Campus.

Kotler, Philip / Bliemel, Friedhelm (2001): Marketing-Management. Analyse, Planung und Verwirklichung. 10., überarbeitete und aktualisierte Auflage. Stuttgart: Schäffer-Poeschel.

Krafft, Manfred / Albers, Sönke (2000): Ansätze zur Segmentierung von Kunden. Wie geeignet sind herkömmliche Konzepte? In: Zeitschrift für betriebswirtschaftliche Forschung, 52. Jg., S. 515-536.

Kriegbaum, Catharina (2001): Markencontrolling. München: Vahlen.

Kroeber-Riel, Werner / Weinberg, Peter (1999): Konsumentenverhalten. 7. Auflage. München: Vahlen.

Krum, James R. / Culley, James D. (1984): Advertising-Campaign Change. Lessons from Leading Cigarette and Liquor Brands. In: Percy, Larry / Woodside, Arch G. (Eds.): Advertising and Consumer Psychology. 2nd ed. Lexington: Lexington Books, S. 57-73.

Kunczik, Michael (2002): Public Relations: Konzepte und Theorien. 4. Auflage. Köln u. a.: Böhlau.

Lerg, Winfried B. (1970): Das Gespräch. Theorie und Praxis der unvermittelten Kommunikation. Düsseldorf: Bertelsmann.

Liebl, Franz (2000): Der Schock des Neuen. Entstehung und Management von Issues und Trends. München: Gerling Akademischer Verlag.

Lilli, Waldemar (1983): Perzeption, Kognition: Image. In: Irle, Martin (Hrsg.): Handbuch der Psychologie. Band 12, 1. Halbband. Marktpsychologie als Sozialwirtschaft. Göttingen u. a.: Hogrefe.

Lischka, Andreas (2000a): Dialogkommunikation im Rahmen der Integrierten Kommunikation. In: Bruhn, Manfred / Schmidt, Siegfried J. / Tropp, Jörg (Hrsg.): Integrierte Kommunikation in Theorie und Praxis. Betriebswirtschaftliche und kommunikationswissenschaftliche Perspektiven. Wiesbaden: Gabler, S. 47-63.

Lischka, Andreas (2000b): Dialogkommunikation im Relationship Marketing. Kosten-Nutzen-Analyse zur Steuerung von Interaktionsbeziehungen. Wiesbaden: Gabler.

Lücke, Richard (2005): Fakten, Trends und Perspektiven. Konzeption, Herstellung und Vertrieb von Kundenzeitschriften. Bonn: Deutsche Post AG.

Lueken, Geert-Lueke (1996): Philosophische Überlegungen zu Dialog, Diskurs und strategischem Handeln. In: Bentele, Günter / Steinmann, Horst / Zerfaß, Ansgar (Hrsg.): Dialogorientierte Unternehmenskommunikation. Grundlagen – Praxiserfahrungen – Perspektiven. Berlin: Vistas, S. 59-79.

Mast, Claudia (2005a): Strategische Baustellen. In: Pressesprecher, Nr. 2, S. 47-49.

Mast, Claudia (2005b): Werte schaffen durch Kommunikation. In: Pfannenberg, Jörg / Zerfaß, Ansgar (Hrsg.): Wertschöpfung durch Kommunikation, Frankfurt am Main: Frankfurter Allgemeine Buch.

Mast, Claudia (2004a): ABC des Journalismus. Ein Handbuch. 10., völlig neue Auflage. Konstanz: UVK.

Mast, Claudia (2004b): DAX-KOM 2004. Aufmerksamkeit, Glaubwürdigkeit und Legitimation als zentrale Herausforderungen für die Unternehmenskommunikation. Umfrage bei den Dax-Unternehmen in Deutschland. Stuttgart: Fachgebiet für Kommunikationswissenschaft und Journalistik (unveröffentlichter Ergebnisbericht).

Mast, Claudia (2003): Wirtschaftsjournalismus. Grundlagen und neue Konzepte für die Presse. 2., völlig überarbeitete und aktualisierte Auflage. Wiesbaden: Westdeutscher Verlag.

Mast, Claudia (2002): Unternehmenskommunikation. Ein Leitfaden. Stuttgart: Lucius und Lucius.

Mast, Claudia (2000a): Durch bessere interne Kommunikation zu mehr Geschäftserfolg. Ein Leitfaden für Unternehmer. Berlin, Bonn: Deutscher Industrie- und Handelstag.

Mast, Claudia (2000b): Effektive Kommunikation für Manager. Informieren, Diskutieren, Überzeugen. Landsberg am Lech: Moderne Industrie.

Mast, Claudia (1999): Innovationen in der Wirtschaftberichterstattung – Herausforderungen für Unternehmen. In: IW-Medienspiegel, Nr. 43 vom 25.10.1999.

Mast, Claudia / Zerfaß, Ansgar (Hrsg.) (2005): Neue Ideen erfolgreich durchsetzen. Das Handbuch der Innovationskommunikation. Frankfurt am Main: Frankfurter Allgemeine Buch.

Mast, Claudia / Huck, Simone / Güller, Karoline (2003): Kundenkommunikation. Ergebnisse einer Befragung der Top-500-Unternehmen in Deutschland Reihe Kommunikation und Management. Band 4. Stuttgart: Fachgebiet für Kommunikationswissenschaft und Journalistik.

McCombs, Maxwell E. (2004): Setting the Agenda: The News Media and Public Opinion. Cambridge: Polity Press.

McCombs, Maxwell E. (1976): Elaborating the Agenda-Setting Influence of Mass Communication. Tokyo: Paper.

McCombs, Maxwell E. / Shaw, Donald L. (1972): The agenda-setting function of mass media. In: Public Opinion Quarterly, Vol. 36, S. 176-187.

Meadow, Robert G. (1989): Political Campaigns. In: Rice, Ronald E. / Atkin, Charles K. (Eds.): Public Communication Campaigns. 2nd edn. Newsbury Park u. a.: Sage, S. 253-272.

Meckel, Miriam (1999): Redaktionsmanagement. Ansätze aus Theorie und Praxis. Opladen, Wiesbaden: Westdeutscher Verlag.

Mediaedge CIA-Sensor Kundenzeitschriften (2004). In: www.wuv.de/daten/studien/ 032002/511/summary.html, zugegriffen am 20.12.2004.

Meffert, Heribert (2000): Marketing. Grundlagen marktorientierter Unternehmensführung, Konzepte, Instrumente, Praxisbeispiele. 9., aktualisierte Auflage. Wiesbaden: Gabler.

Meier, Klaus (2002): Ressort, Sparte, Team. Wahrnehmungsstrukturen und Redaktionsorganisation im Zeitungsjournalismus. Konstanz: UVK.

Merten, Klaus (2004): Kommunikation für Marken. In: PR-Magazin, Nr. 1, S. 49-56.

Merten, Klaus (2003): Die Marke in der Mediengesellschaft. Begriff und Funktion von Marke in konstruktivistischer Perspektive. In: Markenartikel, Jg. 64, Nr. 3, S. 10-17.

Metzinger, Peter (2004): Business Campaigning. Was Unternehmen von Greenpeace und amerikanischen Wahlkämpfern lernen können. Berlin u. a.: Springer.

Metzinger, Peter (2002): Business Campaigning. Was Unternehmen von Pressure Groups lernen können. In: new management, Nr. 1-2, S. 14-21.

Metzinger, Peter (1998): Campaigning oder die Kunst, Veränderungen zu bewirken. In: Alpha (Beilage zur Tages-Anzeiger und Sonntagszeitung) vom 14./15. März 1998.

Meyer, Annemike (2004): Professionelle Pressearbeit. Praxisleitfaden für Einsteiger. Göttingen: BusinessVillage.

Michelsen, Gerd / Godemann, Jasmin (Hrsg.) (2005): Handbuch Nachhaltigkeitskommunikation. Grundlagen und Praxis. München: OEKOM.

Müller, Frank (1999): Die Renaissance der Kundenzeitschrift. Mit einem klassischen Medium erfolgreich neuen Herausforderungen begegnen. Ottobrunn: Trurnit.

Neidhardt, Friedhelm (Hrsg.) (1994): Öffentlichkeit, öffentliche Meinung, soziale Bewegungen. Sonderheft der Kölner Zeitschrift für Soziologie und Sozialpsychologie. Opladen: Westdeutscher Verlag.

Neu, Matthias (1997): Kundenbindung und -pflege mit Hilfe des persönlichen Verkaufs. In: Hesse, Jürgen / Kaupp, Peter (Hrsg.): Kundenkommunikation und Kundenbindung. Neue Ansätze zum Dialog im Marketing. Berlin: Berlin Verlag Spitz, S. 55-93.

Neuberger, Oswald (1998): Das Mitarbeitergespräch. Praktische Grundlagen für erfolgreiche Führungsarbeit. 4., bearbeitete Auflage. Leonberg: Rosenberger Fachverlag.

Nguyen, Cam-Mai (2002): Kundenorientiert kommunizieren. Eine praktische Anleitung für mehr Service und Kundennähe. Wiesbaden: Gabler.

Nieschlag, Robert / Dichtl, Erwin / Hörschgen, Hans (2002): Marketing. 19., überarbeitete und ergänzte Auflage. Berlin: Duncker und Humblot.

Nieschlag, Robert / Dichtl, Erwin/ Hörschgen, Hans (1997): Marketing. 18., durchgesehene Auflage. Berlin: Duncker und Humblot.

Nieschlag, Robert / Dichtl, Erwin/ Hörschgen, Hans (1994): Marketing. 17., neu bearbeitete Auflage. Berlin: Dunker und Humblot.

Nufer, Gerd (2002): Wirkungen von Event-Marketing: theoretische Fundierung und empirische Analyse. Wiesbaden: Dt. Univ.-Verlag.

Oberman, Phyllis (1995): Media Relations. In: Black, Sam (Ed.): The Practice of Public Relations. 4th ed. Oxford et al.: Butterworth-Heinemann, S. 13-19.

Österle, Hubert / Alt, Rainer (2002): Neue Wege im Customer Relationship Management. In: Kirf, Bodo / Rolke, Lothar (Hrsg.): Der Stakeholder-Kompass. Navigationsinstrument für die Unternehmenskommunikation. Frankfurt am Main: Frankfurter Allgemeine Buch, S. 93-102.

Ott, Ulrich (2004): Zwischen kompetenten Ratgebern und Trojanischen Pferden - Nutzwertorientierte Public Relations bauen Image und Vertrauen auf. In: Köhler, Tanja / Schaffranietz, Adrian (Hrsg.): Public Relations - Perspektiven und Potenziale im 21. Jahrhundert. Wiesbaden: VS Verlag für Sozialwissenschaften, S. 85-93.

Pepels, Werner (2000): Marketing. Lehr- und Handbuch. 3., völlig überarbeitete Auflage. München, Wien: Oldenbourg.

Pepels, Werner (Hrsg.) (1999): Verkaufsförderung. München, Wien: Oldenbourg.

Pfannenberg, Jörg / Zerfaß, Ansgar (Hrsg.) (2005): Wertschöpfung durch Kommunikation. Frankfurt am Main: Frankfurter Allgemeine Buch.

Pfitzer, Norbert / Oser, Peter (Hrsg.) (2003): Deutscher Corporate Governance Kodex. Ein Handbuch für Entscheidungsträger. Stuttgart: Schäffer-Poeschel.

Pflaum, Dieter / Eisenmann, Hartmut (1993): Verkaufsförderung. Landsberg am Lech: Moderne Industrie.

Pflaum, Dieter / Pieper, Wolfgang (Hrsg.) (1993): Lexikon der Public Relations. 2., überarbeitete und erweiterte Auflage. Landsberg am Lech: Moderne Industrie.

Picot, Arnold / Reichwald, Ralf / Wigand, Rolf T. (1998): Die grenzenlose Unternehmung. Information, Organisation und Management. Lehrbuch zur Unternehmensführung im Informationszeitalter. 3., überarbeitete Auflage. Wiesbaden: Gabler.

Pischetsrieder, Bernd (1997): Menschenführung im Unternehmen – Führen und führen lassen. In: Bertsch, Jürgen / Zürn, Peter: Führen und Gestalten. 100 Unternehmergespräche in Baden-Baden. Berlin: Springer, S. 39-48.

Ploss, Dirk / Kopatz, Achim / Kücherer, Kirsten (2002): Couponing in der Praxis. Das Marketinginstrument der Zukunft? Hamburg: Loyalty.

Raab, Gerhard / Lorbacher, Nicole (2002): Customer Relationship Management. Aufbau dauerhafter und profitabler Kundenbeziehungen. Heidelberg: Sauer.

Raffée, Hans / Wiedmann, Klaus-Peter (1988): Der Wertewandel als Herausforderung für Marketingforschung und Marketingpraxis. In: Marketing ZFP, 10. Jg., Nr. 3, S. 198-210.

Rapp, Reinhold (2001): Customer Relationship Management. Das neue Konzept zur Revolutionierung der Kundenbeziehungen. Frankfurt am Main, New York: Campus.

Rössler, Patrick (1997): Agenda Setting. Theoretische Annahmen und empirische Evidenzen einer Medienwirkungshypothese. Opladen: Westdeutscher Verlag.

Rolke, Lothar (2003): Produkt- und Unternehmenskommunikation im Umbruch. Was die Marketer und PR-Manager für die Zukunft erwarten. Frankfurt am Main: Frankfurter Allgemeine Buch.

Rolke, Lothar / Wolff, Volker (1999): Wie die Medien die Wirklichkeit steuern und selber gesteuert werden. Opladen, Wiesbaden: Westdeutscher Verlag.

Ronneberger, Franz / Rühl, Manfred (1992): Theorie der Public Relations. Ein Entwurf. Opladen: Westdeutscher Verlag.

Rosenstiel, Lutz von (1993): Führung von Mitarbeitern. Handbuch für erfolgreiches Personalmanagement. 2., überarbeitete und erweiterte Auflage. Stuttgart: Schäffer-Poeschel.

Rota, Franco P. (1994): PR- und Medienarbeit im Unternehmen. Instrumente und Wege effizienter Öffentlichkeitsarbeit. 2., überarbeitete Auflage. München: C. H. Beck.

Röttger, Ulrike (2001): Campaigns (f)or a better world? In: Dies. (Hrsg.): PR-Kampagnen. Über die Inszenierung von Öffentlichkeit. 2., überarbeitete und ergänzte Auflage. Wiesbaden: Westdeutscher Verlag, S. 15-34.

Röttger, Ulrike (Hrsg.) (2001): PR-Kampagnen. Über die Inszenierung von Öffentlichkeit. 2., überarbeitete und ergänzte Auflage. Wiesbaden: Westdeutscher Verlag.

Rudolph, Thomas / Schweizer, Markus (2003): Verkaufsförderung. Was Kunden wirklich wollen. In: Harvard Business Manager, Nr. 2, S. 22-34.

Sander, Matthias (1994): Die Bestimmung und Steuerung des Wertes von Marken. Heidelberg: Physica.

Saxer, Ulrich (1994): Norm und Gegennorm. Probleme von Normenverträglichkeit in der PR-Arbeit. In: Armbrecht, Wolfgang / Zabel, Ulf (Hrsg.): Normative Aspekte der Public Relations. Opladen: Westdeutscher Verlag, S. 195-224.

Schleissing, Stephan (2002): Zur Einführung. In: Eberhard von Kuenheim Stiftung (Hrsg.): Die Werte des Unternehmens. Stuttgart, Leipzig: Hirzel, S. 9-14.

Schmidt, Matthias / Beschorner, Thomas (Hrsg.) (2004): Werte- und Reputationsmanagement als Thema der Consulting Akademie Unternehmensethik 2004. In: Dies. (2004): Werte- und Reputationsmanagement. München: Rainer Hampp, S. 3-10.

Schmitz, Thomas (2004): Kundenzeitschriften. Mehrwert für Marken. Göttingen: Business Village.

Schönborn, Gregor / Molthan, Kerstin (2001): Marken-Agenda. Neuwied, Kriftel: Luchterhand

Schönborn, Gregor / Steinert, Andreas (2001): Sustainability Agenda. Nachhaltigkeitskommunikation für Unternehmen und Institutionen. Neuwied, Kriftel: Luchterhand.

Schubert, Petra / Selz, Dorian / Haertsch, Patrick (2001): Digital erfolgreich. Fallstudien zu strategischen E-Business-Konzepten. Berlin u. a.: Springer.

Schultz, Don E. / Schultz Heidi F. (1997): Transitioning Marketing Communication into the 21st Century. In: Journal of Marketing Communication, Fall, S. 9-26.

Schulz von Thun, Friedemann (1981): Miteinander Reden. Störungen und Klärungen. Allgemeine Psychologie der Kommunikation. Band 1. Reinbek bei Hamburg: Rowohlt Taschenbuch.

Schulz, Roland / Brandmeyer, Klaus (1989): Die Markenbilanz: ein Instrument zur Bestimmung und Steuerung von Markenwerten. In: Markenartikel, Nr. 7, S. 364-370.

Schulz, Winfried (1976): Die Konstruktion von Realität in den Nachrichtenmedien. Analyse der aktuellen Berichterstattung. Freiburg, München: Alber.

Schulz-Bruhdoel, Norbert (2001): Die PR- und Pressefibel. Zielgerichtete Medienarbeit. Ein Praxislehrbuch für Ein- und Aufsteiger. Frankfurt am Main: Frankfurter Allgemeine Buch.

Schulze-Fürstenow, Günther (1987): Plädoyer für eine neue PR-Qualität. In: PR-Magazin, Nr. 3, S. 23-30.

Schweitzer, Sandra (2003): Kundenkarten und Kundenclubs. Grundlagen, Konzepte, Praxis. Düsseldorf: VDM.

Seitz, Bernhard (2002): Corporate Citizenship. Rechte und Pflichten der Unternehmung im Zeitalter der Globalität. Wiesbaden: Deutscher Universitäts-Verlag.

Selinski, Hannelore / Sperling, Ute (1995): Marketinginstrument Messe: Arbeitsbuch für Studium und Praxis. Köln: Wirtschaftsverlag Bachem.

Silberer, Günter (Hrsg.) (1995): Marketing mit Multimedia im Überblick. In: Marketing mit Multimedia. Stuttgart: Schäffer-Poeschel, S. 1-32.

Solon Management Consulting 2003: Kundenclubs 2003. In: http://www.wuv.de/daten/studien/012003/656/, zugegriffen am 03.01.2005.

Spachmann, Klaus (2005): Wirtschaftsjournalismus in der Presse. Theorie und Empirie. Konstanz: UVK.

Sponsor Partners (Hrsg.) (2000): Sponsoring Trends 2000. Bonn, Wolfsburg, Berlin.

Staab, Joachim (1990): Nachrichtenwert-Theorie. Formale Struktur und empirischer Gehalt. Freiburg, München: Alber.

Stein, Thomas (2003): Unternehmensreputation. Definition, Messverfahren und praxisorientierte Analysemethode. In: PR-Magazin, Nr. 1, S. 49-56

Steinmetz, Heike (2003): Erfolgsfaktor Kundenzeitschrift. Von der Idee bis zum Vertrieb. Bonn: Galileo Press.

Stender-Monhemius, Kerstin (1999): Einführung in die Kommunikationspolitik. München: Vahlen.

Stottmeister, Gerd (1988): Der Einsatz von Preisausschreiben im Marketing: Ausprägungen, Wirkungen und Wirkungsmessung. Heidelberg: Physica.

Thomas, Peter (2004): Kundenzeitschriften pflegen das Markenbewusstsein. In: Frankfurter Allgemeine Zeitung vom 7. Februar 2004, S. 51.

Tomczak, Torsten / Reinecke, Sven / Dittrich, Sabine (2003): Kundenbindung durch Kundenkarten und -clubs. In: Bruhn, Manfred / Homburg, Christian (Hrsg.): Handbuch Kundenbindungsmanagement. Strategien und Instrumente für ein erfolgreiches CRM. 4., überarbeitete und erweiterte Auflage. Wiesbaden: Gabler, S. 273-291.

Träm, Michael (2002): Unternehmen im Wandel: Vom Produzenten zum Kommunikator. In: Kirf, Bodo / Rolke, Lothar (Hrsg.): Der Stakeholder-Kompass. Navigationsinstrument für die Unternehmenskommunikation. Frankfurt am Main: Frankfurter Allgemeine Buch, S. 46-54.

Tropp, Jörg (2003): Werte schaffen Werte. In: http://wertvolle-kommunikation.net, zugegriffen am 19.01.2005.

Ulsamer, Marianne (1999): Presse- und Öffentlichkeitsarbeit. 2. Auflage. Stuttgart: Deutscher Sparkassen Verlag.

Volkswagen AG (2005): http://www.vw-club.de, zugegriffen am 10.01.2005.

Wahren, Heinz-Kurt (1987): Zwischenmenschliche Kommunikation und Interaktion in Unternehmen. Grundlagen, Probleme und Ansätze zur Lösung. Berlin, New York: de Gruyter.

Watzlawick, Paul / Beavin, Janet H. / Jackson, Don D. (1996): Menschliche Kommunikation. Formen, Störungen, Paradoxien. 9. Auflage. Bern et al.: Hans Huber.

Weichler, Kurt/Endrös, Stefan (2005): Die Kundenzeitschrift. Konstanz: UVK.

Weis, Michaela / Huber, Frank (2000): Der Wert der Markenpersönlichkeit. Das Phänomen der strategischen Positionierung von Marken. Wiesbaden: Deutscher Universitäts-Verlag.

Wiedmann, Klaus-Peter / Buxel, Holger (2004): Reputationsmanagement. Stellenwert und Umsetzung in deutschen Unternehmen – empirische Ergebnisse und kritische Einschätzung. In: PR-Magazin, Nr. 8, S. 51-58

Will, Michael (1998): Business TV. Die digitale Zukunft der Unternehmenskommunikation. In: Krzeminski, Michael / Zerfaß, Ansgar (Hrsg.): Interaktive Unternehmenskommunikation. Frankfurt am Main: IMK, S. 273-285.

Wimmer, Thomas (2001): Corporate Social Responsibility als Chance. Eine Meinungsbildnerstudie in Frankreich, Großbritannien und Deutschland. In: Public Relations Forum, 7. Jg., Nr. 2, S. 80-82.

Wollert, Artur (2001): Führen – Verantworten – Werte schaffen. Personalmanagement für eine neue Zeit. Frankfurt: Frankfurter Allgemeine Buch.

Zanger, Cornelia (2001): Sechs kardinale Erfolgspotenziale des Eventmarketings. In: http://www.zfu.ch/service/fartikel/fartikel_01_eva.htm, zugegriffen am 11.01.2005.

Zanger, Cornelia / Drengner, Jan (2003): Eventreport 2003. In: http://www.innovations-report.de/html/berichte/kommunikation_medien/bericht25963.html, zugegriffen am 11.01.2005.

Zanger, Cornelia / Drengner, Jan (2001): Eventreport 2001. In: http://www.wuv.de/daten/studien/072001/355/, zugegriffen am 21.01.2004.

Zenk, Heinz G. (1974): Verkaufsförderung für Konsumgüter. In: Marketing Enzyklopädie. Band 3. München: Moderne Industrie, S. 507-516.

Zentralverband der deutschen Werbewirtschaft (Hrsg.) (2004): Werbung in Deutschland 2004. Berlin: edition ZAW.

Zerfaß, Ansgar (2004a): Unternehmensführung und Öffentlichkeitsarbeit. Grundlegung einer Theorie der Unternehmenskommunikation und Public Relations. 2., ergänzte Auflage. Wiesbaden: VS Verlag für Sozialwissenschaften.

Zerfaß, Ansgar (2004b): Die Corporate Communication Scorecard – Kennzahlensystem, Optimierungstool oder strategisches Steuerungsinstrument? In: PR-Portal, Nr. 57.

Zerfaß, Ansgar (1998): Öffentlichkeitsarbeit mit interaktiven Medien: Grundlagen und Anwendungen. In: Krzeminski, Michael / Zerfaß, Ansgar: Interaktive Unternehmenskommunikation. Frankfurt am Main: IMK, S. 29-52.

Zerfaß, Ansgar (1996): Dialogkommunikation und strategische Unternehmensführung. In: Bentele, Günter / Steinmann, Horst / Zerfaß, Ansgar (Hrsg.): Dialogorientierte Unternehmenskommunikation. Grundlagen – Praxiserfahrung – Perspektiven. Berlin: Vistas, S. 23-58.

Zerfaß, Ansgar / Fietkau, Karen (1997): Interaktive Öffentlichkeitsarbeit. Der Einsatz von Internet und Online-Diensten im PR-Management. Nürnberg: Lehrstuhl für Allgemeine Betriebswirtschaftslehre und Unternehmensführung.

Sachregister

Auf die Aufnahme ständig wiederkehrender Begriffe, z. B. Unternehmenskommunikation, Public Relations, Kunden, Kundenkommunikation, Medien oder Kommunikationsformen, in das Sachregister wurde verzichtet.

Above-the-Line-Instrumente 351
Abwärtskommunikation 145
Akteure 9, 34, 51, 62, 72, 98, 167, 277
Agenda Building 278
Agenda Setting 278
Aktualität 157
Anspruchsgruppen 28 ff.
Anwenderbericht 255
Anzeigen 351
Aufwärtskommunikation 145
Ausstellungen 102, 122 ff., 130, 353

Below-the-Line-Instrumente 311, 351
Beschwerdemanagement 326, 332
Beziehung 13, 28, 34, 42 f., 46, 62 ff., 85, 90 f., 98, 140, 200, 270
Beziehungsmanagement 20, 43 ff., 243 f., 364
Beziehungsmarketing 63 f., 166
Bezugsgruppe 7, 26 ff., 38, 42 ff., 73, 89, 110, 140, 180, 201
Broschüren 146, 338
Business-TV 45, 146, 157, 193

Call-Center 331
Campaigning 268 ff., 276
Clubkonzepte 155, 322 f.
Clubs 320 ff.
Clubzeitschriften 325
Community 324
Corporate Books 204
Corporate Citizenship 38
Corporate Communications 73, 96
Corporate Identity 123

Corporate Publishing 147, 154, 180 ff., 204
Crossmedia 138, 192
Crossmediales Campaigning 296
Crossmediale Kommunikation 138, 142, 180
Customer Relationship Management 18, 182, 297, 301, 366

Dialog 7, 15 ff., 22, 46 f., 58, 86, 121 f., 142, 167, 180, 191 f., 202, 326, 364
Dialogkommunikation 18, 46 ff., 62 ff., 167, 311
Digitale Kommunikation 139
Direktmailings 351
Direktmarketing 53
Diskussionsforen 158, 168, 191, 201, 334

E-Commerce 323
Einwegkommunikation 364
Elektronische Kommunikation 146, 154
E-Mail 63, 129, 137, 191 ff., 270, 324, 331 f., 331, 337
Emotionen 69, 311, 370
Emotionalisierung 119 ff., 142, 271, 278, 310 ff., 353, 370
Emotionalität 314
Erfolgskontrolle 57, 60
Erlebnisorientierung 312
Erlebniswelten 158, 310 ff.
Evaluation 57, 60
Evaluierungsinstrumente 45
Eventkommunikation 95, 119 ff., 130, 141, 202, 315
Eventmanagement 314
Events 18, 22, 36, 65, 101, 110, 119 ff., 158, 202, 310 ff.
Externe Kommunikation 148, 180

Face-to-Face-Kommunikation 133, 154 ff.
Fachartikel 255
Fachmedien 237
Fachpublikum 147
Fachtagung 258
Fremdbild 324
Frühwarnsystem 60 f., 65

Gedruckte Medien 136, 139, 146
Gefühlswerte 194
Geschäftsbericht 180
Gewinnspiel 115, 117 f., 132, 157 f., 162, 192, 341 ff.
Glaubwürdigkeit 17, 53, 58 ff., 80, 113, 152, 180 f., 195 ff., 217 ff., 229, 273 f.

Horizontale Kommunikation 168

Image 10, 22, 45, 58, 69, 75 f., 81 ff., 112, 123, 154, 164, 189 f., 333, 350, 352
Image-Management 85 f.
Imagebildung 83, 99, 121, 189, 332
Imagetransfer 114, 120, 204, 351 f., 354 f.
Informationskanäle 10
Individualisierung 8, 130, 142, 365
Individualität 62, 135, 324
Integrierte Kommunikation 18 f., 36, 40, 42 ff., 47 ff., 52, 138, 142, 180, 200 f.
Interaktion 4, 6, 27, 33, 62 ff., 75, 121, 128, 333
Interaktivität 62, 64, 105, 126, 128 f., 132, 156, 313
Interne Kommunikation 110, 134, 180
Internet 3, 17, 18, 45, 62, 95, 145, 155, 166, 193, 201, 330 ff., 365
Interview 259
Intranet 45, 155
Investor Relations 111
Issues 29 f., 31
Issues Management 34, 36, 279, 333, 364

Kampagne 22, 64, 152, 267 ff., 288 ff.
Kampagnenbotschaft 268, 278
Kampagnenkommunikation 268 ff.
Kampagnenmanagement 276 f., 280,
Kampagnenmotiv 275
Kapitalgeber 26, 28, 41
Kommunikationsbeziehung 38, 49, 64 f.
Kommunikationsgesellschaft 220
Kommunikationskampagnen 269 ff.
Kommunikationsmanagement 109, 268, 277, 288 ff., 367
Kommunikationsmix 315, 347, 355
Kommunikationsplattform 325
Kommunikationspolitik 36

Kommunikationsprozess 167, 191, 220, 280
Kommunikationsstrategien 278
Krisen-PR 58
Kultursponsoring 348 f.
Kundenbeziehungen 15, 18, 49 ff., 62 ff., 64 f., 167, 192, 210
Kundenbindung 49 ff., 99, 113, 121, 140, 160 f., 182, 187 ff., 196, 310, 320 f.
Kundenclub 14, 65, 158, 204, 320 ff.
Kundenevents 313
Kundenkampagnen 270, 279, 288
Kundenmedien 65, 147, 158
Kundenorientierung 45, 50 f., 123
Kunden-PR 28, 179, 217, 366
Kunden-TV 138, 140 f.
Kundenzeitschrift 22, 36, 51, 101, 146 f., 154 f., 179 ff., 338, 345
Kundenzufriedenheit 52, 72, 91, 160 f., 338

Leitbild 72, 348

Managementprozess 85, 115
Marke 10, 13 f., 52, 69, 74 ff., 99, 150, 164, 173, 187, 192, 195, 296 ff., 370
Markenbindung 77, 80
Markenkommunikation 149, 303, 352
Markenpolitik 72
Markenvertrauen 76
Markenwert 65, 72, 80, 85 ff., 113
Marketing 4, 12, 25 ff., 35 ff., 40 ff., 48, 53, 59, 96, 100, 123, 153, 172
Marketingkommunikation 36, 38, 43, 48
Marktkommunikation 37 f.
Massenkommunikation 110, 133
Massenmedien 7, 15, 98, 145 f., 217 ff., 351
Media Relations 218 ff., 250 ff.
Media Richness-Theorie 126 ff.
Medienarbeit 22, 37, 98, 147 f., 217 ff.
Medienberichterstattung 30, 35, 219 ff., 312
Medienresonanzanalyse 60
Mediennutzungsverhalten 310
Medienpräsenz 350
Mediensystem 217
Mehrwert 3, 12, 14, 22, 125, 157, 183, 192 f., 323

Meinungsführer 22, 26, 147 ff., 156
Messen 102, 122 ff., 130, 353
Mission 72
Mitarbeiter 26, 28, 41, 59, 49 f., 61, 88, 96, 99, 149, 335
Mitarbeiterkommunikation 37 f., 101 f., 134, 367
Mitarbeitermotivation 351
Mitarbeiterzeitschrift 110, 155, 180
Monitoring 333, 336 ff.
Multiplikatoren 145, 149, 156, 181, 217 ff., 353

Nachhaltigkeit 271, 339
Nachhaltigkeitsbericht 180
Nachrichtenfaktoren 227
Nachrichtenwerte 35 f., 41, 194, 312
Netzwerke 333
Neukundengewinnung 91, 267, 289, 315, 344
Newsgroups 333
Newsletter 110, 163, 180, 201, 325, 338
Nutzwerte 59, 158, 160, 181, 183, 193 f., 205, 233, 263

Öffentlichkeit 88, 98 f., 102, 109 ff., 147 ff., 160, 164, 217 ff.
Öffentlichkeitsarbeit 109 ff.
Online-Kommunikation 3, 63, 102 ff., 136 ff., 330 ff.
Online-Medien 136, 353
Online-PR 332
Orientierungssysteme 10, 20 ff., 69 ff., 90
Orientierungswerte 194

Persönliche Kommunikation 95, 103 f., 110, 123 f., 130, 146, 154 ff., 366
Persuasion 25
Pressearbeit 36, 110, 140, 217 ff.
Pressebericht 254
Presseeinladung 253 f.
Pressefoto 252, 264
Pressegespräch 219, 257 f.
Presseinformation 252 f.
Pressekonferenz 110, 219, 226, 256 f.
Pressemappe 254
Pressemitteilung 110, 164, 227

Pressepräsentation 259
Presseseminar 258
Pressestory 253
Primärzielgruppen 26
PR-Kampagne 269 ff.
Produkteinführung 53 ff.
Produkt-PR 41, 53 ff., 58 ff., 96, 174
Propaganda 107
Public Affairs 36
Publics 30 ff., 34
Pull-Kommunikation 47
Pull-Medien 146
Push-Kommunikation 47
Push-Medien 146

Qualitative Kundenzeitschriften 183 ff.
Quantitative Kundenzeitschriften 183 ff.

Reaktanz 51, 179
Relationship Marketing 62
Reputation 5, 22, 69, 80, 87 ff.
Reputationsmanagement 86, 90 f.
Risk Management 38

Schriftliche Kommunikation 154
Sekundärzielgruppen 26
Selbstbild 84
Sponsoring 18, 111 ff., 135, 346 ff.
Sportsponsoring 348
Stakeholder 28 ff., 33, 45, 71, 73, 83, 89, 91
Sustainability Communications 39
Symmetrische Kommunikation 168
Systemtheorie 26

Teilöffentlichkeiten 30 ff., 34, 109
Testimonialkampagne 149 ff.
Themenkarriere 30
Themenmanagement 204, 221, 277 ff.
Transaktionsmarketing 166

TV-Spots 351
Two-Step-Flow of Communication 156, 229

Überzeugungsarbeit 185
Unique Communication Proposition 323
Unternehmensberichterstattung 147
Unternehmensimage 85 f., 113
Unternehmenskultur 72, 73, 87, 90
Unternehmensleitbild 73
Unternehmensphilosophie 124
Unternehmensreputation 88, 90
Unternehmenswerte 72, 73, 90

Verkaufsförderung 41, 53, 65, 95, 101 ff., 115 ff., 130 f., 179, 186, 353
Vertrauen 15 f., 52, 58 ff., 70, 77, 89, 152, 192, 231, 243, 326
Virtual Community 140, 333
Vision 72, 73, 88
Weblogs 333
Werbekampagne 267, 275
Werbung 3, 15 ff., 26, 51 ff., 59, 65, 95, 101, 106 ff. 110 f., 137, 149 f., 367
Werte 5, 13, 20 f., 40, 70 ff.
Wertorientierung 124
Workshops 258

Ziele 36 f., 39, 49 ff., 99, 186 ff., 199
Zielgruppe 26 ff., 32 f., 41, 48, 85, 96 f., 108, 112, 121, 151
Zweiwegkommunikation 185